RACISMO EM MENTE

Bernard Boxill; Cynthia Willett; Elisabeth Young-Bruehl; J. L. A. Garcia; Johanna Tiemann; Laurence Thomas; Lawrence A. Lengbeyer; Lawrence Blum; Marguerite La Caze; Michael Dummett; Michael P. Levine; Neil Altman; Sally Haslanger; Tamas Pataki

ORGANIZADO POR
MICHAEL P. LEVINE E TAMAS PATAKI

RACISMO EM MENTE

Textos:
*Bernard Boxill; Cynthia Willett; Elisabeth Young-Bruehl;
J. L. A. Garcia; Johanna Tiemann; Laurence Thomas;
Lawrence A. Lengbeyer; Lawrence Blum; Marguerite La
Caze; Michael Dummett; Michael P. Levine; Neil Altman;
Sally Haslanger; Tamas Pataki*

Tradução:
Fábio Assunção Lombardi Resende

MADRAS

Publicado originalmente em inglês sob o título *Racism in Mind*, por Cornell University Press.
© 2004, Cornell University Press.
Tradução autorizada do inglês.
Direitos de edição e tradução para todos os países de língua portuguesa.
© 2005, Madras Editora Ltda.

Editor:
Wagner Veneziani Costa

Produção e Capa:
Equipe Técnica Madras

Tradução:
Fábio Assunção Lombardi Resende

Revisão:
Maria Cristina Scomparini
Karina Penariol Sanches
Ana Maria Balboni Palma
Silvia Massimini

CIP-BRASIL. CATALOGAÇÃO-NA-FONTE
SINDICATO NACIONAL DOS EDITORES DE LIVROS, RJ.

R119
Racismo em Mente/organizado por Michael P. Levine e Tamas Pataki; tradução de Fábio Assunção Lombardi Rezende- São Paulo: Madras, 2005

Tradução de: Racism in Mind
Inclui bibliografia
ISBN 85-7374-897-4

1. Racismo. I. Levine, Michael P., 1950-. II. Pataki, Tamas.

04-2143.   CDD 305.8
                                            CDU 316.74:323.14
12.08.04   18.08.04   007345

Proibida a reprodução total ou parcial desta obra, de qualquer forma ou por qualquer meio eletrônico, mecânico, inclusive por meio de processos xerográficos, incluindo ainda o uso da Internet, sem a permissão expressa da Madras Editora, na pessoa de seu editor (Lei nº 9.610, de 19.2.98).

Todos os direitos desta edição, em língua portuguesa, reservados pela

MADRAS EDITORA LTDA.
Rua Paulo Gonçalves, 88 — Santana
02403-020 — São Paulo — SP
Caixa Postal 12299 — CEP 02013-970 — SP
Tel.: (0_ _11) 6959.1127 — Fax: (0_ _11) 6959.3090
www.madras.com.br

O pensamento humano não é de modo algum tão privado quanto parece, e tudo que é preciso para ler a mente de outra pessoa é a disposição de ler a sua própria...

Há certas cenas (de modo mais pungente que artefatos desenterrados ou pinturas pré-históricas em cavernas, que detêm um desconcertante frescor e ineditismo) que servem para nos lembrar de como a raça humana é antiga e da bela e tocante mesmice da maioria das ocasiões humanas. Tudo que não é anônimo é apenas um sonho. E quem somos, e se nossos pais amaram a vida ou se desapontaram com ela, e o que será de nossos filhos não poderia ser menos importante. Ninguém quer saber o nome de um atleta amarrando suas sandálias na face curva de um vaso grego ou se o viajante solitário no pergaminho chinês chegou à hospedaria antes de escurecer.

William Maxwell, *The Château*

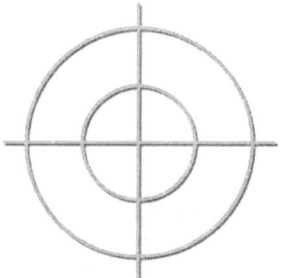

ÍNDICE

Prefácio 11
Introdução 13

PARTE I. O QUE É RACISMO?

1. A Natureza do Racismo 39
2. Três Terrenos para o Racismo: Estruturas Sociais, Valores e Vícios 48
    I. Racismo como comportamento intergrupos 49
    II. O racismo e a recente crítica da teoria de cultura 51
    III. Racismo como um julgamento de valor 53
    IV. Concepções motivacionais e volitivas de racismo 55
    V. Problemas das explicações volitivas 62
    VI. Conclusão: por que se importar? 65
3. O que as Explicações de "Racismo" Causam? 71
    I. "Racismo": três significados completos 74
    II. A explicação social do "racismo" 76
    III. A explicação de Garcia 81
        Relações entre má vontade racial e desconsideração baseada em raça 83
        O papel da raça 84
        Antipatia e inferiorização 85
        Pluralidade categorial 89
        Injustiças relacionadas à raça além do "racismo" 91
    IV. Novas considerações referentes a *I'm not a racist, but* 93
4. Filosofia e Racismo 95
5. Opressão Racial e Outras 116
    I. Opressão: agentes e estruturas 117
    II. Abordagem individualista e institucionalista 123
    III. Opressão de grupo 127
    IV. Opressão estrutural de grupos: uma tentativa de definição ... 131
        Ônus de raça 131

Exemplo: racismo e bem-estar do menor 135
Os Slogs 138
V. Opressão racial 140

PARTE II. A PSICOLOGIA DO RACISMO

6. Racismo como uma Defesa Maníaca 145
I. Defesa maníaca 147
II. Dinâmica psicológica do racismo norte-americano 150
III. William Pierce e a Aliança Nacional 154

7. Os Caracteres da Violência e do Preconceito 161
I. A violência atualmente 162
II. Vinhetas clínicas: escolha de objeto para a violência 164
III. Caracteres e preconceitos 169
IV. Tipos de violência 174

8. Racismo e Corações Impuros 179
I. O problema com a purificação 181
O repúdio não é fácil 181
Um obstáculo mais profundo para a purificação 185
Repúdio sem eliminação 186
Cognição com idéias que se julga serem falsas 191
II. Virtude sem pureza 193
III. Implicações para a prática 199

9. Psicanálise, Racismo e Inveja 203
I. Algumas características do racismo 206
II. Irracionalidade e racismo 210
III. Racismo sem motivo 215
IV. A mente racista 218
V. Inveja e racismo na Austrália 223

PARTE III. RACISMO, MORALIDADE, POLÍTICA

**10. Por que Não Devemos nos Considerar Divididos
por Raça** 232

**11. Igualdade Invertida: Uma Resposta ao
Pensamento Kantiano** 250
I. Os parâmetros do argumento 251
II. Saliência moral 256
III. Igualdade social moral e pessoal 259
IV. Igualdade e regras de saliência moral 262
V. Conclusão: o ideal de igualdade 267

**12. O Elemento Social: Uma Fenomenologia do Espaço
Racializado e os Limites do Liberalismo** 270
    I. A caminho de um novo humanismo 272
    II. A poética do espaço 279
    III. A racionalização do espaço 281
    IV. A política do espaço 285
    V. Justiça no elemento social 286

**13. Se Você Está Dizendo: Filosofia Feminista e
Anti-racismo** 290
    I. Analogias e não-analogias entre racismo e sexismo 293
    II. Aceitando raça e sexo 296
    III. Superando o racismo 305

Colaboradores 309

Índice Remissivo por Nome 313

Bibliografia 317

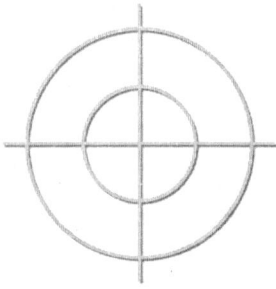

Prefácio

Gostaríamos de dizer como e quando surgiu a idéia para este livro, mas nenhum de nós dois consegue se lembrar com exatidão. Sabemos com certeza que começamos a discutir o racismo e os preconceitos étnicos e religiosos há três ou quatro anos em relação aos sangrentos e aparentemente insolúveis conflitos na África, na Europa e no Oriente Médio. As políticas de sucessivos governos australianos em relação a aborígines e refugiados – políticas estas que refletem a opinião de muitos cidadãos australianos – deslocaram nosso debate para um contexto mais local e premente. Conforme líamos a literatura referente ao racismo, examinávamos os jornais e ouvíamos as notícias, passamos a buscar uma clarificação e uma explicação mais especificamente filosófica dos assuntos que a literatura atual fornece. Foi nesse momento que a idéia de uma coletânea de textos emergiu.

Este livro surge em um momento em que a ordem internacional passa por conturbações não vistas desde a Segunda Guerra Mundial, cujos resultados finais são impossíveis de prever. Podemos apenas esperar que os motivos daqueles que buscam passar a limpo a ordem mundial não perdurem nem deprave o progresso futuro. Estudiosos do racismo e de conflitos grupais que observaram a maléfica desumanização do "inimigo" e a chocante indiferença à vida demonstrada pelos agentes do terror e da guerra – e pelos muitos, em *todos* os lados, que comemoram e alegram-se com suas ações – podem muito bem encontrar razões para o mais sombrio pessimismo.

Vários dos ensaios nesta coletânea passaram por cinco ou seis revisões, e quase todos passaram por pelo menos duas ou três. Nossos agradecimentos vão, em primeiro lugar e principalmente, para os colaboradores desta coletânea, por examinarem os trabalhos e revisarem de modo construtivo os ensaios uns dos outros. Gostaríamos também de agradecer Amy Barret-Lennard, Judy Berman, Damian Cox, Raimond Gaita, James Hopkins, Graeme Marshall, Howard MacGary, Maureen Perkins e Tommie Shelby. E, finalmente, estamos em débito com nosso revisor, John LeRoy, e com Catherine Rice, Louise E. Robbins e outros funcionários da Cornell University Press pelo entusiasmo e pela eficiência com que transformaram nosso manuscrito no presente livro.

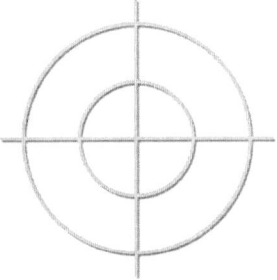

Introdução

Tamas Pataki

I

Em muitas partes do mundo, incluindo as mais desenvolvidas, as sociedades encontram-se fragmentadas por inimizades originárias de diferenças raciais, étnicas, tribais, nacionais, classistas e religiosas. Algumas dessas inimizades – usamos a palavra em um sentido bem amplo – atingiram o grau mais alto de barbaridade. Outras, menos extremas, manifestam-se na forma de exclusão e opressão racial, segregação, discriminação adversa, atitudes e condutas pessoais derrogatórias e a promulgação de doutrinas e legislações concebidas para promover e justificar as demais manifestações de inimizade.

Essas são inimizades *grupais*, e é parte de sua estranha natureza que subsistam em grupos humanos que identificam a si próprios e seus alvos como coletividades substancialmente distintas, apesar de os conceitos pelos quais fazem isso serem patentemente vagos: nem a *raça*, nem a *etnicidade*, nem mesmo a maior parte dos conceitos de afinidades de grupos humanos admitem a rígida demarcação em que se alega serem fundamentadas as inimizades. Evidentemente, é possível ser racista ou ter preconceitos religiosos isoladamente: uma pessoa pode odiar, desprezar ou agir sozinha. Mas, de modo geral, ao se colocar contra um grupo ou grupos, adquire-se uma identidade como membro de outro grupo: como alguém que, por exemplo, odeia um grupo, é superior a algum grupo, ou pertence ao melhor dos grupos. Normalmente, um indivíduo age em uníssono ou se imagina agindo em uníssono com pessoas de mentalidade semelhante; e, para alguns, a obtenção dessa identidade de grupo é um motivo mais potente que a inimizade que é seu instrumento.

Simon Burgess, Raimond Gaita e Michael Levine me salvaram de muitos erros. Em alguns deles, temo, persisti propositalmente e muitos outros permanecem desconhecidos para mim.

Nossa época é testemunha de inúmeras expressões violentas e cruéis dessas inimizades grupais. Coletividades étnicas na África e na Europa, algumas com reivindicações históricas, culturais ou territoriais de definição, outras com reivindicações amplamente imaginárias, vêm fragmentando violentamente os Estados que anteriormente as acomodavam. No sudeste da Ásia e nas ilhas do Pacífico, afiliações étnicas, religiosas e tribais estão subvertendo aspirações anteriores a sociedades pluralistas e inclusivas. Ondas de migrantes desesperadamente pobres, desenraizados e despossuídos, originárias da Ásia, do Oriente Médio, da Europa Oriental e da América Central estão chegando às praias da Europa, da Austrália e da América do Norte. Esses "forasteiros" são recebidos pelo governo e por muitos cidadãos com difamação, hostilidades impenitentes e repulsa. Até mesmo em Estados mais estáveis parece haver um recrudescimento de antipatias grupais e opressivas discriminações sociais e políticas que estiveram dormentes por muitas décadas. Ao mesmo tempo em que este ensaio é escrito, comentaristas responsáveis falam de modo sombrio de um embate de civilizações, fundamentado, supostamente, em identidades religiosas separadas, e umas poucas nações ocidentais poderosas estão sobrepujando um Estado do Oriente Médio com uma força letal maciça. Em todos esses casos, a aterrorizante despreocupação com a vida e o sustento das vítimas seria inexplicável sem que se faça referência a um velado desprezo racista (e relacionado à raça).

Atualmente, inimizades racistas e correlatas e os preconceitos e as doutrinas que os alimentam são raramente demonstrados abertamente. No Ocidente, ao menos, as pessoas para quem o racismo, a intolerância religiosa ou o sexismo ainda são questões de honra estão relegadas à marginalidade (apesar de essas marginalizações não se aplicarem a nacionalismos excludentes e à, assim chamada, homofobia). Em vez disso, as inimizades freqüentemente se disfarçam e tentam passar como sabedoria econômica ou social, preocupação ambiental, patriotismo ou entusiasmo por diversidade cultural. Mas suas alegações de diferenças fundamentais entre grupos humanos e suas exigências de partição e exclusão para evitar contaminação racial, cultural ou religiosa permanecem relacionadas com suas parentes mais visíveis e rudes.

II

O racismo e seus companheiros – desprezo étnico ou cultural, intolerância religiosa, ódio classista e assim por diante – são fenômenos complexos e problemáticos. Não é de surpreender que a compreensão deles permaneça parcial e controversa, apesar da considerável atenção que cientistas sociais, psicólogos, historiadores e, em menor grau, filósofos dedicaram a eles nas décadas desde a Segunda Guerra Mundial. Claramente, esses fenômenos partilham de semelhanças fundamentais. Em um nível individual ou pessoal, são todos – consente-se atualmente – preconceitos, apesar de que discordâncias acerca da natureza precisa desses preconceitos sejam tão grandes que limitam consideravelmente a concordância nocional. Parece, contudo, realmente provável que configurações psicológicas similares estejam envolvidas em suas expressões comportamentais. De uma perspectiva sociológica, esses preconceitos parecem ser condicionados e precipitados por configurações históricas, sociais e econômicas que podem ser relacionadas de modo sistemático e instrutivo. Os preconceitos ocasionalmente parecem ser intercambiáveis, ou se reforçar mutuamente, e as observações levam a conjecturas a respeito da personalidade preconceituosa (ou autoritária) prototípica. Algumas outras semelhanças serão examinadas em breve, mas é preciso mencionar algumas.

Conceitos grupais que determinam alvos de inimizades impõem certas restrições formais em seu caráter. Se, por exemplo, uma pessoa tem preconceito e odeia ou menospreza os membros de um grupo devido à raça deles, então essa pessoa está compromissada com inimizades contra crianças desse grupo; provavelmente acredita que todos os membros desse grupo partilham de algumas características odiosas essenciais – avareza, preguiça, lascívia, etc. – e possivelmente também acredita que essas características não podem ser removidas ou alteradas. Pessoas que odeiam ou menosprezam os membros de um grupo em razão de sua cultura, religião, classe ou preferência sexual não assumem esse compromisso – a não ser que tenham racializado suas inimizades e passado a tratar os grupos-alvo como se fossem de fato uma raça, na medida em que isso é possível. É possível talvez odiar todos os banqueiros, búlgaros ou batistas, mas não se pode odiá-los com base em sua raça, a não ser que se entenda muito erroneamente como essas classes de pessoas se compõem.

Em discursos contemporâneos, conceitos de raça e limitações formais de racismo impostas por esses conceitos são vagos e equivocados. É comum atualmente, no domínio público, encontrar quase todo tipo de inimizade grupal que envolva noções de identidade étnica, nacional, religiosa ou lingüística descritas como raciais e, freqüentemente, como racistas. Conseqüentemente, é lugar-comum ouvir ou ler acerca de ódio racista contra asiáticos, muçulmanos, judeus, negros, coreanos, mexicanos, hispânicos, etc. A fusão desses conceitos de grupo ocorre em parte por causa da indiferença popular a respeito de distinções; em parte, talvez, por causa de uma obscura apreensão de que haja similaridades veladas entre as várias inimizades grupais que se enquadram sob os diferentes conceitos de grupo; e em parte porque as concepções de raça dominantes no Ocidente a partir de meados do século XVIII até meados do século XX, atualmente desacreditadas e evitadas pelas disciplinas que certa vez as apadrinharam, terem se tornado idéias vagas e promíscuas na mente popular.

Mas é de importância real que se marquem essas distinções de grupo (ou tipo). As evoluções de conceitos de raça (e, até certo ponto, do racismo que se sobrepõe a eles) ocorreu principalmente em contraposição deliberada a outros conceitos definidores de grupos, como *cultura*, *comunidade lingüística* e *nação*.

Eles evoluíram no pensamento científico (alguns preferem dizer "semicientífico"), histórico e filosófico, e na consciência popular, em busca dos que eram considerados como os mais fundamentais meios de classificar e descrever a humanidade. (Os motivos para essa busca eram, é claro, complexos e freqüentemente egrégios.) As concepções raciais que emergiram, apesar de variarem em importantes aspectos, invariavelmente dividiam a raça humana em algo como tipos naturais ou espécies distintas por invariáveis e essenciais características físicas, psicológicas ou espirituais. Elas eram comparadas com severidade com o que se considerava categorias mais superficiais definidas por cultura, linguagem ou nacionalidade. Uma compreensão dessas concepções é essencial para entender algumas das mais significativas características do racismo.

III

Quais, então, são essas concepções raciais? É possível lançar uma certa luz sobre elas e o racismo que inspiram com um breve escrutínio da história de seu desenvolvimento e com o isolamento de algumas de suas características conspícuas. Há cerca de 2.500 anos, Heródoto escreveu: "Pois se alguém, não importa quem, for agraciado com a oportunidade de escolher, entre todas as nações do mundo, o conjunto de crenças que acredita ser o melhor, irá inevitavelmente, após cuidadosa consideração acerca dos méritos relativos, escolher o de seu próprio país" (Heródoto 1992: 309-10). Heródoto prossegue contando a história do debate entre gregos e indianos organizado pelo persa Dario. Os indianos repugnaram-se ao saber que os gregos queimavam o corpo de seus pais mortos; os gregos horrorizaram-se ao saber que os indianos comiam os seus: "Pode-se auferir disso o que o costume é capaz, e Píndaro, na minha opinião, tinha razão ao chamá-lo de 'rei de todos'" (1992: 309-10). O julgamento de Heródoto foi colocado no contexto de um debate filosófico a respeito da relação entre costume (lei) e natureza, *nomos* e *physis*. Os gregos geralmente se consideravam superiores àqueles a quem chamavam de bárbaros. Mas esse senso de superioridade não parece advir de quaisquer concepções de diferenças morais ou intelectuais inatas ou *naturais* entre povos.[1] O que importava mais era o *ethnos* – a linguagem, o costume, a crença – e, em particular, a implementação de boas regras ou leis – *eunomics* – para a conduta de vida correta expressa na política. O problema com os bárbaros, aos olhos dos gregos, não era uma deficiência natural, mas a ausência de política e, portanto, uma deficiência na liberdade e na capacidade de exercer virtudes cardinais; o pior que Tucídides dizia a respeito dos bárbaros era

---

[1.] A discussão aqui e nos parágrafos seguintes se deve principalmente a Hannaford 1996 (um estudo soberbo), Arendt 1979, Banton 1998, Jahoda 1999, Rankin 1964 e Voegelin 1997; também Blum 2002, Appiah 1999 e Mosley 1999.

referente aos selvagens sitianos, a quem conhecia bem: "De fato, se os sitianos se unissem, não há nem na Ásia raça que possa fazer frente a eles por si só, mas é claro que, no governo sábio de si próprios e no uso inteligente de seus recursos, estão abaixo da média" (1972: 188-89).

A idéia de que povos inteiros possam ser moral ou intelectualmente inferiores por natureza, ou *physis*, e, portanto, necessariamente restritos a níveis inferiores de realizações culturais parece, como disse Toynbee, ter sido "desconhecida para o gênio helênico" (Rankin 1964: 74).[2] Isso não quer dizer que toda noção acerca de valor inato fosse ausente. Platão, em *A República*, valorizou as diferenças nas habilidades individuais inatas, e noções aristocráticas sobre ser bem-nascido ou de linhagem nobre eram proeminentes no mundo antigo. Mas, de modo crucial, os antigos aparentemente eram bastante indiferentes a diferenças fenotípicas grupais, e nunca as confundiam com variações em dotes inatos e com a capacidade para realizações culturais em confeccionar uma fórmula venenosa como a que alimentou o racismo moderno. É importante notar que uma formulação social em que distinções raciais não desempenham um papel significativo é possível: já houve tal formulação.

O racismo moderno, na maior parte de suas variadas expressões, alega, quase completamente, que a *natureza* é soberana absoluta. A concepção de raça que existe por detrás disso se compõe de diversas fontes. Estas incluem elaborações antigas e medievais referentes à história bíblica da transgressão de Cam; a noção de poligenia, que remonta talvez a Paracelso em uma obra de 1520; idéias sobre pureza de sangue que surgiram durante as Inquisições medievais; relatos fantásticos de viajantes sobre povos monstruosos e digressões imaginativas sobre partos monstruosos; concepções aristocráticas de superioridade congênita; concepções românticas do gênio e da inteligência inatos; historiadores e filólogos dos séculos XVIII e XIX que procuravam identificar os "povos originais" da Europa e substituir a história das civilizações e da política pela das raças ou *Volk*. Mas a contribuição decisiva brotou das realizações científicas e culturais que permitiram a compreensão da humanidade como parte da natureza a ser estudada por métodos naturalistas. Concepções modernas de raça podem ser articuladas somente após Galileu, Harvey, Descartes e outros que levaram adiante o estudo do ser humano como um *objeto natural*. Isso se

---

[2.] A opinião de Aristóteles de que "o bárbaro e o escravo são iguais em sua natureza" é freqüentemente citada como uma exceção e o esboço de uma concepção racial. Uma leitura alternativa, contudo, é viável. "Por natureza um escravo" parece ter significado, para Aristóteles, "uma falta da 'faculdade deliberativa'", faculdade esta, ele acreditava, que faltava em mulheres e bárbaros e cuja ausência os tornava servis. Mas o pensamento básico pode ser: *dadas* as condições políticas despóticas sob as quais nascem e vivem os bárbaros, é perfeitamente *natural* que lhes falte o princípio auto-regulador, o que os faz por natureza escravos. Em *As Leis*, Platão enfatiza que escravos são freqüentemente homens melhores que seus mestres.

aplica a concepções folclóricas ou populares – tanto como científicas – de raça; Ivan Hannaford escreve:

> Não é histórico encarar o conceito de raça antes do surgimento da antropologia física propriamente dita, pois o corpo humano, como era encarado até a época da Renascença e da Reforma, não pode ser desatrelado da idéia de polis e ecclesia.... Em ambos os casos, o povo (populus) era mantido unido e assumia uma identidade por meio da lei (nomos) e da fé, não pela biologia, pela história secular e por uma ordem física ou moral autônoma.... Foi só no final do século XVII que a idéia de raça começou a assumir sua familiar forma moderna. (Hannaford 1996: 147-48, 149).

Hannaford atribui a François Bernier a honra de realizar, em 1684, "a significativa ruptura metodológica com o antigo modo de ver a raça humana em termos de distinções ancestrais entre cristãos e pagãos, homem e selvagem, arte política e fé religiosa, ao classificar os seres humanos principalmente em termos de diferenças em suas caràcterísticas observáveis". (1996: 191) A partir desse momento, teve início uma intensa investigação que se estendeu pelos séculos seguintes acerca das características *naturais* – ou as *qualidades primárias*, para usar uma abstração de Galileu – da raça humana. Mas o que os europeus logo alegaram ter encontrado foram *distinções* naturais.

Em 1766, David Hume podia escrever:

> Estou disposto a suspeitar que negros e outras espécies de homens em geral (pois há quatro ou cinco tipos diferentes) sejam naturalmente inferiores aos brancos. Nunca houve uma nação civilizada de outra tez além da branca, ou mesmo um indivíduo eminente, seja em ação ou especulação. Não há manufatureiros engenhosos entre eles, não há arte nem ciência.... Tal diferença uniforme e constante não poderia ter ocorrido em tantas nações e eras *se a natureza não tivesse feito uma distinção original entre essas linhagens de homens* (1985: 72-73; itálico adicionado).

Thomas Jefferson (1782), em uma reflexão a respeito da suposta inferioridade de seus escravos negros, concluiu: "Não é sua condição, e sim a natureza, que produz a distinção" (Banton 1998: 29). Essa distinção "original" ou "natural" tinha o propósito de ter o poder de marcar uma profunda e fundamental distinção entre os tipos humanos, independente de contingências de cultura, forma política e linguagem. Como um influente pensador de raças, William Ripley expressou o contraste em 1899: "Raça denota o que o homem é; todas essas outras coisas denotam o que ele faz" (Hannaford 1996: 328). Com essas primeiras alegações do pensamento evolucionário e genético, os conceitos acerca de espécie inerentes a essa noção de distinção natural foram desenvolvidos de modo que podem ser resumidos aproximadamente da seguinte maneira: as características designadas como definitivas de cada raça são (i) essenciais (todo membro de qualquer raça necessariamente possui certas características definidoras);

(ii) hereditárias (as características definidoras de cada raça são transmitidas com os genes, o sangue, a alma, o germoplasma); (iii) exclusivas (se uma pessoa faz parte de uma raça, essa pessoa não pode fazer parte de outra raça); (iv) imutáveis (as características essenciais não podem ser removidas ou modificadas); e (v) consistentes com a "doutrina da fisionomia" (há uma correlação entre características físicas específicas de cada raça e suas capacidades intelectual e moral).³

Assim, o teórico de raças, Madison Grant, em seu livro *Passing of the Great Race* (1916), resume essa idéia de modo emblemático: "A grande lição da ciência das raças é a imutabilidade das características somatológicas ou corpóreas com a qual está intimamente associada a imutabilidade dos impulsos e das predisposições físicas" (Hannaford 1996: 358). De modo similar, Henry Osborn, professor de Biologia em Columbia, declarou em 1916: "Raça implica hereditariedade, e hereditariedade implica todas as características e traços morais, sociais e intelectuais que são a mola da política e do governo" (357). A classificação biológica era importante nesse entendimento da raça, mas não exclusivamente. No racismo messiânico dos movimentos pangermânicos e pan-eslavos dos últimos dois séculos, houve pouco esforço em atrelar "as características da alma da raça" (Voegelin 1997), traços físicos ou espirituais supostamente hereditários, à constituição biológica.⁴

Contudo, mesmo nessas expressões populares do pensamento racial, a idéia principal permanece a mesma: a maneira mais fundamental de classificar a raça humana é por meio de características morais e intelectuais herdadas, essenciais, imutáveis e exclusivas, correlacionadas com marcadores fenotípicos salientes.

IV

As concepções clássicas de raça são incoerentes, e as ideologias que as incorporam são falsas; ambas são, em geral, repudiadas em discussões cuidadosas atualmente.⁵ Mas suas sombras permanecem e preservam parte

---

³· A idéia de que há uma correspondência entre características físicas, morais e intelectuais é de origem antiga. A Cabala desenvolveu e elaborou uma influente variação acerca dessa idéia e lhe deu seu nome (Hannaford 1996: 36).

⁴· A qualidade inata de "características físicas" era levada a extremos bizarros. Fritz Lenz atribuiu ao indivíduo nórdico "inteligência, poderes mentais criativos, excelentes traços de caráter, firmeza de vontade e perspicácia cuidadosa, autocontrole, talento para a tecnologia e para o domínio da natureza, amor pelo mar, talento para as belas-artes, a arquitetura e a pesquisa aprofundada, 'audácia nortista', o '*pathos* da distância', distanciamento aristocrático, honestidade, sinceridade, higiene e amor pela natureza" inatos. (Voegelin 1997: 85).

⁵· Isso não quer dizer, é claro, que *toda* concepção de raça é incoerente. Para a possibilidade de aplicações equilibradas na Biologia, conferir Kitcher 1999; em Paleoantropologia, conferir Wolpoff e Caspari 1997; conferir a discussão de Boxill a respeito de raça no Capítulo 10.

de seu perigo. Mesmo quando o racismo é encarado com uma perspectiva ampla que inclui inimizade contra grupos culturais, nacionais e de afinidade, essas categorias podem ser tratadas em certas circunstâncias *como se* fossem categorias raciais clássicas: as inimizades dirigidas contra esses grupos utilizam-se de conformações projetadas por concepções raciais. Esse é o processo de racialização de que se falou anteriormente. Em alguns casos, pode haver complexas dimensões históricas e sociais, mas, em outros, parecem originar-se principalmente de várias necessidades psicológicas que exploram (e até certo ponto moldam) as concepções raciais; por exemplo, é desse tipo a necessidade comum de dividir o mundo humano entre os bons e os maus para simplificar e estabilizar as coisas, para manter a si mesmo e os seus iguais puros, para sentir-se superior a outros, e assim por diante. Essa necessidade e outras relacionadas descritas adiante repousam sobre a base de muitas inimizades populares racistas e afins. Essa disciplina conceitual de distinguir entre *raça* e outros conceitos de grupo, e entre as restrições que cada uma impõe em sua inimizade associada, permite uma visão mais perspícua do racismo. Ela também fornece um argumento vantajoso para a observação de outras inimizades em suas expressões puras e suas transformações, se e quando se tornam racializadas.

Assim, fica claro que o conceito de racismo não é necessário para que exista racismo: havia racismo antes deste ser assim definido. Mas parece evidente, a partir das considerações anteriores, que concepções de raça *são* necessárias: ser racista implica necessariamente possuir concepções raciais. E, para muitas pessoas, essa pode parecer uma restrição excessiva, ou talvez excessivamente intelectualista. Afinal, não diríamos de uma pessoa branca que sente aversão por negros – pessoas de pele escura – ou pessoas com aparência do Oriente Médio, ou simplesmente "essa gente", que é uma racista, mesmo que pareça não ter nada semelhante a um conceito ou sistema organizado de crença referente a tipos raciais. Para nosso aprendizado, a resposta parece ser negativa. A interrogação torna isso claro. Será que ela sente aversão por pessoas da raça branca – por exemplo, seus familiares – que são muito bronzeadas ou parecem excepcionalmente ser do Oriente Médio? Será que sua aversão será anulada pelo filho de pele clara de um casal de negros? Se a resposta for positiva, então ela sofre de algo mais como uma fobia do que racismo, pois não há nada em suas classificações, ou em sua organização afetiva, que emprega conceitos discriminatórios remotamente relacionados à raça. A base para classificá-la como racista cai por terra.

Mas, se ela realmente as discrimina – ou seja, se sua inimizade se estende ao filho de pele clara de um casal de negros –, então a ilusão de que não emprega concepções raciais é falsa. Ela opera com um sistema ao menos razoavelmente organizado de crenças, talvez com um traço de ideologia racial rudimentar, que lhe permite classificar pessoas de certos modos não guiados por aparência imediata. Pois, é evidente, "pessoa negra", na verdade, significa muito mais do que "pessoa com pele escura", e "pessoa com cara de Oriente Médio", muito mais que o quadro visual estereotipado. As características fenotípicas são raramente o fator que demarca classificações e inimizades raciais. No geral, são apenas os indicadores de outras características, reais ou imaginárias, freqüentemente morais e intelectuais, que fornecem a base para discriminações racistas. A cor (tonalidade) não é o problema para o racista; é o conjunto de conceitos e crenças raciais que ele tem a respeito de cor que cria o problema.

Essas observações nos levam de volta ao argumento em que se iniciou essa discussão. Pois, quando nos aventuramos no aparato mais ou menos rudimentar de classificação empregado pelos racistas contemporâneos, encontramos novamente muitos dos elementos – turvos e inarticulados, é verdade – dos princípios do pensamento racial clássico. "Essa gente não muda nunca", ouve-se. "São todos iguais." "Está no sangue deles." "São os genes." "*Essa* gente..." Essas referências vagas organizam suas vítimas sob conceitos de herança, imutabilidade, essencialidade, etc. Obviamente, racistas fazem exceções em seus alvos que forçam os limites das condições impostas pelas concepções clássicas; e em complexos casos híbridos, é difícil decidir se "*discriminação* racial (indireta ou não-intencional)" ou "inimizade racista" é a descrição adequada do fenômeno. Esses casos limítrofes são sempre esclarecedores em investigações conceituais, e vários são elucidados nos capítulos posteriores. Mas a base do pensamento racial e do racismo permaneceu, apesar da inflação e do acréscimo de suas diferentes expressões, consideravelmente imutável. O racismo, em suas expressões individuais, se não também nas sociais e institucionais, parece estar profundamente enraizado na mente.

As concepções clássicas mantêm sua importância graças a mais uma razão perversa. O pensamento hereditarista e inatista retornou à vanguarda de diversas disciplinas acadêmicas e fortalecido por (precipitadas) especulações sociobiológicas. Uma vez mais, seguindo o padrão que tipifica o assim chamado racismo científico desde o século XVIII, supostas diferenças raciais na inteligência e no temperamento estão sendo usadas para justificar desigualdades sociais e a inação em sua retificação.[6]

V

Em razão do fato de sermos criaturas ignorantes e obstinadas em nossos erros e crenças infundadas, não importa muito na consideração do racismo se "realmente" existem raças, se quaisquer conceitos referentes à raça identificam objetos na "estrutura do mundo" ou se a ciência precisa deles. Muitos *acreditam* que existem raças e dividem e hierarquizam o

---

[6.] Herrnstein e Murray 1994, e Levin 1997 são exemplos típicos desse tipo de trabalho. Gould 1996 é uma brilhante discussão crítica a respeito dele.

mundo humano de acordo com suas concepções e crenças raciais, e persistem em fazê-lo mesmo em face de evidências em contrário. Mas o racismo claramente envolve mais que classificações por concepções raciais e crenças a elas relacionadas, populares ou científicas. Ele pressupõe concepções raciais, apesar de que ser apenas um proponente delas – seja como pensador de raça ou racialista – não é em si mesmo suficiente para restringir alguém a um campo racista, ainda que, evidentemente, o mundo segundo o racialista seja muito agradável para o racista. Ser um racialista (na acepção em que o termo é utilizado aqui) é consistente com uma admiração, ou uma benevolência, por todas as raças. Entretanto, o compromisso com tais conceitos raciais e crenças relacionadas, mesmo que somente em nível inconsciente ou inarticulado, é, como visto, necessário para que se seja racista. Então, o que é preciso adicionar ao racialismo para que se obtenha o racismo?

É fácil apontar as coisas que se disse considerando-as racismo. Foi dito que racismo é uma ideologia de diferença e valor biológicos em grupos humanos; crenças (convicções) ou julgamentos de valor a respeito de grupos racialmente definidos; ações ou condutas hostis ou opressoras de indivíduos ou grupos; uma forma de aversão ou asco; uma incapacidade ou inabilidade de fazer certos tipos de discriminações; certos estados mentais afetivos, volitivos ou desejosos, tais como malevolência ou ódio; certos estados afetivos e desejosos *inconscientes*; processos institucionais de discriminação adversa; e estruturas sociais e políticas desvantajosas.

Listar as categorias básicas de coisas que o racismo é, entretanto, não avança muito o debate. Pois, evidentemente, racismo não são somente *quaisquer* crenças inferiorizantes, inimizades ou instância de discriminação adversa dirigida contra grupos racialmente determinados. Inimizades, menosprezo e discriminação adversa são, às vezes, respostas adequadas e justificadas; e no laboratório de experimentos de pensamento do filósofo, é fácil moldar casos em que, em princípio, a inimizade contra um grupo inteiro racialmente determinado é justificada e apropriada. E nesse caso, para distinguir o racismo *dentro* da pluralidade categorial de suas manifestações, filósofos e cientistas sociais foram atraídos em duas direções principais. Alguns enfatizaram que o racismo é basicamente um preconceito ou uma conduta motivados pelo preconceito, que são na verdade concebidos como estados mentais ou modos de ação irracionais. Esses filósofos e cientistas sociais, cujo principal interesse repousa nas condições causais e psicológicas do racismo, tendem a compreendê-lo dessa forma, como algo francamente irracional, embora possam discordar significativamente a respeito das causas e da natureza da irracionalidade. Neste livro, essa abordagem ampla está representada nos capítulos de autoria de Neil Altman e Johanna Tiemann, Michael Dummett, Michael Levine, Elisabeth Young-Bruehl e minha própria. Outros enfatizam que o racismo é um estado mental ou modo de ação vicioso, pervertido; evidencia alguns vícios ou fende uma ou mais virtudes ou princípios conseqüenciais de avaliação moral. Neste livro, Lawrence Blum e J. L. A. Garcia exploram explicitamente essa segunda abordagem, e vários outros colaboradores a pressupõem, cada um à sua maneira. (A maioria das pessoas provavelmente considera o racismo tanto um preconceito como um vício; mas as condições e conseqüências desse pensamento convincente não parecem ter sido examinadas explicitamente na literatura.)

Há, é óbvio, elos entre as manifestações categoriais do racismo: intento racista, crença racista, ação racista e assim por diante. Dada a propensão filosófica para identificar as instâncias centrais ou fundamentais e extrair as demais instâncias delas, não é de surpreender que tanta atenção tenha sido direcionada para a identificação da base ou o "coração" do racismo e para a demonstração de como esta se relaciona com as instâncias mais periféricas. Assim, argumentou-se que atos são racistas somente quando são causados por estados mentais racistas, que discriminações adversas institucionais são racistas apenas se há um intento racista por parte do agente, que o intento racista existe apenas se tiver uma relação de causa com certos tipos de subestruturas psicológicas profundas, etc. É tentador supor que uma meada passa através e une todos os fenômenos do racismo. Uma explicação unificada certamente seria útil para classificar os problemáticos casos limítrofes em que o racismo se dissolve em um domínio amorfo de relações entre raças. Se é de fato possível reunir todos os fenômenos do racismo sob uma única intenção, ou demonstrar como cada um pode ser derivado de uma ou mais instâncias centrais, é um problema-chave que é tratado em vários dos ensaios nesta coletânea. Garcia e, do seu jeito particular, Levine são os mais confiantes a respeito dessa perspectiva; Blum, Haslanger e eu somos mais céticos. Pode muito bem ser que, apesar de termos apenas uma única palavra superutilizada para designar uma pluralidade de fenômenos racistas, eles realmente exibam uma semelhança familiar: um resultado que não seria de todo surpreendente sob a luz do modo que o conceito de racismo se desenvolveu historicamente por meio da adaptação e do acrescimento.

VI

Segundo uma de suas mais antigas definições, que remonta à década de 1920, mas ainda proeminente em dicionários, o racismo é principalmente uma ideologia, doutrina ou sistema de crenças que divide, classifica e escalona a humanidade seguindo as linhas explicitadas anteriormente. Um racista, então, é uma pessoa que adota essa ideologia. O racismo, segundo essa descrição, é principalmente doxástico.* *Crença* é uma noção complexa, e o limite entre convicção e paixão – como entre noções cognitivas, afetivas e volitivas de modo geral – é freqüentemente vago. Mas é evidente que a

---
* N.T.: Relacionado à *doxa*, crenças.

visão doxástica engloba algo importante, ao menos sobre algumas formas de racismo. Lawrence Lengbeyer considera e adota uma visão em que a crença racista é central. Ele argumenta neste livro que uma pessoa que possua crenças racistas – ou seja, crenças que sejam inferiorizantes ou derrogatórias a respeito de uma raça – é *ipso facto* um racista. A principal tendência em seu ensaio é reformadora; ele está interessado em identificar os requisitos para a erradicação das crenças racistas, fornecendo uma nova e sofisticada explicação cognitiva da persistência dessas crenças, e reitera a dificuldade de um projeto purificador. Sua conclusão, entretanto, é otimista: os processos de gerenciamento cognitivo que descreve são acessíveis e podem ser eficazes.

Próximo do final da primeira metade do século XX, uma perspectiva diferente acerca do racismo começou a ser articulada. J.-P. Sartre (1972) argumentou de forma contundente que o racismo não era principalmente uma questão de opinião ou crença, e sim de paixão. O anti-semita não odeia porque acredita, insistia Sartre; ele acredita porque odeia. A opinião ou a crença racista torna-se um tipo de racionalização ou epifenômeno que esconde condições mentais menos vulneráveis racionalmente. O título de um livro a respeito da "alucinação nazista", escrito por Maurice Samuel, *The Great Hatred* (1940), deixa pouca dúvida de que o anti-semitismo europeu, ao menos, não era visto simplesmente como uma opinião ou doutrina política oportunista, e sim como uma profunda e selvagem inimizade. Também nessa época, acadêmicos influenciados pela psicanálise estavam começando a articular as opiniões de que o racismo era uma expressão de desejos, fantasias e estruturas defensivas de caráter irracional e inconsciente.[7] O racismo passou a ser visto como um problema não de compromisso ideológico, mas sim de personalidade perturbada. A personalidade racista era preconceituosa, e o preconceito era o resultado de distorções em crenças e comportamentos causadas por imposições de desejos e emoções inconscientes ou irracionais de outros tipos. No estudo do racismo, a vida interior de disposições aretivas ou oréticas passou a ocupar um papel de destaque.

Mas não se limitou a apenas isso. Dois avanços significativos levaram o estudo do racismo adiante. Na ciência social acadêmica, as teorias dominantes referentes ao aprendizado social aplicadas na psicologia do racismo passaram a enfocar a assimilação cognitiva de comportamentos e crenças preconceituosas e a negligenciar francamente o papel de aspectos emocionais e oréticos da personalidade. E, em segundo lugar, o interesse dentro do amplo e amorfo campo das relações raciais deslocou-se do preconceito individual para as formas mais ou menos sistemáticas de discriminação racial exercida constitucionalmente e nas estruturas sociais e políticas. A publicação do livro de Stokeley Carmichael e Charles Hamilton, *Black Power: The*

[7.] Uma brilhante descrição dessas opiniões é dada em Young-Bruehl 1996.

Politics of Liberation in America, forneceu um ímpeto decisivo nessa direção.

Esses avanços ainda nos acompanham atualmente, mas houve também uma recuperação do interesse na abordagem psicológica e caracterológica mais ampla do racismo. Teóricos psicodinâmicos continuam a enfatizar a vida interior e a estrutura de caráter e, na filosofia, um interesse renovado na interferência, na motivação e na ética da virtude convergiu até o mesmo resultado. Na última década, J. L. A. Garcia, mais talvez que a maioria dos filósofos, insistiu na primazia de disposições volitivas e afetivas perversas na definição do racismo. Garcia caracteriza sua visão do racismo como "focalmente uma questão de volições, desejos e esperanças"; e, como essas podem ofender as virtudes na base da avaliação moral de caráter e ação, ele é convincentemente capaz de explicar por que o racismo é um vício, um defeito. Mas essas disposições motivacionais também estão sistematicamente ligadas às nossas ações e projetos e a algumas de suas conseqüências, e esse fato promete mostrar como a pluralidade dos fenômenos racistas pode ser unificada e remontada ao que há no coração dos indivíduos. Como Garcia observa no Capítulo 2:

> *Racismo, em sua essência... consiste em desconsideração racial, incluindo desrespeito ou, mais gravemente, malevolência. Desconsideração (ou malevolência) baseada ou influenciada racialmente é uma indiferença (ou oposição) ao bem-estar de outrem com base no grupo racial a que este pertence... Essa visão ajuda a explicar a gama de fenômenos potencialmente racistas. Ações, crenças, projetos, esperanças, desejos, instituições e práticas institucionais são todos racistas, na medida em que são influenciados por desconsideração ou hostilidade raciais. Essa explicação também torna manifesto por que o termo racismo é adequadamente pejorativo. A malevolência ou desconsideração que constitui o racismo é inerentemente contrária às virtudes morais de benevolência e justiça, e freqüentemente também a outras.*

É uma força própria da abordagem de Garcia que ele seja capaz de refutar tantas opiniões concorrentes, em alguns casos decisivamente, e argumentar pela ordem e unidade moral das manifestações do racismo.

Em seu livro *I'm Not a Racist, But...* , Lawrence Blum argumenta que o uso ordinário dos termos "racismo" e "racista" se tornou tão exagerado ou prolongado que obscurece tanto a variedade dos fenômenos relativos à raça como a variedade de males e malfeitorias relativos a ela. Atualmente, qualquer coisa que vai mal quando o assunto são raças é descrito como racismo. Perdemos a capacidade de discriminação cuidadosa entre as manifestações de racismo e outros males relativos à raça. Em sua contribuição a este livro, Blum amplia seu argumento, afastando-se de sua obra anterior em um argumento importante. Em seu livro, Blum conclamou um reconhecimento do pluralismo categorial das expressões de racismo e sua variedade entre males morais raciais, mas ainda considerava que havia duas coisas que se podia dizer que estão na base do racismo: antipatia e inferiorização. Ele não está mais confiante de que exista uma coisa (ou duas) que o racismo é, ou que a principal tarefa filosófica seja formular uma explicação a esse respeito. Em vez disso, deveríamos tomar como nossa "tarefa explicar a diversidade dos fenômenos raciais que constituem males morais e delinear cuidadosamente o caráter moral de cada uma".

Uma das principais linhas dessa argumentação segue como uma crítica detalhada de diversas alegações centrais à explicação de Garcia. Blum simpatiza com grande parte da tendência geral da obra de Garcia, particularmente a insistência no caráter irredutivelmente (i)moral do racismo, seu reconhecimento da pluralidade categorial das manifestações racistas e a tentativa detalhada de articular o que está errado com elas. Mas Garcia alega que *existe* um centro do racismo: instâncias do racismo manifestam-se ou estão casualmente relacionadas à malevolência ou à desconsideração racial em alguns corações humanos. Se uma instituição é racista por exemplo, é devido à intrusão, em algum momento, de malevolência ou desconsideração racista. Então, apesar de em certo nível Garcia reconhecer a pluralidade categorial – a manifestação de racismo em atos, crenças, instituições, etc. –, ele não reconhece a pluralidade de males raciais distintos. Blum também levanta questões referentes aos relacionamentos entre os vícios que constituem grande parte da explicação de Garcia e questiona se essa explicação realmente identificou as características *distintivas* dos enganos relacionados à raça (ou seja, as características que distinguem tais erros dos normalmente associados com ódio, desrespeito, discriminação adversa, etc.). Blum sustenta que a explicação de Garcia não faz isso e fornece sua própria resposta, a qual, ele mesmo nota, é parcialmente conseqüencialista.

VII

A literatura das Ciências Sociais a respeito de racismo e relações de raças em geral é vasta. Como se deve esperar atualmente, "racismo" é o termo preferido para descrever uma gama de configurações políticas, sociais e econômicas oneradas pelo conflito em que os grupos envolvidos são susceptíveis a uma classificação racial (ou por afinidade). Nessas discussões, como em muitas áreas das Ciências Sociais, a confusão conceitual é endêmica. Por exemplo, é comum encontrar racismo não distinguido de outros aspectos das relações entre raças, como no caso em que conflitos entre grupos racialmente identificados, motivados em grande parte pela competição por emprego ou território, são mal descritos como conflitos raciais. A antipatia racial é certamente bastante comum, mas não pode ser o único motivo que coloca grupos racialmente definidos uns contra outros. E, evidentemente, instâncias retiradas dessa generalização chamada "relações entre raças" podem ocasionalmente ser boas ou benignas. O estudo sociológico das relações entre raças revelou, contudo, duas importantes concepções: a noção de discriminação racial indireta e não intencional e a noção de racismo institucional ou estrutural ou discriminação racial. Na década de 1960, reconhecia-se que instituições, práticas administrativas e estruturas políticas e sociais podem operar de modo adverso e racialmente discriminatório ou excludente. Também reconhecia-se que, em alguns casos, os processos discriminatórios têm vida própria, causalmente independentes da interferência de racistas e intolerantes individuais. O conceito de racismo foi ampliado para abranger essas formas de discriminação institucional ou estrutural por afinidade. Independentemente do que um racista pode ser, este é uma pessoa que tem uma atitude adversa contra membros de um grupo racialmente definido e, dada a oportunidade, provavelmente tentaria prejudicá-los ou discriminá-los. Práticas, instituições e estruturas políticas não têm atitudes, mas podem certamente discriminar e prejudicar os interesses de membros de um grupo por causa de *sua raça*. Assim sendo, há uma significativa afinidade entre racismo, preconceito e intolerância individuais, por um lado, e discriminação adversa e prejuízos institucionais ou estruturais, pelo outro.

As exatas relações entre racismo individual, racismo estrutural e discriminação racial adversa são, entretanto, problemáticas, assim como prejuízos e vícios distintivos. Está longe de ser claro que o modelo de racismo individual erigido ao redor (por exemplo) de disposições afetivas e oréticas viciosas pode ser expandido para explicar os processos e as operações racialmente discriminatórias de estruturas institucionais e sociais e sua perversidade particular. Quando Carmichael e Hamilton apresentaram sua distinção entre racismo individual e institucional, ficou evidente que conceberam este último como um parasita do anterior: "o racismo institucional conta com a operação ativa e penetrante de atitudes e práticas antinegros" (1968: 19). Mas o caráter dessa dependência – se, por exemplo, é tão causal como conceitual e, se assim for, exatamente desta forma – está longe de ser transparente.

Em sua contribuição neste livro, Sally Haslanger argumenta que a abordagem individualista falha causalmente para explicar todas as operações da estrutura social da opressão racial: para começar, na opressão estrutural pode não haver um agente (individual) responsável por ela, e "estruturas sociais estão freqüentemente além do controle de agentes individuais". Ela argumenta que as injustiças da opressão racial não podem ser derivadas das, ou explicadas em termos das, injustiças cometidas por agentes individuais. Se uma opressão racial estrutural, seja em um sentido próximo ou histórico, pode ser adequadamente classificada como racismo ou não, Haslanger está certamente correta em insistir na importância moral, social e política dessa opressão estrutural: "para muitos dos que sofrem injustiça, atitudes 'privadas' não são o pior problema; a subordinação institucional sistemática sim". Tanto agentes individuais como a opressão racial estrutural devem ser acomodados. Sua argumentação leva à construção de uma teoria excepcionalmente cuidadosa e elegante da opressão racial estrutural – ou racismo.

VIII

Concepções racialistas têm sido essenciais na formação do racismo moderno e, por sua vez, o racismo contribuiu na formação de algumas dessas concepções racialistas. Concepções de raça e ideologia de raça têm, conforme visto, uma longa história e foram alvo de inúmeras influências formativas. A história da evolução das concepções racialistas, entretanto, não fornece uma explanação de sua atração. O forte apelo do pensamento racial e sua freqüentemente selvagem exploração não podem ser explicados adequadamente como uma persuasão da Biologia ou da Antropologia Física ou de acordo com outras bases históricas ou científicas probatórias. Muitos pensadores de várias disciplinas (Arendt 1979, Banton 1998, Hobsbawn 1987) argumentaram de modo convincente que o racismo não surgiu primeiramente do racialismo. Hannah Arendt, em particular, enfatizou o abismo entre as enormidades do racismo moderno e as concepções raciais dos pensadores seminais do Iluminismo. Estes últimas nunca estiveram "seriamente preocupados com a discriminação contra outros povos como raças inferiores". "Há um mundo de diferença", declarou ela, "entre os homens de brilhantes e agradáveis concepções e homens de atos brutais e ativa animalidade" (Arendt 1979: 182, 183).

As condições históricas, econômicas e sociais para o surgimento do racismo em diversas partes do mundo em diferentes épocas são, nem é preciso dizer, imensamente complexas. Para as causas históricas do racismo ocidental, alguns teóricos voltaram-se para os levantes e lutas por novas identidades que se seguiram à Reforma. Outros enfatizaram a ruptura das estruturas de classe européias durante o século XIX e a instável consciência de *status* que buscava satisfação na humilhação dos povos submetidos. Também foi dada atenção ao elo com a ascensão do capitalismo: o racismo é um instrumento de exploração do trabalho e, com a transformação em mercadoria do valor humano, tornou-se moda livrar-se da culpa de prejudicar outros seres humanos – raças inferiores, classes baixas, mulheres, pobres – desprezando-os e desvalorizando-os. Muitos escritores fizeram a ligação do avanço de ideologias e posturas emocionais racistas com a insistente necessidade (principalmente em sociedades que aspiram à igualdade) de racionalizar ou abrandar o imperialismo, o interesse próprio econômico e, em particular, a exploração da escravidão.

Não há dúvida de que há muito a se dizer a respeito da força e do escopo explanatórios dessas construções causais de alto nível. É evidente, contudo, que precisam ser completados com explicações de processos de nível mais inferior, as características cotidianas de economia doméstica, pequenas idéias, objetivos, medos e ambições. Em particular, as construções de alto nível não são inconsistentes nem independentes da explanação causal psicológica. O racismo satisfaz uma gama de importantes necessidades psicológicas. Apesar de não ser muito destacado, esse fato é implícito nas recorrentes explanações que dependem da "função racionalizante" do racismo, como na "racionalização da dominação, da exploração e da escravidão" (Blum 2002: 145). Pois, é evidente, essa racionalização não é outra senão o abrandamento da culpa, o apaziguamento válido da consciência e a bem-sucedida auto-enganação. Os processos que recaem sob a égide da racionalização são importantes, mas são apenas casos especiais da ampla gama de necessidade oréticas e emocionais para as quais pensadores psicodinamicamente orientados voltaram sua atenção: o sustento da auto-estima e da identidade; a supressão do medo e da ansiedade; o deslocamento da agressão; a projeção de aspectos inesperados do ego, a realização de desejos de ser especial, ser superior e fazer parte de um grupo, e os prazeres do desdém e da subordinação.

Esses processos, freqüentemente inconscientes, deformam as relações normativas entre o racista e suas vítimas. Talvez as duas características mais conspícuas do racismo são que as crenças do racista a respeito de suas vítimas são freqüentemente inapropriadas para seus supostos alvos. Como dito anteriormente, o racismo (ou ao menos a maior parte do racismo) é freqüentemente considerado uma expressão de preconceito, sendo que se compreende que o preconceito envolve atitudes e emoções irracionais, ou crenças a que se chegou de modo irracional. Entretanto, alguns cientistas sociais argumentaram que o preconceito racial não é, pelo menos não necessariamente, irracional; em vez disso, é a aceitação de falsas crenças e atitudes adquiridas de modo inocente durante a aculturação ou por meio de generalizações falsas, porém não tendenciosas. Preconceito é uma idéia errada sustentada pela ignorância. Algumas importantes obras filosóficas também questionaram o caso da irracionalidade (p. ex., Goldberg 1999) e alguns, como visto anteriormente, simplesmente passam ao largo dessa questão; preferem distinguir racismo sempre como um vício moral, em vez de intelectual, esquecendo-se, talvez, de que pode ser ambos. Obviamente, processos bastante normais de aprendizado e influências relacionadas desempenham um papel em alguns casos. Mas uma investigação psicológica, inclusive clínica, juntamente com considerações de outras disciplinas, sugere que o papel de processos mentais irracionais e freqüentemente inconscientes na gênese do racismo são importantes fatores que não podem ser ignorados.

Michael Dummett argumenta no Capítulo 1 que o racismo é preconceito manifestando-se em uma variedade de atitudes hostis direcionadas contra grupos raciais. O racismo, sustenta ele, é sempre irracional. Apesar disso, o racismo visto dessa maneira não vai muito fundo, e Dummett defende que o racismo pode ser suprimido ou eliminado por sanções políticas e legislativas adequadas. As necessidades ou propensões humanas que engendram o racismo podem ser profundas, mas suas expressões racistas, especificamente, não, e a cobertura de raça é fungível.

Sentimentos racistas, sendo bastante irracionais, são difíceis de remover por argumentação ou persuasão. São freqüentemente muito passionais. Essas características levaram comentaristas a descreverem-nas como muito profundas. Pode haver alguns raros indivíduos entre os perpetradores dos mais terríveis crimes raciais em cujas psiques os sentimentos racistas são muito profundos. Mas, entre a grande maioria dos racistas, esses sentimentos, embora irracionais, perigosos e muito passionais, são bastante superficiais. A necessidade psicológica de ter algum grupo para desprezar e abusar pode ser profunda; a identificação de algum grupo racial como alvo do desdém ou da hostilidade, não.

Contra o pano de fundo geral da negligência da motivação racista na literatura filosófica, pode-se perceber uma certa afinidade de perspectiva com autores de mentalidade psicodinâmica. A ênfase na irracionalidade das manifestações racistas e suas fontes em profundas necessidades humanas são um ponto comum importante. Mas também há diferenças. Uma significativa é que, em obras influenciadas pela psicanálise, as características aparentes das vítimas – reais, imaginárias, projetadas – não são caso de indiferença, mas refletem ou mobilizam estruturas mentais inconscientes particulares que determinam as formas que o racismo assume. E, de modo mais geral, como se pode esperar após um século de pensamento clinicamente orientado, explicações psicanalíticas são capazes de oferecer detalhadas histórias causais relacionadas a disposições oréticas, emocionais, doxásticas e defensivas racistas para fatores desenvolvimentais individuais e as relevantes condições sociais formativas e precipitadoras. Essas explicações causais são simultaneamente históricas (desenvolvimentais) e próximas; uma conseqüência – para condensar a massa de teorias em uma frase freudiana – da "atemporalidade" do inconsciente.

Talvez o mais impressionante e abrangente entre os recentes tratamentos psicanalíticos do racismo seja a obra de Elisabeth Young-Bruehl, *The Anatomy of Prejudices* (1996). Uma breve exposição de alguns dos temas-chave neste livro pode ajudar a localizar sua contribuição aqui e também fornecer um pano de fundo muito útil para vários outros capítulos nesta coletânea.

Young-Bruehl começa a seção construtiva do livro distinguindo preconceitos etnocêntricos de preconceitos oréticos. Os preconceitos etnocêntricos são (mais ou menos) dados culturais adquiridos pelo aprendizado. Os oreticismos são gerados e moldados por projetos e desejos inconscientes individuais, mas, quando um número suficiente de pessoas os partilha, podem vir a *parecer* com etnocentrismo. Os oreticismos são um tipo de "defesa social" (não patológica). Eles utilizam outras pessoas com o propósito de defesa psicológica, de modo bastante semelhante a alguns distúrbios de caráter, em contraste com neuroses que ocorrem em grande parte no interior da própria pessoa. Young-Bruehl considera que o racismo em sua forma moderna – que ela distingue do anti-semitismo, do sexismo e da homofobia em termos de subestruturas psicológicas distintas – é completamente orético.

As defesas psicológicas preponderantes usadas por um indivíduo em grande parte determinam a estrutura de caráter. Young-Bruehl desenvolve uma detalhada teoria de tipos de caráter baseada na tentativa de Freud em "Tipos Libidinosos" (1961b). Os principais tipos são o obsessivo, o narcisista e o histérico (o "erótico" de Freud). Os tipos de caráter são então coordenados com os diferentes tipos de preconceitos. Assim, o anti-semitismo é geralmente associado com os tipos obsessivos; o racismo contra negros com os histéricos; e o sexismo e a homofobia com os narcisistas. Os diferentes tipos de caráter também podem ter como alvo os mesmos grupos, portanto há modalidades obsessivas, histéricas e narcisistas aplicadas a tipos judeus, negros e asiáticos "intermediários", etc. Aqui há alguns exemplos com enfoque na modalidade de ruptura defensiva. Os obsessivos podem ver nos negros algo imundo ou contaminador que precisa ser segregado ou eliminado; e o preconceito – que é essencialmente uma operação defensiva – tem a significância inconsciente de ser purgado. Histéricos concentram-se na suposta potência sexual dos negros e nos dotes físicos imaginados. Eles podem projetar seus desejos proibidos e, de modo projetado, identificar-se com eles, de forma que se encontram atrelados aos seus objetos negros e dependentes deles. Ao mesmo tempo, a função do preconceito é manter uma ruptura no ego do racista e manter separadas as naturezas superior (moral) e inferior (sexual); e isso é conseguido pela subordinação dos objetos que carregam parte do ego – "mantê-los em seu devido lugar" –, mas de certo modo os mantém disponíveis. A propensão histérica à segregação, à hierarquia e à classificação reflete a dissociação que se origina da intensa necessidade pelo objeto e, simultaneamente, da aversão a ele. De modo similar, narcisistas brancos podem estar preocupados em impor a subordinação e a deferência ou, no caso comum dos homens, em apropriar-se da potência fálica imaginada dos negros para manter a auto-estima e negar a inveja.

Young-Bruehl discute como diferentes tipos de sociedade promovem os diferentes tipos de caráter e como circunstâncias sociais e políticas particulares acionarão as manobras típicas de cada tipo. Por exemplo, a perda aparente de *status* social que se segue a um desterro ou privação provavelmente provocará, naqueles que são inclinados à obsessão, defesas segregacionistas ou eliminadoras contra um grupo-alvo adequado que é visto como contaminador, insidioso ou perseguidor. Os narcisisticamente inclinados serão suscetíveis à inveja, à humilhação e à mágoa narcisista e, tipicamente, defendem-se por intermédio de projeções, negação e auto-idealização. Seguindo Arendt (1979), Young-Bruehl também examina cuidadosamente as características dos grupos-alvo. Então, por exemplo, Arendt notou como a percepção dos Rothschild como "o poder por trás do trono", sendo identificados com o Estado, como uma família de conspiradores, contribuiu significativamente para o anti-semitismo. Young-Bruehl é capaz de mostrar como *a significância inconsciente* dessa percepção e de outras similares (que já são percepções fantasticamente distorcidas) interage com circunstâncias sociais específicas para forjar sentimentos anti-semitas. A atenção aos detalhes das vítimas, reais ou imaginadas, e as circunstâncias sociais são consideradas um avanço sobre as teorias projetivas e de bode expiatório anteriores, assim como sobre explicações, como a de Michael Rustin (1991), que rompem os elos associativos entre o estado de espírito do racista e as características de seu grupo-alvo.

Em sua contribuição para esta coletânea, Young-Bruehl esboça algumas das conclusões de sua obra anterior acerca do preconceito e as estende para fornecer uma explicação psicanalítica da violência: "Preconceito é a idéia para a qual a violência é um modo de ação. O preconceito dita o que a violência faz". Da mesma forma que o caráter fornece o modelo para modos do preconceito e outros comportamentos de relação com objetos, também fornece o modelo para modos de agressão. Uma importante causa permissiva da violência é que as vítimas não sejam vistas como indivíduos "em sua própria pessoalidade", mas como membros de um grupo definido por certas imagens e categorias preconcebidas – como rivais, privadores, sexualmente satisfeitos, por exemplo. Essas são categorias que, como visto, agigantam-se na mente racista.

Neil Altman e Johanna Tiemann desenvolvem uma explicação psicanalítica consideravelmente diferente, porém não incompatível, de algumas formas de racismo. Eles baseiam-se, não como Young-Bruehl faz na linha da psicologia do ego intimamente associado com Anna Freud, mas sim nas visões de relação com o objeto retiradas de Melanie Klein. Os autores começam expondo sucintamente alguns aspectos das opiniões de Melanie Klein a respeito do desenvolvimento no início da infância, incluindo os principais processos defensivos que influenciam esse desenvolvimento. Eles reconhecem a significância da dinâmica social na formação do racismo e enfatizam a interação entre eles e os processos psicológicos. Em seguida, desenvolvem uma explicação complexa e detalhada do racismo como uma expressão de defesa maníaca (Klein 1975). A defesa caracteriza-se por distanciamento do espaço psíquico, fantasias de onipotência e identificação projetiva. Ela é ativada por experiências dolorosas associadas com uma posição depressiva: sentimentos de culpa, dependência e vulnerabilidade. Na infância, o uso excessivo dessas defesas bloqueia o desenvolvimento de uma "teoria da mente", da capacidade de interpretar outros com sujeitos de atitudes intencionais. Esse processo maléfico exclui outros de serem objeto de considerações empáticas ou humanas. O triste resultado é uma precondição de algumas perigosas expressões de racismo. Assim, o racismo pode agir para isolar "o sentido de vulnerabilidade, dependência e limitação humanas". O capítulo de Altman e Tiemann ilustra esses processos com um estudo muito esclarecedor de William Pierce e da supremacista Aliança Nacional.

Então, se essas explicações causais psicológicas profundas que examinamos estiverem corretas, podem ter as mesmas conseqüências radicais para a compreensão da natureza do racismo que a análise científica tem tido para a compreensão de muitos outros fenômenos de interesse dos filósofos. Abre-se um espaço familiar para a revisão (ou descoberta?) conceitual nessa instância para a identificação contingente do racismo com estruturas psicológicas profundas ou para o estabelecimento dessas últimas como condições causais necessárias para o racismo. Mais precisamente, diferentes conjuntos dessas estruturas podem ser considerados idênticos a, ou serem condições causais necessárias para, diferentes tipos de racismo ou preconceito. Michael Levine indica algumas dessas conseqüências radicais. Ele argumenta vigorosamente que nada menos que as teorias causais psicodinâmicas podem fornecer uma explicação adequada para a natureza do racismo. Como estas foram bastante negligenciadas e subutilizadas pela filosofia, filósofos falharam em explicar a natureza do racismo. Normalmente, por exemplo, foi defendido que o racismo envolve ódio a grupos raciais, ou alguma atitude semelhante. Mas, argumenta Levine, "até que se entenda o que é que motiva esses ódios e atitudes, por que surgiram e em que circunstâncias, sendo que as circunstâncias são parte da explanação – é impossível entender o que o racismo *realmente é*".

Levine parece às vezes sugerir que as estruturas fundamentais são idênticas ao (às várias formas de) racismo, como quando escreve: "O que alguém chama de 'comportamento racista' de fato *será* um comportamento racista em um sentido relevante caso se origine do racismo, e isso não pode ser determinado somente pelo comportamento". Em outros momentos, parece acreditar que as estruturas fundamentais são condições necessárias do racismo, como quando enfatiza que o comportamento que *parece* racista não o será na ausência das estruturas apropriadas: quando sintomas são confundidos com a doença. A história causal é (de um jeito ou do outro) parte da história da natureza do racismo. Em ambos os casos, se os argumentos são sólidos, suas conclusões são bastante significativas. Pois, conforme Levine prossegue argumentando, se os filósofos falharam em explicar a natureza do racismo, certamente falharão em explicar seus maus atos distintivos como falham em descrever os remédios apropriados.

O capítulo de Bernard Boxill preocupa-se em grande parte com a periculosidade da idéia de raça, e esse aspecto será discutido adiante. Em seu curso, entretanto, ele desenvolve uma explicação causal de uma notável expressão do racismo: o racismo que surge das barreiras à compaixão que uma dominante "idéia de raça" ou identidade racial impõe àqueles que são (excessivamente) dependentes dela para seu senso de identidade e auto-estima. Identidade racial nesses casos impede a capacidade de empatia ou identificação imaginativa com aqueles vistos como racialmente diferentes, seja porque são física ou culturalmente diferentes, seja porque nossas próprias identidades raciais são tão importantes para nós que "não podemos ou não queremos trocá-las, mesmo em nossa imaginação". Por que a identidade racial assume tal importância para nós? Boxill considera diversos fatores, mas o principal motivo sugerido por ele é "um desejo de ter uma base incondicional para a auto-estima" que a participação em uma raça supostamente superior fornece.

Meu capítulo explora três temas relacionados na psicologia do racismo: sua motivação, a racionalidade do racismo e as maneiras pelas quais a tradição cultural (por exemplo, doutrinas racialistas ou crenças populares referente à raça) interage com os motivos individuais para satisfazer algumas das necessidades da mente racista. O capítulo é, em essência, psicanalítico, mas dou ênfase especial à complexidade das relações causais entre certas necessidades psicológicas de relação com o objeto e a tradição racialista e racista imbuída nas culturas. Acredito que o racismo é um conceito de semelhança familiar: não há uma meada conotacional que une a pluralidade das manifestações que se enquadram nele. Então, não se deve esperar uma simples e conclusiva história a respeito do racismo, e certamente não do caráter de sua motivação. Grande parte do racismo, sustento, é motivada por intenções inconscientes dirigidas para a satisfação de necessidades em relação ao objeto, mas certos racismos são imotivados: podem ser causados sub-racionalmente ou serem o resultado de ignorância, preconceito adquirido ou outras faltas de sorte. O racismo (conclui-se) pode, embora raramente, ser racional. Mas a maior parte do racismo é irracional, e a fonte da irracionalidade é freqüentemente – não sempre – a operação de estruturas oréticas, afetivas e doxásticas inconscientes. O papel da inveja inconsciente e destrutiva na gênese de algumas formas de racismo demonstra a influência de disposições inconscientes acerca de comportamentos e crenças racistas.

IX

Não é preciso acreditar que o racismo é uma noção irredutivelmente moral para se reconhecer suas diversas e amplas conseqüências morais, sociais e políticas. Poucos flagelos foram responsáveis por tantas atrocidades, inimizades e injustiças como as idéias raciais combinadas com paixões violentas e a fragilidade comum. Idéias podem ser perigosas. Bernard Boxill argumenta que a idéia de raça é tão perigosa que deveria ser evitada, mesmo que não seja falsa. Indo na direção contrária das mais recentes obras filosóficas, que sustentam ou supõem que não existem raças, Boxill argumenta que pode muito bem haver: de qualquer modo, se há ou não, é uma questão que é melhor deixar para os biólogos. Mas mesmo que *haja* raças, a idéia de raças permanece calamitosa. Ela fornece uma base plausível para a auto-estima, cria barreiras contra a compaixão aos nossos semelhantes, dispõe-nos à crueldade e à imoralidade e está associada com alguns dos maiores crimes dos séculos recentes. Os filósofos, conclui Boxill, deveriam "passar menos tempo argumentando que não existem raças e mais tempo explorando a periculosidade da idéia de raça".

O abrangente capítulo de Cynthia Willett tem vários objetivos. Ela pergunta por que, depois do fim da influência da ideologia racista, os negros nos Estados Unidos continuam preferindo segregar-se e experimentam a alienação e o mal-estar de não serem aceitos. Esses são fatos cruéis, inexplicados mesmo após os suspeitos habituais terem sido considerados. Para Willett, essa falha explanatória aponta para falhas ainda mais profundas na teoria política liberal e esquerdista. "Nem a tradicional visão liberal do indivíduo como um agente autônomo nem o modelo contemporâneo de espaço social como um conjunto de práticas individuais nos fornecem ferramentas suficientes para explicar esse mal." Trazendo à tona as não desenvolvidas visões políticas de Merleau-Ponty de sua poética de espaço em uma discussão extensa e detalhada, ela desenvolve uma crítica à teoria liberal que permeia seu cartesianismo implícito. A consciência individual não pode ser separada de sua realidade espacial e social. Realidade espacial é uma parte integral da realidade social. O espaço é repleto de significado, incluindo os de cor e raça. Willett combina a exploração de Merleau-Ponty dos significados pré-discursivos de investigações sociológicas e de espaço das escolas norte-americanas que revelam como os brancos demarcam espaços de exclusão, por meio de gestos e outros meios, o que leva os negros a se sentirem intrusos. "O espaço como experiência de profundidade e cor, ou como um 'tecido' interconectado de sensibilidades, oferece um meio para entender a persistência da segregação racial." O espaço social é essencialmente pintado pela cor, e o liberal erra ao pensar "que podemos construir princípios formais de justiça na abstração das realidades sociais. Não vivemos e trabalhamos em um vácuo, mas sim em um espaço que estabelece nosso *status* e poder, em parte, por intermédio da cor."

O pensamento moral de Kant foi freqüentemente atacado por falhar em dar à experiência seu devido valor. Laurence Thomas desenvolve um complexo e novo argumento nessa ampla classe, que se recusa a dar breves sumários e que lança uma nova luz sobre as condições para a igualdade racial. Apesar de o pensamento kantiano fornecer base para o valor moral da igualdade, argumenta Thomas, ele não fornece as bases para o tipo de igualdade em que a raça e a etnicidade são moralmente irrelevantes. Para considerar o outro verdadeiramente como seu igual, é necessário não apenas reconhecer a igualdade de seu valor moral, mas também o que Thomas chama de igualdade do índice social pessoal (ISP): em termos aproximados, que o outro seja merecedor de uma qualidade de vida superior ou igual à sua própria. Essa noção tem a intenção de capturar muitos aspectos do valor humano que não são cobertos pela noção de valor moral. Thomas emprega a condição de igualdade invertida – uma repartição política governada por negros – para mostrar a dificuldade do pensamento kantiano. Seria desejável, evidentemente, que o pensamento kantiano exigisse um compromisso com a igualdade invertida; mas, no mundo não ideal, isso não ocorre. E não ocorre porque o compromisso com a igualdade invertida exige um compromisso com a igualdade de ISP, enquanto a noção kantiana de valor moral igual, não. O ISP depende em diversos sentidos de profundas respostas emocionais viscerais (REVs). A superação de REVs profundas, por exemplo, as que diferenciam grupos étnicos, dificilmente pode ser conseguida por atos de racionalização. Para reconhecermo-nos como iguais em nosso ISP, para sermos capazes de julgar outro grupo étnico ou racial como digno de governar, precisamos da transformação que vem somente com a experiência uns dos outros. Mas o pensamento kantiano não engloba essa precondição para a total igualdade.

Nossa espécie não teve problemas de criatividade para criar variedades de inimizade, preconceito e opressão. É natural perguntar-se se essas surgem de uma única fonte ou se há quaisquer relações significativas entre elas. Há atualmente uma ampla literatura feminista que explora as relações entre sexismo e racismo. Em seu capítulo, Marguerite La Caze realiza uma importante pesquisa dos pontos mais significativos. Ela mostra que a reflexão a respeito do sexismo e do racismo realmente gera *insights* referentes a ambos: apesar de "as duas formas de opressão serem distintas, elas partilham uma estrutura geral que emerge em experiências pessoais de opressão, no racismo e no sexismo institucionalizados e em abordagens para a superação da opressão". La Caze discute uma ampla gama de analogias e "desanalogias" propostas na literatura recente. Em muitos casos, elas são muito simples, envolventes ou extremas e falham em entender apropriadamente a experiência e as necessidades dos oprimidos. Ainda mais notável, ela argumenta que "precisamos dos conceitos de raça, sexo e gênero no futuro previsível... pois são centrais para a identidade das pessoas; e permanecerá assim mesmo que não sejam oprimidas... Continuamos precisando do conceito de raça, porque houve tanta perda cultural por parte de alguns grupos que 'etnicidade' não sugere sua excepcional situação histórica". La Caze expressa uma afinidade com os *insights* de Beauvoir acerca da opressão e das estratégias para lidar com ela, e expõe e desenvolve essas opiniões extensivamente e as contrasta dialeticamente com as contribuições mais recentes.

X

Os capítulos neste livro estão reunidos em seções que lidam com três questões: O que é racismo? Quais são algumas das causas do racismo? Quais são algumas das implicações morais e políticas do racismo? Evidentemente, as respostas a essas questões não recaem em seções bem delineadas, e mesmo uma breve imersão no assunto mostrará o porquê.

O estudo do racismo reúne muitas disciplinas notadamente empíricas: Biologia, Antropologia, Psicologia, Etnologia, Sociologia, História. O racismo também é de grande interesse filosófico. Muitas questões conceituais não resolvidas repousam sobre as raízes da discordância referente ao racismo, não apenas na Filosofia, mas nas disciplinas empíricas também. De fato, ninguém pode ficar alheio a esse assunto. Nossas atitudes coletivas em relação ao racismo têm profundas conseqüências sociais e políticas. Individualmente, nossas convicções colocam-nos em um inescapável círculo de atitudes morais de outras pessoas e nossas próprias. Por essas razões, os filósofos encontram-se em uma incomum posição de responsabilidade em relação ao estudo do racismo. A Filosofia é a disciplina mais adepta a esclarecer confusões conceituais, integrar esforços multidisciplinares e revelar as implicações filosóficas e sociais de questões empíricas relevantes. É a disciplina que estuda a vida da mente em ação. Ela é, ou deveria ser, a disciplina que se esforça em conhecer a si mesma.

Uma premissa não declarada dos ensaios presentes nesta coletânea é que compreender o racismo e suas conseqüências pode ajudar a erradicá-lo. Essa é uma instância especial de uma esperança não declarada em muitas obras acadêmicas, e a história demonstrou, e nossas consciências aconselham, que tal obra é valiosa mesmo nas mais desoladas épocas.

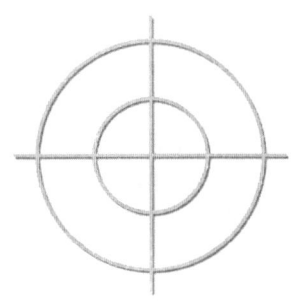

Parte I
O QUE É RACISMO?

1: A Natureza do Racismo

Michael Dummett

 Se temos uma definição de racismo, certamente é fácil explicar que o anti-racismo deve ser simplesmente o oposto do que quer que definimos como racismo. Mas há concepções tanto mais estreitas como mais amplas de anti-racismo que isso. Muitos anos atrás, minha mulher, que devotou toda sua carreira – assim que nossos filhos se tornaram velhos o bastante para que ela tivesse uma carreira – à luta contra o racismo, foi convidada para ser um dos palestrantes em uma reunião de ativistas de esquerda a respeito do Ato de Imigração de 1971. Após ela ter falado, um dos outros palestrantes discursou longamente em favor do aborto. Minha esposa sentiu-se compelida a desassociar-se disso. "Achei que essa reunião fosse sobre o Ato de Imigração", ela disse, "mas não desejo, ao ficar no mesmo palanque, que se pense que concordo com o último palestrante no que se refere ao aborto, que considero uma coisa muito errada". Toda a platéia se uniu em uma grande vaia. Os ativistas políticos defendiam uma concepção muito estreita de anti-racismo. Partilhavam de alguns objetivos, reunidos em um único pacote: sucesso político para o Partido Trabalhista, supressão da discriminação racial, aborto, direitos dos homossexuais, pleno emprego e, sem dúvida, nacionalização dos meios de produção. Um anti-racista para eles era qualquer um que apoiasse todo o pacote; quem rejeitasse qualquer item nele era o inimigo e, se não fosse realmente um racista, certamente não era um anti-racista genuíno. Eu já vi uma referência escrita à "Sociedade para a Proteção de Crianças Não-Nascidas e outras organizações fascistas". Nos Estados Unidos, a aceitação de um pacote similar é obrigatória para que se seja considerado liberal.

 Minha própria reação é pensar que as pessoas que compareceram a essa reunião não entendiam o que ser um anti-racista envolve. Não é somente o fato de que trabalhar para um objetivo qualquer exija cooperação para com todos que apóiam esse objetivo. É que a erradicação do racismo exige respeito pelos outros, independentemente das diferenças que tenham em relação a você. Ela não pode ser obtida simplesmente não tratando diferenças raciais como base para negar esse respeito, apesar de talvez o negar com outras bases, como diferenças religiosas, de opinião moral ou mesmo de cultura. A menos que se cultive um respeito por outras pessoas, apesar das maneiras em que elas diferem de você, então o espírito que deveria animar o desejo de superar preconceitos raciais e suas manifestações não foi compreendido. Isso, é claro, é uma definição ampla de anti-racismo; mais precisamente, é uma generalização. Ampla, quero dizer, em sua concepção do que o anti-racismo deveria envolver: isso impediria que merecesse o nome de anti-racista (como muitos merecem) a concepção estreita aceita pela audiência da reunião em que minha esposa discursou.

O racismo, no sentido estrito da palavra, consiste em preconceito contra um ou mais grupos raciais, que se manifesta em comportamentos hostis para com todos os membros desses grupos (ou, às vezes, contra todos, menos uns poucos que são muito ricos ou poderosos). O termo "grupo racial" é definido por atitudes sociais, não pela biologia ou mesmo pela aparência; atitudes tanto daqueles que pertencem ao grupo como daqueles que não pertencem. Você será considerado membro desse grupo se, e somente se, pelo menos um de seus progenitores pertencer a ele; normalmente apenas um é suficiente. Como definição – uma definição indutiva –, isso é obviamente insuficiente: sua aplicação dependerá da identificação de algumas pessoas como membros do grupo por algum critério além da ascendência. Para os propósitos presentes, não interessa como isso é feito. Pode ser por origem geográfica, por religião ou por aparência. Não interessa se os membros do grupo assim identificados partilhem realmente de uma origem comum ou não, apesar de que se acreditará que patilhem: o que é essencial é que a afiliação ao grupo é considerada como transmissível hereditariamente, normalmente por parte de um dos pais. Um filme chamado *Sapphire* ajudou a propagar atitudes racistas na Grã-Bretanha no início da imigração vinda do Caribe. Um inspetor de polícia passava o filme inteiro perguntando às testemunhas a respeito de uma vítima de homicídio: "Sabia que ela era de cor?" Eles podiam muito bem não saber, considerando que o tom de pele dela era indistinguível do deles. A cor dela não era visível a olho nu; "de cor", nesse caso, era puramente um epíteto racial.

A palavra "preconceito", no sentido em que é usada para definir racismo, pode englobar quase qualquer atitude hostil para com membros de um grupo racial. Pode ser uma relutância em encontrar-se ou conversar com qualquer membro desse grupo ou o desejo de que nenhum desses membros entre em sua casa, ou more em sua rua, ou se associe ao mesmo clube, sindicato ou força de trabalho, ou até mesmo entre em seu país:

talvez não mais que uma repulsa ao pensamento de que um membro desse grupo se case com sua irmã ou filha. Talvez "membros desse grupo" seja uma expressão inconveniente demais para ficar repetindo: vamos substituí-la por "os Outros". O preconceito pode tomar a forma de um ódio mais virulento que pode se manifestar em uma ou outra tentativa de prejudicar os Outros, queimando suas casas, ou por meio de ataques físicos, até mesmo assassinato. Pode se basear na crença na inferioridade dos Outros, intelectual ou moral, ou simplesmente na atitude de que eles não contam como seres humanos com quem se deva exercitar as virtudes mais simples.

É correto definir racismo como um "preconceito" contra determinado grupo racial? Não faz parte do significado da palavra que um preconceito seja irracional? A hostilidade contra ou o desdém a um grupo social precisa ser irracional? Ou pode ser fundamentado em uma base racional, como a que o incrivelmente mal informado David Hume acreditava ter a respeito de todos os grupos não brancos para pensar que estes são inferiores? A resposta depende de duas coisas. O que significa pensar que um grupo de pessoas é inferior a outro? E que tipo de comportamento tal crença justificaria? Ninguém pode pensar racionalmente que a grande maioria dos membros de qualquer grupo racial é intelectual ou artisticamente inferior à grande maioria dos membros de um outro grupo qualquer. É óbvio que dentro de um grupo há uma grande variação na inteligência e nos talentos artísticos. Uma crença na inferioridade de um grupo racial inteiro em qualquer um desses aspectos pode se sustentar com uma certa racionalidade somente se for considerado que esse grupo nunca produzirá ninguém capaz de grandes realizações; que, por exemplo, nunca haverá um grande orador, escritor, artista, músico ou cientista nesse grupo – como da África ou da população negra do Novo Mundo ou, também, do subcontinente indiano. Seria necessária uma tremenda ignorância para levar adiante uma proposição dessas; mas, por outro lado, algumas pessoas, embora racionais, são tremendamente ignorantes. Uma crença racional pode ser baseada em ignorância? Não se o indivíduo ignorante sabe de forma palpável muito pouco para fazer um julgamento a esse respeito. Uma pessoa racional, mas ignorante, não pode ser mais do que agnóstica acerca de questões que exijam um certo grau de conhecimento para serem respondidas.

De qualquer modo, a que tipo de comportamento em relação a membros de um grupo racial a crença em sua inferioridade intelectual racionalmente levaria? Certamente não ao tipo de comportamento que normalmente caracteriza os racistas. Seria uma péssima razão para não querer que alguém entrasse em sua casa ou comprasse a casa ao lado o fato de não esperar que desse grupo surjam grandes cientistas ou artistas. Não é necessária uma grande inteligência ou talento artístico para relações comuns do dia-a-dia entre seres humanos. É injustificável não ser educado, justo ou compassivo com alguém sob a alegação de que lhe falta inteligência e talento, mesmo que se seja um gênio ou um prodígio. E ainda mais injustificável seria se a razão fosse que essa pessoa pertence ao grupo do qual não se espera um alto grau de inteligência ou talento. De modo simples, nenhuma crença negativa sobre um grupo racial como um todo, mesmo que se possa chegar a essa conclusão por um meio racional, embora mal informado, poderia levar racionalmente a um comportamento racista contra todos os membros desse grupo; e, se não levasse, não poderia ser considerado racismo sob a definição precedente. Em vez disso, qualquer pessoa que tivesse tal crença racional, e não sendo ela mesma racista e sabendo como as pessoas podem ser irracionais, tomaria cuidado para não propagar essa crença.

É uma característica do racismo a facilidade com que ele se mescla com outros tipos de hostilidade e pode se disfarçar sob essa outra forma. Uma vez que as diferenças de raças (em um sentido social) são freqüentemente acompanhadas de diferenças de cultura, o preconceito racial facilmente se une ao preconceito cultural. Nos primeiros tempos de adaptação da Grã-Bretanha ao resultado da imigração advinda do subcontinente indiano, era freqüente ouvir reclamações a respeito do uso de *saris* ou *shalwars*, típicas vestimentas indianas. "Já que estão aqui, deveriam se vestir como nós", diziam os ingleses. Se você dissesse: "Se você e seu marido fossem à Índia, você não usaria um *sari* e seu marido não usaria um *dhoti*", eles poderiam não entender o que você quis dizer. O racismo também se combina com antagonismo religioso. Os alemães da atualidade explicam sua maior antipatia pelos "trabalhadores visitantes" turcos do que pelos de outros países europeus dizendo que eles têm uma religião diferente; e, obviamente, um pensamento similar contribuiu para o anti-semitismo do pré-guerra que resultou no maior crime de um século repleto de crimes.

O preconceito racial também se amalgama com ansiedades econômicas. É muito importante não considerar esse amálgama como "meramente econômico". Na introdução deste livro, Pataki escreve: "Nessas discussões, como em muitas áreas das Ciências Sociais, a confusão conceitual é endêmica. Por exemplo, é comum encontrar racismo não distinguido de outros aspectos das relações entre raças, como no caso em que conflitos entre grupos racialmente identificados, motivados em grande parte pela competição por emprego ou território, são mal descritos como conflitos raciais".

Temo que foi o autor desses comentários que manifestou uma confusão conceitual. A discriminação indireta pode ocorrer quando alguma lei prejudica não intencionalmente os membros de algum grupo racial; de modo simples, quando isso ocorreu acidentalmente, é devido à falta de consideração, e não de racismo. Mas isso não é um exemplo de *conflito* ou competição entre grupos. Não há um único aspecto das relações entre raças – como o termo é normal e apropriadamente usado – que não tenha o racismo em suas origens: "relações entre raças" não é normalmente aplicado a relações para grupos entre os quais não há tensão ou competição, como os falantes de francês e de alemão na Suíça. De modo similar, a competição por emprego entre homens, como um grupo, e mulheres, como um grupo, deve ter o sexismo em suas origens, se "sexismo" for usado para encobrir quaisquer crenças de que um dos dois sexos deva ser favorecido em algum tipo de emprego; se tais crenças não estão presentes, como pode alguém conceber uma competição entre os sexos? Uma famosa greve de motoristas e cobradores de ônibus em Bristol, na década de 1960, ocorreu em protesto contra a contratação de cobradores "de cor" pela empresa de ônibus. "Isto não é um banimento das pessoas de cor", proclamavam os grevistas. O que eles queriam dizer ao proclamar que sua exigência não era um banimento das pessoas de cor, quando é óbvio que era justamente isso? Eles evidentemente estavam livres da suposta confusão conceitual entre conflitos raciais e aqueles conflitos entre grupos racialmente identificados que são motivados por competição por emprego. Os grevistas não se opunham à proximidade com pessoas "de cor"; eles queriam negar a elas a oportunidade de competir por empregos já escassos.

Não se pode sustentar uma distinção de princípios. O desejo de que empregos de qualquer tipo deveriam ser reservados para pessoas de seu próprio grupo racial, ou mesmo que essas pessoas tenham a prioridade sobre esses empregos, deve obviamente repousar na idéia de que os Outros merecem menos e têm menos direito de serem empregados que as pessoas de Nossa Raça. Sem essa idéia racista, há competição por empregos entre indivíduos, não entre grupos raciais. O mesmo vale para reclamações de que Eles estão obtendo moradias e leitos em hospitais que deveriam ser Nossos. Não há qualquer confusão conceitual em rotular essas reclamações, e todo impulso no sentido da discriminação racial como produtos do racismo. Se uma certa ação é ou não racista não é afetado pelo que se tenciona privar aos Outros – uma casa em alguma região, um emprego em alguma empresa, permissão de entrada em um país ou mesmo suas vidas. O que a torna racista é o fato de que está direcionada contra membros de algum grupo racial em virtude de eles pertencerem a desse grupo.

Um contra-exemplo foi-me sugerido por Tamas Pataki, a respeito de um episódio acerca do qual eu não tinha nenhum conhecimento. Aparentemente, em meados do século XIX, trabalhadores australianos opuseram-se a um influxo de trabalhadores chineses para os recém-descobertos campos de ouro por causa da disposição destes em trabalhar por menores salários; eles se ressentiam porque os chineses aceitavam salários piores, não porque eram chineses. Se isso for verdade, o que faz desse caso um "aspecto das relações de raças", em vez de uma simples disputa trabalhista? Se supusermos que a raça dos recém-chegados fosse realmente irrelevante, de modo que os mineradores australianos não teriam se ressentido se os chineses aceitassem trabalhar pelos mesmos salários, o caso não teria, ao menos no início, nada a ver com relações de raças. Não teria nada a ver com relações de raças se não tivesse afetado a atitude dos australianos em relação aos chineses e dos chineses em relação aos australianos. Se não tivesse nada a ver com relações de raças, não seria um contra-exemplo para minha afirmação de que não há nenhum aspecto das relações de raças que não se origine no racismo. Mas será isso provável? Não seria muito mais provável que os mineiros australianos tenham estigmatizado os recém-chegados por serem chineses, assim como por serem trabalhadores que estavam causando cortes em seus salários? Será que outros australianos não teriam usado essa disputa em favor da causa de manter os chineses fora do país? Se sim, o caso só ilustraria como o racismo se combina prontamente com outras fontes de hostilidade entre diferentes grupos de pessoas.

O racismo, em uma conceituação mais restrita, é evidentemente mais irracional e conseqüentemente mais vil de um ponto de vista moral, que as hostilidades contra grupos identificados de outros modos, como a religião, a crença política ou mesmo a língua. O racismo está freqüentemente emaranhado em hostilidades com outras bases; mas menos ainda pode ser dito em sua defesa. É possível discordar racionalmente de uma crença política em particular e acreditar que a seguir seria desastroso. É possível não gostar racionalmente de uma religião em particular e considerá-la socialmente divisora ou individualmente corruptora. É possível até desgostar racionalmente de uma língua ou acreditar racionalmente que é necessária uma unidade lingüística para a coesão da sociedade. Mas raça é ocasionalmente um puro construto social e, no máximo, uma questão de características físicas que não afetam em absoluto as capacidades ou o caráter moral de alguém. Atitudes racistas são quase sempre apoiadas por crenças enormemente erradas a respeito dos Outros como um grupo. Acima de tudo, a hostilidade é crueldade baseada em algo que os Outros não têm o poder de mudar. Na medida em que os Outros são levados a crer que isso deve ter um certo fundamento, o que, tragicamente, acontece às vezes, isso vai direto ao coração de sua identidade: eles, e todos de que vieram, são irremediavelmente inferiores.

Não se pode mudar o que é considerado como sendo a sua raça. Mas pode-se modificar sua religião ou suas crenças políticas; pode-se aprender uma outra língua. Nesse sentido, o preconceito, a hostilidade ou o desprezo raciais são mais injustos que quaisquer outros tipos. Mas essas outras formas estão intimamente relacionadas com eles: negam aos outros o respeito que lhes é devido. É possível, de fato, desaprovar racionalmente uma certa religião; somente a arrogância e a falta de caridade farão com que seja ignorado como ela é valiosa para os que nela crêem e como é importante para sua identidade. Por essa razão, embora uma crítica moderada de uma crença religiosa em particular, ou mesmo de uma religião inteira, seja sempre legítima, ninguém deveria em qualquer circunstância insultar, ridicularizar ou caricaturar qualquer religião; fazer isso manifesta um cruel desrespeito pelos sentimentos mais íntimos dos outros. De modo equivalente, somente a arrogância e a falta de caridade podem fazer com que qualquer pessoa ignore a injustiça de exigir, sob ameaça de punição, que alguém faça o que sua consciência o proíba de fazer. Essa última injustiça se manifesta na perseguição de pessoas em razão de suas crenças políticas, assim como religiosas. Pode-se acreditar no dever de propagar as opiniões de ambos os tipos. A obrigação de não forçar ninguém a violar suas consciências é uma das bases para que se mantenha a liberdade de expressão – uma liberdade que deve ser sempre limitada pela proibição daquilo que provoca ódio ou desprezo para as pessoas de um grupo étnico, religioso ou lingüístico em particular. A língua de uma pessoa também é essencial para sua identidade, mesmo que não carregue uma carga emocional tão grande como sua religião: tentativas de negar às pessoas o direito de usar sua própria linguagem são ataques contra sua individualidade, muito similares à discriminação racial ou à demonstração de preconceito racial.

Por que as pessoas têm preconceitos raciais? Obviamente, em grande parte porque foram doutrinadas nesse sentido por seus pais ou pela sociedade ao redor deles; mas o que os faz receptíveis a essa doutrinação? Seres humanos tendem a ter um forte desejo de possuírem um grupo pelo qual possam sentir desprezo e cujos membros possam sujeitar a maus-tratos, desde que sejam socialmente aceitáveis. Antes do movimento dos direitos civis modificarem o que os norte-americanos brancos consideravam legítimo, até mesmo apropriado, dizer e fazer, atitudes racistas contra aqueles que são atualmente conhecidos como afro-americanos* eram comuns entre a grande maioria das pessoas brancas nos Estados Unidos, mesmo que elas fossem realmente mais virulentas em alguns que em outros. Atualmente, a expressão franca dessas atitudes é extremamente rara, embora seja aparente que muitos ainda as detenham; a cultura geral não é mais racista, mas muitas subculturas ainda são. Para onde foi essa hostilidade? Em parte para o preconceito contra o uso da língua espanhola; mas o grupo que é mais ridicularizado e abusado é o de fumantes de cigarro. A oposição ao fumo é em si perfeitamente racional; mas a veemência, em meio aos norte-americanos de classe média, do ódio aos fumantes, e a maneira como estes são tratados, ilustram a força da necessidade psicológica de ser capaz de desprezar um outro grupo e tratar seus membros com desrespeito e desdém. Evidentemente, a transferência dessas atitudes dos negros para os fumantes é um grande avanço. Ainda assim, a irracional violência emocional que a maioria dos americanos de classe média manifesta contra os fumantes – muito maior atualmente do que contra usuários de cocaína ou heroína – ajuda-nos a compreender a atração do racismo em uma sociedade que não se envergonha dele.

---

* N.T.: *African Americans* no original.

Pode-se argumentar que a necessidade psicológica de desprezar um certo grupo de pessoas e tratar seus membros com desdém é profunda, mesmo que a escolha específica de um grupo racial como alvo não seja; essa necessidade, poder-se-ia dizer, motiva inconscientemente muitas pessoas, e sua satisfação virá com o direcionamento do ódio ou do desdém contra qualquer grupo que seja um alvo socialmente aceitável para essas emoções. Eu não acredito que tenhamos evidências suficientes para dizer se essa alegação é verdadeira ou falsa; certamente não acontece sempre de, quando uma certa variedade de racismo desaparece, a antipatia dos antigos racistas passar para um novo setor da população. Sem dúvida, devemos estar cientes de que isso poderá ocorrer; não podemos ter certeza de que acontecerá de fato. Mas, mesmo que a necessidade que está por trás da expressão de hostilidade seja profunda, a escolha de um grupo *racial* como seu alvo não o é.

Todas as hostilidades contra outros grupos, não importa em que se baseiem, levam freqüentemente a horríveis crueldades: a hostilidade racial inspira crueldades ainda maiores que qualquer outra variedade. Todo ódio ou desdém contra outros grupos, religiosos, lingüísticos ou culturais, são, portanto, perigosos; o ódio e o desdém raciais são os mais perigosos de todos. Os eventos recentes na Bósnia e em Ruanda, o massacre nazista dos judeus e ciganos e o anterior massacre turco dos armênios nos ensinam que inimizades subjacentes podem eclodir em selvageria e assassinato, em que a maior parte das pessoas participa ou aplaude. Precisamos entender o que aciona essas erupções de tamanho barbarismo; mais urgentemente, precisamos de uma força de reação internacional veloz para intervir assim que ocorrem. Sentimentos racistas, sendo bastante irracionais, são difíceis de remover pela argumentação ou pela persuasão. Freqüentemente são muito passionais. Essas características levaram comentaristas a descreverem-nos como muito profundos. Pode até haver alguns raros indivíduos entre os perpetradores dos mais terríveis crimes raciais em cujas psiques os sentimentos racistas são muito profundos. Mas, entre a grande maioria dos racistas, esses sentimentos, embora irracionais, perigosos e muito passionais, são bastante superficiais. A necessidade psicológica de ter algum grupo para desprezar e abusar pode ser profunda; a identificação de algum grupo racial como alvo do desdém ou da hostilidade, não. As pessoas adotam atitudes racistas quando se encontram em um meio social em que elas são aceitáveis ou em que são encorajados a demonstrar tais atitudes, e em que mantê-las é vantajoso. Um caso notório, imigrantes brancos para a África do Sul durante o *apartheid*, por exemplo, irlandeses, rapidamente desenvolviam desenfreadas atitudes e crenças racistas. Eles talvez não tivessem tais atitudes e crenças antes de deixarem suas terras natais; e certamente não as adquiriram como resultado de terem aprendido quaisquer fatos genuínos que não soubessem anteriormente. Eles simplesmente as absorveram dos brancos com quem passaram a viver. De modo oposto, expatriados brancos que trabalham em países da África ocidental que não tinham uma população de colonos relevante, principalmente após a independência, não exibem traço algum de preconceito racial. Eles repudiam como desprezível e absurda qualquer sugestão de que se alimentem tais sentimentos e negam que já os tenham tido. Suas reações são genuínas e sinceras. Não é que guardem mesmo o mais leve resquício de sentimentos racistas escondidos dentro deles, inconfessos porque seria catastroficamente tolo falar deles: eles realmente não têm tais sentimentos e honestamente acreditam que nunca os tiveram de modo algum. Essa crença pode ser falsa; é bem possível que antes de deixarem seus próprios países tenham partilhado de um pequeno preconceito racial que agora apagaram de suas memórias. A razão para sua verdadeira ausência, mesmo das mais leves idéias racistas, é que vivem em um ambiente no qual seria completamente inaceitável e prejudicial manifestá-las. Seres humanos têm uma grande propensão a acreditar no que é melhor para eles acreditarem.

Se o racismo tomou o controle de uma parcela da população nacional, ou toda ela, os líderes da nação que quiserem erradicá-lo farão pouco progresso por meio de exortações morais e argumentos racionais. Ganharão pouco procurando por profundas causas psicológicas para o preconceito racial; já sabemos tudo que precisamos saber a respeito disso para todos os fins práticos. O que os líderes precisam fazer é criar uma sociedade em que haja somente desvantagens em expressar ou agir segundo visões ou sentimentos racistas. Esta, com certeza, não é uma recomendação fácil de seguir. Mas, se puder ser realizada, o racismo irá evaporar como a névoa matinal, com exceção, talvez, das mentes de um punhado de perigosos psicopatas.

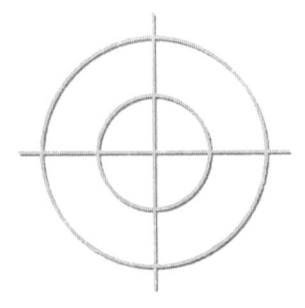

2: Três Terrenos para o Racismo: Estruturas Sociais, Valores e Vícios

J. L. A. Garcia

Este ensaio examina filosoficamente alguns dos mais recentes e importantes entendimentos acerca do racismo. O distinto historiador George Frederickson (2002) concebeu o racismo como sendo constituído por certas formas de conduta entre grupos sociais. Tratamentos recentes em estudos culturais, representados aqui pelas importantes e criativas pesquisas que Mike Cole (1997) e Peter Sedgwick (1999) oferecem para essa literatura, vêem o racismo como consistindo de estruturas sociais de hierarquia de desvantagens. O teórico social Albert Memmi (2000) sustenta que o racismo reside em vários julgamentos de valor desfavoráveis a um grupo. Eu apresento razões para rejeitar cada uma dessas visões, razões essas, sustento, que apóiam um entendimento do racismo como essencialmente afetivo, desiderativo e volitivo em sua base. Explico resumidamente essa visão e a defendo contra duas objeções. Concluo revisitando a explicação de Frederickson para discutir o progresso implícito na seqüência de explicações que trato aqui e as lições que ensina a respeito de questões de moralidade e ofereço uma sugestão de como reformar a investigação social.

Eu estou muito agradecido. Laurence Blum generosamente compartilhou seus pensamentos e escritos comigo. Eele e Lani Guinier, Sally Haslanger, Jeffrey Jones, Glem Loury, Lionel McPherson, Ifeanyi Menkiti, Martha Minow, Tommie Shelby, David Wilkins, Ajume Wingo e David Wong concederam contínua discussão relacionada a esses tópicos. Erros e interpretações equivocadas neste ensaio não são deles, claro. Um convite dos editores deste volume, Michael Levine e Tamas Pataki, estimulou minha reflexão renovada, e eles mostram paciência com minhas revisões. O Boston College generosamente concedeu ampla assistência para a pesquisa, especialmente para a de Michael Formichelli e Jason Taylor.

I. RACISMO COMO COMPORTAMENTO INTERGRUPOS

Próximo ao fim de sua definitiva análise da história variada do racismo, Frederickson (2002: 170) oferece um entendimento do racismo para o qual, acredita ele, seu estudo levou: "O racismo existe quando um grupo étnico ou a coletividade histórica domina, exclui ou tenta eliminar outro com base em diferenças que [o primeiro grupo] acredita serem hereditárias e inalteráveis". Apesar da autoridade que sua carreira como acadêmico perito apropriadamente comanda, acredito que essa explicação é falha em maneiras que a tornam indefensável.

Podemos distinguir diversos problemas. O primeiro é o da reificação. A explicação de Frederickson fala das condições em que o racismo "existe", mas não fala onde – ou melhor, em quê – ele então existe. *O que* é um racista quando o racismo existe? Será então toda a sociedade racista? Será que somente o grupo que domina, exclui ou tenta eliminar é que é racista? Será que Frederickson acredita que somente grupos, e não indivíduos, podem ser racistas? Se sim, sua explicação é simplesmente não plausível e inadequada, pois nos dá uma justificativa limitada demais. Realmente, nós pensamos com razão que precisamos compreender e falar da existência do racismo em termos de pessoas e coisas sendo racistas. Se não, será então que Frederickson acredita que alguém S só pode ser racista se o grupo de Ss (ou outro grupo qualquer) for racista? Isso é igualmente implausível. Suponha que uma S1 queira simplesmente que o grupo (que pensa como seu grupo racial) G1 domine um outro grupo G2. Suponha que ela chegue até mesmo a tomar medidas nesse sentido, mas seus esforços não são bem-sucedidos e sua preferência nunca se realize. Será que a explicação de Frederickson – ou seja, que S1 quer e tenta o racismo, mas esse racismo não "existe" e, portanto, ela não é racista – é realmente correta? De fato, como não há então nenhum racismo – novamente, ele não "existe" –, não pode ser verdadeiro sob a explicação de Frederickson que S1 tenha desejos racistas! Queremos saber quando, e em virtude de que, pessoas, ações, preferências, declarações, crenças e muitas outras coisas se tornam racistas, não somente quando o racismo existe. A concepção de Frederickson não nos responde isso explicitamente, e as respostas por ele sugeridas não são críveis.

Em segundo lugar, se Frederickson estiver correto ao sustentar que o fato do grupo G1 estar simplesmente "tenta[ndo] eliminar" o grupo G2 é suficiente para que haja racismo, então não seria a tentativa de G1 dominar ou excluir o G2 em vez de, na verdade, *conseguir* dominar ou excluir o G2, também suficiente? Se não, por quê? O que Frederickson acredita que faz a diferença crucial entre eliminar, por um lado, e dominar ou excluir, por outro? Ele não fornece resposta alguma e não consigo divisar nenhuma que seja plausível. Isso sugere que é necessário sucesso para o racismo em um dos três projetos ou em nenhum. Há uma base firme para achar que a última alternativa é verdadeira. Dominação ou exclusão real de um grupo por outro (normalmente, quero dizer, dominação ou exclusão bem-sucedidas) não parecem necessárias para o racismo. Preferimos considerar que a tentativa, o desejo e a alegria pela perspectiva de um grupo dominar outro como racismo – ou melhor, como racista – independe da frutificação de suas preferências. E isso pode nem ser o bastante. Não está inteiramente claro se a dominação ou a exclusão acidental ou de outra forma não intencional de um grupo por outro é até mesmo possível. Convém lembrar que Frederickson exige que o grupo dominante ou excludente assuma essa conduta em uma certa base (racial). Isso indica que o fazem por um certo tipo de razão e, portanto, de propósito, com intento. Entretanto, mesmo se a dominação ou a exclusão racial não-intencional for de alguma forma possível, não é suficiente para caracterizar racismo. Não basta que haja exclusões para marcar uma divisão racial. Como a própria explicação de Frederickson indica, elas precisam ser mais profundamente motivadas pela raça.

O mesmo pode ser dito *a fortiori* para o racismo de indivíduos, pois eles normalmente não podem dominar ou eliminar grupos inteiros. Mais ainda, seu racismo será mais comumente direcionado contra indivíduos que acreditam pertencer ao grupo racial, não contra o grupo em si. Esse fato expõe outra lacuna na concepção exageradamente social de Frederickson.

Em terceiro lugar, devemos lembrar-nos do fato de que a explicação de Frederickson, sendo centrada no modo como o racismo tende a dominar e excluir, apresenta uma tendência a ser obscura. O que importa para o racismo não é tanto o que é feito, ou mesmo o que é desejado ou buscado pelo grupo alvo (ou alguns de seus membros), mas *por que*, em *que base* e *com que fim* isso é buscado por eles. A característica distintiva de pessoas, sociedades, projetos, ações, instituições e afins que são racistas é sua malevolência – o estado mental malicioso, desdenhoso e insensível do qual surgem.

Em quarto lugar, essas últimas considerações devem nos fazer notar o quão injustificavelmente estreita é a lista do que podemos chamar de "projetos racistas" que fazem parte da explicação de Frederickson. Por que somente os desejos por dominação, exclusão ou eliminação devem ser necessários para o racismo? Não deveria a busca por parte do grupo G1 (ou o desejo por, ou o deleite com) de *outros* prejuízos contra o G2 ser igualmente suficiente para o racismo? E, lembrando o que foi dito anteriormente, não deveriam membros *individuais* do G1 (ou outros grupos) que desejem o mal (como tal) para o G2 ou (vários de) seus membros ser também o bastante? Se não, Frederickson deve-nos uma explicação do porquê. Todas essas reflexões acerca da explicação de Frederickson a respeito do racismo e as correções que essas reflexões motivam encorajam-nos a pensar no racismo como consistindo principalmente em instâncias mentais malévolas, tais como a má vontade, o desrespeito e a falta de preocupação pelos outros baseados ou moldados pela sua suposta raça. Volto a desenvolver essa linha de pensamento mais adiante e indico algumas de suas implicações.

II. O RACISMO E A RECENTE CRÍTICA DA TEORIA DE CULTURA

Em um artigo em uma obra referencial, nos assim chamados estudos culturais, que resume a história e a posição atual da discussão e o procedimento para determinar o que ele vê como suas implicações, o teórico Michael Cole (1997: 450-51) concebe o racismo:

> *como envolvendo um processo de racialização em que as relações sociais entre as pessoas são estruturadas pela significação das características biológicas e/ou culturais, de modo a definir e criar coletividades sociais diferenciadas. Supõe-se que esses grupos tenham uma origem e um* status *naturais imutáveis. Eles são encarados como inerentemente diferentes, causando conseqüências negativas para outros grupos e/ou possuindo certas características avaliadas [talvez avaliadas positivamente também, em vez de negativamente]. Como essas características avaliadas são estereótipos, elas provavelmente são distorcidas e enganosas... não há aqui nenhuma correlação lógica entre cognição e ação. Entretanto, a distinção [entre cognição e ação] tem uma limitada utilidade... pois é somente quando as ideologias são expressas e/ou acionadas [sic] que há necessidade de examiná-las ou de realmente se preocupar com elas. Para entender o fenômeno [do racismo], ele precisa ser situado econômica, ideológica, histórica e geograficamente. Ele assume diferentes formas em diferentes conjunturas históricas e é justificado de diferentes maneiras de acordo com diferentes circunstâncias. Independentemente do fato de que há características comuns a todas as formas de racismo, há na verdade uma variedade de racismos... Assim sendo, a definição anterior precisa ser específica para cada contexto.*

Em uma obra referencial similar, o influente pensador social Peter Sedgwick (1999: 325) declara sua visão, baseada no seu entendimento da direção que a discussão tomou nesse campo.

> *O racismo delimita uma distinção hierárquica entre as raças, abrindo um abismo entre elas e colocando um grupo racialmente designado acima de outro em uma escala de valores, inteligência e importância. Uma ideologia racista, portanto, é erigida com base em distinções hierárquicas delimitadas entre grupos diferentes... Assim sendo, o racismo engloba a atitude de uma concepção rígida e naturalizada a respeito da natureza de indivíduos e grupos. Portanto, se o racismo deve ou não ser definido somente em termos de normas e práticas de uma dada sociedade, é assunto para muito debate.*

Problemas similares afligem ambas as explicações. Em primeiro lugar, elas são pouco claras e reduzem-se a alegações de que o racismo consiste em crenças ou em algum tipo de complexo de crenças e ações ("práticas", na terminologia de Sedgwick), expondo-as às objeções na literatura a explicações comportamentais e doxásticas do racismo. No que diz respeito a explicações doxásticas do racismo, precisamos somente notar que há poucas razões para chamar alguém que acredita em algo de racista (salvo em um sentido contrafactual) quando esse alguém acredita nisso devido a um inocente erro epistemológico, independentemente de qualquer desprezo ou insensibilidade. Entretanto, as pessoas e suas atitudes e ações podem ser racistas se forem dependentes desse erro. Eu aponto alguns dos problemas em explicações comportamentais.[8] Há problemas a serem resolvidos aqui, mas é óbvio que essas explicações teóricas culturais introduzem poucas coisas genuinamente novas ou poucas que não estejam sujeitas aos problemas identificados em outras explicações.[9] Em segundo lugar, alegações, como as explicitadas em Cole, de que ideologias são importantes somente se se tornam ações, são desagradáveis e obtusas. Crenças podem importar moral e socialmente devido às instâncias afetivas, conativas (desiderativas) e volitivas que expressam (e das quais surgem), assim como seus resultados. De fato, a significância moral das ações é simplesmente derivativa, pois as condenamos por terem más intenções, maldade, falta de

---

[8.] Para mais detalhes em concepções centradas em crenças e ações do racismo, ver as importantes discussões de Appiah, Ture e Hamilton, Goldberg e outros em Garcia 1997a, 1997b, e 2001b, entre outros lugares.

[9.] Isso pode não ser verdadeiro para todos os que enfatizam o social em seus entendimentos da natureza do racismo. Haslanger, no Capítulo 5, contrasta deliberadamente sua abordagem social da opressão com outra abordagem individualista e enfatiza o que chama de "opressão de agente". Aqui não é o lugar para uma refutação detalhada de sua posição. Basta observar, primeiro, que não vejo futuro para uma explicação da opressão em que não há agentes de opressão, pois esta não é algo que meramente existe ou acontece, mas é feita e, portanto, é feita por algum agente (Haslanger não é consistente neste ponto, contrastando às vezes "opressão estrutural" com "opressão de agente", mas falando às vezes que toda opressão tem agentes). O mesmo vale para diversos outros fenômenos relacionados cuja natureza essencialmente agentiva Haslanger obscurece apenas limitadamente com seu uso do passivo ao falar em estar em desvantagem, etc. (Quem está realizando os maus-tratos?) Em segundo lugar, a posição de Haslanger depende da opressão estrutural de uma raça que envolva correlações "não acidentais" entre desvantagem e raça sem o comportamento opressor ser considerado para o prejuízo dos membros da raça, nem fundamentado em desprezo ou insensibilidade para com eles. Essa estratégia, acredito, é igualmente inútil. O meu pequeno dicionário de bolso define "acidental" como algo que envolva falta de intenção ou previsão e caracterizado pela falta de cuidado. Sem se aprofundar na questão aqui, devemos notar que isso sugere que a desvantagem não acidental que Haslanger enfatiza envolverá desvantagem à qual os agentes têm intenção ou previsão e que cuidam de realizar. Ao contrário do projeto de Haslanger de refutar opiniões que, como a minha, exigem má intenção ou desprezo malévolos para o racismo, esse uso da vontade não acidental do exame leva direto para esses estados mentais.

consideração, etc., e as louvamos por estarem ligadas a estados mentais opostos. Em terceiro lugar, não está claro se a hierarquia racial explicitamente evocada como essencial para o racismo na explicação de Sedgwick, e, acredito, implícita na de Cole, precisa ser instanciada socialmente ou pode ser meramente desejada ou em que se pode acreditar. Essa última posição é mais intuitivamente atraente, mas aproxima e antecipa alegações fundamentais de uma explicação do racismo baseada em atitudes.

Fazer o racismo depender de estruturas sociais e do contexto histórico pode ter conseqüências grotescas. Shaylee Ledbetter, uma prostituta branca viciada, desbocada, ladrona, pervertida e incestuosa da ficção teatral, afirma: "Não sou racista. Só não gosto de pretos."[10] Ela diz isso em protesto contra a acusação de racismo feita sobre seu irmão, após ela mesma ter se livrado de vários comentários desdenhosos. Permitam-me especular um pouco sobre a psicologia da personagem. Para ela, aparentemente, racismo é um assunto complicado, caso de consagradas ideologias, teorias, sistemas de pensamento, significados sociais e talvez de complexos arranjos sociais e institucionais. Em contraste, ela parece considerar estar meramente expressando seus gostos e desgostos, amores e ódios de cunho pessoal, independentemente de qualquer teoria empolada ou conspiração grandiosa, às quais, sendo uma figura às margens da sociedade, pode muito bem não se sentir na posição de contribuir, mesmo que estivesse disposta a fazê-lo. Uma explicação do racismo deveria mostrar por que as pressuposições dela estão incorretas e por que é precisamente nas profundezas de nossas mentes individuais, em nossos medos e nossas escolhas, nosso desdém e nossos ódios, que habita o racismo, com nossos demais vícios morais. É uma pena que atualmente muitas explicações referentes ao racismo, que se concentram da forma que fazem em ideologias e teorias e em grandes estruturas sociais, fiquem do lado de Shaylee, quando deveriam estar ajudando a educá-la e a nós para percebemos em que ponto suas suposições estão incorretas.

III. RACISMO COMO UM JULGAMENTO DE VALOR

"Racismo é uma definição generalizante e uma avaliação de diferenças, sejam reais ou imaginárias, a favor da pessoa que as está definindo ou empregando, e para o detrimento dos alvos da definição, cujo propósito é justificar (social ou psicologicamente) a hostilidade e o ataque." Assim escreve o teórico social europeu contemporâneo Albert Memmi (2000: 100).

---

[10] Adam Rabb, *Stone Cold Dead Serious*, ato 1; produzida pela American Repertory Theater, Cambridge, Mass., fevereiro de 2002. A srta. Ledbetter parece querer dizer que não gosta daqueles de quem fala, chegando até mesmo a detestá-los.

Ele continua: "Heterofobia é um termo que designa as muitas configurações de medo, ódio e agressividade que, dirigidas a outrem, tentam justificar-se por meios psicológicos, culturais, sociais ou metafísicos, dos quais o racismo, no sentido biológico, é apenas uma instância" (118).

Essa visão é atraente e perceptiva ao encarar as crenças "inferiorizantes" (ou seja, as crenças de que um grupo seja inferior em aspectos importantes) de Blum como racista no sentido de que racionalizam a vitimização (verdadeira, suposta ou desejada) (ver Blum 2002: 8, 181-82). Ainda mais promissora, a segunda passagem citada sugere que Memmi pode conceber o racismo mais como uma questão emocional (ou volitiva?). Em outro lugar, e também adiante, sugiro que concebamos o racismo como uma questão de foco das volições, dos desejos e das esperanças. Entretanto, a explicação de Memmi é diferente, e menos atraente, que a minha de diversas maneiras. (i) Ela concentra-se no avaliativo e no doxástico em vez de no volitivo, compreendendo o racismo como consistindo de estados e processos (que avaliam diferenças) doxásticos e de julgamento; (ii) ela exige que o racismo distribua diferencialmente os efeitos benéficos e prejudiciais; e (iii) ela assume que o racismo é sempre dirigido contra outrem. Como indiquei, cada um desses comprometimentos é problemático. O primeiro serve para excluir da classe de racistas as pessoas, como os que odeiam os negros, que não se importam em racionalizar seu ódio com crenças sobre a suposta inferioridade do povo negro (de fato, alguns racistas podem considerar os alvos de seu ódio como superiores a eles mesmos, e odiá-los precisamente por causa desse ressentimento). O segundo exclui dele o racismo que é passivo, que por uma razão ou outra nunca passa para a ação. Na verdade, exclui até mesmo ações racistas que *não são bem-sucedidas* em seu objetivo de prejudicar. O terceiro não deixa espaço dentro do racismo para o tipo que consiste em internalização como auto-ódio, um desprezo ambiental pelo grupo da própria pessoa.

Há uma lição nisso. Todos nós generalizamos a respeito de pessoas, e não precisamos fazer nada de imoral por causa disso. As marcas distintivas do racismo não repousam nesses detalhes conclusivos. Nem deveríamos classificar de modo reflexivo como racista alguém que ama todas as pessoas de todas as raças, mas tem uma preferência pessoal por uma entre as que considera como as raças humanas. Essa pessoa é tola e perigosa, mas não necessariamente uma racista apenas por causa de suas generalizações avaliativas. Em vez disso, as formas centrais do racismo repousam no que uma pessoa quer para aqueles designados a um grupo racial, e como ela se sente em relação a eles, o que ela espera para eles ou tenciona fazer a eles, e assim por diante.

É válido ressaltar neste momento que algumas obras sobre a epistemologia do valor indicam que crenças se tornam epistemologicamente injustificadas ao serem intelectualmente malévolas, infectadas por algum vício intelectual em sua formação (ou manutenção). Entretanto, os vícios intelectuais como uma classe não podem ser fácil, persuasiva ou acuradamente diferenciados de vícios morais. Muitos vícios intelectuais partilham da mesma natureza também (ver Zagzebski 1996: 137-211). Isso sugere apropriadamente que, se seguirmos a trilha do julgamento racista de valores, encontrar-nos-emos olhando para o coração do racismo no vício moral, ou seja, em deformações de caráter em nossas disposições para querer, desejar, escolher, ignorar ou negligenciar aquilo que não deveríamos.

IV. CONCEPÇÕES MOTIVACIONAIS E VOLITIVAS DE RACISMO

A conclusão de nossa discussão crítica das explicações do racismo encontradas em Frederickson, nos teóricos culturais Cole e Sedgwick e em Memmi é a de que uma explicação adequada do racismo precisa preocupar-se com a qualidade dos motivos, das metas, das decisões, das preferências e afins do racista. Em resumo, com questões de vícios e virtudes morais. Deixe-me falar mais acerca disso, esboçando uma explicação do racismo que coloque essas questões em primeiro lugar.

Tzvetan Todorov (1986: 370) alega que o racismo é "um tipo de comportamento que consiste na demonstração de desprezo ou agressividade contra outras pessoas com base nas diferenças físicas (excluindo o sexo) entre elas". Thomas Schmid (1996) propôs de modo similar o que ele chama de "abordagem motivacional", que identifica o racismo em seu sentido mais central e "mais moralmente censurável" como "a imposição de uma consideração desigual, motivada pelo desejo de dominar, baseado somente na raça". Ambas as visões ressaltam os fatores moralmente censuráveis que alimentam o comportamento das pessoas. Elas captam a verdade mais profunda na observação de Emmanuel Eze de que "o racismo... manifesta-se em uma recusa em amar outros... O racismo já [é] um sinal de nossa incapacidade de amar o bastante. (2001: 179, 180).[11] De fato, se uma visão

---

[11.] Ao aconselhar que precisamos "praticar viver em serviço de um futuro específico... um futuro em que possa haver amor e atenção bastantes para todos", Eze (2001: 179, 180) pergunta retoricamente: "Não é o amor a cura para o ódio?" Em minha visão baseada em virtudes, o amor não é instrumentalmente justificado, como sugere Eze, por seus efeitos sobre o ódio. Em vez disso, o ódio, a malevolência, são moralmente ruins (viciosos) por se oporem naturalmente à virtude do amor benevolente. Eze amarra essa esperança para um fim do racismo ao seu ideal de um "futuro pós-racial", com o qual ele parece querer dizer uma época em que as pessoas não mais dão crédito a distinções raciais. Embora eu concorde que pensamento etnocêntrico e a recente moda da "identidade" racial estejam equivocados tanto intelectual como moralmente, não considero que o racismo só pode ter fim quando as crenças raciais forem eliminadas. Em vez disso, o que é necessário é um fim para a hostilidade e a desconsideração raciais (e sua institucionalização).

como a que Todorov e Schmid (e uma minha, mais adiante) oferecem for correta, o afastamento do amor, ou seja, da boa vontade, não é somente o que o racismo manifesta, é o que ele é.

Eu registrei em outro lugar (Garcia 1999, 2001b) minhas reservas a respeito das posições de Schmid e Todorov.[12] Para meus objetivos aqui, bastará apontar duas. Em primeiro lugar, ao contrário das características centrais em ambas as visões, parece ser contra-intuitivo sustentar que o racismo precisa encontrar uma expressão no comportamento. Costumeiramente, consideramos que a pessoa que sente hostilidade, desprezo ou indiferença raciais já está marcada pelo racismo, quer demonstre em seu comportamento, quer não. Em segundo lugar, qualquer explicação sobre o racismo precisa falar mais sobre como explica a gama mais ampla do fenômeno racista, e como não somente ações individuais, mas também sentimentos, crenças, pessoas, práticas sociais e instituições estão relacionados.

Em uma série de artigos ao longo da última década, solicitei uma explicação do racismo como modos viciosos de não cumprir virtudes morais de

---

[12.] A posição de Todorov ignora outras características cruciais do racismo. A hostilidade, o desprezo ou a indiferença do racista não precisam ser direcionados àqueles que ele considera diferentes de si. Às vezes, permita-me Todorov, o racista é uma pessoa que internaliza as atitudes viciosas que outras pessoas sentem por ela e por aqueles classificados com ela e que passa a desprezar a si mesma e os demais designados para a *mesma* raça que ela. Mais ainda, apesar do que diz Todorov, nem toda diferença física não sexual que causa uma resposta desdenhosa àqueles que a possuem constitui racismo. Isso faria de discriminações imorais baseadas em altura, defeitos físicos e talvez até idade formas de racismo. Em vez disso, o racista deve ter um pensamento que molde suas respostas em termos aproximadamente raciais ou seja, principalmente em termos do que se consideram características herdáveis de pele, cabelo, etc. diferenciados por razões ligadas a grandes massas continentais. (Isso mostra se, em seus momentos mais teóricos, ela nega ou não a realidade da raça como uma categoria biológica ou cultural). De forma semelhante, a concessão implícita de Schmid, de que uma pessoa que odeia em termos menos controlados pela raça seria um racista, não parece estar de acordo com sua visão de que o racismo exige um desejo de "dominar" (na verdade, um desejo posto em prática na forma de um tratamento desigual); pois, mesmo que o ódio sempre envolva um certo desejo de prejudicar, não é necessário ser algo tão extremo. Mais importante, Schmid não explica adequada ou consistentemente por que o racismo é o imoral. Ele localiza a imoralidade do racismo em sua "oposição ao princípio da igualdade humana", entre cujos "elementos" está tanto a "percepção de todos os humanos como essencialmente iguais" e a "disposição de estender a todos os seres e grupos humanos os mesmo direitos básicos". Entretanto, não fica claro se é possível falar de forma apropriada, como Schmid faz, dos princípios que exigem que respeitemos isso ou aquilo. A crença não está tão completamente submetida ao nosso controle imediato como isso parece exigir, embora uma pessoa possa ser perversa – não apenas epistemológica, mas moralmente – ao permitir-se desenvolver certos hábitos cognitivos. Além disso, Schmid quer distinguir o real e imoral racista de alguém que, inocentemente, vem a adquirir desagradáveis crenças raciais. Entretanto, ao contrário do que a distinção de Schmid necessita, mesmo o "racista meramente cognitivo" irá violar esse princípio de igualdade simplesmente considerando alguém como desigual. (Para mais a respeito desses pensadores, ver Garcia 1999 e 2001b.)

benevolência. Essa explicação retém fatores desse tipo que são motivacionais nas posições de Schmid e Todorov, mas sem sua pressuposição, que vimos ser problemática, de que o racismo exige que o desprezo racial, o desejo de dominar e coisas do tipo resultem de fato em ações. O que interessa para o racismo é que as preferências, os desagravos e as escolhas de uma pessoa sejam de um certo tipo, não importando se resultam em ação, muito menos em ação bem-sucedida. Neste ponto, gostaria de enfatizar, como não fiz anteriormente, o caráter da benevolência à qual as principais formas de racismo se opõem. A virtude moral interpessoal é distintamente uma benevolência *humana*, fundamentada no reconhecimento e no apreço pelo *status* e pela dignidade de qualquer ser humano. Assim sendo, uma pessoa que tem uma disposição genuinamente benevolente em relação às pessoas, nas maneiras em que a benevolência constitui uma virtude moral, é uma pessoa que lhes deseja bem. Ela deseja a toda e cada pessoa um de uma variedade de bens humanos centrais e distintivos, bens esses cuja posse ajude e melhore a realização da humanidade completa em suas vidas. Voltar-se contra qualquer um desses bens ou tratar a posse deles por alguém como um assunto de pouca importância, não digno de ser buscado, é responder à pessoa e ao bem de modo tão inadequado que constitui um vício moral. Este é um fato do qual se deve lembrar, já que desempenhará um importante papel mais adiante em nosso esforço para entender certos tipos de paternalismo racial, tanto em relação com o racismo quanto com sua imoralidade.

Então, o racismo, em sua essência, consiste em uma desconsideração racial, incluindo desrespeito, ou mais grave, em má vontade. A desconsideração (ou a má vontade) baseada ou estimulada racialmente é uma indiferença (ou oposição) com o bem-estar de outra pessoa devido ao grupo racial ao qual ela foi designada.[13] Como, ao ser concebido nesses termos, o racismo é primariamente uma questão do que uma pessoa deseja, espera e torce ou não para os outros segundo a raça deles – os conteúdos de sua vontade, em uma concepção ampla –, eu chamo isso de concepção volitiva de racismo.

[13.] Uma intrigante questão relacionada, levantada para mim por Blum, é se os racistas precisam acreditar em raças. Parece-me que, da mesma forma que alguém pode fazer uma classificação racial sem perceber (e até mesmo negando) que o está fazendo, alguém pode fazer uma classificação racial ao mesmo tempo em que nega sinceramente que existam raças. Então, talvez alguém que podemos chamar de "anti-racialista" (um descrente nas raças) pode ainda assim ser racista. Volto a isso resumidamente mais adiante. Eze concorda que o racismo pode envolver má vontade ou mesmo boa vontade insuficiente. Ele alega que a oposição à atenção moral que constitui o racismo pode tomar a forma de uma comissão ou omissão – é uma comissão quando " se busca ativamente excluir" e uma omissão quando a atenção se restringe aos de sua própria raça (Eze 2001: 179). Chamo aqui esse tipo de racismo por omissão de "desconsideração", levando-se em conta que esse tipo de perversamente insuficiente boa vontade inclui modelos de desrespeito, que são uma ofensa à virtude da justiça. O desrespeito também pode figurar em atos de má vontade, ao remover ou enfraquecer as limitações adequadas.

Essas visões ajudam a explicar a variedade de fenômenos potencialmente racistas. Ações, crenças, projetos, esperanças, desejos, instituições e práticas institucionais são racistas na medida em que são influenciados por hostilidade ou desconsideração racial. Essa explicação também deixa manifesto o porquê do termo "racista" ser apropriadamente pejorativo. A má vontade ou a desconsideração que constitui o racismo é inerentemente contrária aos valores morais da benevolência e da justiça, e freqüentemente a outros também. O vício pode ser consciente ou inconsciente. Talvez eu não perceba que o que me motiva, ao deixar de pegar o elevador em que você está e esperar o próximo, é o fato de que estar no elevador com alguém da (que considero ser) sua raça me incomoda. Talvez eu perceba ainda menos que isso me incomoda devido a estereótipos que internalizei para tranqüilizar minha consciência conforme me beneficio com a exploração do seu grupo. Assim sendo, o racismo é sempre e inerentemente errado, e errado pela mesma razão básica em qualquer instância.

O tipo de visão que propus coloca o racismo, como outras formas de perversidade moral, no coração dos indivíduos – em seus gostos e desgostos, suas esperanças e desejos, suas preferências e escolhas. Os racistas estão *contra* aqueles designados para uma certa raça. Note que não digo apenas aqueles que *pertencem* a uma certa raça. Deixo em aberto a questão que nos atormenta de se raças realmente existem. O que importa é que as designações para uma certa classe existem. Essas classificações podem ser conscientes ou inconscientes e feitas pelo próprio racista ou por outros cujas definições ele segue, relutantemente ou não, sabidamente ou não. Declarar, ou mesmo acreditar, que não existem raças não livra ninguém do racismo. Se uma pessoa é ou não racista depende de como ela, na realidade, classifica e reage internamente a essas classificações, independentemente de suas convicções teóricas.

O que faz de alguém racista é sua desconsideração por, ou mesmo a hostilidade contra, pessoas designadas para uma raça-alvo, a desconsideração por suas necessidades e seu bem-estar. A pessoa é racista quando e na medida em que for hostil ou não se importar nada (ou o suficiente) com alguém devido à sua classificação racial. Conceber o racismo nesses termos abre espaço para a possibilidade, implicitamente negada por algumas explicações do racismo, de que alguém possa ser racista contra seu próprio grupo.[14] O fenômeno do racismo internalizado na forma de ódio a si próprio é trágico demais para que se finja ser impossível. De modo similar, essa concepção do racismo torna possível que até os fracos, os impotentes, até mesmo os oprimidos sejam racistas, diferentemente de algumas explicações, que encaram o poder pessoal ou grupal como uma precondição para o racismo. *Skinheads* pobres, marginalizados e brancos, que odeiam negros para

---

[14.] Ver Todorov 1986 e a discussão adiante da posição tomada a partir de então.

se sentirem bem consigo mesmos podem ser racistas, assim como negros pobres e marginalizados, cheios de raiva contra asiáticos por causa de um suposto menosprezo por parte de um comerciante local, assim como asiáticos ou nativos americanos pobres e marginalizados rancorosos contra alguém acima, abaixo ou em seu próprio nível econômico ou social. Nem alta renda nem poder social são precondições para o racismo.

É importante lembrar que o ódio e a indiferença insensível (assim como o amor) são principalmente questões de *vontade* e desejo: o que alguém quer, o que alguém escolheria para as pessoas designadas para esta ou aquela raça? Mesmo aqueles que deixam de agir – por falta de poder, oportunidade, ou outra razão qualquer – podem ser racistas. A visão aqui defendida tem essa vantagem sobre as explicações que vêem o racismo exclusivamente na *conduta* pessoal ou institucional, ou como dependente desse comportamento e de seu sucesso. Como vimos, essas visões deixam escapar, por exemplo, o racista isolado, sozinho em seu quarto, desejando a opressão dos negros que vê pela janela e que estão começando a prosperar. É absurdo acreditar que se e quando, contra seus desejos, esse sistema de opressão deixar de existir, essa pessoa *eo ipso* deixa de ser racista. E não é menos absurdo achar que ela não pode ser racista porque, dado seu isolamento, não pode tomar ações efetivas contra negros, e seus desejo de fazê-lo é frustrado. Assim, evitamos algumas confusões conceituais que afligem as tentativas de entender o racismo como um sistema social ou uma forma de comportamento. De modo similar, a pessoa de nosso exemplo pode ser racista mesmo que racionalize sua hostilidade ao acreditar que os negros lhe são inferiores moral ou intelectualmente. Assim, nossa explicação evita o erro de grande parte dos teóricos (não apenas Memmi, mas também pensadores desde Ruth Benedict até Dinesh D'Souza) que identificam o racismo com crença, ideologia, teoria ou doutrina.[15] Ao contrário, o racismo é principalmente aquilo que uma recente intervenção religiosa chamou: "um *pecado*".[16] É uma forma de vício moral. É incorreto insistir, como alguns fizeram, que o racismo não precisa implicar intenções imorais.[17]

[15.] Ver Garcia 1997a para exemplos e mais críticas das visões que sustentam ambos os tipos.
[16.] "O racismo é um pecado. É fundamentalmente uma mentira, um conceito deliberadamente inventado para criar divisão na humanidade" (Santa Sé 2001: 1). A alegação de que o racismo é uma mentira pode ser uma declaração tosca da visão de que ele consiste de crenças falsas. Acredito que isso é uma declaração errônea acerca da maneira em que o racismo é um pecado e de que tipo de imoralidade ele principalmente envolve. Mais adiante, o documento fala de um modo mais promissor referente "às atitudes e práticas racistas" (4). Concordo plenamente com a declaração de que a eliminação do racismo espera por "uma interação frutífera entre os povos fundada em relações corretas, justas e fraternais em solidariedade" (2).
[17.] "O racismo pode ser intencional ou não... [O] racismo pode envolver uma complexa estrutura de estados mentais, alguns dos quais são intencionais e outros são não intencionais" (Corlett 1998: 31). Alegações similares são comuns; ver, por exemplo, o ensaio de Haslanger nesta coletânea.

Entretanto, precisa implicar estados mentais (isto é, intencionais) imorais e freqüentemente implica, mais especificamente, estados em que se tenciona algo de mal, ou em que não se tenciona algo de bom, a alguém. Assim sendo, é uma ofensa contra as virtudes morais da benevolência e da justiça.

O racismo, como já dissemos, não é, e não precisa envolver, ação. Entretanto, muitas ações – tanto individuais como institucionais, discursivas ou não discursivas – são racistas. Ações e crenças são racistas com base no que as cria (seu *input*, ou inserção de dados), não no que elas criam (seu *output*, ou emissão de dados): precisam surgir ou se sustentar das maneiras adequadas graças a atitudes desiderativas, volitivas ou afetivas racistas. Apesar do que dizem muitos, nada se torna racista simplesmente por causa de seus efeitos.[18] (De fato, a mesma alegação posso fazer ao substituir o termo "racista" por qualquer outro termo básico de aprovação ou desaprovação.) O intolerante que racionaliza sua desconsideração ou desprezo aceitando doutrinas de inferioridade racial guarda crenças racistas. O mesmo faz também alguém cuja antipatia surge de sua crença antecedente na inferioridade de sua própria raça. Essa pessoa é racista por acreditar nelas; é racista da parte dela pensar isso. De modo similar, seu comportamento é racista quando emerge desses sentimentos, desejos e escolhas racistas *diretamente* como quando tenta prejudicar alguém por ser negro (ou pele-vermelha, ou branco, ou amarelo). Também é racista quando emerge *indiretamente*, como quando discrimina com base em crenças que mantém para racionalizar sua hostilidade racial. O mesmo é verdadeiro para palavras e discursos. Como outras ações, eles são racistas quando brotam direta ou indiretamente de antipatia ou desconsideração raciais.[19]

Como o racismo pode espalhar-se para fora do coração de um indivíduo e poluir seu comportamento, pode da mesma forma prosseguir até infectar a conduta de uma instituição também. Embora o racismo seja principalmente um pecado, ele pode vir a habitar o que o Papa João Paulo II chama de "estruturas de pecado."[20] Essa relação pode tornar-se recíproca

---

[18.] Ver minha crítica das alegações de Goldberg em Garcia 2001 e de Ezorky em Garcia 1999.
[19.] Devemos reconhecer um problema geral com que explicações baseadas na *inserção de dados* como a minha se deparam. Podemos dizer que "um ato é racista quando é incitado por um motivo racista" (Blum 2002: 14; ver também 2, 8-10, 14-16). Infelizmente, problemas surgem de cadeias motivacionais que fogem ao padrão. E se meu racismo me motivar a fazer coisas para me tornar mais racialmente sensível e benevolente? Esses atos são motivados pelo meu racismo, mas não de modo a serem eles mesmo racistas (problemas similares surgem para outros termos referentes a vícios e virtudes, é claro). Talvez seja melhor usarmos verbos, como "expressar", "tipificar", "englobar", em vez de termos casuais, como "motivar", para ressaltar esse ponto e evitar implicações absurdas. Não é *qualquer* relação motivacional ou causal que serve para nossos propósitos, somente aquelas que seguem certas trilhas, as quais podemos freqüentemente reconhecer, mas que são difíceis de demarcar ou delinear com clareza. O problema é familiar na Filosofia, similar ao das "trilhas causais incontroláveis" que atormentam algumas explicações de ações intencionais.
[20.] Ver a encíclica do Papa João Paulo II de 1987, "*Solicitudo Rei Socialis*".

na medida em que estruturas racistas fortalecem e perpetuam as atitudes racistas (não cognitivas) que as fizeram surgir. Assim, a concepção volitiva/ desiderativa/emotiva do racismo apresentada aqui – ao contrário das visões do racismo como práticas sociais ou como atos discriminatórios, ou como tipos de julgamento – pode explicar como cada um desses fenômenos veio a ser racista.

Minha visão combina em grande parte com a declaração conjunta acerca de racismo feita por um grupo de líderes inter-religiosos: (i) "*O racismo é um problema do coração e um mal* que precisa ser erradicado das... *estruturas institucionais*".[21] Essa visão do racismo como principalmente uma deformidade moral – localizada nos desejos, nas escolhas e nas esperanças do coração, mas que também infecta instituições sociais – é muito parecida com a minha. Entretanto, os autores da declaração também dizem: (ii) "O racismo é um *comportamento aprendido* que se fundamenta em ignorância e medo", e condenam (iii) "denegrir, desrespeitar ou oprimir pessoas com base na cor de sua pele, ou na etnicidade, ou na sua cultura". Essa segunda passagem pode sugerir que o racismo não é uma questão de sentimentos ou escolhas, mas de comportamentos (presumivelmente externos), do que eu discordo. Entretanto, os autores provavelmente quiseram dizer que o racismo leva a tal comportamento, não que ele consista em conduta, já que a terceira citação parece incluir "denegrir" e "desrespeitar" no racismo, e elas são certamente estados mentais em sua origem, não formas de comportamento externo.[22]

[21.] A National Conference for Community and Justice (Conferência Nacional pela Comunidade e Justiça), declaração do ano de 2000, disponível no escritório de Washington da NCCJ; os itálicos foram adicionados aqui e adiante.

[22.] Apesar de não dar nenhuma resposta detalhada neste ensaio à crítica de Blum da minha visão volitiva do racismo (ver Capítulo 3), talvez deva deixar claro aqui que não faço a distinção rígida entre justiça e benevolência que ele parece pressupor. Devo afirmar que, na minha opinião, a diferença entre justiça e benevolência é grandemente exagerada atualmente, talvez alimentada pela enganosa imagem de Kant do amor aproximando as pessoas e da justiça as separando. Para nossos propósitos, é importante reiterar a inter-relação entre as ofensas do racismo contra a benevolência e suas ofensas contra a justiça, e a conexão entre agir com benevolência viciosamente insuficiente (ou mesmo com malevolência) e agir injustamente. De modo simples, as formas de ação às quais o racismo mais caracteristicamente leva não são apenas contrárias à benevolência, mas também à justiça. Discriminação, e até mesmo o linchamento, ofendem não somente a benevolência como também a justiça, pois as benesses de que o racista tenta privar sua vítima são as mesmas que esta tem o direto de ver protegidas por todos. O tipo de boa vontade para com um ser humano que constitui a virtude moral é o desejo de que ele tenha as benesses humanas, as coisas que melhoram a vida humana; e certamente estão incluídas nessas o respeito e uma limitada autonomia. Não pode haver uma benevolência realmente virtuosa para com uma pessoa humana que não seja caracterizada também por uma deferência e respeito por sua dignidade, que é apropriadamente vista como fundamental para a justiça. Da mesma forma, atos racistas contra a justiça são atos de desrespeito para o *status* moral e a dignidade, humana da vítima. O respeito, entretanto, não é um mero sentimento nem uma questão de simplesmente acreditar que o outro tem esse *status*. Ele envolve de forma crucial uma disposição característica da vontade,

V. PROBLEMAS DAS EXPLICAÇÕES VOLITIVAS

Entendimentos notadamente volitivos do racismo têm atraído críticas. Não vou me debruçar aqui sobre críticas direcionadas especificamente contra minha própria explicação.[23] Em vez disso, discutirei as implicações das alegações direcionadas de outras formas na literatura.

O acadêmico jurista Harlon Dalton (1996 92-93) fala de uma visão como a minha, mas a rejeita. Após perguntar: "O que significa o racismo?", ele sugere: "Uma visão – talvez a mais comum – centra-se na animosidade e no desprezo baseados em raça. O racismo [visto dessa forma] se iguala a não gostar de outros (ou considerá-los inferiores) por causa de sua raça". Ele repudia esse entendimento "mais comum" com base, em primeiro lugar, em sua suposta "indiferença pela hierarquia e estrutura social", que ele acredita exigir que se diga que um imaginário Rodney King que odeia homens brancos "seria tão culpado de racismo quanto os policiais brancos que o espancaram". Dalton explica que sua reclamação é que tal visão "ignora as conseqüências materiais", que, acredita ele, diferenciam moralmente "a raposa do cachorro, ou seja, distingue de modo relevante o ódio daqueles em posição inferior pelos que estão em posição superior do

---

uma vontade de respeitar o outro. Isso resulta no desejo do agente da justiça de conceder ao outro a benesse de uma certa autonomia limitada, ou seja, autogestão; isso exige benevolência. Mais importante, a injustiça, como o desrespeito, envolve uma ruptura viciosa com a virtude da benevolência. Não consigo ver como alguém pode respeitar outra pessoa de modo preciso na virtude da dignidade dela como um ser humano sem também desejar ver uma melhora em seu bem-estar. Mais ainda se pode dizer da conexão entre a justiça e a boa vontade, é claro. Quaisquer diferenças conceituais podem distinguir a benevolência da justiça; penso que o que viola a justiça normalmente irá ofender a benevolência e vice-versa. Então, dou menos importância que Blum ao meu fracasso ocasional em dizer explicitamente que o desrespeito, e conseqüentemente a injustiça, contam como o tipo de insuficiência de consideração que é viciosa, perversa e às vezes racista. Em resumo, para nosso propósitos aqui, não estaremos errando muito, acredito, se dissermos que o racismo é um tipo de má vontade ou desconsideração que constitui uma ofensa contra as virtudes tanto da benevolência quanto da justiça. Talvez eu deva acrescentar agora que, ao contrário do que sugere Blum, sempre sustentei e afirmei que qualquer ser humano, qualquer pessoa, tem essa dignidade e fica assim pressuposto para nós que a benevolência para com essa pessoa é uma virtude moral e sua falta ou insuficiência é um vício moral. Atrelar virtudes a papéis, como faço, não precisa excluir ninguém do círculo da empatia humana. Na minha opinião, todos deveriam sentir e demonstrar benevolência para com todos, como acredito que meus escritos acerca da teoria da moral geral deixam isso claro.

[23] Ver os ensaios de Blum, Haslanger, Levine e Pataki nesta coletânea, assim como o de Shelby (2002). Charles Mills (2002) desenvolve algumas críticas do que considera como minha visão positiva do racismo, embora seu projeto principal seja refutar minhas críticas de seu livro. (O impulso de sua resposta é explicar como um contrato racial, embora "real", "histórico" e "explanatório", é ainda assim "não-existente" e "hipotético". Não é necessário dizer que isso não é bem-sucedido, apesar de que Mills realmente demonstra que não está sozinho entre os devotos do contrato em sua vontade de ter assim as coisas de ambos os jeitos.)

ódio daqueles que estão em posição superior dos que estão em posição inferior". Mais ainda, ele se preocupa com que essa explicação que identifica o racismo como "animosidade e desprezo baseados em raça" não consiga captar o racismo de pessoas "que não têm em seu coração nenhuma maldade, mas ainda assim agem de modo a criar e reproduzir hierarquias racistas". Para Dalton, "o racismo consiste de idéias, crenças e atitudes culturalmente aceitáveis que servem para sustentar a hierarquia racial baseada na dominação".

Não é difícil ver em que ponto as críticas e a defesa de Dalton erram. O fato de negros e brancos serem ambos racistas não significa que seu racismo seja igualmente ruim nem implica que não há diferença moral entre a conduta de alguém que toma atitudes racistas e de alguém que não faz nada. Suponha que você roube a lixa de unha de Maria e eu roube a bolsa dela. Você é tão culpado de roubo como eu, mas não culpado de um roubo tão ruim. A diferença moral, para deixar claro, não é a de "conseqüências materiais". Entretanto, se eu pudesse prever de forma razoável que meu roubo fosse causar substancial inconveniência, prejuízo e aflição, e o cometesse assim mesmo, isso mostra uma indiferença mais perversa ao bemestar dela somada à ofensa contra as virtudes da justiça e da boa vontade envolvida tanto na sua como na minha apropriação intencional, que viola os direitos de Maria. Ao contrário do que sugere Dalton, não é apenas o que ocorre como resultado de minha ofensa que a agrava, mas sim minha indiferença cruel pelo provável efeito. Essas considerações também nos permitem ver alguns dos problemas na explicação do racismo preferida por Dalton. A mera causação não tem importância moral, e não há razão de imputar racismo a agentes ou atos que ocorrem meramente para piorar as coisas de um ponto de vista racial. O que é crucial é se essas contribuições são intencionais (brotam da "maldade no coração") e, caso não sejam, se ainda assim manifestam alguma outra atitude moralmente viciosa – indiferença pelo provável sofrimento causado, desrespeito ou desprezo pelos afetados, e daí por diante. A visão de Dalton ameaça (de fato, parece feita para) absolver inteiramente do racismo os que odeiam esta ou aquela raça, brancos ou negros, que são inativos, ineficazes, socialmente em minoria, culturalmente marginalizados ou solitários. De fato, ela implica que, se um número suficiente de vocês pararem de ser racistas, ao ponto em que o racismo deixa de ser "culturalmente aceitável", então meu racismo desaparece automaticamente junto com o de vocês, embora eu e minhas atitudes permaneçamos basicamente os mesmos. Finalmente, parece que alguém que busca, ou meramente espera por, uma "hierarquia racial baseada na dominação" é um racista, independentemente da exigência de Dalton de que tenha sucesso nos esforços direcionados para esse fim (ou seja, a pessoa é racista às vezes *antes* de seu sucesso, *após o fim* da hierarquia racial que deseja e em situações em que o sucesso *nunca* é obtido, talvez porque, por uma razão qualquer, essa pessoa nunca deixe de desejar essa hierarquia para persegui-la ativamente).

Certas interrogações também ajudam a reiterar determinadas dificuldades que afligem a crítica de Dalton de maneiras que nos levam de volta a uma explicação mais centrada, como a minha, em intenções formadas ou desprezadas. A respeito da primeira de suas reclamações contra as explicações volitivas, podemos perguntar por que deveríamos pensar que é a hierarquia *real* que tem importância crucial, em vez da *atitude a respeito* da hierarquia por parte de uma pessoa. No que se refere à sua segunda crítica, podemos perguntar: se conseqüências materiais são indesejadas, imprevistas, imprevisíveis, por que deveríamos considerá-las pertinentes? E quanto a atos de ódio ou desconsideração raciais ineficazes ou contra produtivos? A respeito de sua terceira objeção a visões volitivas, podemos perguntar: por que deveríamos considerar atos como racistas simplesmente com base em seus efeitos, quando esses efeitos não são apenas intencionais, mas mais exatamente contraprodutivos em relação aos objetivos buscados? Deveríamos seguir Dalton alegremente em sua conclusão implícita de que, para determinar quem e o que é racista, devemos esperar (quanto tempo? imagina-se) para ver como as coisas ficam? Eu declino desse convite.

Henry Louis Gates Jr. levanta uma importante objeção ao entendimento de Todorov a respeito do racismo, de acordo com a qual ele consiste em "um tipo de comportamento... [que] demonstra desprezo ou agressividade" (1986: 370). Gates (1986: 403) desconsidera as visões como a de Todorov (e, conseqüentemente, a minha) por acreditar que a história fornece abundantes "exemplos de benevolência, paternalismo e atração sexual 'racistas' que não são sempre, ou apenas, dependentes de desprezo ou agressividade".

Nesse ponto, o conjunto conspícuo de qualificadores é o importante. Note, por exemplo, que o próprio Gates sente a necessidade de colocar o termo "racista" entre aspas, como se estivesse ciente de que falar de "benevolência racista" é paradoxal. Da mesma forma, J. Corlett toma um cuidado redobrado em colocar aspas no termo "benevolência" quando fala de "racismo baseado em 'benevolência'".[24] Observe também que Gates percebe que precisa demonstrar não apenas que já houve paternalismo e luxúria racistas, mas que houve instâncias deles que não derivavam de sentimentos viciosos nos quais a explicação de Todorov e a minha se concentram.[25]

[24.] "O racismo pode ser motivado, junta ou separadamente, por ódio, suposta inferioridade, 'benevolência', suposta superioridade, medo e poder.... Outra base para o racismo é o dogmatismo ideológico" (Corlett 1998: 28; ver também 29). É interessante notar que, nessa lista de bases professas para o racismo, Corlett coloca apenas uma, "benevolência", entre aspas, reconhecendo assim implicitamente que há algo problemático em alguma coisa ser ao mesmo tempo racista e benevolente e, assim, que o racismo é incompatível com a benevolência em um sentido literal, não qualificado.

[25.] Gates também insiste em que a benevolência racista não depende "apenas" de atitudes viciosas, mas isso é meramente uma distração. Obviamente, ela pode ter muitas fontes. A questão é se essa benevolência é sempre em parte influenciada por essas atitudes viciosas, pois, se for, uma versão sofisticada de uma posição como a de Todorov ou a minha é justificada, já que o vício moral interno permaneceria na essência do racismo.

Essa última, contudo, não pode ser tão facilmente eliminada do registro histórico e é duvidável diante dele. Afinal, o paternalismo implica tratar o outro como se fosse uma criança, e considerar um adulto responsável e maduro como se fosse uma criança evidencia formas de desprezo e desrespeito que são simplesmente contrárias à virtude da boa vontade.[26] Qualquer pessoa que rejeita a doutrina extremamente conseqüencialista de que os fins sempre podem justificar os meios reconhecerá que algumas ações que são boas em suas intenções últimas são ainda assim ruins em seus meios. Assim sendo, uma explicação do racismo centrado em intenção e *inserção de dados*, como as baseadas em virtudes aqui oferecidas, podem permitir que o paternalista possa ser racista precisamente em sua adoção de meios infantilizadores e desrespeitadores para seus objetivos (presumidamente) protetores e benevolentes.

O paradoxo por nós aludido em Gates fica assim esclarecido. A benevolência, que é uma virtude, não pode nunca simplesmente ser racismo, que é vicioso. Mesmo admitir que nosso paternalismo seja benevolente em seu objetivo final, entretanto, subestima a questão relevante de se a pessoa age com uma certa desconsideração que ofende as virtudes da boa vontade. Quando, baseada em raça, essa pessoa adota um tratamento arrogante, soberbo, egocêntrico, presunçoso e manipulador em relação aos outros, mesmo que seja na busca do que acredita ser o bem desses outros, ela manifesta o tipo de vício moral que marca suas ações como racistas.[27]

VI. CONCLUSÃO: POR QUE SE IMPORTAR?

Eu discuti o entendimento do racismo como formas de estrutura social, como certos julgamentos de valor, como vícios de preferência, afeição e vontade. Também delineei os problemas em cada uma dessas explicações. Gostaria de sugerir que essa explicação volitiva do racismo, segundo a qual o racismo consiste em sua essência de desconsideração ou desprezo baseados em raça (em que uma ação é racista no sentido principal do termo quando expressa essas instâncias), pode explicar como tanto indivíduos como instituições e tanto atitudes como conduta podem ser racistas. O reconhecimento desse fato pode, acredito, modificar e melhorar a maneira como pensamos a respeito de questões raciais. Algumas pessoas, principalmente de tendência esquerdista, orgulham-se hoje em dia de considerar sentimentos racistas pessoais insuficientes e até mesmo insignificantes[28] para caracterizar o racismo.

[26.] A moralidade do paternalismo é um assunto complicado, mas tento fazer uma abordagem do paternalismo racista em Garcia 1996.
[27.] Minha discussão aqui segue aquela em Garcia 2001b.
[28.] Para um sumário e discussão referentes a essa posição, a de Benjamin Demott, ver Garcia 1999.

Pessoas que acham que o verdadeiro problema do racismo reside em posições ou representações comparativas presentes em elites socioeconômicas se iludem de modo similar com a reconfortante ilusão de que o racismo está lá fora, em alguma força externa. Isso não quer dizer que não haja racismo institucionalizado.[29] O que faz é descentralizar as instituições em favor do povo, suas mentalidades e seus relacionamentos interpessoais. Frederickson, que foi com quem começamos, examina as causas dos efeitos históricos. Essa abordagem, embora compreensível, principalmente para um historiador, tenta o pensador social a identificar o racismo com qualquer coisa que provoque os efeitos salientes que lhe interessam e somente com suas causas. Há uma curta distância entre isso e a concepção de Frederickson do racismo: "Minha teoria de concepção do racismo... tem dois componentes: diferença [mais precisamente, diferenciação] e poder. Ele [o racismo] origina-se de uma propensão psicológica que considera 'eles' diferentes de 'nós' em maneiras que são permanentes e intransponíveis. Esse senso de diferença fornece um motivo ou argumento lógico para usar nossa vantagem de poder para tratar o Outro etno-racial de maneiras que consideraríamos cruéis ou injustas se aplicadas a membros de nosso próprio grupo" (2002: 9).[30]

As dificuldades que, espero ter demonstrado, afligem qualquer explicação desse tipo, não apenas a de Frederickson, mas também dos teóricos culturais, parecem surgir de pelo menos duas fontes. A primeira é a falha em pensar conceitualmente. No Capítulo 5 desta coletânea, Haslanger insiste em que a filosofia social precisa ser influenciada pelo estudo empírico da história e da sociedade. Talvez ela tenha razão. Entretanto, não é menos verdade, e é até mais importante, que estudos socio-históricos precisam de uma cuidadosa reflexão conceitual se pretendem evitar que as realidades contingentes encontradas empiricamente estejam erradas quanto às características definidoras e essenciais. Frederickson está consciente dessa tentação que aflige o empirista e tenta compensá-la ampliando o escopo de sua mais recente investigação para incluir formas de racismo que caracterizaram diferentes épocas e lugares.[31]

[29.] Haslanger sugere que eu não dei crédito ao racismo institucional (ver capítulo 5). Na verdade, nunca neguei que o racismo é ocasionalmente institucionalizado; afirmei isso repetidas vezes e tenho criticado pensadores que fingem que o racismo institucional não existe. Entre muitos lugares, ver principalmente minha crítica da posição de D'Souza em Garcia 1999.
[30.] Essa explicação preliminar eventualmente surge no entendimento final e resumido de quando "o racismo existe", aquele que ressalta as estruturas sociais, que Frederickson oferece no apêndice de seu livro e que analisei em uma seção anterior.
[31.] Frederickson (2002: 157) se pune, por exemplo, por ter anteriormente identificado o racismo com esforços de preservar uma hierarquia. Essa alegação, formulada sob a influência de seu estudo fechado acerca do passado norte-americano recente, ele agora considera estreita demais, no sentido em que exclui formas de racismo, encontradas em outras épocas e lugares, que procuravam não apenas subordinar, mas destruir completamente as raças-alvo e seus membros. "Quando eu mesmo [em obras anteriores] defini a essência do racismo

Infelizmente, como vimos, Frederickson e outros continuam a defender explicações do racismo que são estreitas demais em alguns sentidos e amplas demais em outros, pois os exemplos em que elas se baseiam permanecem limitados aos que são historicamente salientes.[32] Esses teóricos não consideram as possibilidades mais amplas que estão conceitual e logicamente abertas. Não podemos captar adequadamente o que o racismo é, em que ele consiste, até que consideremos não apenas o que ele tem sido e como ele tem sido experimentado, mas também o que ele poderia ter sido ou vir a ser em situações e experiências bem diferentes às que nos são familiares. Eu ocasionalmente me vali de cenários fantásticos para argumentar meu caso. Longe de me envergonhar com isso, gostaria de insistir que esse tipo de reflexão é indispensável para obtermos a tão necessária libertação da investigação social da distorcedora e enervante submissão ao empirismo.

Uma segunda fonte de erro pode ser encontrada na tendência da investigação social da atualidade para depreciar ou mal-entender características morais. De fato, na seqüência de análises aqui examinadas – que enfatizam e se centram em, primeiro, estruturas sociais, então em julgamentos de valor, e finalmente em vícios –, acredito que podemos discernir um movimento de fora para dentro e também uma progressão do mais superficial ao mais profundo do que é moralmente periférico para o que é central. Appiah, ao discutir o recente livro de Frederickson, é levado a apresentar a questão crucial do *porquê* o racismo é "errado" (imoral). Será que é, pergunta, em razão: (i) ódio e do desprezo dos racistas, (ii) de sua irracionalidade epistemológica, (iii) do mal-tratamento a que ele leva, (iv) da maneira antiindividualista com que o racista se conscientiza de sua raça em relação a pessoas, ou (v) do fato de que o racismo opera por meio da "lei da e da vida social" para a desvantagem de algumas pessoas? (Appiah 2002: 11) Duas explanações, a (ii) e a (iv), concentram-se no que é central para a epistemologia, mas não para a ética. É difícil justificar uma teoria moral que ressalta tais questões epistemológicas sobre como alguém se justifica ou pensa a respeito de outros, exceto na medida em que as maneiras envolvem tratar alguém desrespeitosamente.

Em contraste, a (iii) e a (v) ressaltam os resultados externos, não os estados e processos cognitivos internos. Qualquer abordagem desse tipo se perde porque não pode evitar interpretar mal o racismo como o que quer

---

como as idéias, as práticas e as instituições associadas com uma forma rígida de hierarquia, estava não intencionalmente privilegiando a variante supremacista branca [de racismo] sobre formas anti-sistêmicas [que pretendem exilar ou até mesmo exterminar]."

[32] Ainda surpreendentes, essas explicações, arruinadas por seu empirismo, são às vezes abstratas demais, como quando Frederickson (2002) propõe nos dizer quando "o racismo existe", mas nunca especifica em que ele existe (ou seja, *o que* é racista, quando o racismo "existe").

que seja que tenha certos efeitos indesejáveis. É fácil demonstrar que essa construção não pode ser adequada. Em primeiro lugar, os efeitos indesejáveis de uma ação, política ou estrutura podem ser meramente aleatórios. Só que nada é racista por simples acaso. Dizer que algo tem efeitos ruins não é suficiente para dizer que esse algo é racista.[33] Em segundo lugar, efeitos indesejáveis que um agente espera, ou prefere, ou pretende em um curso de ação podem ser evitados, não apenas por acaso, mas às vezes também de modos que um perito familiarizado com a situação poderia prever. Ainda assim continua sendo vicioso, e racista, alguém esperar, preferir ou pretender certos efeitos. Então, efeitos ruins que realmente ocorrem não são necessários para algumas pessoas e seus fenômenos mentais serem racistas. Em terceiro lugar, por sua natureza como efeitos concomitantes e contingentes, ações indesejáveis individuais ou sociais não podem explicar por que o racismo precisa ser imoral (ao menos à primeira vista).[34] Nem podem explicar até mesmo por que o racismo é sempre (realmente, neste mundo) imoral.

[33.] Consciente desse problema, Haslanger insiste em que os efeitos ruins que acredita suficientes para considerar algumas práticas sociais como racistas devem ser "não acidentais" (ver Capítulo 5). Independentemente de essa manobra ser desesperada ou não, ela está condenada ao fracasso. Podemos perceber isso de duas maneiras. Os dicionários dizem que o acidental é algo não-intencional ou não esperado. Se Haslanger, ao dizer que os efeitos indesejáveis devem ser "não acidentais", quer dizer que não podem ser não intencionais, então ela está se comprometendo a sustentar que precisam ser intencionais, colocando-se assim ao meu lado ao fundamentar o racismo em fenômenos volitivos, embora eu não diga que as ações racistas são sempre motivadas por intenções perversas, viciosas. Para evitar isso, ela deve sustentar que os efeitos necessários são inesperados. Entretanto, Haslanger ainda precisaria oferecer uma explanação adequada de por que esse fenômeno epistemológico tem significância moral. Basta dizer que ela não pode fazer isso, salvo por notar como tomar um curso de ação na expectativa de causar resultados prejudiciais a outros manifesta uma desconsideração ou falta de respeito por eles. Da mesma forma, podemos notar que as principais acusações que devemos apresentar contra alguém que age na expectativa de resultados ruins são que essa pessoa e sua ação não são negligentes ou descuidadas. Em uma importante discussão, White (1985, cap. 7) argumenta que ambas as noções derivam da, e precisam de explicações em termos da, concepção de raça. Ações descuidadas, pode-se dizer adaptando sua posição, demonstram preocupação insuficiente, e as negligentes indicam cuidado insuficiente. Ele as distingue, mas, acredito, exagera a sua diferença. Ele mesmo observa que "às vezes nós tomamos cuidado porque nos importamos" (1985: 93). Mais importante, o fracasso em tomar cuidado é importante moralmente quando e devido ao fato de que revela um fracasso em se importar adequadamente. O que é importante é que, novamente em contradição a Haslanger, o estado epistemológico obtém sua significância moral das significâncias afetivas/volitivas por trás delas.

[34] Shelby (2002) nega que o racismo precise ser até mesmo presumivelmente imoral, mas tal negação é implausível.

Somente a (i), uma visão que, como a apresentada aqui, é focada em estados de vontade, preferência e afeição pessoais, salienta o que é moralmente central. Isso se dá porque a preocupação, o respeito, a consideração e semelhantes são definitivos na formação da identidade humana e os modos de respostas pessoal que dela advêm. Evidentemente, esses eventos e estados mentais são também os motivadores da ação humana. Não podemos nos dedicar a uma teoria moral mais completa aqui, mas essa abordagem pode ajudar a nos fornecer uma resposta a uma das coisas que podemos querer dizer ao perguntar: por que nos importar? Nós, moralmente, deveríamos nos importar com os outros no sentido de que tais atitudes são a base dos modos de relacionamento pessoal e interpessoal que constituem e configuram nossas vidas morais. Se assim for, então o racismo é primeiramente da importância moral não devido ao que causa, mas devido ao que originalmente é: uma deformação das posturas afetivas e volitivas de alguém em relação aos outros.

Appiah conclui, ao contrário de Frederickson, que precisamos dessa explicação do racismo, uma que se foca mais em questões do coração do que em crenças.[35] Tanto aqui como em outros lugares, tentei demonstrar como a visão volitiva é abrangente, explanatória e como e por que apoiar ou participar de certas práticas, decidir ou tomar certas ações e manter certas crenças (incluindo fazer certos julgamentos de valor) podem ser todos racistas; e, portanto, imorais, na medida em que são afetados por atitudes racistas; e, portanto, viciosas, contra outras pessoas.

Mesmo que haja razão para arrepender-se do ódio, não deveríamos assim mesmo nos centrar em esforços sociais para modificar práticas sociais em vez de modificar atitudes? Modificar os efeitos de práticas sociais

---

[35.] "Há uma dificuldade mais profunda aqui, de que as atitudes que Frederickson destaca são, como ele diz, 'conjuntos de crenças' acerca da terribilidade imutável das outras raças, mais que os sentimentos hostis para com elas. Mas... ao menos tão importante na vida cotidiana do racismo são os profundos sentimentos de repulsa, hostilidade, desprezo ou simples ódio que muitos racistas sentem. Conforme... coloca Garcia, o racismo vive mais no coração que na cabeça" (Appiah 2002: 12). Este é um comentário particularmente agradável da parte de Appiah, sob a luz do fato de que eu explicitamente desenvolvi minha abordagem volitiva como um desenvolvimento sobre a abordagem doxástica que ele próprio ofereceu anteriormente. Ver Garcia 1996. Para ser justo com Frederickson, devemos notar que, quaisquer que sejam os problemas em sua explicação do que é o racismo, ele realmente considera saliente que o racista trate certos povos de modo que consideraríamos "cruel e injusto" caso aplicados contra nosso próprio povo (Frederickson 2002: 9). Isso se aproxima grandemente de minha alegação de que o racismo envolve certo desrespeito e desconsideração viciosos. Já para a leitura de Appiah da minha própria posição, mais amplamente do que ele sugere, minha explicação é focada tanto nos estados volitivos como em "sentimentos" (ou preferências) e, mais estreitamente do que ele sugere, acredito que a vontade de *qualquer um* que seja racista nos sentidos principais da palavra deve estar em um estado vicioso e perverso, e não apenas que "muitos" são.

pode ser comparativamente fácil de avaliar.[36] Entretanto, será difícil *motivar* essa mudança social, quanto mais sustentá-la, sem também obter modificações mais difíceis e profundas nas pessoas. A modificação social é, portanto, *instável*, e é também moral e politicamente *inadequada*.

A justiça demanda mais que a mera não-violação dos direitos de receber diversas benesses materiais. Podemos ver que a justiça é fundamentada no reconhecimento e na apreciação da dignidade, do *status* e da individualidade humanas. O direito ao respeito é freqüente e corretamente considerado como fundamental, mesmo no individualismo liberal. Em tradições que concebem a justiça como cortesia social e da comunidade, a inadequação da modificação de meros efeitos é ainda mais duvidosa.

A explicação volitiva do racismo centrada no vício e na virtude pode sustentar-se em seus próprios méritos. Ela e o tipo de metodologia que empreguei para suportá-la podem, entretanto, conter uma premissa mais ampla. A investigação social, particularmente a respeito de raça, além de complicar-se com o empirismo, como já sugeri, recorreu, ao chegar na parte teórica, a discursos vagos acerca de gêneros, classes e suas supostas lutas, identidades sociais, "materialismo" e vôos teóricos semelhantes. Minha esperança é que o foco nas realidades mentais e morais possa oferecer um contraponto mais sóbrio para essas especulações. A atual campanha moral contra os grupos terroristas ressuscitou a linguagem do mal, fora de moda até bem recentemente, a batalha que coloca não apenas alguns povos e regimes contra outros, mas também cada sociedade e cada coração contra si mesmo. Há, então, uma certa base para a esperança de que o pensamento político sério do novo século, em investigações intra-sociais assim como em assuntos internacionais, irá superar os espectros do pensamento social dos séculos XIX e XX e retornar a essas antigas e profundas realidades: a luta contra o mal (mesmo que não simplesmente *pelo* bem), a primazia do interno sobre o externo e a necessidade de cultivar o amor e o respeito pelas pessoas para compreender e apreciar seu valor. Pode ser tentador odiar ou depreciar os outros, um belo atalho para os utilizar meramente como meios para nossos fins, como se não fossem pessoas e sim objetos. As coisas seriam mais simples e fáceis se o racismo e nosso problema racial repousassem somente nas estruturas sociais e sua operação, em generalizações falhas e em avaliações imprecisas de valor.

O fato real e o problema real é que eles residem nos estados de vontade, desejo e afeição que fundamentam nossa identidade como seres humanos e têm também o poder de deformá-la.

[36.] Note que alterar os *efeitos* das práticas sociais não precisa nem mesmo envolver modificar as práticas em si. Podemos às vezes alterar os efeitos de um certo tipo simplesmente *adicionando* algumas forças para bloquear a eficácia do que permanece inclinado a causá-los, seja em caso a caso ou prática a prática, ou mais de modo sistêmico.

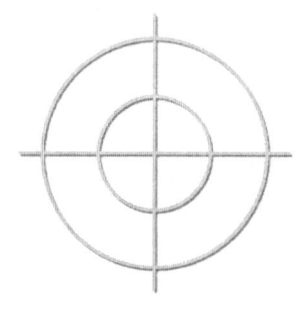

3: O Que as Explicações de "Racismo" Causam?

Lawrence Blum

Há ainda muita confusão acerca da noção de racismo. K. A. Appiah notou corretamente em sua influente obra, *Racismos*, que "nós o vemos em toda parte, mas raramente alguém pára para dizer o que ele é ou explicar o que há de errado com ele" (1990: 3). Desde então, os filósofos e teóricos sociais aceitaram o desafio de Appiah, produzindo diversas explicações. Entretanto, a primeira parte da declaração de Appiah não parece estar correta. Muitas pessoas não vêem "racismo em toda parte". Em grande parte da consciência popular norte-americana, racismo é algo que praticamente acabou com a legislação dos direitos civis nos anos de 1960 e com o bem documentado declínio nas crenças de homens brancos na inferioridade biológica dos negros desde os anos de 1950 (Schuman *et al.* 1997: 15-57). O *bestseller* de 1995 escrito por Dinesh D'Souza, *The End of Racism*, capta o espírito dessa visão, e a obra de 1997 escrita por Stephan e Abigail Thernstrom, *America in Black and White*, busca documentar em grandes detalhes um declínio do racismo.

Ainda assim, esse progresso apenas torna o desafio de Appiah ainda mais importante. Há realmente uma discordância empírica tão extrema entre os que vêem o racismo em toda parte e aqueles que acreditam que ele em grande parte desapareceu? Ou será que os dois lados querem dizer coisas diferentes com "racismo" e, portanto, não estão realmente em discordância?

A necessidade de obter alguma clareza a respeito da definição de "racismo" é reforçada ainda pelo geralmente grave opróbrio a ele relacionado. Exceto a confessadamente racista extrema direita, quase todos concordam que o racismo é uma coisa muito ruim, e "um racista" é uma coisa extremamente ruim de se ser.

Sou grato a Sally Haslanger e aos organizadores desta coletânea pelos valiosos e pertinentes comentários a respeito de um rascunho anterior.

Ao mesmo tempo, os termos "racista" e "racismo" tornaram-se nossos principais, e freqüentemente os únicos, meios de dar nomes a males e injustiças relacionados a raças. Nem sempre foi assim. É útil lembrar que, antes das décadas de 1920 e 1930, a palavra racismo nunca era usada.[37] Ultrajes perpetrados contra negros e populações nativas nos Estados Unidos, em colônias na África, na América Latina e em outros lugares não foram chamados de racistas. Eram condenados usando-se outros termos. Por exemplo, em 1830, o abolicionista negro David Walker valeu-se de uma gama de terminologia moral para expressar seu ultraje em relação à escravidão. Os escravos de cor eram "desgraçados, degradados, abjetos"; os perpetradores brancos da escravidão eram "dez vezes mais cruéis, avarentos e impiedosos" que os "pagãos" que professavam condenar (Walker 2000: 134-35). O linchamento e a segregação eram severamente denunciados como assassinato baseado em raça, violação da dignidade humana, opressão, subordinação, a manutenção de privilégios injustos e imerecidos baseados em raça, e coisas assim. Mas a palavra "racismo" não fazia parte desse arsenal de condenação moral.

De fato, o termo "racismo" foi cunhado por cientistas sociais europeus em resposta à ascensão do nazismo, e foi somente na década de 1960 que se tornou de uso comum nos Estados Unidos em relação ao tratamento dispensado aos negros. Por que isso é importante? Afinal, o racismo pode ter existido antes do termo "racismo" ter sido cunhado, da mesma forma que a gravidade existia antes de *Sir* Isaac Newton a ter nomeado.

Mas o racismo não é análogo à gravidade. Newton não inventou simplesmente a palavra para gravidade; ele inventou a idéia de que havia uma força natural atraindo corpos (entidades com massa) uns para os outros. Por contraste, não faltava a Walker um completo entendimento da injustiça moral da escravidão como instituição racial. Não está claro o que fato de chamar o fenômeno de "racismo" adicionou ao entendimento moral que Walker já possuía.

É útil recordar a pré-história do termo "racismo" para reconhecer que, historicamente, possuíamos os recursos lingüísticos para condenar muitas formas de injustiça relacionada às raças sem usar a palavra "racismo" e, portanto, sem incorrer em qualquer diminuição de entendimento. Isso é útil porque nos tornamos tão presos aos termos "racismo" e "racista" que, para muitas pessoas, é virtualmente ininteligível falar de modo significativo acerca de algo que está indo mal na arena das raças sem chamar isso de "racismo". Parece que, para muitos, esse é o *único meio* de condenarmos a injustiça racial.

[37.] George Frederickson (2002: 156) data o primeiro uso do termo "racismo" da década de 1920. Acadêmicos concordam em creditar o livro de Magnus Hirschfeld, escrito em 1933, *Rassismus* (publicado em inglês em 1938 com o título *Racism*), como o primeiro a usar o termo em seu título.

Deveríamos, acredito, perceber a ironia de que um termo tão escassamente usado antes da década de 1960, e nunca usado antes da de 1930, tenha se tornado tão dominante no vocabulário moral que usamos no domínio das raças. Irei sugerir que a utilização contemporânea comum desses termos e, até certo ponto, de explicações filosóficas deles teve dois efeitos deletérios sobre os desafios do entendimento moral na área das raças.

Em primeiro lugar, eles obscureceram a ampla gama de diferentes tipos de injustiças ou males morais. Ou seja, essas explicações fizeram parecer que o que vai mal na área das raças é algo como um tipo de coisa ("racismo") que é moralmente errada em suas diversas manifestações sempre com a mesma razão. Quando uma pluralidade de manifestações de racismo é explicitamente reconhecida (como Garcia, discutido adiante, faz mais explicitamente que a maioria), a pluralidade é vista como diretamente derivativa ou secundária à forma essencial do racismo; fica a suposição de que todas as formas significativas são erradas ou ruins pela mesma razão.

Relacionado a isso, os entendimentos contemporâneos do racismo também dificultam um entendimento adequado das formas de males ou injustiças raciais – como a falha, devido à desconsideração ou insensibilidade cultural, em tomar providências para tornar um ambiente de trabalho culturalmente confortável para membros de um grupo cultural-racial (como descendentes norte-americanos de mexicanos) que têm um peso moral relativamente menor que as formas essenciais de (o que é geralmente entendido como) racismo. Esses entendimentos tendem a ser empurrados para uma de duas direções insatisfatórias. Uma é exagerar sua significância moral, implicando que o opróbrio geralmente relacionado a instâncias de "racismo" que não são questionadas se aplica igualmente a esses males raciais menores. O outro efeito, ao contrário, das explicações contemporâneas de racismo em males raciais menores é bloqueá-los completamente – implicando que, na medida em que não satisfazemos padrões de opróbrio moral, apropriados a fenômenos corretamente chamados de racistas, eles são indignos de qualquer preocupação moral. Ninguém que eu tenha lido chega explicitamente a essa conclusão. Mas, na medida em que o "racismo" é usado para abranger a totalidade de formas raciais de injustiças morais, se alguém considera uma injustiça menor não recair no que considera ser "racismo", isso freqüentemente carrega a implicação de que essa injustiça moral não é imoral em absoluto, ou o é somente de modo trivial. Então, por exemplo, ouve-se freqüentemente pessoas dizendo: "Ela não estava sendo racista, apenas ignorante", ou (discutido em mais detalhes adiante) "isso pode ser preconceito, mas não é racismo". Em contexto, tais comentários geralmente implicam que a ignorância e o preconceito não podem ser males muito sérios; não recebem um *status* como injustiças raciais distintas e moralmente significativas (mesmo que seja uma significância menor que o "racismo").

É bom tirar da perspectiva histórica a lição de que um vocabulário com maior alcance, variação e nuança para males raciais pode muito bem ainda estar disponível atualmente. Podemos até tomar mais um passo adiante e adotar a orientação de que, quando tentados a condenar algo na arena racial, devemos antes fazê-lo em outros termos. Essa restrição ajudaria a trazer esse vocabulário mais amplo para uma posição de destaque, encorajando seu uso.

I. "RACISMO": TRÊS SIGNIFICADOS COMPLETOS

Prossigamos, então, com algumas explicações de racismo para ver exatamente o que elas nos oferecem. Jorge Garcia insistiu que algumas explicações do racismo falham ao dizer em que precisamente ele consiste, procedendo, em vez disso, diversas supostas verdades sobre formas de manifestações de racismo. Uma importante linha de escritos contemporâneos sobre racismo, por exemplo, enfatiza que muitas pessoas operam com uma visão estreita de racismo e que desenvolvimentos contemporâneos demonstram que ele pode tomar muitas formas não-contempladas em explicações anteriores. David Goldberg, por exemplo, no prefácio de sua importante coleção, *Anatomy of Racism*, diz: "A pressuposição crítica prevalecente do ataque das Ciências Sociais ao racismo desde seu surgimento na década de 1930 é que ele é invariável em sua natureza.... Há um crescente reconhecimento atualmente... que o discurso racista tem uma natureza mais camaleônica" (1990: ix).[38]

Goldberg está apontando para pelo menos dois desenvolvimentos. Um é que, embora a adesão ao tipo de ideologias distintamente biologistas de superioridade e inferioridade raciais proeminentes durante os séculos XIX e início do XX no pensamento racial norte-americano, e que alcançou um pináculo particularmente horrendo no nazismo, tenha perdido a força ao redor do mundo, novas maneiras de falar dos grupos previamente acusados de serem biologicamente inferiores têm sido usadas para excluir esses grupos ou mantê-los em posições inferiores. Por exemplo, alegou-se que esses grupos têm culturas inferiores ou estão ligados a estilos de vida supostamente inconsistentes com alguma visão de uma cultura nacional em particular.

Esse discurso pluralizante a respeito de grupos convencionalmente considerados "raciais" é realmente uma característica importante do cenário racial nas culturas ocidentais. Entretanto, Garcia também está correto

---

[38.] Outro exemplo: "Múltiplos 'racismos'... foram articulados e rearticulados, adotados e empregados não apenas por várias partes do Estado, mas também por outros atores como a classe trabalhadora e os intelectuais." (Small 1994: 13)

ao ressaltar que simplesmente apontar para isso não cobre toda a questão de se o racismo está realmente envolvido, até que se forneça uma explicação do que na verdade consiste o racismo. Talvez, uma vez que um grupo seja visto primariamente como um grupo *cultural*, mesmo um bastante coincidente com o que era antigamente considerado um grupo racial, então insultos à sua cultura não são mais utilmente chamados de "racismo". Talvez esses insultos ainda sejam errados e incorretos – mas não racistas.

Devemos, portanto, distinguir entre uma explicação do que consiste o racismo e uma explicação que alega que o racismo assim definido possui outras características sociais, psicológicas e institucionais.[39] Estou menos confiante que Garcia de que essas duas formas de explicação podem ser sempre mantidas separadas. Mas devemos ao menos tentar.

Em um nível mais amplo, podemos distinguir três usos distintos de "racismo" no cenário contemporâneo (deixarei "racista" de lado, por enquanto). O primeiro é a definição original da década de 1930, na qual o racismo é uma ideologia de superioridade ou inferioridade baseada na biologia. Essa é a definição que Goldberg (corretamente, na minha opinião) considera falha em captar o que a maioria das pessoas que usa o termo "racismo" atualmente quer dizer com isso. Não obstante, essa definição, ou algo como ela, surge não raramente em definições oficiais de racismo, e tenho a impressão de que muitas pessoas a consideram de algum modo como sua definição "verdadeira".[40] Por exemplo, Charles Taylor (1988: 7) diz: "Os racistas precisam alegar que certas propriedades morais cruciais dos seres humanos são geneticamente determinadas; que algumas raças são menos inteligentes, menos capazes de uma consciência moral superior, e coisas assim".

Os dois usos seguintes do termo "racismo" distanciam-se radicalmente do primeiro ao incluir símbolos, ações, práticas, atitudes, sociedades, etc., sem necessitar de uma ideologia de superioridade biológica presente ou mesmo velada nos bastidores. O segundo uso conota qualquer coisa ruim no domínio racial, sem se importar com a severidade da injustiça moral envolvida – por exemplo, olhar para um estudante negro em uma classe em

---

[39.] Para um exemplo desse tipo de alegação semi-empírica a que me refiro, considere o seguinte: "A dualidade do medo e da agressão é integral à estrutura de todas as práticas racistas." (Memmi 2000: 103)

[40.] Fontes de autoridades ainda apóiam essa visão, embora às vezes com pequenas modificações. O *Dictionary of Twentieth Century Social Thought,* de 1993, da Blackwell, começa seu verbete referente a "Racismo" assim: "Qualquer conjunto de crenças que classifica a humanidade em coletividades distintas, definidas em termos de atributos naturais *e/ou culturais*, e gradua esses atributos em uma hierarquia de superioridade e inferioridade pode ser descrito como 'racista'" (ênfases adicionadas). Ver também o verbete de Michele Moody-Adams no *Companion to Applied Ehtics*, da Blackwell: "O racismo é essencialmente uma concepção distintiva da natureza da realidade" – uma visão um tanto mais sofisticada que a anterior.

busca de sua participação ao discutir questões raciais, ou fazer uma generalização desnecessária, mas não desfavorável, acerca de um grupo racial, tal como "hispânicos sempre têm famílias unidas". O terceiro uso é uma subespécie do segundo, incluindo somente formas particularmente egrégias de erros e injustiças raciais.

Parte da confusão e dos mal-entendidos que predominam na arena social brota da junção da segunda e da terceira definições. Se Jane usa o termo "racismo" para se referir a qualquer coisa que possa estar errada ao se falar de raças, enquanto Lourdes o usa de forma mais estreita para injustiças egrégias, Lourdes considerará que Jane está sobrecarregando moralmente comportamentos, atitudes, etc., que são falhas menores, enquanto Jane sentirá que Lourdes não está reconhecendo a existência do racismo.[41]

Eu sugiro que muitas explicações a respeito do racismo – tanto no estrito sentido definitório e no sentido mais vago de oferecer importantes verdades gerais referentes ao racismo – deveriam, por um lado, ser consideradas tentativas de explicações do terceiro e mais estrito sentido: entretanto, elas fracassam em distinguir esse projeto de uma explicação abrangente das injustiças relacionadas a raças. O resultado é um fracasso em estimar as várias dimensões da pluralidade moral e racial entre os males raciais.

II. A EXPLICAÇÃO SOCIAL DO "RACISMO"

Deixem-me considerar dois proeminentes exemplos de explicações do racismo para ilustrar esse fracasso – o racismo como uma estrutura de desigualdade entre grupos racialmente definidos, e a visão de Garcia do racismo como uma forma de mal racial. O primeiro é expresso em definições do racismo como "um sistema institucionalizado de poder" ou "um sistema de vantagens baseado em raça" (Derman-Sparks e Philips 1997: 10). O propósito de tais definições freqüentemente deslocou seu enfoque das manifestações individuais de preconceito e intolerância para estruturas mais amplas de desigualdade entre grupos raciais, principalmente onde um histórico de maltratamento dos grupos em desvantagem forneceu o fundamento para perspectivas correntes significativamente desiguais. Defensores dessas definições geralmente desejam alegar que essas desigualdades (por exemplo, que estudantes negros têm um rendimento escolar muito inferior ao dos estudantes brancos e asiáticos) são uma preocupação moral muito mais importante que os preconceitos individuais (por exemplo, o grau de preconceito racial contra negros na população branca). Essas defini-

---
[41.] O segundo e mais amplo uso pode ser aceitável entre pessoas que reconheçam que é assim que estão usando o termo. Pode não ser sempre necessário separar o que é apenas um pouco ruim do que é extremamente ruim.

ções geralmente respondem também à noção muito pensada, mas não universalmente aceita, de que as desigualdades em questão não são mais causadas primariamente por atitudes preconceituosas correntes.[42] Essa explicação do racismo sem dúvida toca numa questão importante. Onde as deficiências das perspectivas de vida de um grupo racial é claramente, ao menos em parte, um produto de um histórico de depredações raciais e onde essa diferença é substancial, parece perverso centrar toda nossa atenção em preconceitos pessoais e estereótipos, negligenciando essas estruturas e padrões mais amplos. Mas, por outro lado, identificar as desigualdades baseadas em raças relevantes que devem ser contadas como racismo nem sempre recebe atenção suficiente. Pura desigualdade entre grupos raciais não é, em seu próprio direito, uma fonte de preocupação. Isso é óbvio, embora talvez seja instrutivo, no que se refere a grupos *étnicos*. Suponha, por exemplo, que, nacionalmente, os norte-americanos de ascendência japonesa tenham uma renda substancialmente maior que os de ascendência lituana. Isso não é razão para preocupação, desde que (1) não haja sugestão de injustiça nos processos que produziram esse resultado, e (2) os norte-americanos de ascendência lituana não estejam passando por dificuldades. O mesmo ponto vale para grupos raciais, embora neste caso seja mais provável que haja injustiça presente. A razão por que, por exemplo, o nível de desempenho escolar e o nível de riqueza dos afro-americanos são (ou deveriam ser) uma questão que inspira preocupação não é simplesmente por serem inferiores que a dos norte-americanos brancos, mas sim porque esses níveis são, por si sós, insatisfatórios *e* são, ao menos em parte, produto de discriminação e opressão passadas, assim como discriminação atual.[43]

Embora a explicação social do racismo esteja, então, certamente correta em apontar essas desigualdades injustas entre grupos racialmente

---

[42.] Glenn Loury (2002: 95-99) desenvolveu com detalhes convincentes o argumento de que a atual desvantagem dos negros, que constitui uma forma de injustiça racial, é primariamente um produto de discriminação e opressão do passado e de atuais práticas não opositivas, como a preferência racial na escolha de pessoas íntimas.

[43.] Garcia, cujas demais opiniões discutirei mais adiante, argumenta que as estruturas, práticas e processos sociais não podem ser considerados racialmente injustos a não ser que sejam animados por algum tipo de antipatia racial. Deixe-me aceitar resumidamente, nessa conjuntura, que é improvável que qualquer injustiça racial em larga escala opere sem uma certa antipatia histórica (ou atual) ou inferiorização para animá-la. Não obstante, parece ser bastante implausível acreditar que as desigualdades nas chances na vida no que se refere à educação, à habitação, à escolaridade e ao sucesso profissional entre brancos e negros ou descendentes de mexicanos se devem *inteiramente* a essas formas históricas ou correntes de discriminação ou preconceito individual. Outros fatores econômicos, sociais, políticos e culturais devem ser igualmente levados em consideração. A definição social de racismo parece-me correta ao presumir que as injustiças das desigualdades que evidenciam não se esgotam com os preconceitos raciais e formas de discriminação individual que possam ter desempenhado um papel nos processos que levaram a essas desigualdades.

definidos, no que diz respeito a perspectivas de vida, como dignas de preocupação moral por si sós, definir "racismo" em termos dessas estruturas de desigualdade traz algumas implicações problemáticas referentes ao *status* moral das injustiças *individuais* no domínio racial. Tomada literalmente, e se combinada com a visão do que não é "racismo" é de pouca preocupação moral, a explicação social implica que intolerância, ódio e antipatia individuais são questões de pouca preocupação moral. Alguns defensores da posição social podem estar dispostos a aceitar esse resultado, apegando-se à visão de que somente desigualdades raciais sistêmicas são preocupações reais. Essa implicação se evidencia naqueles que contrastam "racismo" com (mero) "preconceito", com freqüência fazendo implicitamente pouco deste último como uma conseqüência sem importância. Mas a maioria de nós desejará uma teoria dos males raciais que forneça os recursos para criticar indivíduos como moralmente abomináveis por suas atitudes raciais e seu comportamento.

A definição social pode, é verdade, ser modificada ou estendida de um modo bem natural para incluir comportamentos, crenças e atitudes individuais ao se dizer que os indivíduos são racistas à medida que participam de comportamentos que ajudam a sustentar os sistemas de injusta desigualdade racial (ou possuam atitudes que teriam efeito similar se fossem postas em prática). Por exemplo, por desgosto aos negros e em oposição à presença deles na sua vizinhança, um proprietário de imóvel que planeja vender sua casa fala a um possível comprador negro que a casa já foi vendida quando não foi, contribuindo, assim, para a segregação e a desigualdade em habitação que os negros sofrem notoriamente nos Estados Unidos.

Entretanto, essa direção traz algumas implicações morais problemáticas e contra-intuitivas. Considere um proprietário de imóvel branco em uma vizinhança marcadamente branca para a qual alguns negros recentemente se mudaram. Esse proprietário, vamos estipular, não tem animosidade alguma contra negros, como vizinhos, mas acredita, com certa razão, que os valores da propriedade em sua vizinhança provavelmente cairão bastante se a vizinhança se tornar predominantemente de negros. Para evitar um prejuízo financeiro maior no futuro, ele vende sua casa para um comprador negro, embora sua ação contribua para uma sensação de "fuga dos brancos" na vizinhança; acelera esse mesmo resultado (menores valores das propriedades) que quer evitar em seu próprio caso, enquanto também potencialmente contribui para a criação de uma vizinhança segregada de negros, com propriedades de menor valor para seus residentes.

Os proprietários, em ambos os casos, contribuem com estruturas maiores de desigualdade racial injusta. Mas suas ações parecem ser moralmente bastante distintas. O primeiro discrimina diretamente contra negros em suas ações e o faz em nome de rancor racial. O segundo proprietário não participa de nenhuma discriminação racial e não age em nome de rancor racial. Mas a abordagem que estamos considerando irá rotular ambos como racistas, implicando com isso um tipo de equivalência moral entre os dois. De fato, seria até plausível sob essa definição considerar como "racista" um vizinho do segundo proprietário que, sabendo de suas intenções e de seu efeito, deixa de tentar desencorajá-lo a vender a casa. Todos os três indivíduos contribuem para a segregação de moradias e as injustiças que dela advêm.

Defensores da definição social podem querer modificar a definição proposta de racismo individual dizendo que os indivíduos são mais ou menos racistas à medida que suas ações contribuem mais ou menos para as estruturas de desigualdade social. Mas nossas intuições a respeito do que é mais ou menos moralmente errado na área racial, em geral, não correspondem aos graus de impacto causado nessas estruturas. Por exemplo, a recusa do primeiro indivíduo em vender a casa a um comprador negro pode na verdade contribuir para manter uma vizinhança com mistura de raças. Então, apesar de sua discriminação racial contra compradores negros individuais, o impacto de suas ações sobre as estruturas maiores pode ser positivo, ou pelo menos não negativo – em contraste com o segundo proprietário. Mas a natureza racialmente discriminatória de sua ação e sua antipatia racial fazem dele mais culpável moralmente que o segundo proprietário.

Como esse exemplo sugere, nós normalmente não tratamos "a contribuição para estruturas de injustiça racial" como o único parâmetro de falha individual na área racial, ao contrário da implicação da definição social de racismo. Apesar de pensarmos que, em geral, atos racialmente discriminatórios são errados porque *normalmente* contribuem para as estruturas maiores de injustiça, também pensamos que são errados *por natureza*, como ilustra o exemplo do primeiro proprietário de imóveis branco. Pensamos especialmente que são errados quando motivados por rancor racial, e Jorge Garcia está com certeza correto ao enfatizar que um intolerante branco patético e impotente possui uma deficiência de caráter mesmo que não seja capaz de prejudicar membros dos grupos que são alvo de sua intolerância (Garcia 1997a: 13). Sua intolerância pode, de um ponto de vista social, não importar muito; pode ser uma fonte de menor preocupação geral que a intolerância racial de uma pessoa poderosa. Mas é intolerância de qualquer jeito, e é importante para uma avaliação de seu caráter.

O "preconceito ou a discriminação individuais" e a "desigualdade racial injusta" não podem ser graduados em uma única escala de preocupação moral com o último no topo e o primeiro no fundo, nem pode a falha moral do primeiro ser explicada exaustivamente em termos de sua relação com a do último. Preconceito e ódio raciais individuais são certamente fontes de preocupação moral no que se refere ao caráter das pessoas que manifestam essas atitudes. Da mesma forma que é um fato importante sobre, e (ao menos idealmente) para, Jim que ele é desonesto e insensível, é igualmente importante se Jim sofre preconceito racial. A importância do caráter moral individual no que se refere a questões raciais se sustenta por si mesma; não é algo que necessite ser justificado por referência ao seu impacto sobre as relações de grupos racialmente definidos.

Uma segunda forma de trazer o racismo individual para dentro da definição social de racismo é conhecida na literatura, e essa é definir o racismo como "preconceito mais poder" (Barndt 1991: 28).[44] Ou seja, um indivíduo é racista se tiver preconceitos e o poder de dar efeito aos mesmos. Essa proposição difere da anterior ao exigir uma intencionalidade racialmente problemática por parte do agente. Mas, como aquela definição, deixa confuso na dimensão puramente individual do que é plausivelmente chamado de "racismo". O impotente também pode ser racialmente intolerante; de fato, pessoas brancas completamente impotentes no âmbito social podem ser encontradas nas fileiras das pessoas violentamente intolerantes.[45] Realmente tem importância moral se alguém realiza seus preconceitos raciais com ações prejudiciais; mas membros individuais de grupos socialmente impotentes podem fazê-lo (por exemplo, pela violência pessoal).[46] Mais ainda, se as atitudes raciais de alguém resultam em ações prejudiciais não é a única coisa que importa moralmente sobre a intolerância e os preconceitos individuais.

Em resumo, então, os defensores da definição "social" de racismo se depararam com algo moralmente importante; desigualdades (injustas) sociais, econômicas e políticas entre grupos raciais são moralmente importantes. A definição social de racismo tem por objetivo chamar a atenção para essas desigualdades. Tendo em vista os atuais entendimentos de "racismo", essa definição consegue causar essa mudança de atenção porque, à medida que o racismo é compreendido como uma grave injustiça racial, o que passa a ser entendido como racismo será visto como uma grave injustiça social. Mas essa válida conquista moral custa caro. Ela não fornece nenhum modo plausível de falar injustiças sociais cometidas por indivíduos, nem das falhas de caráter moral individual relacionadas a raças.

Fazemos bem em reconhecer a natureza plural das injustiças no domínio moral. Pode haver formas sociais de injustiças, assim como individuais, sem que um tipo derive do outro. Se a definição social confinasse

---

[44.] Ver também Derman-Sparks e Phillips 1997: 10 (recontando as visões de "muitos educadores anti-racistas"). Essa definição é geralmente ligada à alegação adicional de que somente brancos podem ser racistas. Eu argumento em outro lugar (Blum 2002: 33-42) que a definição sugerida não tem essa implicação e também que, independentemente desse argumento, não é plausível alegar que somente brancos podem ser racistas.

[45.] Eu argumento (Blum 2002: 42-52) que o poder que alguém tem de pôr em prática seus preconceitos, assim como as relações de poder entre grupos raciais, podem ser pertinentes na medida da preocupação moral adequada para uma instância de ódio ou preconceito raciais – mas não para sua existência.

[46.] Ver Blum 2002, cap. 2, para um discussão detalhada do papel do poder pessoal e social na avaliação moral das instâncias de racismo.

suas aspirações para a articulação de *uma forma* de injustiça racial – permitindo a existência de outras formas que, por isso, dela escapam –, seria em bases mais fortes sujeitas às qualificações mencionadas anteriormente a respeito de formas específicas de desigualdade que são alvos adequados de críticas morais.

Mas uma deficiência diferente da definição social é que ela pode ser lida como se implicasse que todas as disparidades raciais (principalmente em relação aos grupos mencionados anteriormente) são elas mesmas *causadas* por manifestações de preconceito ou rancor, ou desprezo, ou outras formas de atitudes que sejam raciais e individuais. Isso pode parecer contradizer o próprio objetivo da definição social, que é deslocar a atenção para longe dessas atitudes individuais para as desigualdades injustas estruturais ou sistêmicas mais amplas. Entretanto, pode-se argumentar que o entendimento comum de "racismo" contém uma inerradicável implicação de injustiça individual; se assim for, então, na prática, a definição social tende a arrastar esse entendimento consigo na forma de uma implicação que a injustiça social surge da injustiça individual. Nesse caso, a definição social será, na prática, bastante enganadora referente ao caráter das injustiças raciais, mesmo independentemente de qualquer um dos argumentos anteriores.

III. A EXPLICAÇÃO DE GARCIA

Voltemo-nos então à abordagem bastante diferente de Garcia para uma explicação do racismo,[47] apesar de que, como a definição social que acaba de ser considerada, o objetivo da explicação de Garcia parece ser elucidar o que é de maior preocupação moral no domínio racial (Garcia 1997a: 6). Garcia diz que o rótulo de "racista" "é hoje completamente moralizado. Chamar uma pessoa, uma instituição, uma política, uma ação, um projeto ou um desejo de racista é visto como horrendo e vicioso" (7). Uma explicação acerca do racismo, diz Garcia, deveria deixar claro o porquê de ele ser sempre imoral, sem considerar isso verdade simplesmente por definição. Em contraste, defensores da definição social geralmente não tendem a deixar explícita a influência moral de sua definição, não obstante sua definição ser "completamente moralizada"; ela se refere ao que é (considerado como) a pior coisa que acontece no domínio racial (isto é, desigualdades de poder ou oportunidades de vida).

Garcia é particularmente convincente ao argumentar que muitas manifestações contemporâneas do que a maioria das pessoas sensíveis está inclinada a chamar de racismo têm elos tênues – quando têm – com as crenças em inferioridade biológica que são centrais na primeira definição

---

[47.] Vou discutir quatro artigos de Garcia: Garcia 1996, 1997a, 1999 e 2001b. Entendo que o ponto de vista do ensaio de Garcia nesta coletânea segue em linhas gerais essas obras anteriores, principalmente a última.

de racismo (e, como vimos, ainda presentes em algumas definições contemporâneas também). Raul não precisa ter quaisquer crenças na inferioridade racial de Xavier para odiá-lo por causa de sua raça; mas fazê-lo é um vício e contém uma forte alegação do que pode ser chamado de racismo segundo entendimentos contemporâneos.[48] Garcia está certamente correto ao argumentar, como eu fiz anteriormente, que o fracasso em possuir poder social, econômico ou político não evita que o ódio racial seja uma mácula no caráter moral de alguém (1997a: 11, 13).

Garcia acredita que o racismo manifesta duas formas distintas, mas relacionadas – má vontade ou ódio baseado em raça e "desconsideração baseada em – ou influenciada por raça" (1997a: 13; 1996: 6). O racismo é moralmente errado, porque é um tipo de vício, um vício que Garcia freqüentemente descreve como sendo o oposto de, ou ofensivo a, certas virtudes (principalmente a benevolência e a justiça) (1999: 13), mas também o descreve como malevolência.

A explicação de Garcia tem vários pontos fortes. Nenhuma outra que eu conheça é tão cuidadosa ao esclarecer a base em que a explicação é oferecida; ao relacionar sua definição a uma gama tão ampla de explicações alternativas do racismo;[49] ao tentar demonstrar o que é válido nessas explicações, mas também o que é falho; ao reconhecer que uma explicação do racismo deve mostrar a pluralidade das categorias distintas – práticas, sociedades, ações, motivos, medos, desejos, crenças – que podem servir de instâncias para o racismo; ao expor tão claramente uma dimensão da injustiça racial (a má vontade racial) que muitas explicações contemporâneas não conseguem articular adequadamente; e, finalmente, ao reconhecer tão claramente que o entendimento contemporâneo do racismo é, em sua essência, moral e precisa ser analisado como uma noção moral.

Entretanto, eu gostaria de apontar diversos pontos fracos da explicação de Garcia. Todos eles, irei sugerir, brotam de um fracasso em reconhecer, ou elucidar, adequadamente a *pluralidade* das formas de desvalorização relacionada a raças, ou considerar adequadamente o que é realmente errado ou ruim acerca de algumas das formas incluídas em sua própria explicação. Irei sugerir que, embora Garcia faça bem em voltar-se para a tradição da virtude para elucidar o racismo, ele não lança sua rede "virtuísta" longe o bastante para incluir toda a gama de valores e desvalorizações no domínio da raça.

[48.] O argumento de Garcia de que má vontade racial é mais fundamental que a ideologia racial em algumas formas centrais do que a maioria das pessoas pensa como racismo é particularmente eficaz contra a explicação centrada em crença de K. A. Appiah em "Racismos" (Appiah 1990). Ver Garcia 1997a: 14-20.

[49.] Garcia discute explicações alternativas oferecidas por Manning Marable, Thomas Schmid, Lewis Gordon, Michael Omi e Howard Winant, Robert Miles, Dinesh D'Souza, Judith Lichtenberg, David Goldberg, Michael Phillips, K. Anthony Appiah, entre outros.

RELAÇÕES ENTRE MÁ VONTADE RACIAL E DESCONSIDERAÇÃO BASEADA EM RAÇA

Em primeiro lugar, a relação entre as duas formas diferentes de racismo descritas por Garcia – má vontade e consideração insuficiente baseada em raça pelo bem-estar dos outros – não é clara. Garcia descreve-a de modos diferentes em passagens diferentes. Às vezes, ele deixa implícito que as duas formas não são tão diversas e que ambas são moralmente erradas pela *mesma* razão – por envolver atitudes viciosas a respeito de pessoas por causa de sua raça (1996: 11). Mas a categoria "viciosa", no sentido de "manifestação de um vício", não tem esse tipo de unidade moral. Em contraste, um significado mais coloquial implica algo como um grau particular de opróbrio moral. "Teresa não é somente insensível ou má; ela é realmente perversa, cheia de vícios." Por exemplo, preguiça e crueldade são ambos vícios; mas é muito pior ser cruel do que preguiçoso (se "preguiça" não for considerada um vício moral, "insensibilidade" pode servir ao mesmo propósito; é pior ser cruel do que insensível. "Joan pode ser insensível, mas ela não é cruel").

Em outros pontos, Garcia parece reconhecer que diferentes atitudes insatisfatórias baseadas em raça têm valências morais bastante distintas. É pior *odiar* alguém por causa da sua raça do que *deixar de considerar adequadamente seu bem-estar* com essa base. Assim, Garcia diz que a má vontade racial manifesta o vício da malevolência enquanto considerações racialmente diferenciadas são instâncias do vício da desconsideração (1997a: 29).

Em outro ponto, Garcia fala da forma da má vontade do racismo como primária, e a desconsideração como "derivada" (1996: 6). Não fica claro se Garcia quer dizer que a primazia é histórica, psicológica ou conceitual. Ou seja, a malevolência racial era histórica ou psicologicamente primária, com a indiferença racial surgindo dela? Ou a má vontade é um sentido mais paradigmático do "racismo", e a desconsideração racial um pouco menos, mas ainda dentro do mesmo conceito? Mas, por outro lado, em sua obra mais recente (entre as que estou considerando), Garcia parece ter invertido a alegação anterior da forma "essencial" do racismo: "Minha própria opinião é que o racismo, em sua essência, consiste em desconsideração racial, ou, mais gravemente, em má vontade" (2001b: 134).[50]

Eu sugiro que Garcia pode não ser claro nesse ponto porque, por um lado, ele acha que "racismo" se refere a um único vício distinto, como a covardia ou a desonestidade, e tem uma única e distinta valência moral; e porque, por outro lado, ele reconhece que há formas bastante distintas de

---

[50.] Em outro ensaio (Garcia 1999: 13), é dito que a desconsideração racial é a "raiz" do racismo, enquanto o ódio e a má vontade são sua "essência".

atitudes ou sentimentos racialmente errados com valências morais bastante *diferentes*. Pode ser menos elegante e menos satisfatório teoricamente permitir múltiplas (ou mesmo apenas duas) formas irredutivelmente distintas do que se acredita ser "racismo", mas fazê-lo pode estar mais de acordo com a linha fenomenológica moral no pensamento de Garcia. A malevolência não é o mesmo que uma mera ausência de benevolência; são dois vícios distintos, mesmo que possam ser classificados como diferentes pontos do mesmo espectro. Outros vícios com valências morais distintas não podem ser classificados da mesma forma.

O PAPEL DA RAÇA

Mesmo que Garcia incorporasse essa pluralidade moral no conceito de racismo, ainda não teria dado uma explicação adequada da valência moral do que ele mesmo inclui dentro desse conceito. Garcia deixa implícito de modo geral que a razão da malevolência baseada em raça ser errada é simplesmente que é uma instância para o vício da malevolência. Malevolência é um vício por si só, independentemente de a raça estar envolvida como sua base. A implicação é que se eu odeio Andres e desejo mal a ele por inveja, isso é tão errado – por ser igualmente uma forma de malevolência – quanto se eu o odiasse por ser negro.

Malevolência e ódio sem razão são sem dúvida vícios, sejam baseados em raça ou não. Não obstante, não acredito que ordinariamente consideramos todas as formas de má vontade como se tivessem a *mesma* importância moral. Em particular, tendemos a acreditar que a má vontade baseada em raça é uma forma desse sentimento *pior* que muitas outras. O conceito de "crime de ódio"[*] é uma analogia legal dessa instituição moral. A idéia por trás de um crime de ódio é que um crime, como uma agressão física, cometido por ódio contra alguém com base em certas características baseadas em grupo – como raça, etnia, religião, gênero, orientação sexual, etc. – é pior e merece uma punição mais severa que o mesmo crime cometido por razões diferentes. (De fato, o termo "crime de ódio" é um tanto enganador, já que não é exatamente o ódio que justifica a punição mais severa, mas somente o ódio voltado para certas características baseadas em grupo da vítima.)

Por que seria pior odiar alguém por causa de sua raça do que por razões puramente pessoais, como a inveja e o ciúme? Uma razão é absolutamente conseqüencial. Quando alguém é alvo de ódio por causa de sua raça, outros membros da mesma raça podem ficar ansiosos ou temerosos, ou sofrer outra forma qualquer de prejuízo físico, seja por acharem que poderiam ter sido a vítima (ou podem vir a ser no futuro), já que a única

---

[*] N.T.: No original, *hate crime*, qualquer crime violento motivado por preconceito, racial ou de outro tipo.

coisa que importava era a participação no grupo racial em questão, seja por se identificarem pessoalmente com a vítima.

Não acredito que essa razão conseqüencial seja toda a história, e quero sugerir que todo o opróbrio ligado a manifestações de ódio ou má vontade relacionadas a raça deriva de formas graves de discriminação, opressão, degradação, desumanização e violência perpetradas historicamente em nome da raça – ou seja, deriva da inclusão de formas individuais de injustiças raciais em padrões mais amplos, históricos e, às vezes, contemporâneos de injustiças raciais comparáveis.[51] Não estou tomando uma posição aqui sobre se há características de grupo *além* da raça que servem de base para uma valência moral comparável à raça e que são distintas das mesmas formas de injustiça ou mal em que faltem essas características.

Meu argumento não foi, até agora, que a visão de Garcia de que o racismo é um tipo de malevolência baseada em raça é falsa. Meu argumento foi que o entendimento de Garcia de como isso constitui uma explicação "virtuísta" é incompleto ou insuficiente, pois ele implica que o que é distintivamente vicioso a respeito do racismo é simplesmente que ele envolve má vontade. Mas eu argumentei que "má vontade" existe em algumas sub-variedades moralmente distintas, dependendo dos diferentes alvos desse sentimento (pode haver outras subdivisões cruzadas de má vontade). Má vontade baseada em raça é errada não apenas porque envolve má vontade, mas porque ela é baseada em raça. Pode-se entender isso dizendo que o "racismo", como visto por Garcia, envolve um *vício diferente* da, digamos, má vontade baseada em inveja pessoal. Ou, pelo menos, pode-se considerá-lo como uma subvariedade distinta do vício "malevolência", sendo que as subvariedades são distinguíveis ao menos pelas formas e graus de opróbrio moral a elas ligados.

ANTIPATIA E INFERIORIZAÇÃO

Eu argumentei que um problema com a explicação de Garcia do racismo é seu fracasso em fornecer uma explicação adequada de como os dois vícios que ele associa com o racismo – a má vontade e a desconsideração – relacionam-se entre si como formas de racismo. Sugiro que uma das fontes dessa dificuldade é uma tentativa, à qual Garcia freqüentemente resiste, mas às vezes se rende, de ver o termo "racismo" como nomeando um único tipo de viciosidade racial, um tipo com uma valência particular e gravemente negativa. Um problema diferente, mas relacionado com essa explicação, é sua imposição de uma unidade artificial dos itens que vê como *nem* má vontade, *nem* desconsideração. Garcia reconhece em vários de seus artigos que duas aparentemente distintas famílias de fenômenos foram

---

[51.] Essa visão é defendida, embora não de todo adequadamente, em Blum 2002, cap. 1.

incluídas nos significados contemporâneos de racismo. Uma é a má vontade racial. A outra é uma visão do outro racial[52] como inferior em algum aspecto humanamente importante, ou atitudes que manifestam tal visão (como o desrespeito, o desprezo ou o desdém). Vou chamá-la de forma "inferiorizante" de injustiça relacionada à raça.

Garcia freqüentemente reconhece que a má vontade e a inferiorização são formas distintas de males raciais no sentido em que diz que a malevolência pode existir sem a crença na inferioridade do outro racial. Isso é certamente correto; ela pode ser direcionada àqueles vistos como superiores ou àqueles que não são vistos nem como superiores, nem como inferiores. Algumas malevolências racistas contra asiáticos e judeus vêem seus alvos não como inferiores aos racistas, mas, em alguns importantes aspectos, superiores.[53] Asiáticos podem ser vistos "inteligentes demais", talvez, por quem os odeia, mas essa referência vaga a uma deficiência não é o mesmo que ver o outro como fundamentalmente inferior.

Garcia, entretanto, alega que a crença na inferioridade é geralmente uma racionalização da má vontade (1996: 9). Historicamente falando, isso é certamente falso. Durante os períodos da escravidão* e da segregação nos Estados Unidos, por exemplo, a maioria dos brancos acreditava que os negros eram inferiores, até mesmo quase não humanos, mas muitos não guardavam má vontade para com eles. A inferiorização dos negros era claramente mais fundamental que qualquer má vontade que poderia acompanhá-la, já que a inferiorização fornecia a racionalização primária da escravidão e da segregação. Considere as seguintes palavras de Jefferson Davis, presidente dos Estados Confederados norte-americanos, tiradas de um debate no Senado no ano de 1860 a respeito da escravidão: "A condição da escravidão para nós é, em uma palavra[,] Sr. Presidente, nada mais que a forma de governo civil instituída para uma classe de pessoas incapazes de governar a si mesmas... Em sua condição submetida e dependente, eles não são alvo de crueldade" (Davis 1860).

O ódio racial foi certamente com frequência uma mistura de atitudes que os brancos mantinham para com os negros durante os períodos da escravidão e da segregação (para não falar do presente); mas, mesmo nessa época, esse ódio era freqüentemente direcionado mais especificamente para os negros que desprezavam muito visivelmente as regras de

---

[52.] Concordo com Garcia que nem todo racismo é direcionado ao outro racial; pode ser dirigido a membros de seu próprio grupo, ou até mesmo a si próprio como membro desse grupo. Essa qualificação não afeta o argumento no texto, que se preocupa com diferentes tipos de males raciais, independentemente de seu alvo.

[53.] O anti-semitismo nazista distingue-se dessa forma (embora haja algumas similaridades ou continuidades), no sentido de que os nazistas viam os judeus como moral e humanamente inferiores (ou mesmo nem mesmo como seres humanos), ao mesmo tempo em que os viam (incorretamente) como exercendo um poder avassalador sobre a sociedade alemã.

* N.E.: Sugestão de leitura: *A Cabana do Pai Tomás*, de Harriet Beecher Stowe, da Madras Editora.

comportamento que assinalavam (na mentalidade dos brancos) que eles mesmos se consideravam inferiores (ao, por exemplo, deixar de demonstrar a devida deferência aos brancos) em vez de para os negros em geral. Se houve uma transformação radical nas atitudes dos brancos de modo que, atualmente, a inferiorização é *sempre* motivada por, e uma racionalização para a, má vontade racial, Garcia não nos dá nenhuma razão para acreditar nisso.

Garcia também argumenta, independentemente, que a crença na inferioridade racional dos outros *não é por si só racista*, a menos que surja da má vontade racial (1996: 9). Isso parece ser mera estipulação – desenvolvendo uma conseqüência de uma definição com que Garcia já está comprometido. Ele não fornece razão alguma para que abandonemos a intuição de que tratar ou considerar alguém como racialmente inferior é, por si só, racista. De qualquer modo, o argumento mais freqüente de Garcia a respeito da relação entre atitudes inferiorizantes e má vontade racial é ainda uma terceira visão – bem diferente, e contrária a essa, e distinta da visão da racionalização. Acontece que as formas não são realmente distintas – que a inferiorização é uma *forma* de má vontade ou desconsideração. Garcia imagina que um paternalista racial considera os negros inferiores, mas, longe de desejar-lhes mal ou não se importar com eles, assume a missão de defender seus interesses quando os trata como se fossem crianças, como diz Davis na passagem recém-mencionada.

Garcia aponta corretamente que o paternalista não está *de fato* defendendo os interesses dos negros, considerando-se tudo (por exemplo, o interesse deles por autonomia). Em um sentido óbvio, ele não está realmente preocupado com os interesses deles. Mas isso não faz do paternalista uma pessoa que odeia segundo raças. Uma pessoa assim pode não considerar o outro racial inferior; e o paternalista não precisa odiar (e geralmente não odeia) o outro racial de coração, seu jeito de ser "racista" é moralmente distinto. Odiar alguém é errado por uma razão diferente da razão de que considerá-la humanamente inferior também é errado.

Se passado ódio racial para a indiferença ou a desconsideração raciais, a outra caracterização do racismo segundo Garcia, o paternalista não é indiferente ao bem-estar do outro racial. Ele interpreta mal seus interesses, mas ainda está preocupado com eles. Tanto o "inferiorizador" racial como o "desconsiderador" racial, talvez, não se preocupam com os reais interesses de um grupo; mas há uma importante diferença moral entre falhar em se preocupar por causa de uma visão do grupo como inferior e por causa da indiferença baseada em raça (ou, uma terceira possibilidade, porque simplesmente se está enganado no que se considera serem esses interesses por causa de falsas crenças empíricas).

Garcia (1996: 17) às vezes apresenta seu argumento dizendo que o racista é aquele que "se coloca contra o progresso do povo negro". Mas é possível colocar-se contra os interesses dos negros por uma variedade de razões moralmente distintas – o ódio é uma delas, a falta de respeito é outra. De fato, outras razões sugerem a si mesmas. O próprio Garcia menciona pessoas que participam de práticas racialmente discriminatórias não por motivações racistas, mas simplesmente para proteger seus empregos, como, por exemplo, os empregados da cadeia de restaurantes Denny's que se sentiram compelidos a fazê-lo em um caso que recebeu a atenção nacional dos Estados Unidos no início da década de 1990.[54] É possível fazê-lo pelo desafio, ou (outro dos exemplos de Garcia) para prejudicar alguém contra quem se tem animosidade, mas não uma animosidade racial; essas são razões bastante distintas, com distintas valências morais. É claro que são todas formas de vício ou injustiça raciais, pois envolvem fazer algo vicioso ou injusto na área da raça. Mas, ao contrário da implicação de Garcia, nem todos fornecem instâncias para o mesmo vício (ou somente dois vícios, a desconsideração e a má vontade).

Um dos critérios de adequação para uma explicação do "racismo" que Garcia lista é que deve "haver uma estrutura similar ao, e ser imoral por algumas das mesmas razões das formas centrais de, anti-semitismo, xenofobia, misoginia, hostilidade contra homossexuais, atualmente chamada de 'homofobia', e outros tipos de inimizade-étnica, cultural ou religiosa, já conhecidas na história" (1997a: 6). Garcia tem razão em encarar sua lista como tudo que envolve um tipo de inimizade baseada em grupo, similar à má vontade racial; e eu concordo que parte do que é normalmente chamado de "racismo" toma essa forma. Entretanto, parece-me que está implorando para restringir "racismo" a essas formas de inimizade. Por que não dizer que o racismo deve ter uma estrutura similar à crença na inferioridade das mulheres, ou na inferioridade de certos grupos culturais em relação a outros? Laurence Thomas e outros escreveram a respeito das diferenças entre o racismo contra os negros e o anti-semitismo, sendo que este último envolve o ódio a um grupo visto em certos aspectos como superior e o anterior, o desdém ou o desrespeito a um grupo visto como inferior (Thomas 1992: 94-108, esp. 107-9). Talvez Thomas esteja abrandando a antipatia contra os negros; mas parece ser arbitrário para Garcia usar a inimizade como paradigma para o racismo e circular para concluir que o racismo sempre toma a forma de inimizade.

Ironicamente, apesar de sua tentativa de reduzir a inferiorização racial à inimizade, ao desafeto ou à má vontade raciais, Garcia mais de uma vez fala do racismo como envolvendo "insuficiente preocupação *ou respeito*" (1996: 9; itálicos adicionados), como ofendendo contra a benevolência *e* a justiça. Ele diz: "O racismo pode ofender a justiça, não apenas a benevolência, ao negar o devido respeito e deferência" (10). Essa declaração parece admitir que há realmente formas distintas de males raciais que não são

---
[54.] Para mais acerca do caso do Denny's, ver Feagin, Vera e Batur 2001: 76-83.

redutíveis umas às outras. Justiça não é o mesmo que benevolência e, embora Garcia não diga isso exatamente aqui, pode-se ofender a justiça sem ofender a benevolência, da mesma maneira que se pode ser benevolente enquanto se falha em uma forma de respeito relacionada à justiça. Essas são virtudes moralmente distintas (e seus vícios, correspondentes).

PLURALIDADE CATEGORIAL

O reconhecimento parcial, mas inadequado, de Garcia da natureza plural dos males raciais dentro do que ele quer chamar de "racismo" reflete-se em um fracasso em dar o devido reconhecimento à outra dimensão da pluralidade dentro dos males raciais – o que se poderia chamar de "pluralidade categorial". Em um nível, Garcia realmente reconhece – mais até que as explicações sociais e de outros tipos do racismo (por exemplo, a explicação cognitiva de Appiah) — que crenças, práticas, instituições, discursos, proposições, ações, sentimentos, atitudes, sociedades, etc. podem ser todos racistas. Uma explicação de racismo deveria deixar claro em que sentido cada um desses é, ou pode ser, racista. Mas o reconhecimento de Garcia dessa pluralidade no nível da distinção categorial é abandonada em sua explicação de como cada um desses itens categorialmente distintos podem servir de instâncias para o racismo. Em sua visão, eles podem ser racistas somente na medida em que manifestam má vontade (ou desconsideração) racial. Então, a crença de Rose na proposição P é racista somente se Rose chegar a essa crença por meio da desconsideração racial.

Mas, e quanto à proposição P propriamente dita? A proposição "negros são sub-humanos" não é moralmente repulsiva, independentemente do que leva alguém a acreditar nela? Ou seja, não há algo no conteúdo das próprias proposições que as fazem racialmente objetáveis – que declaram um grupo racial humanamente deficiente ou inferior em algum ponto fundamental, ou mais próximo do espírito da explicação de Garcia, que retratem um grupo racial digno de ódio ("Árabes são todos terroristas que estão tentando destruir nosso estilo de vida")?

Não é a suástica um *símbolo* racista, independentemente do que leva alguém a expô-lo? (A pessoa que a expõe pode não reconhecê-la como um símbolo racista, tentando recuperar um significado anterior – pré-nazista – não-racista da suástica, ou seja, em uma tentativa de fazer o que considera, por uma razão qualquer, "maneiro")? E quanto a *práticas*? Uma prática não pode ser racista no sentido de perpetuar ou constituir uma injustiça racial, mesmo que a prática não seja motivada por rancor racial ou inferiorização racial? Considerem, por exemplo, a prática educacional do "ranqueamento", em que as crianças são avaliadas segundo alguma suposta medida de capacidade e, em seguida, colocadas em classes reunidas segundo essa capacidade, que recebem níveis bastante variáveis de currículo estimulante e exigente. Em escolas racialmente integradas, essa prática reconhecidamente leva a grandes disparidades na educação dada aos brancos em oposição à dada a negros e latinos. Esse agrupamento segundo a capacidade pode ser em parte estimulado por suposições racistas ou racialmente problemáticas acerca desses últimos estudantes. Mas ele não precisa ser, certamente não para todos que dele participam e que talvez não tenham crenças generalistas das capacidades de crianças negras, mas que simplesmente acreditam em uma gama de suposições não raciais referentes ao caráter da "inteligência", às melhores práticas educacionais e a outras suposições. Esse "ranqueamento" poderia exacerbar as desigualdades anteriores no desempenho (não na habilidade) em um estágio inicial da escolarização.

Mas é pelo menos plausível argumentar que a prática do agrupamento segundo a capacidade priva crianças negras e latinas de oportunidades educacionais iguais;[55] e a prática pode ser condenada com base apenas nisso, não por causa das atitudes raciais das pessoas que a implementam ou a criaram. Práticas podem ser racialmente injustas e desse modo constituir injustiças raciais por uma razão diferente, ou de uma maneira diferente, a não ser que atitudes sejam "racistas" e proposições sejam "racistas". O que faz de uma categoria de item racista, ou racialmente problemática, não precisa ser a mesma coisa para todas as categorias.

Acredito que Garcia quer ver uma única fonte para tudo que deseja chamar de racismo, porque, apesar de termos visto que não é consistente nesse ponto, ele quer que todo racismo seja moralmente errado pela mesma razão – porque viola uma única virtude. Relaciona-se com essa explanação o fato de que ele não quer permitir que algo seja contado como racista por razões que tenham o sabor do conseqüencialismo.[56] Ele pode muito bem condenar o "ranqueamento" por essa razão, a menos que seja capaz de encontrar rancor racial em sua operação.

[55.] Sobre "ranqueamento" e igualdade de oportunidade, ver Oakes 1985.

[56.] Em uma passagem, Garcia realmente parece permitir que pode haver "crenças racistas" no sentido de proposições racistas, cujo caráter racista não é explicado pelos sentimentos racistas que explicam a adesão a elas. Ele fala de outro filósofo que teria fornecido exemplos convincentes (p. ex., o personagem de Huckleberry Finn) de pessoas que inocentemente vieram a ter "crenças racistas", de um modo que não os torna racistas (Garcia 1999: 14). Esse exemplo sugere a possibilidade de uma razão adicional do porquê Garcia se esforça de modo geral para ver desafetos raciais ao longo da ampla variedade de categorias de "racismo" possíveis. Isso é assim porque ele geralmente não quer contar algo como uma manifestação de racismo, a menos que o fazer sirva como base para considerar algum agente na situação como ele próprio um racista. Acredito que Garcia está correto em pensar que as pessoas se apressam em dizer que alguém é racista por ter feito um comentário objetável ou ter se comportado de modo racialmente problemático em uma ocasião. Entretanto, como Garcia reconhece nesse exemplo, é possível que uma proposição seja inequivocada e totalmente racista, sem que a pessoa que defenda essa proposição seja racista.

INJUSTIÇAS RELACIONADAS À RAÇA ALÉM DO "RACISMO"

Minha crítica final a Garcia envolve de uma maneira um tanto diferente a diversidade moral dentro do domínio dos males raciais. A crítica é que a explicação de Garcia do racismo não está claramente situada dentro de uma categoria mais ampla de males raciais, de fenômenos raciais moralmente problemáticos. Garcia não deixa claro que as coisas podem dar errado ou ir mal na área da raça sem serem "racistas". Essa crítica, na verdade, aplica-se menos a Garcia do que a essas explicações do racismo que parecem estar aspirando a uma explicação geral de tudo que dá errado (ou dá excepcionalmente errado) no domínio da raça. Como mencionado anteriormente, a idéia de que o racismo é uma estrutura de dominação racial injusta é freqüentemente tratada desse modo; tudo que não recai nessa definição (p. ex., um intolerante racial impotente) é visto tanto como não racista como moralmente trivial.

Por contraste, Garcia menciona alguns fenômenos raciais que parecem claramente problemáticos, mas que, em sua visão, não recaem na sua definição de racismo – estereótipos, ou ver as pessoas muito mais em termos de grupo do que como indivíduos (1997a: 21). Por outro lado, as discussões desses fenômenos nunca reconhecem completa e inequivocadamente que podem ser moralmente errados, não serem instâncias para o racismo e serem moralmente errados por outras razões além das que tornam errado (o que ele chama de) o racismo. Deixem-me dar dois exemplos, ambos discutidos em mais de um dos artigos de Garcia. Um é referente à questão da "desvantagem dos negros". Em um de seus ensaios (1996), Garcia pega o muito citado exemplo dos empregadores que contratam por meio de boca a boca. Essa prática privilegia as redes de relacionamento dos atuais empregados, que na maioria dos ambientes de trabalho são desproporcionalmente brancos. Se for considerada com o fato de que a maioria das redes de relacionamentos das pessoas é em grande parte mono-racial, essa prática tem o efeito de tornar os empregos menos disponíveis para não brancos, em particular para negros.

Apesar de que, em certo ponto, Garcia menciona que essa prática é "possivelmente indesejável e talvez até injusta" (1996: 25), seu principal propósito e ênfase é que essas práticas não são necessariamente racistas. Ele nota corretamente que fatores que colocam os negros em desvantagem ou "impedem o progresso dos negros" são variados (1997a: 12). Discriminação racial direta é um, mas outros podem ter pouca relação com raça em seu caráter intrínseco (desenvolvimentos na economia, vantagens e desvantagens baseadas em classe, proteções a veteranos), ou podem se referir a raças, mas não são por si sós problemáticos (Garcia cita o exemplo de Glenn Loury a respeito de amizades e casamentos endogâmicos dentro de grupos raciais). Contra aqueles que querem dizer que as causas das desvantagens dos negros não importam, que somente o resultado – ou seja, o fato propriamente dito da desvantagem – importa, Garcia quer reiterar o fato de que é importante desagregar os diferentes fatores, em parte (ele deixa implícito) só para nos ajudar a entender o que está acontecendo, e em parte porque deveríamos fazer distinções morais entre esses fatores. Alguns podem ter resultados negativos, mas não ser moralmente errados por causa disso. Em particular, Garcia quer dizer que somente os fatores que brotam do rancor ou da desconsideração raciais deveriam contar como racistas. "O racismo não é apenas presumivelmente imoral, mas conclusivamente imoral, embora nem tudo que é desvantajoso para negros é conclusivamente imoral." (1997a: 12)

Garcia está correto ao notar o diferente peso moral de fatores distintos que levam à desvantagem para negros. Mas esse argumento tem o efeito de não deixar claro se ele considera a desigualdade constituída pela desvantagem dos negros *em si mesma* moralmente problemática. Apesar de que nem todas as desvantagens são injustas ou, de outra maneira, moralmente preocupantes, Garcia não fornece teoria alguma de injustiça social, por exemplo, que nos permitiria considerar a taxa desproporcional de desemprego entre negros como uma forma de injustiça. Fazê-lo permitiria que se reconhecesse que uma prática (tempo na empresa, por exemplo) pode não ser moral e racialmente problemática por si só, mas pode ainda assim contribuir para a injustiça racial e, portanto, ser moralmente problemática nesse aspecto.[57]

Esse fracasso em fornecer um posicionamento moral distinto para um fenômeno que é uma outra coisa além do (que Garcia define como) "racismo" – em reconhecer que algo pode ser moralmente errado por outras razões além da que faz o ódio racial ser moralmente errado – é reforçado por um exemplo que Garcia usa para ilustrar que nem todos os fatores que colocam os negros em desvantagem deveria contar como "racismo". O exemplo é o de uma força alienígena hostil aos terráqueos e que toma ações ofensivas contra o continente da África por causa de seus depósitos minerais (1996: 26). Essa ação tem um impacto desproporcionalmente negativo para o bem-estar do povo negro, mas claramente não é uma instância de racismo, nem, como Garcia explica corretamente, é qualquer forma de injustiça relacionada à raça por parte dos alienígenas.

Garcia usa esse exemplo para sustentar sua visão de que somente a presença de desafeto racial torna uma prática racista; mas usar esse exemplo

---

[57.] Como mencionado, Garcia sugere que o recrutamento boca a boca pode mesmo ser injusto. Mas ele parece considerar a injustiça em questão como sendo *não racial* – talvez uma injustiça baseada em um fracasso em usar critérios consistentes e baseados em qualificação para a contratação, ou em oferecer igual acesso a todos a informação sobre vagas de emprego. O que falta em sua explicação é um reconhecimento claro de uma distinta e variada gama de *injustiças relacionadas à raça*, com diferentes explanações a respeito de sua falha moral.

exagerado para fazer uma analogia com fatores não raciais que contribuem para a desvantagem do negro acaba tendo o efeito de afastá-lo ainda mais da exploração das maneiras que a prática pode envolver, constituir ou contribuir para a injustiça racial, embora o racismo (por si só) esteja envolvido.[58]

Em resumo, argumentei que Garcia falha em reconhecer uma pluralidade existente dentro do que ele mesmo escolhe chamar de racismo, uma pluralidade a mais dentro do que se pode plausivelmente chamar de racismo além da definição dele, e ainda uma pluralidade a mais de males raciais além das que podem ser consideradas racismo.

IV. NOVAS CONSIDERAÇÕES REFERENTES A I'M NOT A RACIST, BUT...

Em *I'm Not a Racist, But...* [Não Sou Racista, Mas...], eu defendi mais diretamente as bases em que critiquei a explicação virtuísta de Garcia e explicações sociais do racismo. Em um nível mais geral, tentei demonstrar que, para cobrir adequadamente a gama de injustiças e males distintos relacionados à raça, precisamos de um vocabulário moral mais diversificado e com mais nuança do que o que geralmente usamos. Sugeri que a ignorância racial, a insensibilidade racial, a injustiça racial, o privilégio racial injustificado, o fracasso em reconhecer a importância da identidade racial de alguém e em ver o membro de outro grupo racial, como indivíduo, assim como membro do grupo, e a atribuição de importância exagerada à raça no entendimento do que é importante para as pessoas constituem exemplos dessa gama de males raciais não racistas. Eu argumentei que o que está moralmente errado nesses diferentes casos não é de modo algum uma coisa só, como a dominação racial ou a má vontade racial, mas sim que o fenômeno engloba diversas fontes de injustiças morais.

Sustentei no livro que a trajetória histórica das palavras "racismo" e "racista" é parte do que nos cegou para essa diversidade moral e racial. Tem havido uma tendência no discurso comum para usar esses termos de modo tão amplo que engloba virtualmente tudo que está errado na área da raça, enquanto ao mesmo tempo mantém a idéia (inconsistente com esse uso) de que "racismo" é um termo de grave opróbrio e deveria ser usado

---

[58.] Quero mencionar resumidamente mais um ponto fraco do monismo moral de Garcia que não sou capaz de explorar em profundidade. Garcia implica que a identidade do grupo racial (ou de seus membros) que é o alvo do rancor racial não tem influência sobre o *status* moral do rancor ou dos atos que sejam conseqüências dele. Mas é ao menos argumentável – e certamente uma crença de muitos – que o rancor racial contra grupos racialmente vulneráveis, como os negros, nativos americanos e árabes, é uma preocupação moral maior que o mesmo rancor contra os brancos. Eu defendo essa assimetria racial em Blum 2002, cap. 2.

somente para referir-se a males morais ou formas de injustiças muito graves no domínio racial. Defendi que nos limitamos ao escopo do que chamamos de racismo, ao mesmo tempo em que tentamos nos beneficiar de recursos morais mais amplos que nossa linguagem fornece para referir-se à gama mais ampla de males raciais além do racismo. Defendi que também tentamos ser cuidadosos a respeito da categoria de itens que condenamos no domínio racial – não assumindo tacitamente, por exemplo, que qualquer um que faça um comentário racista ou conte uma piada racista é "um racista".

No livro, ofereci uma definição restrita de racismo. Reconheci que essa definição seria até certo ponto estipulativa, que a palavra "racismo" não tem um uso suficientemente estável, duradouro e unificado para que se capte seu significado na linguagem cotidiana em uma única definição. Entretanto, chamei o capítulo em que ofereço essa definição "'Racismo': Seu Significado Essencial". Agora, considero esse um modo enganador de descrever o que ofereci nesse capítulo, como se pudesse haver uma única coisa (ou, como argumentei no livro, duas coisas) que constitua a essência do que o racismo é na verdade. Estou bem menos confiante que Garcia de que se possa determinar, como uma condição útil em uma explicação do "racismo", que ele "conforme-se com o discurso cotidiano referente ao racismo, desde que esteja livre de confusões", ou que seu critério para "a acomodação de casos claros da história e da imaginação exclua casos em que o racismo esteja evidentemente ausente" (1997a: 6), podendo ser aplicado sem ao menos haver uma pressuposição de uma explicação já existente de racismo. Não acredito que se possa dizer com confiança, como faz Garcia, que "há uma certa coisa em que o racismo *agora* consiste, uma única coisa que o termo significa conforme *nós* usamos *hoje em dia*" (9; itálicos no original).

Talvez mais importante, estou agora menos confiante de que a tarefa mais fundamental das pessoas que trabalham nas áreas da filosofia, raça e moralidade deveria ser tentar proferir uma explicação do "racismo". Embora acredite que haja muita coisa com que os filósofos possam contribuir na tarefa de esclarecer o pensamento confuso sobra raça, estou menos confiante de que se concentrar exclusivamente em "racismo" seja o modo mais construtivo de fazer essa contribuição. Eu demandaria, mais incisivamente do que fiz em meu livro, que devemos assumir como missão registrar a diversidade dos fenômenos raciais que constituem males morais e delinear cuidadosamente o caráter moral de cada um. Talvez devamos até tentar deixar as palavras "racismo" e "racista" de lado temporariamente; ou, ao menos, sempre que formos tentados a usá-las, devamos tentar usar palavras diferentes para expressar o que queremos dizer. Talvez fazer isso nos leve a um entendimento de maior abrangência e nuança do que pensamos estar tentando fazer ao oferecer explicações acerca do "racismo".

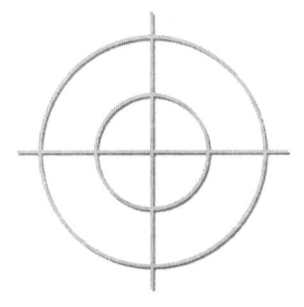

4: Filosofia e Racismo

Michael P. Levine

O futuro que nos mostram os sonhos não é o que vai ocorrer, mas aquele que gostaríamos que ocorresse. A mente popular comporta-se nesse ponto como normalmente faz: aquilo que ela deseja, ela acredita.
Freud, Sobre os Sonhos

I

Irei argumentar aqui que uma explicação causal do racismo, em particular uma que envolva suporte psicológico ou psicanalítico, é necessária para entender o que é o racismo e o que está moralmente errado com ele. Também é necessário formular estratégias para falar dele. Uma análise adequada do racismo – há na verdade muitas variedades dele – também mostrará por que, junto com outros antigos preconceitos, como o sexismo e a homofobia, ele se provou tão intratável. Também discuto o caráter bizarro do racismo. Afinal, parece estranho – inexplicável – que alguém seja odiado simplesmente por causa de sua raça ou cor. Acontece que a raça e a cor têm pouco a ver com o racismo.

Embora haja indiscutivelmente uma pletora de questões a respeito do racismo que deveriam ser avaliadas pelos filósofos, incluindo as várias relações entre a filosofia e o racismo, duas questões inter-relacionadas são primárias. Primeiro, o que é racismo? E, segundo, quais são as causas do racismo? O termo "causas" deve ser usado de modo amplo, em referência à natureza do racismo – as condições sem as quais o racismo em suas diversas formas não existe.[59] Assim, é um tanto surpreendente que, na coletânea de ensaios organizada por Susan Babbitt e Sue Campbell, *Racism*

Meus agradecimentos a Damian Cox, Susan Datz, Marguerete La Caze, e Tamas Pataki.
[59.] Elisabeth Young-Bruehl (1996) argumenta convincentemente que preconceitos vêm em uma grande variedade de formas e que o próprio racismo tem muitas formas diferentes. Falar sobre preconceito em vez de preconceitos, e racismo em vez de racismos, é uma gritante e exagerada simplificação.

and Philosophy [Racismo e Filosofia], nenhuma dessas questões seja considerada como um foco da coletânea como um todo ou de qualquer um de seus ensaios individuais. Qual, então, é o foco? As organizadoras escrevem:

> *Os colaboradores desta coletânea tentam identificar e esclarecer importantes estruturas de significado pelas quais a filosofia ocidental evitou o reconhecimento do racismo e, ao mesmo tempo, ofereceu influentes esquemas conceituais que ajudaram a produzir as racionalizações destrutivas da sociedade contemporânea .... Esta coletânea sugere que reconhecer a importância do racismo pode influenciar de modo eficaz o progresso em todas as áreas da filosofia... Os autores bebem na fonte de investigações empíricas, históricas e sociológicas e de obras tanto de ativistas como de teóricos, ao mesmo tempo em que assumem a tarefa de identificar e explicar as questões filosóficas centrais envolvidas ou surgidas dessas investigações.... A primeira parte desta coletânea .... fala sobre questões referentes às implicações do racismo para a prática da filosofia.... A segunda parte.... fala das questões acerca da natureza do racismo sistêmico colonial e dos Estados Unidos e do que está envolvido no entendimento e na responsabilização por ele... A última parte... envolve uma consideração de como nos relacionamos uns com os outros por intermédio de estruturas de diferenças etnizadas e racializadas de maneiras que mantêm o racismo intacto.... [e] centra-se no desenvolvimento de identidades adequadas a compromissos anti-racistas.* (Babbitt e Campbell 1999: 1-5)

Tudo muito bom e bonito, só que ainda assim é impossível imaginar qualquer uma dessas tarefas sendo realizadas à parte das suposições anteriores, explícita ou implicitamente argumentadas ou pressupostas, acerca da natureza e das causas do racismo. Na verdade, alguns desses ensaios em Babbitt e Campbell 1999 fazem referências oblíquas a essas questões. É inevitável.

Filósofos morais, sociais e políticos contribuíram consideravelmente pouco para o entendimento das causas do racismo ou da natureza de vários outros racismos. Alguns até alegam que explicações causais, principalmente psicológicas, do racismo são periféricas para seu entendimento. Apesar de sua habilidade de fazer distinções precisas e ocupar-se com princípios morais, filósofos nada têm feito além de rodeios. Por exemplo, são levantadas questões, não apenas por filósofos, sobre se, falando cientificamente, realmente há raças e quais são as implicações de tais questões para o racismo, se pessoas de cor podem ser racistas, quem é um racista e se ele é institucionalizado. Essas questões não são interessantes nem esclarecedoras, mas qualquer resposta adequada a elas deve ser dada em termos de uma análise do racismo. Atrelado à incapacidade dos filósofos em explicar o racismo está o fato relacionado de que filósofos morais têm sido incapazes de explicar adequadamente o que está moralmente errado com o racismo em suas diversas roupagens ou com outros preconceitos.

Um segundo, mas ainda assim secundário, conjunto de questões relaciona-se com que políticas são racistas.

Seria de se esperar que a filosofia moral teria algo distintivo e significativo a dizer acerca de como entender o racismo e por que ele é moralmente repreensível. Em vez disso, o que freqüentemente se obtém é uma explicação da imoralidade do racismo em termos de uma teoria ou princípio moral geral. Por exemplo, é-nos dito que o racismo é errado porque essa discriminação deixa de tratar as pessoas como fins em si mesmas ou porque ele nega direitos humanos básicos. Se for o caso de que o preconceito racial sempre envolva essas ou outras falhas morais apropriadas, então isso realmente constitui uma razão para supor que o racismo, em pensamento ou em ação, é imoral. Mas tal explicação elucida pouco ou nada a natureza dos diversos preconceitos ou o fornecimento de qualquer conjunto distintivo de razões do porquê são imorais. Ela dá as mesmas razões para a imoralidade do preconceito em geral que aquelas dadas para o assassinato, o roubo ou a agressão.

J. L. A. Garcia (1996: 9), por exemplo, diz que a imoralidade no racismo "brota do fato de que ele se opõe às virtudes da benevolência e da justiça" e que "o racismo é uma forma de preocupação ou respeito... moralmente insuficiente pelos outros". Ambas as afirmações são verdadeiras, mas ainda assim pode ser falso que a imoralidade do racismo resida distintivamente nelas. Para começar, é possível se opor à benevolência e à justiça, e preocupar-se insuficientemente com os demais de outras maneiras e por outros motivos que não têm nada a ver com racismo. O racismo pode ser imoral pelas mesmas razões que fazem outras coisas serem igualmente imorais. Mas quando as pessoas falam da imoralidade do racismo, imagino que estejam se referindo a algo de especial. Eles querem atrelar essa imoralidade a algo específico sobre a natureza do racismo. Dizer, por exemplo, como faz Garcia (1996: 9), que ele "busca ferir as pessoas designadas a um grupo racial por causa de sua identidade racial" não explica a natureza específica de sua imoralidade ou como ele está conectado a percepções de identidade racial. Para explicar isso, o racismo deve antes ser entendido de uma maneira (mais profunda) que o separe, ao menos temporariamente, de questões morais. O que precisa ser entendido é o *porquê* de as pessoas odiarem e tentarem ferir outros *com base* em supostas diferenças raciais ou de outro tipo.

Uma abordagem cognitiva do racismo – uma que encare o racismo como fundamentado em falsas crenças ou outros defeitos cognitivos, por exemplo – sugerirá uma explicação diferente da imoralidade do racismo que uma baseada em afetos, como a de Garcia. Mas dividir as explicações de racismo em linhas cognitivas e afetivas deixa em falta as nuances necessárias e é superficial demais para captar quaisquer conexões intrínsecas entre o racismo e sua imoralidade. Explicações psicanalíticas do racismo, como veremos, rejeitam essa divisão como sendo errônea e enganadora.

Mas mesmo fora da área da psicanálise, essa divisão deve ser rejeitada. Mesmo em termos exclusivamente filosóficos, as análises contemporâneas da emoção demonstraram que o afeto está conectado à cognição e às crenças de maneiras que questionam qualquer abordagem baseada nessa dicotomia arcaica e artificial.[60]

Assim, para que filosofia moral aborde o preconceito, explique sua imoralidade e ofereça soluções, deve levar em consideração a natureza do preconceito. Parece (para mim) incontroverso que isso inclua um entendimento de suas causas, mas alguns filósofos, estranhamente, negam esse fato. Isso é parte daquilo a que se refere Ruth Benedict ao dizer que, "para compreender a perseguição das raças, não precisamos investigar as raças, mas sim a *perseguição*" (1999: 38). Mas não há muitas razões para supor que Benedict compreendeu a natureza da perseguição ou sua cura. Ela considera a democracia como o antídoto para o racismo, embora seja aparente que o racismo, junto com uma diversidade de outras injustiças, possa prosperar em uma democracia. Ela parece conceber a democracia genuína como incompatível ou ao menos inospitaleira ao racismo. Embora não seja necessariamente o caso, é ao menos argumentável que a democracia, ao contrário de certas outras formas de governo, não se presta ao tipo de meio social, político e cultural em que graves injustiças, talvez até mesmo preconceitos como o racismo, possam facilmente prosperar por períodos (muito) longos de tempo. Ainda assim, dada a explicação de racismo de Young-Bruehl (1996), até mesmo isso parece ser um tanto otimista. Deixem-me ilustrar as disputas mencionadas.

II

Retoricamente, Lawrence Blum (1999: 81) pergunta: "O que, então, *é* o racismo?" Sua resposta é instrutiva. "Não desejo fornecer uma definição geral, mas sim indicar duas formas distintas que o racismo individual assume... a primeira é *o ódio, a animosidade ou a intolerância racial* – odiar negros, judeus, croatas ou hutus[61] porque *são* negros, judeus, croatas ou hutus. A segunda forma... envolve considerar outro grupo como *humanamente inferior*... como os ocidentais viam os negros". Apesar dessa relutância em tentar formular uma definição geral do racismo, parece que Blum pretende dar uma definição ostensiva. Mas seus exemplos não nos dizem, ostensivamente ou não, o que é o racismo, e são enganadores se têm por objetivo ilustrar essa questão.

Sua explicação tinha a intenção de ser causal? Será que se odeiam os negros *porque* são negros? Será o ódio *causado* por sua negritude? Parece

---

[60.] Ver, por exemplo, Oakley 1993.
[61.] Blum entendeu isso errado. Foram os hutus que cometeram genocídio contra os tutsis.

ser isso que ele está sugerindo e, se for esse caso, essa explicação é ininteligível. Para compreender o que *é* o racismo, é preciso compreender *por que* o racismo assume as formas que Blum cita como exemplos. Qual é a explicação para isso? Por que alguém odeia negros por serem negros – talvez por causa de algum tipo de fobia à cor? O racismo não pode ser explicado meramente como ódio racial ou a visão de outro grupo como humanamente inferior. Esses são apenas exemplos. Até que se entenda o que motiva esses ódios e atitudes, o porquê de eles surgirem e em que circunstâncias, quando as circunstâncias sejam parte da explicação – é impossível entender o que *é* o racismo.

Para ser contencioso, se eu estiver certo e pudermos generalizar de alguma forma a partir do caso de Blum e Garcia, então os filósofos morais analíticos contemporâneos freqüentemente abordam o problema do racismo sem entender o que é racismo – ou ao menos o que ele é além ou em adição à sua imoralidade. Assim, ao discutir os vários aspectos do que está moralmente errado com o racismo, e ao abordar questões relacionadas, como quem é racista e o que conta como racismo, os filósofos morais podem não estar realmente falando de racismo ou do que está errado com ele; ou podem estar fazendo isso sem uma explicação adequada dos preconceitos racistas. Eles estão, em vez disso, falando do que está errado com a maneira que algumas pessoas agem em relação a outras. Isso está dentro do alcance do que filósofos morais fazem e deveriam fazer, mas não é distintivamente sobre o racismo ou intrinsecamente ligado ao racismo de qualquer modo em particular. O erro não é apenas um tipo de falácia intencional ou fracasso no reconhecimento – falar de algo usando um nome diferente. Eles não estão falando de racismo *em absoluto* – estão confundindo os sinais do racismo com o racismo em si. Minha alegação não é que há explicação para racismo da qual outros possam discordar, mas sim que não têm explicação alguma do racismo: ou, de modo menos contencioso, eles confundem características fenomenológicas superficiais ou os sintomas do racismo com o racismo propriamente dito.

Até certo ponto, é possível reconhecer o racismo por meio de seus sinais ("comportamento racista"), da mesma forma que se reconhece o sarampo pelas pintas. Mas dizer que se reconhece o racismo pelo comportamento racista é circular de um modo que reconhecer o sarampo pelas pintas do sarampo não o é. Pois o que é chamado de "comportamento racista" será *de fato* comportamento racista de modo relevante se brotar do racismo, e isso não pode ser determinado somente a partir do comportamento. Pintas de sarampo são, entretanto, um sinal certo do sarampo. É claro que é possível ser racista e não agir abertamente de modo racista (geralmente). Mas o ponto relevante aqui é que é possível se comportar de modo racista e, ainda assim, não o ser, mesmo que provavelmente se seja considerado como tal.

Os pontos anteriores podem ser mais bem ilustrados se uma genuína explicação do racismo, do que ele é, for dada. Elisabeth Young-Bruehl diz:

"Podemos definir preconceitos dizendo que são o reflexo em atitudes contra grupos (e indivíduos enquanto membros de grupos) de modos característicos (em geral, complexos) de defesa" (1996: 209).[62] Ela prossegue dando uma relação detalhada dessas defesas que se baseia em conceitos, teorias e dados psicológicos, em especial psicanalíticos. Se se aceita sua explicação do que são preconceitos ou algo semelhante, então não será possível explicar a imoralidade do racismo em sua significância moral mais ampla apenas nos níveis pessoal, social ou político. Como, por exemplo, é possível tentar responder à questão: será que os alvos do racismo (p. ex., pessoas de cor e judeus) podem eles mesmos ser racistas (evidentemente que podem), se não se sabe o que é o racismo ou que formas pode assumir? Na explicação de Young-Bruehl, a natureza do racismo não deve ser explicada em termos de (algum inexplicável) ódio contra uma certa raça, mas sim em termos da natureza das fontes dos diversos preconceitos – uma explicação do ódio propriamente dito. Se suas explicações particulares estão ou não corretas, ou até que ponto estão corretas, não é realmente a questão aqui.[63] A questão é que é isso que uma explicação do racismo deve fazer.

Explicações psicológicas ou psicanalíticas do racismo não separam teorias do racismo em linhas cognitivas e afetivas. Elas reconhecem que o racismo envolve tanto aspectos cognitivos como afetivos, e que esses aspectos estão integralmente relacionados. Ao distinguir a abordagem dos ensaios em sua obra editada, *The Psychoanalysis of Race*, Christopher Lane diz:

> *Já que a maioria dos estudos do preconceito deriva da psicologia do ego e das Ciências Sociais, eles tendem a reproduzir as limitações das teorias comportamentais. Grande parte dessa obra assume que o racismo deriva notadamente de ignorância e falsa consciência. Se professores e cientistas sociais pudessem influenciar a visão das pessoas, diz o argumento, essas pessoas perceberiam que suas suposições a respeito de grupos étnicos e raciais diferentes são superficiais e falsas. De modo correspondente, as fantasias e hostilidades raciais das pessoas perderiam força e, no caso ideal, deixariam de existir. (1998: 4)*

É questionável se "a maioria dos estudos do preconceito deriva da psicologia do ego e das Ciências Sociais". Muitos estudos históricos parecem derivar de nenhuma dessas duas fontes. E, mesmo que isso seja verdade, a suposta conexão entre essa derivação e "as limitações da teoria comportamental" é questionável. Entretanto, é verdade que muitos estudos acerca do preconceito, incluindo os históricos, os científicos sociais e filo-

---

[62.] Ver também os capítulos nesta coletânea escritos por Young-Bruehl e Pataki.
[63.] Escolhi a explicação de Young-Bruehl por ser monumental em sua profundidade e escopo. É uma obra clássica acerca do entendimento da natureza dos preconceitos, e não conheço nenhuma outra obra a respeito de preconceitos, incluindo o racismo, que seja mais significativa.

sóficos/morais, assumem que o racismo "deriva notadamente de ignorância e falsa consciência". O racismo, diz-se, brota de algum tipo de defeito cognitivo. É uma questão de crenças falsas pessoal ou socialmente engendradas por diversas razões.

Lane contrasta essa visão da "ignorância e da falsa consciência" do racismo com a que ele pessoalmente endossa e alega ser a menos complementar. Falando de sua obra editada, Lane diz: "O que essa coleção de ensaios argumenta, adicionalmente, é que questões psíquicas complicam nossas chances de obter e manter um igualitarismo" (1998: 32 n. 3). Entretanto, um contraste mais duro e acurado que o de Lane pode ser delimitado entre as visões da "ignorância" e das "questões psíquicas". Esse contraste mais duro alega que a visão da "ignorância" é fundamentalmente falsa e completamente diferente das teorias psicológicas e, principalmente, psicanalíticas, que buscam explicar o próprio racismo e as *crenças* racistas em uma base psicológica, em vez de cognitiva. Explicações psicológicas, e especificamente psicanalíticas, do racismo consideram-se como incluindo explicações cognitivas, em parte, ao explicar a origem de crenças racistas em desejos e em suas realizações. Mais ainda, a tipologia de Lane é distorcida. A "visão da ignorância" não deve ser atrelada à visão da falsa consciência, mas sim diferenciada dela. Essa última está dentro do alcance das visões de "questões psíquicas". A falsa consciência é uma questão de um tipo especial de ignorância que as visões de "questões psíquicas", como as explicações psicanalíticas, tentam explicar.

Não obstante, Lane ilustra a significância da visão psicanalítica para o entendimento do porquê as pessoas são racistas e para a tentativa de conter o racismo. Ele diz que as abordagens da "ignorância e da falsa consciência" sobre o racismo:

> partilham... uma suposição de que o conhecimento melhora o entendimento cultural, ao mesmo tempo em que reduz a hostilidade inter e intragrupos. Essa ênfase freqüentemente denuncia uma esperança fundamental de que a humanidade, liberta da alienação e das disputas políticas, seria absolutamente comunitária.... essas abordagens argumentam que as crenças e suposições de uma pessoa, embora sejam determinadas por sua classe e raça, podem ser alteradas simplesmente com uma consciência melhorada. Estudos que almejam resolver as disputas urbanas e a violência étnica freqüentemente reproduzem essas suposições: elas antecipam que as pessoas presas em conflitos querem um fim para a luta com o intuito de poderem assegurar os ganhos materiais que podem ser conquistados somente em tempos de paz. A essa perspectiva, a psicanálise adiciona uma verdade dura: quando pessoas e grupos se encontram presos em um conflito, eles já estão – além de seu interesse imediato em assegurar a soberania sobre outro território ou povo – experimentando ganhos intangíveis... o "ganho" de um grupo pode consistir em privar outro de sua liberdade.... se ignorarmos essas questões

psíquicas, estaremos promulgando fábulas sobre a natureza humana, mantendo suposições idealistas, enquanto fatores psíquicos não examinados alimentam a acrimônia, o ressentimento e o ódio.[64] *(1998: 5)*

Tentar entender o racismo e outros preconceitos, ao lado de certos tipos de violências aparentemente inexplicáveis (como o 11 de setembro de 2001), independentemente de uma abordagem psicanalítica, é como tentar entender a locomoção sem a física ou como um carro se move sem mencionar o motor. Tentar avaliar moralmente os horrendos ataques de 11 de setembro recorrendo somente a teorias de guerra, ou qualquer teoria conseqüencialista ou normativa deontológica* – centrando-se nesse horror fora de contexto (histórico, político, psicológico ou pessoal) e por si mesmo – é irremediavelmente estreito. Não há um vazio como o vazio filosófico.

Lane faz duas críticas específicas à abordagem de Young-Bruehl. Ele alega (1998: 10) que há uma "ironia que Young-Bruehl, usando as categorias psíquicas da histeria, do narcisismo e das neuroses obsessivas, torna o preconceito mais monolítico e universal que [Gordon] Allport".[65] Young-Bruehl realmente considera os preconceitos mais universais do que Allport, em parte porque ela reconhece que há uma variedade de tipos de preconceitos relacionados a uma gama de causas. Mas é difícil entender a alegação de Lane de que a explicação dela é mais monolítica porque sua tese principal, defendida de várias formas ao longo do livro de mais de 600 páginas, é que o preconceito não é uma fenômeno monolítico em suas causas ou manifestações. É a explicação de Allport que considera o racismo como advindo de um único tipo de personalidade autoritária, não a de Young-Bruehl.

A segunda crítica de Lane a Young-Bruehl é igualmente infundada, porém mais peculiar. Ele diz: "Embora entenda a frustração de Young-Bruehl com declarações 'universais' acerca de como o preconceito funciona, parece-me não apenas conceitualmente incorreto, mas também profundamente anti-psicanalítico assumir que valiosos diagnósticos possam ser feitos a respeito dos preconceitos que afetam grupos específicos" (1998: 10). É boa parte da tese de Young-Bruehl que tais diagnósticos podem ser feitos apropriadamente e que as características específicas de certos sistemas políticos, características nacionais e meios culturais são permeáveis a formas

---

[64.] Ver a discussão de Lane (1998: 5-7) de uma importante fonte dessas idéias na obra de Freud, *Civilização e Seus Descontentes*. As pessoas experimentam seus próximos, diz Freud (1961a: 111), não apenas como "ajudantes ou objetos sexuais em potencial", mas também como alguém que os tenta a satisfazer suas hostilidades sobre eles, a explorar sua capacidade para o trabalho sem compensação, a usá-los sexualmente sem seu consentimento, a tomar suas posses, a humilhá-los, a causar-lhes dor, a torturá-los e a matá-los".

* N.T.: deontologia: teoria ética que enfatiza a relação entre o dever e a moralidade humana (*dentos*: dever; *logos*: ciência).

[65.] Young-Bruehl critica Allport (1954) por não perceber que há uma variedade de preconceitos.

específicas de preconceito. Lane não explica por que considera isso antipsicanalítico. Por que isso seria mais antipsicanalítico do que generalizar (de modo útil) sobre certos grupos de crianças em certos tipos de situação, ou, de fato, certos tipos de caráter com base em dados clínicos? Por que qualquer generalização como essa seria anti psicanalítica? Freud certamente extrapola a partir de indivíduos para certos tipos de grupo. Realmente, à parte certos tipos de diagnósticos acerca de preconceitos que afetam grupos específicos feitos por Young-Bruehl, há somente explicações individuais a respeito do preconceito que não podem ser usadas para explicar qualquer coisa sobre a natureza preconceituosa de redes sociais e culturais mais abrangentes. Não fica claro como Lane pode, por um lado, alegar que a Ciência Social é virtualmente incapaz de compreender o racismo à parte da Psicanálise, e ainda assim, por outro lado, ele considera Young-Bruehl antipsicanalítica em sua suposição de que "que valiosos diagnósticos possam ser feitos a respeito dos preconceitos que afetam grupos específicos". Imagino que ela negaria que isso é uma suposição e não um fato bem estabelecido e confirmado por dados clínicos, fatos sociais e históricos, e teorias psicanalíticas e de outros tipos.[66]

III

Há aqueles que acreditam que uma definição ou explicação superficial do racismo é tudo que é necessário para uma análise do que o torna moralmente errado. Eles assumem que é óbvio o que é o racismo. É improvável que o que está moralmente errado com o racismo pertença somente a ele – que haja algo moralmente errado no racismo que seja característico do racismo. Não obstante, suponha, por exemplo, que alguém queira se afastar de uma generalização como "o racismo é moralmente errado porque racistas não tratam seres humanos como fins em si mesmos" (uma ironia vinda de Kant, que, pode-se argumentar, era um racista), preferindo algo mais específico. Se se procura determinar a imoralidade como mais específica ou intrinsecamente conectada ao racismo, então ela deve estar localizada na própria natureza do racismo. Poderia ser até que, mesmo que se entendam a natureza e as causas do racismo, a repreensibilidade da moral do racista pode não ser diferente que a da que surge de fontes menos ofensivas e mais bem entendidas. Este, entretanto, não é o caso. A imoralidade do racismo e de outros preconceitos está intrínseca e extrinsecamente ligada às especificidades de uma explicação como a de Young-Bruehl de maneiras importantes.

[66.] A visão de Lane pode ser que a explicação psicanalítica necessária deve necessariamente ser geral. Mas, mesmo que esse fosse o caso, uma explicação psicanalítica do racismo pode ser, como Marguerite La Caze indicou (em correspondência), geral em um sentido e específica em outro.

Como a imoralidade do racismo difere da imoralidade do roubo ou do assassinato? De uma perspectiva kantiana, uma coisa que está errada com o roubo e o assassinato é que envolvem um fracasso em tratar seres humanos como fins em si mesmos. Assim sendo, a imoralidade dessas práticas é algo que partilham com outros tipos de ações e instituições – incluindo o racismo. Talvez então seja um erro procurar por algo intrínseco ao racismo que o torne imoral. O que o torna imoral é o mesmo tipo, ou tipos, de coisa que torna imorais muitas outras coisas. Mas, se for esse o caso, então talvez a contribuição da filosofia no que se refere ao racismo não seja tanto analisar seus aspectos morais, indicando como e por que ele é imoral, mas sim compreender sua natureza e suas causas, com suas implicações sociais, políticas e pessoais. A tarefa filosófica no que se refere ao racismo seria então (surpreendentemente?) não fundamentalmente moral, mas sim explicativa – ou epistemológica.

Entretanto, se o entendimento do racismo envolve, como é necessário, o entendimento das manifestações e implicações pessoais, sociais e políticas do racismo, então a tarefa do filósofo moral no referente ao racismo precisa ser encarada como parte central de qualquer esforço filosófico para compreender o racismo. Assim sendo, a explicação de um filósofo moral acerca da imoralidade do racismo estará, ou deveria estar, intrinsecamente ligada a uma explicação em particular do racismo. A maioria das análises morais não apresenta essa ligação, porque lhes falta o entendimento necessário. Dada uma explicação do racismo fundamentalmente falha, não é mais possível explicar o que está moralmente errado com ele que poder explicar a significância do amor dada uma imensamente aberrante visão da natureza humana.

Tendo discutido o racismo e sua imoralidade em termos gerais, retornemos à explicação de Garcia, que concebe o racismo como:

> *Fundamentalmente um tipo vicioso de desconsideração baseada em raça pelo bem-estar de certas pessoas. Em sua forma mais central e viciosa, é um ódio, uma má vontade, direcionada contra uma pessoa ou pessoas devido às raças a que foram designadas. Em uma forma derivativa, é-se racista quando não se importa em absoluto, ou não o bastante (isto é, tanto quanto exige a moralidade), ou não se importa da maneira certa com as pessoas designadas a um certo grupo racial, em que essa consideração se baseia em classificação racial.*

Ele prossegue:

> *O racismo é, então, algo que essencialmente envolve não nossas crenças e sua racionalidade ou irracionalidade, mas nossos desejos, intenções, gostos e desgostos e sua distância das virtudes morais. Essa visão ajuda a explicar os elos conceituais do racismo com várias formas de ódio e desprezo. (1996: 6-7)*

O aspecto confuso da explicação de Garcia é como ele parte do primeiro conceito e chega no segundo, e a falsa dicotomia que estabelece entre eles. Qual é a conexão entre o racismo ser "fundamentalmente um tipo vicioso de desconsideração baseada em raça pelo bem-estar de certas pessoas" e o fato de envolver "não nossas crenças e sua racionalidade ou irracionalidade, mas nossos desejos, intenções, gostos e desgostos"? O desprezo baseado em raça obviamente envolve crenças, assim como gostos e desgostos. Em outro lugar, Garcia reconhece isso e corretamente enfatiza a primazia de explicações afetivas sobre doxásticas.[67]

Esse, entretanto, não é o problema principal com a explicação. Apesar de parecer captar o que, à primeira vista, muitos concordariam que é o racismo, ela agrega o que alega ser a natureza do racismo com o que considera de imoral a seu respeito.

A explicação de Garcia é, antes de qualquer coisa, uma explicação do que está moralmente errado com o racismo – não, como alega ele, uma explicação do que é o racismo. Mas, exceto pelo fato de que ele explicitamente invoca a noção de raça, sua explicação da injustiça moral do racismo depende totalmente do que é moralmente errado em tratar ou considerar pessoas de uma certa (e imoral) maneira. Não há nada distintivo a respeito da raça em sua explicação, exceto que é a raça que evoca essa injustiça moral. Ele diz que sua concepção de racismo "ajuda a explicar os elos conceituais do racismo com várias formas de *ódio* e desprezo", mas ela não faz isso. Onde está a explanação? Em vez disso, ela define o ódio e o desprezo baseados em raça como essenciais para o racismo. O que temos é uma definição viciosamente circular, em vez de uma explanação – não uma explicação do racismo, mas uma redescrição dele. Garcia acredita que captou tanto o coração do racismo como a essência do que está moralmente errado com ele. Mas, ao falhar em distinguir entre os dois, ele deixa passar aspectos cruciais de ambos.

Embora Garcia e Blum não expliquem direito como e por que surge o ódio, essa explicação é crucial para entender o ódio racial e sua imoralidade. Não basta notar que é "um tipo vicioso de desconsideração baseada em raça pelo bem-estar de certas pessoas". Uma discussão da imoralidade do racismo deve levar em consideração as causas do racismo, pelo qual uma pessoa é responsável, o caráter de uma pessoa, até que ponto as pessoas controlam seus desejos e outras questões fundamentais na filosofia moral. E deve fazê-lo em relação a uma teoria específica do racismo – sobre o que ele é.

Há uma tendência por parte dos filósofos morais de dar uma explicação causal psicologicamente superficial do racismo e alegar, em vários graus, que essas explicações causais são supérfluas ou relativamente neutras no que se refere a uma explanação da imoralidade ou da natureza do racismo.

[67.] Mas veja Garcia 1996: 40 nº. 17.

Essa abordagem é errônea. Explicações causais aprofundadas do racismo são essenciais para ambas as tarefas. Isso também é necessário, e isso parece ser óbvio, para qualquer estratégia de coibir o racismo. Talvez seja menos claro, embora ainda seja o caso, que qualquer explicação causal histórica que deseje ser completa deve igualmente incluir uma complexa explicação psicológica como um ingrediente fundamental.

Garcia entende mal a significância das explicações causais do racismo. Ele diz (1996: 39 n. 15): "Devemos rotular pessoas que odeiam os judeus ou anti-semitas negros e racistas mesmo que saibamos que seus ódios têm causas diferentes" – ou seja, causas além daquelas em que os preconceitos supostamente se baseiam causalmente. Talvez isso seja verdade. Mas o objetivo de fornecer uma explicação causalmente é explicar a natureza e a fonte do preconceito como é de fato. Não tem nada a ver com rotulação. Se, de fato, o racismo contra os negros realmente precise de uma história causal particular (ou histórias intimamente relacionadas), então, na ausência de tal história, pode haver uma boa base, em certas circunstâncias – como as em que estamos tentando entender a natureza do racismo – para alegar que um indivíduo foi mal rotulado, ou seja, mal compreendido, como um racista contra os negros.

O argumento de Garcia para a irrelevância das causas psicológicas do racismo para uma explicação adequada dele, incluindo sua irrelevância para sua explicação, é fraco.[68] Ele argumenta o seguinte (1996: 29):

> *Suponha que [Cornel] West e Young-Bruehl estejam corretos ao pensar que a maioria dos racistas brancos hoje em dia (ou na história) foram levados ao seu racismo por medo da sexualidade dos homens negros. Mesmo que essa alegação acerca das causas psicológicas do racismo fosse verdadeira, ela não afetaria nossa alegação do que consiste o racismo dos brancos. Não é plausível acreditar que essa insegurança seja essencial para (uma condição necessária para) o racismo, mesmo para o racismo dos brancos, pois, se encontrássemos alguém que odeia os negros, que nos considerasse inferiores, trabalhasse para manter as estruturas da dominação dos brancos sobre nós, e por aí vai, mas chegasse*

[68.] Garcia diz: "Elisabeth Young-Bruehl e Cornel West articularam recentemente a visão comum de que a insegurança sexual dos homens brancos está no coração do racismo branco. 'O medo dos brancos da sexualidade dos negros é um ingrediente básico para o racismo branco'". Dizer que "o medo dos brancos da sexualidade dos negros é um ingrediente básico para o racismo branco" é bem diferente do que dizer, como faz Garcia (1996: 29), que esse medo "está no coração do racismo". Young-Bruehl (1996) argumenta que diferentes preconceitos têm diferentes e variadas fontes. Não há uma única causa para o racismo nem uma única forma que ele assume. O medo dos brancos da sexualidade dos negros é uma entre muitas causas, embora seja uma das principais, do racismo contra os negros. Pode até ser parte da história em alguns casos. Isso depende da psique de cada racista individual. Sua *principal tese* é a de que a história completa do racismo, como um entre muitos preconceitos, é muito mais complicada tanto causalmente como em termos de resultados preconceituosos.

a isso por razões que não insegurança sexual, nós ainda iríamos e deveríamos classificar sua atitude como racismo. E essa hipótese nem é mesmo quase uma impossibilidade. Podemos cruzar com pessoas assim com bastante freqüência, principalmente quando consideramos outras formas de racismo – hostilidade contra asiáticos, por exemplo. É improvável que uma "explanação psicocultural" revele verdades (logicamente) necessárias acerca da natureza do racismo.

Young-Bruehl não nega que o racismo contra os asiáticos, embora tenha uma história causal bem diferente da do racismo contra os negros, é ainda assim racismo. Ela afirma e explica isso.[69] As várias formas de racismo têm várias fontes, segundo Young-Bruehl – não apenas uma.

Garcia confia demais na intuição ao afirmar que "mesmo que essa alegação sobre as causas psicológicas do racismo fosse verdadeira, ela não afetaria nossa alegação sobre em que consiste o racismo dos brancos". Suponham que alguém descubra uma substância que seja igual à água em todos os aspectos, exceto que sua constituição química não é H_2O. Ainda assim é água? Bem, isso depende da visão que se tem da semântica de diversos termos. Essa é uma das mais preeminentes questões metafísicas e modais dos últimos anos.[70]

Young-Bruehl pretende que sua explicação das verdadeiras condições causais do racismo refira-se a este mundo. Hipoteticamente, ela não precisa negar que em um certo mundo possível possamos querer dizer que o racismo ou o comportamento racista pode ocorrer devido a razões causais além das que ela cita. Marcianos sem dúvida teriam seu próprio conjunto de problemas psicológicos com o qual lidar. Suponha que se faltasse aos marcianos a capacidade de sentir inveja, isso não seria razão suficiente para achar que não seriam capazes de ser racistas. Acredito, entretanto, que o caso do racismo é mais claro que o do H_2O. Assim que se compreende a história causal para, por exemplo, o racismo contra negros, em que essa história teria uma base em uma suposta inadequação do próprio racista, como sugerem Cornel West e Young-Bruehl; então, não está em absoluto claro que, como alega Garcia, "nós ainda iríamos e deveríamos classificar sua atitude [ou seja, a atitude de alguém que odeia negros] como racismo" na ausência de suas condições causais associadas. Nós poderíamos ainda *chamá-la* de racismo, mas a entenderíamos como diferente de modo im-

---

[69.] Ver Young-Bruehl (1996), cap. 4, "O Preconceito que Não é Um Só".

[70.] Hilary Putnam (1975) alegou que termos de tipos naturais falam de tipos com que comumente interagimos, em vez de coisas que se encaixam em descrições estereotípicas. Isso é normalmente descrito como um tipo de externalismo semântico. Putnam provavelmente concordaria que o racismo é um termo de tipo natural em seu sentido. Não obstante, se o racismo é ou não um tipo natural, eu estou alegando uma semântica externalista para o "racismo" e seus cognatos. Meus agradecimentos a Damian Cox.

portante da coisa real. Exceto em casos em que a história causal específica de um preconceito esteja mais ou menos intacta, não ficará claro quando estamos lidando com "racismo", em vez de algo similar em termos comportamentais – talvez um descendente histórico do verdadeiro racismo. A razão para que o caso do racismo seja mais claro que o do H_2O é que, neste último, o próprio conceito está atrelado à tabela periódica e a certo entendimento químico. Fica-se, aparentemente, dividido entre o entendimento científico e popular do H_2O. Nada similar ocorre no caso do racismo. Se se entende que o racismo está fundamentado em alguma estrutura psicológica subjacente, então, embora o que é ordinariamente chamado de comportamento racista possa muito bem ser indicativo dessa estrutura subjacente, não é necessário que seja.

Garcia pode chegar à conclusão a que chega – de que a história causal do comportamento racista é irrelevante para considerá-lo racista – somente porque ele peremptoriamente divorciou o conteúdo conceitual do termo "racismo" de qualquer história causal, preferindo defini-lo apenas em termos comportamentais. Garcia pode ter razão ao alegar que "é improvável que uma 'explanação psicocultural' revele verdades (logicamente) necessárias a respeito das natureza do racismo". Mas Young-Bruehl não deseja desafiar uma alegação como essa. A alegação dela, e presumivelmente a de West, é que há uma conexão intrínseca entre certas formas de racismo e o que as causa. Embora não coloquem nesses termos, talvez a conexão possa ser considerada empiricamente necessária.[71] A alegação de que a conexão é intrínseca quer dizer que o comportamento que parece racista, mas não tem nenhuma etiologia racista, não é – ou poderia não ser – uma forma de racismo.[72]

[71.] Segundo Kripke (1980), uma necessidade empírica não é uma ordem diferente de necessidade da necessidade lógica. Se for necessariamente o caso de que água é H_2O, então não há um mundo possível em que a água seja outra coisa além disso. XYZ nunca seria água, em qualquer mundo possível – ponto final. Como colocam os kripkeanos, o termo "água" define de forma rígida a matéria H_2O. Meus agradecimentos a Damian Cox por isso.

[72.] Damian Cox resume sucintamente minha posição (em correspondência): "Então podemos dizer que qualquer instância do racismo é um membro ou outro do agrupamento de causas psicoculturais ou que atitudes/comportamentos/ etc. racistas são atitudes/comportamentos/ etc. com uma etiologia racista. Necessariamente, se um conjunto de comportamentos aparentemente racista não tem essa etiologia, então ele não é uma instância do racismo. E essa é uma alegação referente a certas características necessárias do racismo. (Digamos que uma pessoa previamente nãoracista sofra um dano cerebral que a faça reagir com muito medo e hostilidade a qualquer pessoa com pele escura; necessariamente, ela não é racista.) Pode ser esclarecedor chamar isso de uma necessidade empírica em vez de uma necessidade lógica (para que não seja uma 'verdade lógica' da maneira que *modus ponens* seja uma verdade lógica), mas esses dois tipos de necessidade se distinguem somente no modo em que se chega a eles, não no que querem dizer".

A coerção pode suprimir as manifestações do racismo, mas nem toda a coerção externa do mundo mudará muito a mentalidade racista. Em minha opinião, a coerção não suprimirá o racismo, porque eu equaciono o racismo de fato com a mentalidade racista, e não com suas manifestações. Pode ser conveniente chamar "comportamentos racistas" aqueles que não estão intrinsecamente conectados à mente racista de "racistas". Entretanto, em minha explicação, que considera essencial a etiologia do comportamento, eles não serão realmente racistas a menos que se fundamentem na mentalidade racista. Tamas Pataki considera o racismo, em um nível abstrato, como uma relação – ou um conjunto de relações (p. ex., ódio, derrogação), ou um complexo com a relação – que liga as mentalidades racistas, e outras coisas, a seus alvos. Eu considero o racismo como as estruturas psicológicas ou estados mentais – como idênticos a essas estruturas – em que as estruturas levarão, mais cedo ou mais tarde, a comportamentos racistas. Tratar o racismo como um tipo natural, ou ao menos argumentar que possui a semântica de termos de tipos naturais, é assim que devo considerar o racismo. Pataki discorda da equação que faço. Ele diz (em correspondência) que equacionar o racismo com estruturas psicológicas ou estados mentais "poderia talvez ser feito para a mentalidade racista, mas o racismo é categoricamente diferente. Para mim [Pataki], o racismo – a maior parte do que se chama racismo, mas excluindo-se crenças etnocêntricas aprendidas – necessariamente envolve, como constituintes essenciais, essas estruturas psicológicas, mas não é idêntico a elas. Faço essa distinção entre a mentalidade racista e o racismo para demarcar esse tipo de distinção". Essa distinção é enganadora na medida em que sugere que o "racismo" – comportamento genuinamente "racista" – pode ocorrer sem ser fundamentado na mentalidade racista.

IV

Algumas enfermidades podem ser tratadas com sucesso cuidando-se dos sintomas.[73] Entretanto, dada a verdade de uma explicação profundamente psicológica, como a de Young-Bruehl (1996), de preconceitos, fica claro que uma tentativa de inibir para valer o racismo cuidando de seus sintomas, como o comportamento racista — seja legal ou socialmente, ou de outro modo qualquer — é inútil. Certas estruturas sociais e econômicas em períodos históricos específicos realmente exacerbam e conduzem a certas formas de racismo. Mas o racismo não pode ser inibido simplesmente tentando-se alterar essas estruturas, já que elas mesmas são o resultado do racismo. As exortações morais bem-intencionadas que se encontram em grande parte da

---

[73.] É argumentável que psiquiatras quase sempre enfocam o tratamento nos sintomas. Muitos argumentariam que, na medida em que as causas das doenças mentais são, de fato, químicas e biológicas, então o tratamento químico de sintomas é, na verdade, o tratamento das causas.

literatura filosófica e histórica a respeito do racismo são ainda mais insubstanciais como base para as mudanças nessas (e na maioria das) áreas. Isso nos deixa com a questão bastante importante e complexa, sobre a qual, exatamente, é a base para mudança (é a pergunta do milhão!).

Políticas e práticas podem ser injustamente discriminatórias sem serem racistas no sentido primário de serem fundamentadas em uma ou mais das maneiras psicológicas que Young-Bruehl descreve. Elas podem, é claro, ser também injustas ou insatisfatórias de maneiras que têm pouco ou nada a ver com preconceito. Não obstante, quando persistem essas práticas e políticas discriminatórias, é inevitável que haja um certo nível de conexão – não tanto quanto alguns gostariam de acreditar – entre essas políticas e o genuíno ódio racial de primeira ordem. Políticas preconceituosas e racialmente discriminatórias, por exemplo, políticas contra a ação afirmativa, são quase sempre fundamentadas por ódio ou antipatia raciais. Não são apenas erros de política resultantes de ignorância. Formuladores de políticas e cidadãos que exaltam as virtudes da igualdade e alegam que a ação afirmativa é injusta estão freqüentemente "em negação", enganados, ou ambos. Sua crença nessa pseudo-igualdade, como sua negação ao seu próprio racismo, é ela mesma uma função da antipatia racial. Como em muitos casos, acredita-se no que se quer e precisa acreditar.

Garcia (1996: 33-34) não discute a ação afirmativa em detalhes, mas ele a liga à sua discussão mais ampla acerca do racismo institucional e à sua explicação do coração do racismo. Ele ressalta que nem todas as instâncias de racismo institucional são viciosas ou fundamentalmente racistas – conectadas ao coração do racismo, mesmo que tenham o tipo de resultado que as práticas mais próximas ao "coração do racismo" também têm. Isso pode ser verdade, mas deixa passar o ponto mais importante. Eu enfatizaria, em vez disso, o quanto o racismo institucional – e ele está em toda parte – está ligado ao próprio racismo e o tanto que argumentos que defendem o "jogo limpo" contra a ação afirmativa e a "discriminação invertida" estão mais fundamentados em antipatia racial (nem sempre consciente) do que Garcia e outros com perspectivas radicalmente diferentes, como George W. Bush, estão dispostos a admitir.

De modo similar, políticas "de direita" que tendem a favorecer os mais bem colocados, ou provalvelmente à custa de, as minorias raciais menos abastadas, embora concebivelmente fundamentadas em teorias de políticas morais, sociais e econômicas ou na ganância, provavelmente contêm elementos de tendenciosidade racista também. A teoria e as crenças acerca de políticas podem resultar da racionalização.[74] A querela que as

---

[74.] Se alguém duvidar da força da auto-enganação e da racionalização dela resultante em que o racismo contra os negros está envolvido, ou se quiser falar da "verdade" parcial ou mal direcionada do assim chamado "fardo do homem branco", então uma caminhada pelos bairros negros da África do Sul evidencia graficamente qualquer estratégia psicologicamente reconfortante do tipo. Fica-se com a vontade de perguntar: "O que será que os defensores do *apartheid* estavam pensando?"

minorias raciais têm com os partidos políticos de direita ou centro-direita (nos Estados Unidos, o partido Republicano e o Democrático) não se limitam a políticas econômicas e sociais; elas são freqüentemente, e com justiça, consideradas como engendradas por práticas e tendências racistas subjacentes. A política de imigração e várias políticas dirigidas aos aborígines australianos dos governos passados e do atual da Austrália são racistas.

Uma explicação do racismo deveria ser capaz de ajudar a responder questões práticas de uma maneira que indique a conexão entre a teoria e a prática. O tipo de explicação fundamentalmente psicológica ou psicanalítica discutida anteriormente é capaz disso. Considerem, por exemplo, a pessoa que quer saber se é racista. Essa é uma pergunta que muitos se fazem de vez em quando. A explicação que Young-Bruehl fornece sugere que, já que são poucos os que estão livres das fontes psicologicamente motivadoras que resultam em vários preconceitos, incluindo o racismo, a maioria das pessoas será preconceituosa ou racista em vários graus ao longo de diferentes períodos de suas vidas. Parece que o racismo, ou ser preconceituoso de outras maneiras, não é uma coisa no estilo "ou tudo ou nada" e não é algo do qual se pode se livrar de uma vez por todas.

Além disso, essa teoria sugere que vítimas de preconceitos, racial ou de outros tipos, serão igualmente seus perpetradores. De fato, não há razão para supor que as vítimas seriam menos inclinadas a alimentar o preconceito ou o racismo. Pode até haver fundamentos para supor que serão até mais predispostos a isso. Afinal, eles são sujeitados ao longo do tempo ao mesmo tipo de características psicológicas motivadoras do preconceito que outros. Judeus e pessoas de cor podem ser racistas (ou sexistas)? Homossexuais e lésbicas podem ser sexistas (ou racistas)? *É claro*. Por que algumas pessoas acham que eles não podem, ou são menos inclinados a serem racistas? Pensamentos desejosos fundamentados em uma necessidade de acreditar em uma ordem moral ou pelo menos em uma justiça tosca são uma parte da resposta. Preconceito puro e simples que influencia as crenças é outra.

Considere mais uma questão prática. Ao andar por uma rua deserta, uma pessoa pode sentir medo ou desconforto na presença de, por exemplo, adolescentes negros. E esse é um sentimento que se pode ter sem que se seja branco. Isso faz da pessoa racista? A explicação do racismo descrita é talvez menos clara acerca desse ponto, mas é útil, não obstante. A pessoa pode sim ser racista ou ter tendências racistas; porém, se for atravessar a rua para evitar as figuras vistas como ameaçadoras, não é necessariamente indicativo de racismo. Também pode ser indicativo de um medo justificável – embora os dois (medo e racismo) não sejam incompatíveis. O medo pode ser gerado pelo racismo, mas pode também não ser e, na verdade, parece improvável que seja. Racismo é gerado pelo medo, e também o gera, mas não da maneira que faz alguém querer atravessar a rua. O atravessar a rua pelo racista provavelmente não terá nada a ver com racismo.

Embora seja verdade que é preciso entender mais ou menos as causas do racismo para inibi-lo, esse entendimento indica por que, mesmo assim, as chances de debelá-lo não são boas. O porquê de não serem boas e de termos razão em sermos pessimistas, embora não desesperançosos, a respeito disso fica evidente uma vez que os fatores causais que constituem *muitos dos corações* dos muitos preconceitos e variedades de racismo são compreendidos. O racismo não é causado por ódio racial. Ele *é* ódio racial. Mais ainda, esse ódio ou antipatia, em todas as suas roupagens, tem fontes e explanações de natureza tanto geral como específica. Em termos gerais, o racismo é uma reação defensiva, relacionada à negação, à repressão, à culpa, ao autodesprezo, ao narcisismo e à frustração sexual e fundamentada ainda em aspectos problemáticos associados com tipos específicos de caráter. Como argumenta Young-Bruehl (1996: 200-252), todos os tipos de caráter têm um tipo predominante de preconceito a eles associado. Isso explica por que o paternalismo e outras atitudes e comportamentos que não parecem ser abertamente racistas, ou que possam até parecer benéficos, podem ser ainda assim racistas. O paternalismo, por exemplo, pode ser uma reação de culpa – como a culpa que os australianos brancos podem sentir, por exemplo, em relação aos aborígines.

Há, então, um sentido em que o racismo não é em absoluto fundamentalmente referente à raça, mas à defesa psíquica. A raça é, aparentemente, uma desculpa para o racismo. Isso mostra a natureza bizarra do racismo. Se acham que é estranho que se odeie outras pessoas por causa da cor de sua pele, têm razão. E, no final, parece que não se odeia outros por causa da cor de sua pele, preferência sexual ou coisas assim, mas sim por causa do modo como esses outros estão sendo psiquicamente retratados. Todos os fatores causais do preconceito podem ser exacerbados ou debelados até certo ponto pelas particularidades das circunstâncias pessoais, sociais, políticas, culturais e históricas. Assim, James Baldwin (1967: 19) acerta na mosca ao dizer: "Pessoas brancas neste país [nos Estados Unidos] terão muito a fazer para aprender a aceitar e a amar a si mesmas e umas às outras, e quando conseguirem isso... o problema dos negros não irá mais existir, pois não será mais necessário".

Há duas questões que surgem dessas considerações. A primeira já foi abordada: dada essa maneira de entender o racismo, um tipo diferente de explanação a respeito da imoralidade do racismo faz-se necessário? Parece ser necessário um tipo diferente de explanação do que a dada por, digamos, Garcia, Blum ou os Dummett nesta coletânea. É uma explanação que está fundamentada especificamente na natureza do racismo em vez de em que o racismo ou comportamentos racistas se parecem com outros comportamentos imorais. O racismo, como outros tipos de preconceito, fundamenta-se em defeitos de caráter e em uma variedade de distúrbios e problemas psicológicos. Assim sendo, uma explanação da imoralidade do racismo incluiria ao menos referências à repreensibilidade moral de ter tal caráter e à responsabilidade por esse caráter junto com traços a ele associados. Isso é indubitavelmente verdade para outras formas de imoralidade também. Essa explanação discutiria também, como notado anteriormente, até que ponto essas características são controláveis e como a questão de controle relacionou-se à responsabilidade moral.[75] Mesmo se for difícil de modificar, isso não fornece necessariamente uma desculpa para o racismo. Mas ajuda a entender melhor todo os fenômenos do racismo, moralmente e de outras maneiras.

Essas considerações complicam consideravelmente o papel da significância da motivação de uma pessoa ao avaliar a culpabilidade moral, pois a própria motivação se torna uma problemática e complexa categoria. Uma pessoa é motivada em diversos níveis, conscientes e inconscientes, e, em muitos casos, freqüentemente conflitantes. A auto-enganação em larga escala envolve um considerável esforço por parte do auto-enganador, e essa enganação é sempre motivada e intencional. Ela é também muito mais prevalente do que a maioria das pessoas imagina. Essas são complexas questões morais, mas ainda assim devem ser examinadas se se tenciona explicar exatamente o que é moralmente errado e problemático com o racismo.

Garcia diz: "Conceitos motivados por *output* (*emissão de dados*) [como ser perigoso ou danoso] não são suficientes para fundamentar a designação de *status* moral, pois o vício e a virtude são por natureza ligados à motivação da ação" (1996: 33). Mas avaliar moralmente uma ação em relação ao vício e à virtude do agente envolve mais do que simplesmente atrelar à sua motivação; e atrelá-la à sua motivação é um assunto complexo. Há freqüentemente profundos psicológicos e motivos conflitantes e questões de caráter a considerar quando se está avaliando a responsabilidade moral do vício e da virtude de uma pessoa. A razão de os conceitos motivados por *output* serem, como diz Garcia, freqüentemente úteis para o julgamento moral é que eles "podem nos ajudar a decidir se a ação é negligente, mal-intencionada ou viciosa de qualquer outra maneira" (33). Racismos e preconceitos fundamentam-se em nossas naturezas na medida em que somos psicologicamente constituídos como somos: seres que rotineira e inevitavelmente fazemos uso de diversos mecanismos de defesa que reprimem, projetam e mantêm atitudes e crenças conflitantes, e assim por diante.

Isso nos leva à segunda questão. Quais são as perspectivas para pessoas brancas se compreenderem das maneiras (não elaboradas) que James Baldwin sugere serem necessárias para superar o racismo contra os negros nos Estados Unidos – ou seja, para que os brancos se livrem dessas

---

[75.] Essas questões perenes foram amplamente discutidas na literatura recente da Psicologia Moral, principalmente em relação a emoções. Para uma introdução, ver Schlossberger 1992 e Fischer e Ravizza 1993.

características defensivas, repressoras, projetivas e narcisistas que são a fonte dos ódios raciais? Ou, para generalizar, quais são as perspectivas para alterar essas características de nossas identidades psicológicas que são a fonte da pletora de potentes preconceitos e racismo que continuam a ter conseqüências tão devastadoras?

As perspectivas não podem ser boas, já que o que parece ser requisitado é uma reconstituição de nossas identidades psicológicas. Isso, por sua vez, pode depender da nossa reconstituição em diversas outras maneiras, algumas conhecidas, outras não – por exemplo, econômica e politicamente. O fato desse expurgo do racismo pedir por modificações tão fundamentais, amplas e completas não é nenhuma surpresa, nem mesmo uma novidade. Afinal, algumas feministas notaram que a misoginia e outros preconceitos contra as mulheres pedem da mesma forma por alterações vastas e fundamentais em nossas identidades psicológicas, sociais e políticas.

Dado que certas condições históricas, sociais e políticas ajudam diversos preconceitos a prosperar, enquanto outras ajudam a contê-los, pode ser possível inibir, se não eliminar, preconceitos como o racismo criando-se leis que detêm seu crescimento. Mas isso é problemático, tendo em vista que a legislação e diversas formas de racismo institucionalizado são elas próprias produtos desses preconceitos. Em outras palavras, é difícil, embora não impossível, ver como uma legislação significativa e abrangente criada para inibir racismos e outros preconceitos pode vir de sociedades que são fundamental e amplamente racistas.

Talvez as perspectivas sejam lúgubres, porque modificações substanciais demandam muita coisa em muitas maneiras – maneiras que parecem emaranhar-se umas com as outras. Elas demandam que modifiquemos características psicológicas fundamentais em nós mesmos, que parecem quase impossíveis de alterar, como a inveja e o ciúme. De fato, em alguns casos, a eliminação do racismo demanda a eliminação da inveja e do ciúme. Não obstante, para quem já alcançou um certo nível de consciência e autopercepção, essas modificações parecem possíveis – *apenas* possíveis. De todas as dificuldades que se pode ter consigo mesmo – com seu caráter, personalidade, sexualidade e constituição psicológica, parece que ser racista não precisa ser uma delas. Dado um certo nível de percepção, e um pouco de sorte, os desejos, repressões, projeções e negações de uma pessoa não precisam assumir especificamente formas racistas. Não é apenas a caridade que começa em casa, mas também os tipos de autoconhecimento necessários para extirpar o racismo.[76]

[76.] Apesar de não ter sido sempre assim, o atual conflito entre israelenses e palestinos é primariamente a respeito de preconceitos "raciais" profundamente enraizados em ambos os lados. Uma preocupante característica dele é o modo com que os líderes e propagandistas do atual governo israelense se escondem atrás de acusações de anti-semitismo para mascarar seus próprios preconceitos raciais e preconceitos assassinos. Isso é odioso em parte por

Eu penso no discurso de Martin Luther King: "Eu tenho um sonho". Isso tem todas as características de um sonho.[77]

---

razões históricas, já que usa conexões com o anti-semitismo por razões insidiosas. O passado a que Israel se refere é um ao qual não tem nenhum direito moral. Dado que alegam terem aprendido muito com o anti-semitismo, fica a vontade de perguntar como podem fazer coisas tão horríveis a uma minoria indefesa, humilhada, desesperada e oprimida. Esse barbarismo está ocorrendo apesar da atividade de cidadãos em movimentos pacifistas. São essas pessoas que são pró-Israel, e não os judeus e não judeus, israelenses e norte-americanos que apóiam a brutal e politicamente tola subjugação dos palestinos por Israel. Se a tese deste ensaio estiver correta, então o barbarismo de Israel pode ser explicado, em parte, por um autodesprezo – ou seja, ele é em si mesmo uma manifestação de anti-semitismo (isto é, anti-semitismo contra os judeus, não contra os árabes). A alegação de que o conflito diz respeito à segurança de Israel ofusca e exacerba os problemas – fazendo-os parecer politicamente administráveis. É uma artimanha por parte dos governos de Israel e dos Estados Unidos e de muitos de seus cidadãos. O silêncio a respeito das ações de Israel é, como se diz, ensurdecedor. É um potente lembrete de que a distância psíquica que muitos marcariam entre si e os que ficam parados olhando enquanto atrocidades são cometidas não é tão grande quanto gostariam de acreditar. Karl Jaspers disse, em 1946: "Vemos esses sentimentos de superioridade moral e temermos: aquele que se sente absolutamente a salvo do perigo já está a caminho de tornar-se sua vítima. A sina da Alemanha poderia fornecer a todos alguma experiência, se apenas a entendessem! Não somos uma raça inferior. Em toda parte, as pessoas têm características similares. Deveríamos nos preocupar com o excesso de confiança dos vitoriosos" (Jaspers 2000). Ver também Arendt 194.

[77.] Malcom Bowie (1993: 20) comenta: "Sonhos não são profecias, mas sim auto-realizações. Eles nos fornecem não vislumbres antecipados do tempo futuro, mas cancelamentos alucinatórios desse tempo. Profetas e videntes falam de eventos futuros em termos ingenuamente cronológicos e livres de desejos e imaginam que o encanto dos sonhos repousa simplesmente em nos permitir um acesso adiantado a um ponto mais avançado em uma única sucessão temporal sem problemas. Psicanalistas, por outro lado, sabem que não devem remover as perturbações do desejo do estudo da temporalidade humana: embora desejosamente voltado para o futuro, o inconsciente não obstante recupera esse futuro no presente de suas representações".

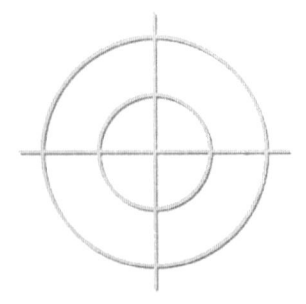

5: Opressão Racial e Outras

Sally Haslanger

O termo "racismo" é usado de muitas formas diferentes e, ao menos nos Estados Unidos contemporâneos, muitas coisas contam como racistas: ódio racial e desprezo racial (tanto franco como encoberto), discriminação explícita, exclusão sutil, evasão não intencional, tendenciosidade cultural em favor de normas eurocêntricas de comportamento e beleza, estereótipos divulgados na mídia, nas artes e no discurso público. A lista continua. Minha ênfase neste capítulo será na opressão racial. Os fenômenos de opressão racial em geral e a supremacia dos Brancos[78] em particular são algo que todos os que se preocupam com a justiça racial devem examinar, independentemente das discordâncias a respeito de como usar o termo "racismo". Eu acredito que a opressão racial conta como uma forma de racismo,

---

Meus agradecimentos a Jorge Garcia, Michael Glanzberg, Elisabeth Hackett, Lionel McPherson, Ifaenyi Menkiti, Tommie Shelby, Ajume Wingo e Stephen Yablo pelas úteis conversas a respeito deste ensaio. Por isso e por comentários em rascunhos anteriores, meus agradecimentos a Elisabeth Anderson, Lawrence Blum, Tracy Edwards, Roxanne Fay, Eva Kittay, Michael Levine, Ishani Maitra, Mary Kate McGowan, Tamas Pataki, Lisa Rivera, Anna Stubblefiled, Ásta Sveinsdóttir e Charlotte Witt. Uma versão anterior foi apresentada na University of Glasgow, em agosto de 2002, para a New York Society of Women in Philosophy, em novembro de 2002. Meus agradecimentos aos participantes dessa discussão, principalmente Anna Stubblefield (minha comentarista na NY-SWIP) e Jimmy Lenman, pelas úteis perguntas e sugestões.

[78.] Eu prefiro usar letras maiúsculas para os nomes das raças ("Branco", "Negro", "Latino", "Asiático"). Isso é necessário, acredito, para ser consistente entre as raças que são conhecidas por termos de cor e as que são conhecidas pelo nome de continentes, para ressaltar as diferenças entre nomes de cores comuns e o uso homônimo desses nomes para algumas raças, e ressaltar a artificialidade das raças em contraste com a aparente naturalidade das cores (ou da geografia). Mais ainda, em outra obra usei os termos em minúsculas "negro", "branco", "latino" e "asiático" para me referir ao esquema de corpo associado com as raças e reservei os termos em maiúsculas para grupos racializados; deixar clara essa distinção ente "cor" e raça é, acredito, teoricamente importante.

tanto no discurso popular como em alguns contextos acadêmicos. Então, em uma investigação sobre o que é o racismo e como devemos combatê-lo é razoável incluir a atenção à opressão racial. O que é a opressão racial? A dominação de um grupo é causada e perpetuada de muitas formas diferentes. Presumivelmente, para entender a opressão racial, devemos considerar a opressão em geral, assim como instâncias historicamente específicas em que a injustiça racial está em questão. Acredito que um entendimento adequado do racismo não pode ser obtido *a priori*, mas depende de uma análise detalhada de exemplos históricos em que a raça é um fator na explanação da injustiça. Ferramentas filosóficas são importantes, principalmente em pontos em que a análise se torna normativa, mas o trabalho realizado pelos históriadores, cientistas sociais, jurídicos e teóricos literários é inestimável para revelar as maneiras às vezes sutis pelas quais a injustiça é tecida em nossa vida social. Este capítulo é uma tentativa de explicar como o racismo e outras formas de injustiça social podem ser considerados estruturais acerca de e crucialmente envolvidos com o poder. A obra sobre raça e racismo na filosofia freqüentemente enfoca o indivíduo (Piper 1990, Piper 1993, Appiah 1990, *cf.:* Ezorsky 1991); houve até um movimento para desacreditar a idéia de racismo estrutural ou institucional (Garcia 1996, 1997a, 1999). Na primeira parte deste capítulo, eu desenvolvo um contraste entre o que chamarei de opressão "estrutural" e de opressão "de agente" e discuto resumidamente a base normativa para a injustiça de cada uma. Na segunda parte, considero o componente *grupo* da opressão de grupo. Em particular, pergunto qual elo entre o grupo – raça, sexo, classe, etc. – e a injustiça deveria definir a opressão de grupo. Argumentarei que a opressão de grupo não precisa que o grupo seja explicitamente o alvo da instituição injusta, mas é necessário mais que somente uma correlação acidental entre os membros do grupo e os que são injustamente tratados. Meu objetivo é articular um meio-termo entre essas duas opções.

I. OPRESSÃO: AGENTES E ESTRUTURAS

O que é opressão? A noção de opressão foi usada para apontar as maneiras como grupos de indivíduos são sistemática e injustamente prejudicados dentro de uma estrutura social em particular.[79] Isso dito, a noção de opressão permanece ilusória. Vamos começar com uma breve visão geral de algumas circunstâncias que podem razoavelmente ser consideradas opressivas para explorar a gramática básica da opressão.

[79.] Seria interessante examinar o histórico do termo "opressão" e seus usos no contexto de debate político. Escolhi esse termo como assunto deste capítulo principalmente para situar nossa discussão dentro de uma certa tradição de interpretação política central no feminismo e na obra anti-racista, e na esperança de que explicar a noção em maiores detalhes ajudará aos que suspeitam dessa tradição a acharem-na mais acessível e valiosa.

A noção mais familiar de opressão é aquela que implica um ou mais agentes usando mal seu poder para prejudicar outros.[80] Usando isso como base, podemos começar com a idéia de que *x* oprime *y*, no caso de *x* ser um agente com certo poder ou autoridade, e que *y* está sofrendo injusta ou incorretamente sob *x* ou como resultado do injusto exercício de poder por parte de *x*. Isso deixa em aberto que tipo de poder é exercido, e se *x* e *y* são indivíduos ou grupos. Considere, primeiro, os agentes e pacientes da opressão. Há quatro combinações possíveis: indivíduo oprime indivíduo, indivíduo oprime grupo, grupo oprime indivíduo, e grupo oprime grupo.

Há exemplos plausíveis de cada tipo? A quarta definição de opressão listada no *Oxford English Dictionary* (2ª ed.), embora marcada como obsoleta, parece fornecer um exemplo de que um indivíduo oprime outro: "violação forçada de uma mulher, estupro". Embora o uso de "opressão" como sinônimo de estupro seja obsoleta, as pessoas realmente classificam relacionamento individuais como opressivos – por exemplo, um relacionamento particular entre pai e filho ou marido e mulher. Um exemplo do segundo tipo (indivíduo oprime grupo) é talvez o uso historicamente mais comum do termo, já que capta o relacionamento que vai mal entre um soberano e seus súditos; o tirano é alguém que oprime o povo. Os exemplos mais simples de casos em que grupos são os opressores seriam simplesmente extensões dos exemplos anteriores: se estupro é uma opressão, então o estupro perpetrado por uma gangue seria a opressão de um indivíduo por um grupo, assim como o linchamento e a tortura de um indivíduo por um grupo. De modo similar, se um tirano individual pode oprimir o povo, presume-se que o mesmo seja válido para uma oligarquia (ou mesmo uma democracia!).

Examinaremos, resumidamente, os sentidos de opressão que não implicam um agente opressor (grupo, um indivíduo), mas, antes de fazê-lo, comecemos separando duas fontes distintas de poder nas definições e no exemplo que consideramos até agora. Freqüentemente, exemplos de opressão referem-se a um exercício injusto de poder em que a fonte de poder é social ou institucional; tais exemplos pressupõem uma hierarquia social por trás delas (possivelmente justas, possivelmente injustas) já existente. Considere o exemplo do estupro. Em um contexto contemporâneo, no qual o estupro é freqüentemente reconhecido como sendo a respeito de poder social e não simplesmente sexo, é fácil considerar casos de estupro nesses termos: homens que estupram estão exercendo seu poder social sobre mulheres de forma injusta pelo sexo forçado (plausivelmente, no estupro, estão exercendo seu poder *injusto* de forma injusta!).

Entretanto, é argumentável que alguns estupros não são exercícios de poder social: não é inconcebível que o estuprador tenha o mesmo ou até menos poder social que sua vítima (lembre-se da possibilidade de estupro

---

[80.] Estou deixando de fora casos como "calor opressivo", "dor de cabeça opressiva" ou "tristeza opressiva".

de uma pessoa do mesmo sexo). Se continuarmos a considerar o estupro como um paradigma de opressão indivíduo/indivíduo, então talvez devamos concluir que a injustiça da opressão repousa no uso de poder – não somente poder social, mas qualquer tipo de poder, incluindo o físico – para prejudicar injustamente outrem. Em resumo: x oprime y se x prejudica injustamente y. Nessa visão, a opressão é mais que simplesmente prejudicar (supondo que prejudicar às vezes é justo ou justificado, por exemplo, na autodefesa);[81] mas a opressão não é necessariamente a respeito de exercício de poder social: um terrorista pode oprimir um refém por meio de força bruta (captura, tortura e coisas assim). A tomada de reféns pode até ser motivada pelo fato de o refém ter um poder social e autoridade maiores que as do próprio terrorista.

Então, essa noção – causar prejuízo injusto – é a essencial da opressão? Ela parece promissora, à medida que define opressão em termos de algo claramente errado do ponto de vista moral;[82] e, como vimos, o termo é ocasionalmente usado para captar o prejuízo que um indivíduo, o opressor, inflige a outro, o oprimido. Mas, ainda assim, a não ser que algo mais possa ser dito a respeito das ações *injustas* como coisa distinta de ações *imorais*, a opressão simplesmente se confundiria com prejuízo injusto. Isso sugere que há algo faltando nessa explicação.

Sem dúvida, há mais de uma maneira de pensar a opressão e suas injustiças. Entretanto, acredito ser útil começar contrastando dois tipos de caso. Em um tipo de caso, a opressão é um ato de injustiça cometido por um agente; se a opressão desse tipo ocorrer, então uma ou mais pessoas – o(s) opressor(es) causa(m) prejuízo, físico ou não, sobre outro(s) – o(s) oprimido(s) de forma injusta ou incorreta. Vamos chamar esse tipo, previsivelmente, de *opressão de agente*. Não está claro se *todos* os casos em que um agente causa prejuízo injusto devem contar como opressão; a citação com que começamos sugere que a crueldade da ação e do abuso de poder são fatores que podem distinguir a opressão de outros tipos de prejuízos injustos.

No outro tipo de caso, a opressão não vem de uma injustiça individual, mas de uma injustiça social/política; ou seja, é um problema que repousa em nossos arranjos coletivos, uma injustiça em nossas práticas ou instituições. Considere a tirania. Ela é errada não porque (ou não apenas porque) tiranos são pessoas imorais que causam mal aos outros intencionalmente, mas porque a estrutura de um governo tirânico é injusta. Teóricos discordarão em que, exatamente, constitui sua injustiça, mas as principais considerações incluem questões como o fato de que a tirania é uma estrutura em

---

[81.] Se se defende a noção de que "prejudicar" inclui somente prejuízos *injustos*, então evidentemente o ponto deve ser reelaborado para permitir que prejudicar é, às vezes, justificado.
[82.] Esse critério para uma análise aceitável do racismo foi sugerida por Garcia 1997a: 6.

que indivíduos contam como iguais morais (em uma explicação muito liberal, poder-se-ia argumentar que essa estrutura não pode ser justificada em termos que uma comunidade de iguais razoáveis aceitaria, e a distribuição do poder e dos recursos sob a tirania depende de distinções pungentes e moralmente problemáticas entre indivíduos e grupos). A opressividade de um tirano pode ser composta pelos desígnios malignos do tirano, mas mesmo um tirano benigno governa um regime opressivo. Chamemos esse segundo tipo de caso de *opressão estrutural*.[83]

No caso da opressão de agente, o foco recai em indivíduos ou grupos e suas ações; é objetivo de nossa melhor teoria moral possível nos dizer quando a ação em questão é errada. No caso da opressão estrutural, o foco recai em nossos arranjos coletivos – nossas instituições, políticas e práticas – e uma teoria da justiça deve fornecer as avaliações normativas da injustiça. É claro que há contextos em que precisamos examinar tanto os indivíduos *como* as estruturas, tanto as injustiças morais *como* as políticas.[84]

A idéia de um agente oprimindo outro é relativamente familiar; pode ser menos familiar pensar em leis, instituições e práticas como opressivas. Então, será útil considerarmos alguns casos plausíveis de opressão estrutural:[85]

* Casos de discriminação formal explícita: por exemplo, a legislação "Jim Crow", que institui a segregação racial nos Estados Unidos; a negação dos direitos e a privação de poder das mulheres no Afeganistão durante o governo do Taleban.
* Sob a legislação "Jim Crow", impostos e testes de alfabetização (freqüentemente adulterados) evitavam que quase todos os afro-americanos pudessem votar; embora essas práticas não se direcionassem explicitamente contra os Negros, elas eram opressivas. Em 1971, a Suprema Corte dos EUA considerou um caso em que Negros eram sistematicamente desqualificados para certos empregos por causa de testes obrigatórios que não se podia provar correlacionarem-se com uma performance de sucesso no emprego. A Corte decidiu que "práticas, procedimentos ou testes de aparência neutra, mesmo em seu intento, não podem ser mantidos se servem para manter o *status quo* de práticas discriminatórias anteriores (*Griggs vs Duke Power Co.* 401 US 424).

[83.] Essa forma de opressão, ocasionalmente interpretada de uma maneira mais estreita, foi chamada também de "opressão institucional" ("racismo institucional"). Ver, por exemplo, Ture e Hamilton 1992, Ezorsky 1991, Blum 2002: 22-26.

[84.] Os limites entre a teoria moral e a teoria política não são de forma alguma claros. Eu tenderei a falar de teoria moral como uma teoria da conduta humana, preocupada, em primeiro lugar, com indivíduos (e, por extensão, grupos); o foco da teoria política recai sobre nossos arranjos políticos, isto é, nossas práticas, instituições, políticas, etc. É claro que é consistente com isso o fato de que as injustiças individuais e estruturais são ambas moralmente erradas.

[85.] Meus agradecimentos a Elisabeth Anderson por sugerir alguns desses exemplos.

• A legislação dos direitos civis dos Estados Unidos da década de 1960 foi interpretada de modo que políticas e práticas que têm um injustificado efeito desproporcionalmente adverso sobre minorias possam ser contestadas. Em 1985, a Suprema Corte reconheceu que podem ocorrer injustiças contra deficientes físicos quando, por exemplo, arquitetos constroem prédios sem rampas de acesso (*Alexander vs Choate* 469 US 287). No juízo, a Corte enfatizou que discriminação injusta pode ocorrer não apenas como resultado de rancor, mas simplesmente devido à falta de consideração ou indiferença.

• Normas culturais e práticas informais que impõem fardos injustos ou criam oportunidades desproporcionais para membros de um grupo em oposição a outro são opressivas. Normas de gênero a respeito de cuidado de filhos, assistência a idosos, trabalho doméstico, aparência, vestuário, educação, carreiras, etc. oprimem mulheres.

• Práticas e produtos culturais que estimulam estereótipos negativos sobre grupos em particular são opressivos, não apenas porque insultam os membros desses grupos ou estimulam o desprezo e o ódio contra eles, mas também porque podem ter um efeito distorcedor acerca do julgamento das pessoas a quem se requisita aplicarem políticas arbitrárias. Consideraremos alguns desses casos adiante (Roberts 2002, 47-74).

Sugeri anteriormente que a opressão tem um importante elo com o abuso de poder. Isso se encaixa muito bem em um paradigma de poder sendo abusado por um indivíduo que usa o poder sem a devida consideração com restrições morais. Mas como podemos explicar isso nos casos estruturais? Manter o foco somente em indivíduos e suas ações injustas pode evitar que notemos que o poder social – o poder que é tipicamente abusado em situações opressoras – é relacional: depende das instituições e das práticas que estruturam nossas relações uns com os outros (Foucault 1978, Fraser 1989a). Quando as estruturas distribuem o poder injustamente, o *desequilíbrio ilegítimo* de poder torna-se o problema, em vez do abuso individual de poder *per se*.

Por exemplo, em certos contextos (mas não todos), professores têm mais poder que seus alunos em virtude das regras, práticas e expectativas vigentes em contextos acadêmicos. Indivíduos podem obter poder desenvolvendo habilidades em navegar pelas práticas; podem também perder poder por não conseguir entender ou se conformar com elas. Se a relação professor/aluno em questão é estruturada de modo justo, então deveríamos plausivelmente procurar por falhas morais individuais para explicar quaisquer injustiças que possam ocorrer sob seus auspícios. Por exemplo, considere um caso em que as práticas e as instituições que constituem o papel do professor são justas, mas um indivíduo nesse papel, chamemo-lo Stanley, dá notas baixas a todas as mulheres de cor que participam de sua aula, independentemente de seu desempenho. Nesse caso, a injustiça surge graças ao abuso por parte de um indivíduo em particular no que seria de outra forma uma relação legítima de poder desigual. Em casos em que as práticas constituem uma relação social justa e alguém é injustamente prejudicado, é plausível que seja devido ao fato de uma das partes estar agindo de modo imoral.

Em outros casos, entretanto, o problema repousa na estrutura de relações e na distribuição de poder. Contraste o caso do professor ignorante, Stanley, que abusa do poder a ele concedido dentro de um sistema social justo, com o caso de injustiça institucional no qual, por exemplo, somente homens e mulheres Brancas podem servir como professores e matricular-se como alunos. As mulheres de cor tratadas injustamente no exemplo anterior não são oprimidas pela estrutura, embora sejam vítimas da ação moralmente errada de Stanley. No último caso, elas são oprimidas pela estrutura, mesmo que os recursos educacionais sejam disponibilizados por professores que estejam tentando minar o sistema injusto; talvez outro professor, Larry, abra as portas de sua classe a mulheres de cor não matriculadas.

Se considerarmos somente a opressão de agente, então, se há oprimidos, devemos procurar pelo opressor. Mas, nos casos de opressão estrutural, pode não haver um opressor no sentido de um agente responsável pela opressão. Práticas e instituições oprimem, e alguns indivíduos ou grupos são privilegiados dentro dessas práticas e instituições. Mas seria incorreto contar todos os que são privilegiados como opressores.[86] Membros de um grupo privilegiado, por exemplo Larry no caso anterior, podem até estar trabalhando para minar as práticas e instituições injustas. Não obstante, no contexto da opressão estrutural, pode haver alguém que se possa culpar mais que outros por perpetuar a injustiça; eles podem ser mais responsáveis por criar, manter, expandir e explorar as relações sociais injustas. Nesses casos, um indivíduo conta como opressor se sua ação moralmente errada compõe a injustiça estrutural, ou seja, se são agentes de opressão dentro de uma estrutura opressiva.[87] Mas nem todos que são privilegiados por uma estrutura opressiva são agentes de opressão.

Essas considerações sugerem que tanto a opressão de agente como a estrutural podem ora ser intencionais ora não; ocasionalmente há indivíduos culpados pelo prejuízo e ocasionalmente, não. No caso da opressão de agente, a questão é se o agente prejudicou outro injustamente por meio de um abuso de poder.[88] Intenções hostis ou malevolentes não são necessárias:

[86.] Para uma discussão prática das atribuições de culpa em contextos de opressão, ver Calhoun 1989.

[87.] As condições precisas para ser um opressor dependerão da teoria moral subjacente da pessoa; a questão é quando a ação moralmente errada de alguém compõe a injustiça estrutural. Em certas explicações, a ação de uma pessoa pode ser moralmente errada se ela for simplesmente um participante passivo em uma estrutura injusta; em outras explicações, não.

[88.] Estou sugerindo aqui que a opressão envolve um abuso de poder ou um desequilíbrio de poder, embora não tenha defendido especificamente essa alegação nem vá resolver aqui se devemos no fim endossá-la. É uma maneira promissora, entretanto, de distinguir a opressão de outras formas de injustiça moral e política.

pode-se abusar do poder para prejudicar injustamente outra pessoa sendo insensível e indiferente. Se o agente é culpado ou não, é outro assunto. Em certos casos, a culpa dependerá das intenções do agente, em outros, o que importa é a negligência do agente em relação à determinação das conseqüências de suas ações.

No caso da opressão estrutural, a questão é se a estrutura (a política, a prática, a instituição, o discurso, a norma cultural) é injusta e cria ou perpetua relações ilegítimas de poder. De novo, as estruturas de poder em questão podem ter sido intencionalmente criadas ou não. Uma estrutura pode causar prejuízo injustificado a um grupo sem que isso tenha sido antecipado ou mesmo reconhecido após o ocorrido; os responsáveis pela estrutura podem até estar agindo de modo benevolente e de posse das melhores informações possíveis. Se um indivíduo ou um grupo é ou não culpado pela injustiça, dependerá do papel que desempenha para causar ou manter a estrutura injusta.

II. ABORDAGEM INDIVIDUALISTA E INSTITUCIONALISTA

Um importante fator motivador da distinção entre a opressão de agente e a estrutural é que, apesar de às vezes a opressão estrutural ser causada intencionalmente, digamos, por formadores de políticas, é possível para um grupo ser oprimido por uma estrutura sem que haja um agente responsável por sua existência ou pela forma que ela assume. Reconhecidamente, indivíduos desempenham um papel na criação e manutenção do mundo social, mas a maioria das práticas e instituições que estruturam nossas vidas, embora compostas e influenciadas por indivíduos, não são planejadas e controladas por ninguém individualmente. O governo, a economia, o sistema legal, o sistema educacional, o sistema de transportes, a religião, a família, a etiqueta, a mídia, as artes, nossa língua, todos esses são empreendimentos coletivos mantidos por complexas convenções sociais e estratégias cooperativas. E todos eles distribuem poder entre indivíduos – por exemplo, um sistema de transporte público que é inacessível aos deficientes físicos os priva de poder em comparação aos fisicamente saudáveis. Regras de etiqueta que impedem que mulheres convidem um homem para um encontro, ou que exigem que o homem pague todas as despesas dele decorridas, não são neutras no que diz respeito à distribuição de poder.

Em alguns casos, as instituições sociais têm opções de escape relativamente simples. Mas mesmo o que parecem ser as mais maleáveis práticas dependem de expectativas subjacentes e deixas comunicativas que escapam ao controle de um único indivíduo; então, seria incorreto pensar que elas, exceto em casos raros, foram criadas ou direcionadas por um agente individual (ou coletivo).⁸⁹ Se o poder reside nas relações criadas por práticas, e não há agentes individuais responsáveis por uma prática em particular, então há um importante sentido em que a distribuição de poder pode ser injusta e, ainda assim, a injustiça pode não ser apropriadamente explicada em termos de ações injustas de um agente.

Esse ponto, de que as estruturas sociais estão freqüentemente além do controle de agentes individuais, conta contra o que podemos chamar de *abordagem individualista* da opressão. Em uma abordagem individualista, a opressão de agente é a forma primária de opressão e a ação injusta do agente é sua essência normativa: a opressão é primariamente uma injustiça moral que ocorre quando um agente (o opressor) inflige prejuízos injustos a outro (o oprimido); se algo além do agente (como a lei) for opressivo, é de modo derivativo, e sua injustiça deve ser explicada em termos da ação injusta de um agente. Por exemplo, pode-se alegar que leis e afins são opressivas na medida em que são os instrumentos de um agente que está (intencionalmente) prejudicando alguém. A abordagem individualista rejeita a idéia de que a opressão estrutural é um tipo distinto de injustiça.⁹⁰

Como mencionei, uma razão teórica para rejeitar a abordagem individualista é que ela não explica algumas formas de injustiça pelas quais nenhum indivíduo é responsável. Embora eu tenha sugerido alguns exemplos para sustentar isso, uma discussão mais completa consideraria propostas individualistas específicas que tentam acomodar tais casos.

Entretanto, há também razões mais pragmáticas para se pensar que a abordagem individualista é inadequada, a saber, o que conta como evidência de opressão e o que conta como uma solução apropriada. Por exemplo, para mostrar que um grupo sofre de opressão de agente, precisamos estabelecer que há um ou mais agentes moralmente responsáveis por prejudicá-los injustamente; mas remontar a injustiça de volta ao agente (talvez também determinar as intenções do agente) pode não ser possível. Em contraste, para dizer que um grupo sofre de opressão estrutural, precisamos estabelecer que o poder é mal distribuído, de modo que os membros do grupo ficam em injusta desvantagem. Da mesma forma, a solução no primeiro caso plausivelmente se centrará no(s) agente(s) responsável(is) pelo prejuízo,

---

⁸⁹· Mais ainda, embora seja impossível determinar no caso de um ação individual qual é o "significado" da ação, por exemplo, considerando a intenção por trás dela, práticas e instituições sociais estão inseridas em uma complexa rede de significados com múltiplas conseqüências que podem ser relevantes para a avaliação de seu ponto ou propósito. Embora em certos contextos nos sejam oferecidas opiniões legais ou transcrições de debates legislativos que ajudam a determinar a intenção por trás de uma lei ou política, a maioria das instituições é governada por normas informais baseadas em tradições conflitantes.

⁹⁰· Embora Garcia não erija sua discussão em termos de opressão, sua visão do racismo parece se enquadrar no que eu descreveria aqui como uma abordagem individualista da opressão (Garcia 1996, Garcia 1997a, Garcia 1999). Ver também o debate entre Garcia e Mills (Mills 1997, Garcia 2001a, Mills 2002).

enquanto no segundo, o foco plausivelmente recairá na reestruturação da sociedade para torná-la mais justa.

É claro que ambos os casos atraem preocupação e interesse: nossas sociedades são injustamente estruturadas, e pessoas imorais com poder podem prejudicar outros e realmente o fazem. Mais ainda, questões individuais e estruturais são interdependentes na medida em que indivíduos reagem ao seu contexto social e estruturas sociais são criadas, mantidas e transformadas por indivíduos. Não obstante, ainda haverá situações que são claramente injustas, mesmo quando não está claro se há ou não um agente responsável pela opressão; não precisamos de uma "arma fumegante" para saber que um sistema de práticas e políticas que resulta na privação de assistência médica adequada a mulheres é injusto. Apresento também que deveríamos ter mais esperança nas perspectivas de que transformações sociais e políticas causem uma significativa melhoria nas vidas das pessoas do que nas perspectivas de algo como a melhoria moral de indivíduos. Como Liam Murphy (1999: 252) sugere: "É obviamente verdadeiro que, no sentido prático, é imensamente preferível que a justiça seja promovida por meio de reformas institucionais em vez de pelos esforços individuais não coordenados um ponto que vale a pena enfatizar em uma era caracterizada pelo abandono do Estado de sua responsabilidade por assegurar um mínimo de justiça econômica e uma adoção por parte dos políticos do 'voluntariado' como um suposto substituto". Não vou tentar justificar essa esperança na reforma estrutural em oposição à reforma moral aqui. Contudo, na minha experiência, a reforma estrutural não é apenas mais abrangente e confiável, mas permite também que indivíduos comuns que inadvertidamente contribuem para a injustiça reconheçam esse fato e modifiquem sua atitude, sem o tipo de atitude defensiva que emerge quando se vêem como o alvo de repreensão moral.

Entretanto, aqueles que enfatizam a força das estruturas sociais em nossas vidas e rejeitam a abordagem individualista da opressão ocasionalmente erram no sentido oposto. Uma abordagem estruturalista ou – o que pode ser um termo mais adequado para evitar outras conotações – uma *abordagem institucionalista* da opressão toma a opressão estrutural como a forma primária e ou nega que indivíduos podem ser opressores, ou mantém que atos são opressivos na medida em que contribuem para a manutenção de uma estrutura opressiva (Frye 1983, caps. 1-2, esp. p. 38). Embora isso seja importante para captar o sentido em que todos nós perpetuamos estruturas injustas por participar delas sem pensar, também é importante distinguir entre aqueles que abusam de seu poder para prejudicar outros e aqueles que estão tentando navegar tão bem quanto possível nas corredeiras morais da vida cotidiana.

Na visão que esbocei aqui, a opressão é algo que tanto agentes como estruturas "fazem", mas de modos diferentes. Estruturas causam injustiças por causa da *má distribuição* de poder; agentes causam prejuízos injustos pelo *abuso* de poder (às vezes, o abuso de poder mal distribuído). Dar espaço em nossa explicação para ambos os tipos de opressão fornece maiores recursos para compreender os modos em que a vida social é restringida pelos recursos institucionais e culturais disponíveis e os modos em que temos poder de agente dentro dessas e, às vezes, em oposição a essas restrições.

Por exemplo, um tema em discussões a respeito da opressão é a restrição sistemática, e é tentador dizer inescapável, imposta sobre os oprimidos (Frye 1983, cap. 1). A idéia de que a opressão é um fenômeno estrutural ajuda a captar esse *insight*. Retornemos ao contraste entre o professor ignorante (Stanley) em um sistema justo e o professor moralmente responsável (Larry) em um sistema injusto. O contraste relevante entre os dois casos e outros como eles não é simplesmente o grau em que a restrição é evitável (Stanley pode ser muito poderoso, a instituição de segregação bastante fraca) nem a natureza sistemática do prejuízo (o professor ignorante pode ser muito sistemático). Nem é a multiplicidade de barreiras (presume-se que somente a ilegalidade do casamento já seria o suficiente para oprimir *gay*s e lésbicas) ou os aspectos macroscópicos dos fenômenos sociais (pode ser necessário observar os detalhes mais minúsculos de uma prática para ver sua injustiça) (cf. Frye 1983, cap. 1). O contraste repousa na extensão em que a injustiça reside na estrutura das instituições e práticas – por exemplo, o modo como elas distribuem o poder – e a extensão em que a injustiça se localiza nos atos e atitudes particulares de indivíduos dentro delas. A opressão estrutural ocorre onde as estruturas são injustas, não onde a injustiça repousa simplesmente nas falhas morais – atos e atitudes – de um agente.

Neste estágio, ainda não forneci um argumento para a conclusão de que a noção de opressão deveria ser "analisada" em termos de opressão de agente e estrutura; nem argumentei que essa análise deve ser vista como o mau uso ou a má distribuição de poder que cause prejuízos. Simplesmente sugeri que um conceito de opressão desenvolvido nessas linhas é útil para quem está preocupado com a dominação de grupo. Acredito que uma abordagem individualista para a dominação de grupo é inadequada porque às vezes as próprias estruturas, e não indivíduos, são o problema. Da mesma forma, uma abordagem institucionalista é inadequada porque não distingue aqueles que abusam do poder para cometer injustiças e aqueles que são privilegiados, mas não exploram seu poder. Recomendo uma abordagem "mista" que não tente reduzir a opressão de agente ou a estrutural uma à outra. Optei por usar o termo "opressão" para referir-me a ambos os tipos de caso.

III. OPRESSÃO DE GRUPO

Até agora, sugeri um esboço de uma teoria de opressão que fornece espaços reservados para explicações de justiça e de atos moralmente injustos de indivíduos. Neste ponto, parece que maiores progressos no entendimento da opressão dependem do fornecimento de teorias normativas independentes. Como exemplo de explicação estrutural da justiça, apontei na direção de um sentimento largamente liberal que exige que uma estrutura social seja aceita por iguais razoáveis. Eu simpatizo com esses sentimentos liberais (e outros relacionados), embora seja possível endossar o tipo de abordagem para a opressão que esbocei sem endossar o liberalismo. Obviamente, não posso desenvolver e defender explicações completas de justiça e atos moralmente injustos no contexto deste capítulo. Então, o que mais pode ser feito?

Como indicado na abertura, uma tarefa crucial para uma teoria da opressão é explicar o elo entre grupos e injustiças que compõem a opressão baseada em grupo. A partir daqui, colocarei o enfoque nesse elo em opressão estrutural em oposição à agente, para entender o racismo e o sexismo estruturais e coisas do tipo. É claro que minha discussão não será normativamente "neutra" entre concepções conflitantes de justiça. Nos bastidores repousará uma ampla consciência democrática, igualitária e materialista, mas isso não será articulado ou destacado como foco da discussão;[91] sem dúvida há concepções particulares de justiça que, se ligadas à minha explicação, trariam resultados inaceitáveis sob quaisquer padrões. Entretanto, meu objetivo neste estágio é simplesmente fazer progresso para o entendimento de como uma explicação da opressão estrutural pode ser sensível para múltiplas participações em grupos sem recair em um modelo individualista que especifica quem sofre opressão em termos de intenções

---

[91.] Pode ser útil explicitar algumas suposições subjacentes que continuarão a guiar a discussão. Em primeiro lugar, a injustiça ocorre não somente em cortes e palácios de governo, mas em igrejas, famílias e outras práticas culturais. Em segundo lugar, embora um entendimento da justiça e da opressão deva empregar uma noção significativa de "grupo", devemos evitar generalizar demais a respeito de atitudes, experiências ou posição social de membros dos grupos. Em terceiro lugar, aqueles em posição subordinada não são vítimas passivas da opressão nem são aqueles em posição dominante plenos agentes da opressão. A sociedade "impõe" identidades subordinadas e dominantes para membros de ambos os grupos, e grupos as negociam e transformam. Entretanto, algumas identidades concedem mais poder e têm mais poder que outras. Em quarto lugar, a opressão não pode ser explicada por referência apenas (ou primariamente) a um único fato, como as atitudes ou psicologias de grupos sociais, forças econômicas, a estrutura política da sociedade, a cultura. Em quinto lugar, as injustiças e os atos injustos da opressão estrutural consistem não apenas em distribuição injusta de bens, oportunidades e coisas assim, mas em relações sociais não igualitárias, ou seja, em obrigações e expectativas relacionais que distribuem o poder hierarquicamente (Anderson 1999b: 312; Young 1990a, cap. 1).

do(s) agente(s). Ficarei feliz se puder descrever um sistema em que maiores discussões dos diferentes fatores e sua correlação serão frutíferas.[92]

Então, o que faz de uma instância particular de opressão estrutural uma "opressão baseada em grupo", tais como o racismo, o sexismo e a opressão de classe? Da forma como eu vejo, essa questão tem duas partes. Uma parte é determinar se há ou não opressão: se há ou não má distribuição de poder que cause prejuízos injustos. Essa é uma parte em que se deve depender de uma teoria independente de justiça. A outra parte é determinar como ou se o ato injusto está associado à afiliação a um grupo. Em muitos casos, pode-se ao menos analiticamente distinguir entre o fato de que algo é injusto e o fato de que a injustiça é especificamente "racial" e/ou "sexual".[93] É para essa última questão que nos voltaremos agora.

A princípio, a questão parece ser bastante simples: a opressão por sexo é injustiça que atinge mulheres; a opressão racial atinge membros de minorias raciais. Mas como entendemos esse conceito de "atingir"?

Diversas idéias vêm à mente: talvez o fato de algo contar ou não como "injustiça racial" dependa simplesmente de quem a injustiça afeta; ela afeta quase todos e quase somente membros de uma raça em particular em um contexto em particular? Isso, ao menos descrito de modo tão simples, não pode ser correto. Há contextos racialmente homogêneos em que a injustiça afeta virtualmente a todos, mas não diríamos que a injustiça era racial. Por exemplo, uma empresa japonesa somente com funcionários japoneses pode explorar esses funcionários, mas isso não faria essa exploração ser de injustiça racial.[94]

Mais ainda, dado que indivíduos são sempre membros de múltiplos grupos que se sobrepõem, mesmo quando um grupo é adversamente afetado, não é sempre claro sob que roupagem eles estão sendo submetidos à injustiça. Por exemplo, desde a década de 1970, feministas socialistas têm argumentado que a exploração de classe e a opressão por sexo não deveriam ser vistas como dois sistemas autônomos, cada qual com seus princípios causais/explanatórios e seus próprios grupos alvos (que se sobrepõem)

[92.] Metodologicamente falando, considero a busca por contra-exemplos para uma proposta uma explicação útil no entendimento do fenômeno, mesmo que mostrem que a proposta, como ela foi apresentada, é falha. Presumivelmente, uma explicação de justiça que não pode captar a ampla gama de fenômenos que são plausivelmente opressivos estruturalmente seria, por essa razão, inadequada. Algumas pessoas argumentaram que a explicação de Rawl da justiça é inadequada por essa razão (p. ex., Cohen 1997).

[93.] Eu deixo em aberto se há ou não injustiças inerentemente raciais ou sexuais, em que a injustiça do ato ou da estrutura não é separável de seu significado racial ou sexual. "Crimes de ódio" (crimes raciais) podem ser um exemplo.

[94.] Embora isso seja geralmente verdade, não *é* certo, pois se a empresa dependesse de normas culturais japonesas particulares para explorar seus funcionários, poderia contar como um tipo de opressão étnica. Meus agradecimentos a Roxanne Fay por trazer isso à baila.

(Young 1980). Em vez disso, a exploração de classe e a opressão por sexo são entrelaçadas, não somente no sentido de que há algumas que sofrem ambos, ou que um sistema afeta o outro, mas no sentido de que as relações que distribuem poder ao longo de linhas de classe também distribuem poder ao longo de linhas de sexo. Falando de modo amplo, esse é o fenômeno da *interseccionalidade* (Crenshaw 1995). Então, analisar a situação dos trabalhadores domésticos de origem mexicana examinando somente sua classe, ou somente sua naturalidade/etnicidade, ou somente sua raça, ou somente seu gênero, seria inadequado. Uma explicação que determina corretamente se uma situação em particular é justa ou não deve incluir múltiplas categorias de análise crítica; deve também se debruçar sobre as diferentes formas, em diferentes tipos de relações, em que as demandas da justiça podem ser violadas. A forma particular que a injustiça assume pode depender de um misto de afiliações a grupos na população-alvo.[95]

Alternativamente, poder-se-ia insistir que a injustiça deve ser motivada por rancor racial ou ter a intenção de colocar os membros de um grupo racial em desvantagem. Mas, como vimos, essa exigência é forte demais, pois não há somente casos em que a injustiça racial não é causada por rancor racial, mas pode nem mesmo haver um indivíduo ou grupo de indivíduos claramente definido perpetrando a injustiça. Então, somente efeitos e motivações não são a chave. Onde devemos procurar em seguida?

Em *Justice and the Politics of Difference*, Iris Young sugere que a opressão ocorre quando um grupo social sofre qualquer uma de (pelo menos) cinco formas de subordinação: exploração, marginalização, impotência, imperialismo cultural e violência sistemática (1990a: 48-63). Embora seja tremendamente valiosa em razão de seu *insight* a respeito da variedade de formas que a opressão pode assumir, em sua maior parte, a discussão de Young supõe grupos sociais preexistentes e examina a variedade de injustiças estruturais que eles podem sofrer. Como resultado, ela evita algumas das questões que surgem no entendimento da relação entre a afiliação a um grupo e a injustiça.

Façamos uma pausa para refletir um pouco sobre a idéia de grupo. Alguns grupos são entidades sociais bem definidas cujos membros se reconhecem como tais e consideram a afiliação ao grupo importante para sua identidade (Young 1990a: 44-45). Entretanto, alguns grupos sociais têm pouco ou nenhum sentido de si mesmos como um grupo, e podem até vir a se ver dessa forma somente como resultado das políticas a eles impostas. Considere dois casos: suponha que em uma certa empresa, chamemo-la

---

[95.] Dado que há leis contra algumas formas de discriminação e não outras, pode ser tremendamente importante o modo como é caracterizado o grupo base para a injustiça. Ver, por exemplo, *DeGraffenreid vs. General Motors* (413 F. Supp. 142 [ED Mo. 1976]).

BigCo, funcionários que recebem por hora são obrigados a submeter-se a testes de drogas como condição para manterem seu emprego. Poder-se-ia argumentar que essa política é injusta, e a injustiça estende-se a todos os funcionários que recebem por hora, mesmo que alguns deles não tenham objeções a serem testados.[96] (Se a sugestão de que testes de drogas obrigatórios seria injusta não lhe agrada, substitua-a pelo seu próprio exemplo de uma imposição injusta sobre os funcionário em questão.) Em muitos contextos profissionais, a distinção entre funcionários que recebem por hora e funcionários assalariados é uma importante divisão que organiza as interações individuais entre os dois grupos. A imposição de uma política que depende dessa distinção pode reforçar a divisão e afetar as interações entre os grupos, mas esta era importante mesmo antes da política.

Entretanto, políticas podem tornar importantes as divisões que não o eram anteriormente. Suponha que a BigCo distinga os tipos de emprego numerando-os de 1 a 100. As posições assalariadas recebem os códigos de 80 a 100 e as pagas por hora, de 1 a 79. Se a empresa institui a política de testes de drogas para funcionários nas posições de código 25 a 50, isso pode tornar evidente uma distinção entre os funcionários pagos por hora que não era importante antes. Os funcionários nessas categorias podem vir a se identificar uns com os outros, organizarem-se contra a política e virem a interagir de modo bem diferente com os funcionários das demais categorias. Se a política for injusta, entretanto, acredito que seria errado alegar que a opressão somente ocorre a partir do momento em que os funcionários passaram a considerar-se como um grupo e se identificarem *como* membros desse grupo. Então, dizer que alguém é oprimido *como um F* não implica que ele *se identifica* como *F*. Em vez disso, o ponto pode ser que se é oprimido por causa do fato de ser um membro dos *F*s, ou seja, ser um *F* é uma condição que os sujeita a uma política ou prática injusta (independentemente do fato de ser um *F* significar algo para eles ou não).

Grupos sociais são entidades dinâmicas cuja afiliação e senso de identidade mudam em resposta a circunstâncias socio políticas. Sua origem, forma e desenvolvimento são ligados de modo crucial às instituições em que estão inseridos e à história e ao futuro dessas instituições (Lieberman 1995: 438-40). Então, a questão diante de nós não pode simplesmente ser: esse grupo preexistente (racial, sexual, socioeconômico) está sendo explorado, marginalizado ou algo assim (*cf.* Young 1990a, cap. 2)? Em vez disso, deveria ser: como uma política ou prática em particular constrói ou afeta a identidade do grupo, assim como sua posição dentro de um sistema sociopolítico mais amplo? Para responder a essa questão, precisaremos fazer perguntas como: instituições diferentes definem o grupo da mesma

---

[96.] Para um *insight* acerca dos efeitos dessas políticas sobre funcionários, ver Ehrenreich 2001.

forma? A política divide um grupo social em novos grupos, beneficiando uns e não outros?

Entretanto, há desvantagens em concentrar demais a atenção em políticas e práticas que nomeiam ou especificam os grupos oprimidos *como tais*. Em primeiro lugar, como vimos, dado o histórico de uma dominação de grupo, os efeitos de uma posição injusta anterior subordinam grupos social e economicamente, de modo que os seus membros tenham muito mais em comum que simplesmente a afiliação ao seu grupo. Políticas criadas para afetarem esse grupo em comum podem reforçar as divisões sociais injustas (Lieberman 1998: 11). Isso é às vezes chamado de "discriminação secundária" (Warren 1977: 241-43; Rosati 1994: 152-59).

Em segundo lugar, embora por conveniência tenhamos estado considerando políticas explicitamente declaradas, queremos que a explicação se aplique tanto a políticas formais como a práticas informais.

Em terceiro lugar, ocasionalmente políticas e práticas que são articuladas de um modo que seja "cego" no que diz respeito a um grupo social podem ainda assim ser motivadas por rancor contra o grupo e podem ter graves conseqüências para seus membros. De fato, na medida em que uma opressão é identificada e condenada, é uma tática conhecida do grupo dominante reformular as estruturas discriminatórias para que tenham o mesmo efeito, sem que a discriminação seja explícita.

Em quarto lugar, se a opressão requer que a política ou a prática torne a afiliação a um grupo uma condição *explícita* para a aplicação da política, então é tentador pensar que a base para o ato injusto está nas intenções dos formuladores da política. Mas isso seria voltar à abordagem mais individualista da opressão. Queremos deixar possível que uma estrutura motivada por boas intenções possa ser injusta em sua distribuição de benesses e poder e no significado social das relações que ela cria.

Assim, parece que em certos casos a instituição em questão se dirige explicitamente a um grupo social; em alguns casos, ela não se dirige explicitamente a esse grupo, mas tem evidentes ramificações que o afetam; e, em outros casos, seu alvo é um grupo que não havia estabelecido anteriormente um senso de identidade. Há algum meio útil para organizar esses diferentes tipos de casos?

IV. OPRESSÃO ESTRUTURAL DE GRUPOS: UMA TENTATIVA DE DEFINIÇÃO

ÔNUS DE RAÇA

Ao analisar o Ato de Segurança Social de 1935 e sua legalidade para relações de raça contemporâneas, Robert Lieberman oferece o termo "onerosa à raça" para descrever instituições que perpetuam injustiça racial sem fazê-lo explicitamente:[97]

> Por "oneroso à raça", refiro-me à tendência de algumas políticas de dividir a população ao longo de linhas raciais sem o fazer declaradamente... Mas políticas onerosas à raça *não são programas cuja tendência a excluir segundo raça é meramente incidental ou acidental*... Mais ainda, deve esperar que eles *afetem Negros e Brancos de modos diferentes no curso normal* de suas operações cotidianas, quer seus formuladores ou administradores tenham ou não intencionado esse resultado. (Lieberman 1998: 7, itálicos meus).

A noção de políticas "onerosas à raça" é sugestiva. Algumas instituições podem acidentalmente participar de relações injustas de poder sem serem opressivas; mas algumas instituições que parecem participar somente acidentalmente de relações injustas de poder não apenas são fundamentadas em um histórico dessas injustiças, mas também a perpetuam.

Baseando-se nesses *insights*, eis aqui uma primeira proposta para o entendimento de opressão estrutural de grupos:

> *(SO) Fs são oprimidos (por serem Fs) por uma instituição I em um contexto C se $=_{df}$ em C ($\exists R$) ((ser um F de modo não-acidental correlaciona com estar em desvantagem estando em uma relação injusta R com outros) e I cria, perpetua ou reforça R.)*

Considere alguns exemplos:

• Falantes não fluentes de inglês são oprimidos (como tais) por cédulas eleitorais somente em inglês na Califórnia em 2002, se na Califórnia em 2002 ser um falante não fluente de inglês se correlacionar de modo não-acidental com estar em desvantagem por perder seus direitos civis, e cédulas eleitorais somente em inglês criam, perpetuam ou reforçam essa perda de direitos civis.

• Mulheres são oprimidas por serem mulheres por representações culturais de mulheres como objetos sexuais nos Estados Unidos no fim do século XX, se ser uma mulher nos Estados Unidos no fim do século XX se

---

[97.] Essa caracterização de "oneroso à raça" não capta exatamente o que Lieberman quer dizer, pois não distingue entre instituições justas e injustas. Embora no contexto pareça que ele pretende que o termo "oneroso à raça" se refira a políticas injustas, é possível que uma instituição "reflita" arranjos de poder racialmente estruturados e tenham efeitos raciais diferenciais, mas também funcionem para reduzir a injustiça. Poder-se-ia argumentar que certos planos de ação afirmativa, criados para auxiliar socioeconomicamente grupos em desvantagem, reflitam arranjos de poder racialmente estruturados e tenham efeitos racialmente diferenciais, mas são, ainda assim, justos.

correlacionar de modo não acidental com estar submetida à violência sistemática, e representações culturais de mulheres como objetos sexuais criam, perpetuam ou reforçam a violência sistemática.

Como mencionado anteriormente, eu deixo em aberto para os propósitos presentes a ampla e importante questão de como entender as exigências específicas da justiça. Entretanto, há diversos elementos dessa proposta que merecem uma discussão mais detalhada:

1. Como essa análise de opressão de *grupo* se aplica a indivíduos: sob quais condições um *indivíduo* é oprimido por uma estrutura?
2. Por que estou supondo que a injustiça envolve estar em desvantagem por estar em uma *relação* injusta?
3. O que se quer dizer com *correlação não acidental* entre a afiliação a um grupo e a injustiça?
4. Que tipo de relação entre a instituição e a injustiça conta como *criando, perpetuando ou reforçando*?

Falarei deles separadamente.

Primeiro, a proposta até agora é ambígua em sua menção de "Fs sendo oprimidos", pois não fica claro se a alegação é que (no contexto em questão) *todos* os Fs ou apenas *alguns* Fs são oprimidos. A alegação do segundo exemplo é que *todas* ou apenas *algumas* mulheres nos Estados Unidos do final do século XX são oprimidas pela sua representação cultural como objetos sexuais?

Minha opinião é que as práticas em questão são opressivas para todos os membros do grupo, mas é claro que em diferentes graus e de diferentes formas, dependendo de que outras posições sociais ocupam. Por exemplo, uma mulher rica que pode pagar um táxi sempre que está preocupada com sua segurança nas ruas não é oprimida pela prevalência de violência contra mulheres na mesma medida que uma mulher pobre que precisa usar o transporte público e andar vários quarteirões para casa do ponto de ônibus após o fim de seu turno à meia-noite. Mas que mulheres sofrem maior risco de estupro, violência doméstica e abuso sexual que os homens é uma injustiça que afeta todas as mulheres, quer sejam vítimas diretas desses atos ou não, ou se se encontram ou não tipicamente em uma posição, graças à sua riqueza e à localização, de se protegerem. Como resultado, eu endossaria a alegação geral para qualquer indivíduo x:

> x é oprimido por ser um F por uma instituição I em um contexto C se$_{df}$ x é um F em C e em C ($\exists R$) ((sendo que ser um F correlaciona-se de modo não acidental com estar em desvantagem por estar em uma relação R injusta com outros) e I cria, perpetua ou reforça R.)

Outros exemplos poderiam incluir:

• Tyrone é oprimido como Negro por elaboração de perfil por raça/gênero nos Estados Unidos no início do século XX se Tyrone for um Negro nos Estados Unidos no início do século XX e que nesse contexto ser Negro se correlacione de modo não acidental com estar sujeito ao abuso e à brutalidade da polícia, e a elaboração de perfil por raça/gênero cria, perpetua ou reforça o abuso e a brutalidade da polícia.

• William é oprimido por ser *gay* pelas políticas de seguro de saúde da BigCo em 1990 se William for um *gay* empregado da BigCo em 1990 e nesse contexto ser *gay* se correlacione de modo não acidental com uma distribuição desigual e injusta de benefícios com base em orientação sexual, e políticas de seguro de saúde criam, perpetuam ou reforçam a distribuição desigual e injusta.

Algumas pessoas podem preferir limitar a opressão àqueles que sofrem diretamente com a desvantagem especificada (as vítimas da violência, aqueles a quem são negados benefícios, etc.); entretanto, é plausível que a imposição de certos riscos a grupos é em si mesma opressiva, então eu endosso a explicação mais ampla; todavia, não a defenderei aqui, e ela está aberta para quem preferir uma explicação mais restrita para qualificar a proposta como indicada.

Segundo, referente a relações: eu indiquei diversas maneiras em que a injustiça é relacional: ela envolve distribuições relativas de benesses e poder e relações que definem expectativas, direitos e obrigações de diferentes partes.

Em circunstâncias opressivas haverá, então, um sistema subjacente de relações que põe em desvantagem alguns e privilegia outros. Considere o exemplo de impotência de Young (Young 1990a: 30-33). Embora possa ser possível definir, digamos, a impotência em termos não relacionais (p. ex.: falta de autonomia em áreas cruciais da vida), a impotência ocorre dentro de um sistema de relações sociais que define as esferas de liberdade e controle dentro das quais temos o direito de agir. Minha proposta, da maneira como se apresenta, é articulada para encorajar o reconhecimento dessas estruturas relacionais subjacentes.

Terceiro, referente às "correlações não acidentais" entre a afiliação a um grupo (*F*) e a injustiça (*R*), deixe-me ressaltar dois pontos: primeiro, para que haja uma correlação entre *ser um F* e *ser um G*, não é necessário que todos os *F*s sejam *G*, ou que somente os *F*s sejam *G*. Pode haver uma correlação não acidental entre fumar e câncer de pulmão, mesmo que nem todos os fumantes desenvolvam câncer de pulmão e alguns não-fumantes o desenvolvam. De modo similar, as mulheres nos Estados Unidos podem ser oprimidas por discriminação nos salários, mesmo que um subgrupo de mulheres receba salários justos e alguns homens não. Segundo, ao exigir-se que as correlações sejam "não acidentais", o ponto é achar um meio-termo entre exigir-se que uma política ou prática injusta *se dirija explicitamente* a um grupo e exigir-se que haja *somente efeitos adversos* da política sobre o grupo. Em algumas circunstâncias, políticas injustas afetarão um grupo "meramente por acidente" sem que haja qualquer evidência de que a identidade do grupo seja relevante para a injustiça. Por exemplo, suponha que a NASA implemente uma política injusta que se aplique a todos os astronautas; na verdade, haverá uma correlação entre os afetados pela política e os homens Brancos. Mas, na maioria dos cenários desse tipo, seria errado defender que esses homens Brancos afetados pela política estão sendo, portanto, oprimidos por serem *Brancos*.

O que pode contar, então, como uma correlação não acidental? Em geral, uma correlação conta como não acidental porque apóia certos tipos de condicionais; a idéia de que o grupo é um grupo de *F*s é causalmente relevante para a injustiça. Uma explicação completa deveria especificar que condicionais são necessárias e suficientes para o tipo de correlação não acidental em questão. Não serei capaz de fornecê-la aqui; em vez disso, oferecerei uma série de exemplos que sugerem um conjunto de condicionais relevantes a serem consideradas.

EXEMPLO: RACISMO E BEM-ESTAR DO MENOR

Voltemo-nos para uma análise mais sustentada de um caso da vida real. Em sua obra *Shattered Bonds*, Dorothy Roberts argumenta que a atual política de bem-estar do menor é racista. Ela expõe as maneiras com que a intrusão do Estado nas famílias Negras em nome do bem-estar das crianças sistematicamente (i) reforça estereótipos negativos a respeito de famílias Negras, (ii) mina a autonomia da família Negra e (iii) enfraquece a capacidade das comunidades Negras de desafiar a discriminação e a injustiça (Roberts 2002: ix). Mas, como reconhece Roberts, devemos tomar cuidado ao alegar que o sistema é racista, pois há outras variáveis que podem explicar por que as comunidades Negras são desproporcionalmente afetadas: "Devido ao fato de que a raça e o *status* socioeconômico estão intimamente entrelaçados, fica difícil dizer o quanto do que acontece com as crianças Negras está relacionado com sua cor, em oposição à sua pobreza" (47).

Há evidências de que as crianças Negras sofrem uma maior probabilidade de serem separadas de seus pais que crianças de outras raças, que crianças Negras passam mais tempo em lares adotivos e sofrem maior probabilidade de permanecer em lares adotivos até que "estejam velhas demais", e que crianças Negras recebem serviços inferiores. Isso, é claro, é perturbador, mas por si só não demonstra que o sistema é racialmente tendencioso; pode ser também que haja outras características nos casos em questão – níveis de pobreza, grau de abuso substancial, encarceramento dos pais e outros membros da família – que expliquem melhor essa taxa de remoção, o tempo em lares adotivos, a qualidade do serviço, etc. Há outras evidências de que a raça é uma variante relevante que explica a disparidade nos números? As evidências são contraditórias.

Roberts aponta para considerações que apóiam a conclusão de que o sistema é racialmente tendencioso. Primeiro, há um enorme desequilíbrio no envolvimento do bem-estar do menor entre famílias Negras e não Negras, embora estudos mostrem que as crianças em famílias Negras não sofrem uma probabilidade maior de serem maltratadas que crianças em famílias não Negras (Roberts 2002: 47-52). Ainda assim, tanto a opinião popular como estudos de peritos estão cheios de estereótipos raciais e mal-entendidos acerca das diferenças culturais que sustentam a crença de que famílias Negras são disfuncionais e perigosas. Devido ao fato de que decisões a respeito de remoções de reunificações são "arbitrárias", o resultado é que a remoção de crianças de famílias Negras freqüentemente parece justificada, quando não é.

> *Esse processo aleatório para a identificação de crianças maltratadas não poderia efetivamente se dirigir a um grupo de famílias sem um certo* input *racial. Não estou dizendo que [assistentes sociais e juízes] estejam deliberadamente tentando separar famílias Negras porque desgostam da raça. Ao contrário, eles podem acreditar que estão ajudando as crianças Negras, ao extraí-las de um ambiente perigoso. Mas a raça afeta negativamente sua avaliação dos maus-tratos infantis e do que fazer a respeito, quer percebam isso ou não. (Roberts 2002: 55)*

Segundo, ao olhar o histórico da política de bem-estar do menor, Roberts nota que houve uma grande mudança em seus objetivos e políticas. Enquanto a primeira idéia era fornecer programas para auxiliar famílias em necessidade, atualmente: "O Sistema é ativado somente após as crianças terem sido prejudicadas e colocam toda a culpa nos pais pelos problemas das crianças. Essa função protetora atinge mais duramente pais Afro-americanos, porque eles sofrem maior probabilidade de serem afligidos pela pobreza e pela discriminação institucional e serem culpados pelos seus efeitos sobre seus filhos" (Roberts 2002: 74). Nos últimos trinta anos, as mudanças no sistema foram correlacionadas com a composição racial da população a que serve: "serviços de proteção às crianças se tornaram ainda mais segregados e destrutivos. À medida que as listas do bem-estar do menor se escureceram, os serviços de preservação das famílias secaram, e a remoção das crianças tomou seu lugar" (Roberts 2002: 99). E, ainda assim, essas duras políticas não cuidam dos problemas sociais mais profundos. "Ao mesmo tempo em que [o sistema do bem-estar do menor] se intromete brutalmente em tantas famílias Negras, ele também ignora o impacto devastador da pobreza e do racismo em outras mais crianças.... O sistema do bem-estar do menor reforça o *status* inferior dos Negros pobres nos Estados Unidos, tanto destruindo as famílias que entram em seu alcance como por falhar com as famílias que não entram" (91).

Terceiro, Roberts considera que as alegações de que o sistema de bem-estar do menor não é racialmente tendencioso, porque – *sendo todas as coisas iguais* – famílias Negras sofrem uma maior probabilidade de se romperem que as famílias Brancas. Roberts argumenta que, mesmo que isso fosse verdade, "as coisas não são todas iguais" (Roberts 2002: 94), pois há, é claro, um histórico de opressão racial que sistematicamente pôs em desvantagem as famílias Negras. Se as famílias Negras compõem um número desproporcionalmente grande das famílias extremamente pobres – devido em parte a um histórico de opressão racial – e se essas famílias extremamente pobres sofrem desvantagens injustas (o que a pesquisa claramente demonstra), então o tratamento injusto dos pobres na verdade perpetua a injustiça sofrida pelas famílias Negras.

Esse ponto é importante por diversas razões. Nossa atenção no momento permanece sobre as correlações não acidentais. No caso que estamos considerando, um histórico de instituições injustas atingiu explicitamente os Afro-americanos, e essas instituições são bastante responsáveis pelo atual número desproporcionalmente alto de negros vivendo na pobreza. Políticas recentes de bem-estar do menor, entretanto, colocam em injusta desvantagem os pobres. Seria plausível alegar que famílias Negras sofrem as atuais injustiças do bem-estar do menor por causa do histórico de políticas racistas: se Negros como um grupo não tivessem sofrido injustiças históricas, não estariam sofrendo as atuais no sistema de bem-estar do menor. Eu mantenho que isso é suficiente para contar como correlação não acidental entre ser Negro e estar sujeito a políticas de bem-estar do menor que causam humilhação e impotência. O ponto é que a correlação racial ocorre não porque as pessoas que formulam e implementam as políticas tiveram a intenção de prejudicar os Negros por serem Negros, mas porque uma explanação adequada da atual desvantagem deve levar em conta o histórico de políticas injustas que foram dirigidas aos Negros.

É evidente que a análise de Robert é bastante controversa, e não tentei aqui resumir as pesquisas que a fundamentam. Mas, para nossos propósitos, não é importante se essa análise está realmente correta ou não. O ponto é esclarecer algumas das maneiras em que *poderia* haver correlações não acidentais entre a afiliação a um grupo e a injustiça. A partir dos argumentos de Roberts, podemos articular diversos fatores relevantes para a determinação de se há ou não uma correlação não acidental do tipo necessário pela definição proposta de opressão (a lista não tem a intenção de ser completa):

1. A instituição injusta I em questão dirige-se explicitamente (ou foi formulada para dirigir-se, embora não explicitamente) aos que são F?

2. A instituição injusta I permite que haja ponderação em sua aplicação, em um contexto em que há uma má compreensão e uma tendenciosidade generalizada contra os Fs?

3. O histórico da instituição *I* revela uma correlação entre o aumento na rudeza/injustiça de suas políticas e prática e a "*F*-dade" da população alvo?

4. Há um histórico de injustiça contra o grupo dos *F*s que explica como membros desse grupo são atualmente afetados pela injustiça resultante de *I*?

OS SLOGS

Entretanto, mesmo levando em conta essas considerações, ainda resta um problema.[98] Considere uma sociedade fictícia em que há um grupo de pessoas, chamemo-los os Slogs, que são realmente preguiçosos. Eles não gostam de trabalhar, e quando lhes é dada uma tarefa, são irresponsáveis a seu respeito e a realizam mal. Vamos supor também que essa preguiça dos Slogs não é resultado de uma injustiça prévia. Mais ainda, nessa sociedade apenas os Slogs são preguiçosos, e apenas os Slogs são pobres; embora os Slogs recebam ao menos o mínimo que a justiça exige, todos os outros têm uma renda mais generosa e um padrão de vida significativamente melhor. Suponha agora que a sociedade impõe uma dura política que afeta os pobres – por exemplo, negando assistência médica a quem não pode pagar por ela. Note que nessa sociedade há uma correlação não acidental entre ser preguiçoso e não receber assistência médica. Devemos dizer que os Slogs são oprimidos *por serem preguiçosos*? Esse é um caso de discriminação secundária contra os preguiçosos, ou apenas uma discriminação primária contra os pobres. Na proposta, da maneira como ela está articulada, devido à correlação não acidental entre preguiça e pobreza e entre pobreza e a negação de assistência médica, o caso satisfaria as condições para "opressão da preguiça" – ou seja, se substituirmos "preguiçoso" por *F* na condição, então parece que temos um caso de opressão de grupo dos Slogs (e Slogs individuais) *por serem preguiçosos*.

Deixe-me ser clara: a questão não é se há ou não uma opressão primária contra os pobres. Isso é pressuposto. A questão que estamos examinando não é somente quem é oprimido, mas que grupos são oprimidos *como tais*. Em nossa sociedade fictícia, os Slogs são oprimidos porque são pobres e aos pobres está sendo injustamente negada a assistência médica. Mas eles são oprimidos *por serem preguiçosos*? Poderiam os Slogs alegar que

---

[98] Meu agradecimentos a Jimmy Lenman por esse exemplo. Foi trazido à minha atenção um similar por Roxanne Fay e Ishani Maitra: se não é acidental o fato de que os astronautas são predominantes homens Brancos, então uma política injusta que dirige os astronautas pode ser suficiente para uma "correlação não acidental" entre ser um homem Branco e estar sujeito a essa injustiça. Mas, intuitivamente, esse não seria um caso de "opressão dos homens Brancos". A formulação revisada adiante evitaria isso, pois os privilégios concedidos aos homens Brancos não contam como uma opressão primária deles.

uma injustiça os atinge por serem preguiçosos? Ou somente por serem pobres?[99]

Se, como parece plausível, não quisermos permitir que esse seja um caso de "opressão da preguiça", então o exemplo ressalta que a "discriminação secundária" não ocorre em todos os casos em que alguém é sujeitado a uma injustiça devido aos efeitos de uma condição anterior, mas ocorre somente quando há uma injustiça primária à qual a atual injustiça se soma. De acordo com isso, poder-se-ia argumentar que não é uma injustiça os Slogs serem pobres, dada sua preguiça (lembre-se de que eles inicialmente recebiam o mínimo que a justiça exigia). É uma injustiça, entretanto, que agora lhes seja negada assistência médica, dada sua pobreza. A proposta que ofereci não capta essa distinção. Valendo-me do exemplo de Roberts, eis aqui o tipo de discriminação secundária que queremos captar, em contraste com o caso dos Slogs:

Negros são oprimidos, por serem Negros, pelas políticas de bem-estar do menor na cidade de Chicago, na década de 1990, porque, nesse contexto, ser pobre resulta em ter sua família injustamente separada, e ser pobre correlaciona-se de modo não acidental com ser Negro devido a uma injustiça preexistente, e as políticas de bem-estar do menor criam, perpetuam ou reforçam essa separação injusta de famílias.

Com sorte, isso capta o que queremos dizer de um modo mais geral:

(SO_2) Fs são oprimidos (por serem Fs) por uma instituição I em um contexto C se $_{df}$ em C ($R) (((ser um F correlaciona-se de modo não-acidental com estar em desvantagem; seja primariamente porque *ser um F* é injustamente desvantajoso em *C*, ou secundariamente, porque ($G) (*ser F* correlaciona-se de modo não acidental com *ser G* devido a uma injustiça pré-existente e *ser G* é injustamente desvantajoso em *C*)) e *I* cria, perpetua ou reforça *R*.)

Nessa explicação, os Negros são oprimidos tanto *por serem pobres* (primariamente) como *por serem Negros* (secundariamente), no contexto em questão. Os Slogs, entretanto, são oprimidos somente primariamente, a saber, por serem pobres.

Quarto e último, examinemos a questão: o que está envolvido em dizer que uma instituição *cria, perpetua ou reforça* uma injustiça? Ao considerar a opressão, é importante fazer três perguntas separadas:

1. A instituição causa ou *cria* uma desvantagem injusta para um grupo?
2. A instituição *perpetua* uma desvantagem injusta para um grupo?

---

[99] Embora essa questão possa parecer estar fazendo distinções mínimas (ver nota 95), é freqüentemente assunto de grave preocupação política e legal se a forma de injustiça ou um crime baseia-se em grupo ou não e, se sim, qual é o grupo relevante.

3. A instituição *amplifica* ou *exacerba* uma desvantagem injusta para um grupo?

Há uma tendência para centrar a atenção em (1) ao perguntar-se se uma instituição é opressiva ou não. Mas (2) e (3) não são menos importantes para a promoção da justiça.

Nós consideramos anteriormente como o sistema do bem-estar do menor perpetua a injustiça racial. Considere também a situação das mulheres em um contexto em que elas não recebem educação e, por isso, na maior parte, não são alfabetizadas; a política perpetuaria o sexismo, mesmo que o sexo não fosse uma base para a discriminação entre os elegíveis por votos e os não elegíveis. Isso sugere que, para que um sistema ou uma estrutura não seja racista, não deve permanecer "neutro" no que diz respeito ao impacto dos prejuízos raciais passados. Instituições tornam-se convenientemente cegas para "raça" ou "gênero" após ter sido causado um grande prejuízo que não era justo; sistemas que permanecem "neutros" em tais contextos na verdade perpetuam a injustiça (ver MacKinnon 1989, esp. cap. 12).

Em alguns casos, a "cegueira" institucional em relação a grupos mantém esses grupos em um *status quo* injusto; em outros casos, ela até exacerba o problema. Retornando a Roberts, ela argumenta que as recentes políticas de bem-estar do menor não apenas perpetuam o racismo, mas o exacerbam, por exemplo, por romper a comunidade Negra. O que está em questão são os efeitos da política, não apenas sobre indivíduos ou famílias em particular, mas sobre a comunidade Negra de modo mais geral. Então, *mesmo que* uma política não discrimine entre famílias Negras e Brancas similarmente situadas, ainda pode afetar comunidades Negras e Brancas de modo diferente. Se a comunidade Negra parte de uma situação ruim por causa do racismo passado e a política piora as coisas, então ela não apenas perpetua a injustiça, mas a amplifica. Comunidades Brancas pobres também sofrem desvantagens injustas, pois as políticas aumentam sua opressão de classe, mas há uma dimensão racial para a desvantagem que afeta Negros na condição de *um grupo racial*: ao perpetuar sistematicamente estereótipos racistas e evitar que a comunidade Negra adquira mais poder para fazer com que suas necessidades sejam atendidas, os Negros sofrem uma injustiça racial.

V. OPRESSÃO RACIAL

Dada a definição da opressão estrutural oferecida na seção anterior, podemos agora aplicá-la explicitamente a raças e grupos etno-raciais. Consideremos os *F*s como o grupo etno-racial em questão. Espero que os exemplos anteriores de opressão e o estudo de caso de Roberts tenham fornecido exemplos suficientes do que poderiam ser substitutos plausíveis para *I* e *R*.

Não tentei explicar o que significa ser oprimido de modo simples. Algumas pessoas podem querer reservar a alegação de que alguém *é oprimido* somente para os casos em que sofrem graças a estruturas opressivas substanciais e interconectadas, com base no fato de que demonstrar que uma única política oprime alguém não demonstra que ele é oprimido. Nada do que eu disse vai contra essa visão. É claro, nem todas as estruturas opressivas são igualmente prejudiciais e não deveriam ser consideradas com o mesmo grau de preocupação. Meu objetivo não tem sido analisar os usos comuns para o termo "opressão" ou legislar como o termo deveria ser usado, mas ressaltar como podemos compreender melhor a dominação estrutural de grupos.

Isso dito, é válido considerar se uma proposta para o entendimento da opressão estrutural é algo útil ao pensar a respeito da opressão de agente. Vimos anteriormente que um agente pode oprimir outro sem ter a intenção de fazê-lo. Racismo e sexismo inconscientes são comuns. Então, da mesma forma que precisamos perguntar o que "liga" estruturas injustas com um grupo para constituir uma opressão *estrutural*, precisamos perguntar o que "liga" a ação de um agente com um grupo para constituir uma opressão *de agente*, ou seja, uma injustiça racial ou sexual. Eis aqui uma aplicação direta da primeira proposta para a opressão de agente (O = opressor, V = vítima):

O oprime V por ser um F por meio de um ato A em um contexto C se $_{df}$ em C (V é um F (ou O acredita que V é um F) e (ser um F (ou se acredita que seja) correlaciona-se de modo não acidental com sofrer injustiças morais de O) e A cria, perpetua ou reforça a injustiça moral.)

Por exemplo, Oscar oprime Velma por ser mulher ao pagar-lhe menos do que sua contraparte masculina na BigCo se, na BigCo, Velma é uma mulher (ou Oscar acredita que ela seja) e ser uma mulher (ou se acreditar que é) correlaciona-se de modo não acidental com ser injustamente explorada por Oscar (isto é, o fato de Velma ser explorada explica-se, ao menos em parte, pela crença de Oscar de que ela é uma mulher), e o fato de que Oscar paga menos a Velma do que à sua contraparte masculina contribui para sua exploração. Novamente, o ponto é que essa afiliação ao grupo (ou grupos) em questão é um fator na melhor explanação da injustiça. Como anteriormente, precisaremos complicar a proposta para levar em consideração a questão da discriminação secundária no caso de agente. (Deixo isso para o leitor.)

Poder-se-ia objetar, entretanto, que a explicação que ofereci não é útil, pois, se a afiliação a um grupo é relevante para explicar uma injustiça, será sempre fonte de controvérsia. Em resumo, a explicação não nos ajuda a resolver as próprias discordâncias que tornaram necessária a formulação de uma explicação para a opressão de grupo em primeiro lugar.

Reconhecidamente, na dependência da noção de "correlação não acidental", eu herdo muitas das preocupações filosóficas a respeito dessas conexões – por exemplo, por que método devemos distinguir correlações acidentais de não acidentais? Empiricamente, elas parecerão iguais. Se a diferença entre elas repousa em condicionais, não precisamos de um método claro para avaliar as condicionais relevantes? Tal método não está facilmente disponível.

Note, entretanto, que o ponto desta discussão não tem sido oferecer um método ou critério *epistemológico* para distinguir a opressão (ou a opressão de grupo) de outros atos justos ou injustos. Em muitos casos, o julgamento de uma ação ou política como opressiva é convincente à primeira vista, e a questão é como entender o conteúdo de nosso julgamento e suas implicações. É claro que há casos controversos para os quais seria útil ter um critério claro para resolver nossas discordâncias: a ação afirmativa oprime homens Brancos? A pornografia oprime as mulheres? O aborto oprime os fetos? Entretanto, na maioria dos casos controversos, as discordâncias reais são morais/políticas – referem-se às teorias pessoais subjacentes de certo e errado, bem e mal – em vez de epistemológicas. Mesmo se as partes da controvérsia concordassem a respeito das condicionais relevantes (p. ex., se ninguém nos Estados Unidos produzisse ou consumisse pornografia, então as mulheres nesse país não seriam coagidas a realizarem atos sexuais diante das câmeras), elas ainda discordariam a respeito da conclusão moral. Já que agrupei questões morais e políticas independentes, minha discussão não pode apresentar veredictos referente a essas controvérsias. Em vez disso, minha esperança é de que eu tenha esclarecido o conteúdo de algumas alegações que são feitas e identificadas onde repousam as concordâncias e as discordâncias.

Finalmente, poder-se-ia reclamar que estou me valendo de categorias raciais ilegítimas. Se, como argumentam muitos, não existe essa coisa de raças, então com que direito as estou invocando como grupos que sofrem opressão? Argumentei em outro lugar que podemos empregar legitimamente o termo "raça" para grupos sociais racializados (Haslanger 2000). Se alguém não gosta dessa terminologia, então se pode falar, em vez disso, em "grupos racializados" no lugar de "raças"; a questão então diz respeito a "opressão baseada em grupos racializados", em vez de "opressão baseada em raça" (Blum 2002, cap. 2).

Como tudo isso ajuda a entender o racismo? A intolerância, o ódio, a inveja com certeza são coisas ruins. Concordar nesse ponto é fácil, mesmo que não esteja claro o que fazer a respeito deles. Mas, caso se evite que as pessoas ajam segundo sua intolerância, ódio e inveja –, ou que ao menos se evite que prejudiquem outros por esses motivos –, então ainda podemos viver juntos pacificamente. Não é necessário, para que vivamos juntos em paz e justiça, que nos amemos uns aos outros, ou até mesmo que nos respeitemos plenamente, mas sim que conformemos nossas ações aos princípios da justiça. Devemos preocupar-nos se alguns membros da comunidade são hipócritas ao agir de modo respeitoso para com outros sem que tenham a atitude "correta"? Evidentemente, isso seria um problema, se não se puder confiar nos hipócritas para sustentar esse comportamento respeitoso; e é plausível que o ódio e a intolerância sejam emoções que envolvam disposições para atos incorretos e injustos. Não obstante, para muitos entre os que sofrem injustiças, atitudes "particulares" não são o pior problema; a subordinação institucional sistemática é que é.

Mais ainda, o amor, certos tipos de respeito e a tolerância não são garantias para a justiça. Um momento de reflexão acerca do sexismo pode revelar isso. Para as mulheres, o amor e o respeito foram freqüentemente oferecidos como substitutos para a justiça; e, ainda assim, relações amorosas injustas são a norma, não a exceção.

A injustiça institucional persistente é uma importante fonte de prejuízo para as pessoas de cor. Evidentemente, o vício moral – a intolerância e coisas assim – também é um problema. Mas, se quisermos que o termo "racismo" capte todas as barreiras à justiça racial, eu digo que é razoável contar como "racista" não somente as atitudes e as ações dos indivíduos, mas toda a gama de práticas, instituições, políticas e coisas do tipo que, como argumentei, contam como racialmente opressivas. Tendenciosidades raciais cognitivas e emocionais não emergem do nada; ambas são produtos de uma complexa influência recíproca entre o indivíduo e o social, que foi o tema por todo este capítulo. Nossas atitudes são moldadas pelo que vemos, e o que vemos, por sua vez, depende das estruturas institucionais que moldam nossas vidas e as vidas das pessoas ao nosso redor. Por exemplo:

> *É difícil imaginar que pessoas Brancas que olhem ao redor e vejam a polícia prendendo pessoas de cor em número desproporcionalmente alto possam concluir que haja algo de errado com essa gente? Algo a ser temido e, se temido, então talvez desprezado?... É tão difícil acreditar que alguém que foi ensinado desde o berço que os Estados Unidos são um lugar em que "qualquer um pode ter sucesso, se tentar com empenho suficiente", mas que olha em volta e vê que, na verdade, não somente alguns "não tiveram sucesso", mas também que essas almas desafortunadas são desproporcionalmente pessoas de cor, possa concluir que quem está por baixo merece estar nessa posição porque não se empenhou o bastante, ou não tinha os dotes genéticos para o sucesso? (Wise 2000)*

Evidentemente, indivíduos não são meramente observadores passivos; atitudes não são inertes. Encontramo-nos em complicadas relações com estruturas coletivamente formadas e geridas que moldam nossas vidas. Estruturas assumem formas históricas específicas por causa dos indivíduos nelas inseridos; a ação individual é condicionada por múltiplas e variáveis maneiras pelo contexto social. A teoria precisa então ser sensível a essa complexidade; concentrar a atenção simplesmente em indivíduos ou estruturas não será adequado em uma análise ou uma avaliação normativa de como funcionam as sociedades.

Neste capítulo, fui especialmente cuidadosa em ressaltar o papel das estruturas na opressão para compensar o que acredito ser uma indevida ênfase em *indivíduos* e *atitudes* racistas na recente obra filosófica. Sociedades injustas cheias de pessoas bem-intencionadas podem existir e até florescer. Trabalhar para a justiça social enquanto ignoramos a injustiça estrutural é, acredito, uma receita certa para o fracasso. A batalha para pôr fim ao racismo e a outras formas de opressão deve ser travada em muitas frentes, mas, sem a devida consideração pelo poder que as estruturas têm de nos deformar – nossas atitudes, nossas relações, nós mesmos –, não podemos ter esperança de pôr um fim à opressão racial em particular, ou à dominação de grupo em geral.

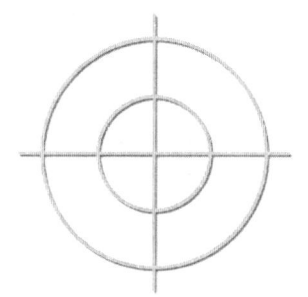

PARTE II
A PSICOLOGIA DO RACISMO

6: RACISMO COMO UMA DEFESA MANÍACA

Neil Altman e Johanna Tiemann

Neste capítulo, iremos argumentar que algumas formas de racismo são uma manifestação do que Melanie Klein originalmente chamou de defesa maníaca. Antes de falar a respeito do racismo em particular, iremos expor a natureza da defesa maníaca e a teoria da mente em que esse conceito está incluído.

Baseando-se na teoria do instinto dual de Freud (1955), Klein considerava a mente humana como constituída e organizada fundamentalmente pelo instinto da vida e o instinto da morte. O instinto da vida revela-se como sexualidade e amor, o instinto da morte, como agressão e ódio. No contexto do instinto da vida, o mundo exterior é experimentado como algo bom; no contexto do instinto da morte, o mundo exterior é experimentado como algo ruim. Desde o início da vida da criança, acreditava Klein, as operações de defesa psíquica já estão em funcionamento. Especificamente, estados avassaladores de agressão e raiva levam à projeção ou à expulsão dos sentimentos e estados mentais, na fantasia, para os outros. Assim eram constituídos, na teoria de Klein, o "bom seio" e o "mau seio". A referência a "seios", em vez de pessoas, reflete a idéia de Klein (e de Freud) de que o infante, em seus primeiros estágios, experimenta a vida em termo de processos orais ou de processos de alimentação. As pessoas não aparecem ainda como pessoas para o infante nessa explicação.[100] O mundo do jovem

---
[100.] A pesquisa da infância (Stern 1985) que demonstra que o infante discrimina pessoas a partir do nascimento pode levar à conclusão de que Klein estava simplesmente errada nesse ponto. Mas pode-se fazer uma leitura de Klein como se ela se referisse a maneiras infantis de experimentar o mundo, refletindo a avassaladora saliência do processo de alimentação, não como referência às capacidades do infante.

infante, então, pode ser imaginado como se constituindo em um bom seio, experimentado como a fonte da nutrição vital e do amor; e um mau seio, experimentado como assustador e perigoso em relação à agressão do próprio infante que foi nele projetado. Em casos em que, por razões constitucionais ou ambientais, há um excesso de ódio e agressão, o infante se sentiria em uma situação intolerável, vivendo em um mundo avassaladoramente perigoso. Essa situação levaria ao reforço e ao enrijecimento da separação do bom seio e do mau seio no interesse de preservar algum senso de bondade no mundo. Klein (1976) referiu-se a essa situação básica como a posição "paranóide-esquizóide". "Paranóide" aqui se refere ao senso de um mundo malévolo; "esquizóide" refere-se à separação do ego e do mundo-objeto em "bom" e "mau". Essa separação tem sua origem na separação primordial inerente aos hipotéticos instintos duais, que são, então, reforçados com propósitos de defesa psíquica.

Conforme o infante se desenvolve, uma segunda posição também se desenvolve, a qual Klein chamou de "posição depressiva". Essa posição envolve o reconhecimento de pessoas inteiras no sentido em que se acredita que o infante percebe que a pessoa ou as pessoas parentais são boas *e* más. Em outras palavras, o processo de perceber que o bom seio e o mau seio são o mesmo seio coincide com o reconhecimento de que há uma pessoa lá fora que às vezes é experimentada como boa e, às vezes, como má. Assim, impulsos destrutivos podem ser direcionados a um objeto amado. Essa posição é chamada de "depressiva" por causa do potencial para sentimentos de perda que acompanham os medos de destruir o objeto amado. Há também um potencial para a culpa nesse ponto, na medida em que o infante percebe que odeia a mesma pessoa que ama. Na visão kleiniana do desenvolvimento, a posição depressiva vem depois da posição paranóide-esquizóide, mas não a suplanta. No desenvolvimento normal, ambas as posições, ou estados mentais, estão disponíveis para a criança. No desenvolvimento anormal, devido a um excesso de agressividade e à necessidade de proteger um sentido de "bondade" em si mesmo e no mundo, a separação não é transcendida e a posição depressiva não é alcançada.

Thomas Ogden (1986: 67 99) acrescentou detalhes aos conceitos de Klein, apontando que a posição depressiva é "o nascimento do sujeito histórico". Ou seja, na posição depressiva, um sentido de história emerge à medida que a criança percebe que a mesma pessoa que é boa hoje foi má ontem. Na posição paranóide-esquizóide, não há história, ou a história é constantemente reescrita; a pessoa má de ontem e a pessoa boa de hoje são experimentadas como se fossem pessoas diferentes. A pessoa pode perceber, cognitivamente, que elas são a mesma pessoa, mas o conhecimento cognitivo não altera as constelações emocionais radicalmente diferentes. Na posição depressiva, a subjetividade emerge à medida que a criança percebe que, se a mãe de ontem foi boa e a mãe de hoje é má, então é a experiência que é diferente, não a pessoa. Abre-se um espaço entre o sujeito e o objeto – espaço psíquico, poder-se-ia dizer. Na posição paranóide-esquizóide, as coisas são o que são, no sentido que, para a pessoa paranóide, as pessoas *são* malévolas. Na posição depressiva, *eu* estou assustado ou raivoso, e por isso experimento as pessoas como assustadoras ou malévolas.

A defesa maníaca, na teoria de Klein, é uma defesa contra estados psíquicos dolorosos associados com a posição depressiva, incluindo a culpa, a vulnerabilidade e a dependência conseqüente de desistir da onipotência associada com a posição paranóide-esquizóide. A defesa maníaca assume a forma de um reforço da posição paranóide-esquizóide com três características principais: bloqueio do espaço psíquico (como acabamos de descrever), fantasias de onipotência e identificação projetiva. A onipotência opera a serviço da negação, no sentido que se desenvolvem fantasias que recriam (onipotentemente) a realidade; a identificação projetiva opera para livrar magicamente o "eu" de estados psíquicos indesejados, projetando-os em outras pessoas.[101] É importante notar aqui que, se a subjetividade é uma função da posição depressiva, como explica Ogden, então o esforço de evitar dor psíquica necessariamente envolve o bloqueio do espaço psíquico.

Para resumir, na perspectiva kleiniana, a mente ou a subjetividade evolui conforme os problemas envolvendo a administração do amor e do ódio sejam negociados pela criança em desenvolvimento. Complicações envolvendo essa administração afetam de modo crucial a forma assumida pela experiência subjetiva da pessoa. A defesa maníaca é uma dessas formas que, como agora buscaremos demonstrar, predispõe o racismo como uma forma de afastar estados psíquicos intoleráveis.

I. DEFESA MANÍACA

O racismo envolve a atribuição de características negativas a pessoas com base em sua designação a grupos raciais baseados em critérios pseudo genéticos.[102] O racismo pode ser mais ou menos consciente e mais

---

[101.] O conceito de identificação projetiva evoluiu consideravelmente no pensamento kleiniano contemporâneo. Enquanto Melanie Klein pensava a identificação projetiva como envolvendo um *fantasia* de livrar o "eu" de uma certa característica psíquica – por exemplo, a agressão – ao colocá-la sobre outra pessoa, teóricos mais recentes (Bion 1961, Racker 1968) enfatizaram que o projetor pode induzir a característica projetada em outra pessoa para realizar a projeção. Por exemplo, a pessoa que tem uma preconcepção de outra como malévola pode agir de um modo hostil para induzir hostilidade na outra pessoa. Mais ainda, a segunda pessoa pode se identificar com a projeção, de modo que vem a experimentar ela mesma como a fonte da malevolência, por exemplo. Em resumo, o que era originalmente considerado um fenômeno intra psíquico obteve uma dimensão interpessoal nas elaborações recentes. Esse conceito atualizado de identificação projetiva se tornará um conceito-chave mais adiante, conforme buscamos uma base psicológica para o racismo no modo como as raças são social e psiquicamente construídas.

[102.] Grupos raciais, é claro, realmente adquirem uma realidade sociocultural e histórica, na medida em que as pessoas identificam a si mesmas e outros com eles, erigindo culturas e comunidades com tradições distintas.

ou menos rígido e não modificável por experiência. O racista intratável tem certeza de que os "negros", ou "brancos", ou "asiáticos" são desse ou daquele jeito. Sua crença é consciente, não uma questão de conflito psíquico, e é consistente com sua visão geral do mundo. Em outros casos, o racismo é mais uma questão de percepções conscientes ou inconscientes sobre pessoas baseadas em categorias raciais que podem estar sujeitas a modificações quando se tornam conscientes ou por experiências que não se encaixam na preconcepção. O racismo pode ser um grupo ou fenômeno social, quando sociedades ou grupos sociais inteiros partilham de estereótipos, preconceitos ou preconcepções comuns a respeito de pessoas com base na "raça".[103] Há uma interação entre estereótipos raciais socialmente produzidos e transmitidos, que são internalizados por indivíduos como parte do processo de socialização, e a dinâmica psicológica que produz esses estereótipos e reforça sua adoção de um modo rígido e penetrante. Neste capítulo, centraremos nossa atenção nessa dinâmica psicológica, ao mesmo tempo em que reconhecemos que há dinâmicas sociais distintas que produzem e reforçam o racismo também. Por exemplo, Joel Kovel (2000) considera que os sistemas econômicos capitalistas produzem e reforçam o racismo como uma maneira de assegurar que sempre haverá uma reserva de trabalhadores subassalariados. Se se adota exclusivamente esse ponto de vista, racistas individuais são produzidos por sua sociedade; a dinâmica psicológica de seu racismo é meramente programada pelo processo de socialização. Em uma explicação igualmente unilateral, pode-se postular que os estereótipos racistas são unicamente uma função de dinâmicas psicológicas, tais como a necessidade defensiva de projetar características psicológicas nocivas em outros. Na nossa perspectiva, precisamos deixar espaço tanto para fatores sociais como individuais interagirem; mais ainda, entretanto, iremos propor que os processos psicológicos, tais como a defesa maníaca, podem operar em paralelo tanto no nível individual *como* no grupal. Assim, estamos concebendo aqui processos mentais no nível individual e grupal, mentes *grupais*, por assim dizer, assim como mentes individuais com dinâmicas que podem ser caracterizadas em termos similares.

No contexto norte-americano em que vivemos e com que estamos mais familiarizados, o racismo inicia-se com os colonizadores europeus realizando "limpezas étnicas" dos nativos americanos de seus assentamentos no Novo Mundo. Em um nível, o que ocorreu foi uma invasão e conquista, como ocorre inúmeras vezes ao longo da história humana; nesse caso, entretanto, os habitantes nativos do Novo Mundo não foram meramente

---

[103.] Colocamos "raça" entre aspas aqui porque está bem estabelecido que raça é inteiramente uma construção social, sem nenhuma base genética válida. Usaremos essas aspas quando nos referirmos à construção racista de "raça" como sendo geneticamente baseada. Não usaremos as aspas quando nos referirmos à raça, mais apropriadamente, como sendo uma construção social.

conquistados, mas removidos de sua terra e segregados em reservas. A justificativa para isso foi racista. Ou seja, os colonizadores europeus, considerando-se mais avançados cultural e economicamente, sentiram-se no direito de se livrarem dos "primitivos" nativos. A doutrina do "destino manifesto"* refletia essa crença de que os euro-americanos, por virtude de sua cultura superior, estavam destinados a expandir seu domínio.

A escravização dos africanos obviamente teve uma função, fornecer mão-de-obra grátis para a economia agrícola do sul do que seriam os Estados Unidos. Estereótipos formados nessa época a respeito das pessoas de origem africana persistiram além da libertação dos escravos e continuam a ser uma força poderosa na psique norte-americana até hoje:** que os afro-americanos são menos inteligentes que os euro-americanos, mais sexuais, mais preguiçosos, mais inclinados ao crime e assim por diante. O racismo freqüentemente resultou da preocupação dos brancos com a sexualidade dos homens afro-americanos, levando a milhares de linchamentos de negros que eram acusados de estuprar mulheres brancas. Embora houvesse, até que em 1967 a Suprema Corte norte-americana as declarasse inconstitucionais, leis que proibissem o casamento entre negros e brancos em 16 Estados, o objetivo primário parece não ter sido prevenir a miscigenação, já que homens brancos rotineiramente estupravam e engravidavam mulheres negras impunemente. Em vez disso, o objetivo parece ter sido evitar que homens negros se acasalassem com mulheres brancas. Houve avanços legais nos últimos anos nos Estados Unidos em termos de direitos eleitorais e um fim da segregação legalizada nas escolas, nos empregos, na habitação. Entretanto, como demonstraram as eleições de 2000 nos Estados Unidos, os negros podem ainda estar sendo impedidos de exercer seu direito ao voto, vizinhanças continuam a ser segregadas na prática, importantes disparidades econômicas perduram entre negros e brancos, a "elaboração de perfil segundo a raça" e o aprisionamento seletivo de negros persistem na imposição da lei.[104] À medida que mais afro-americanos conquistaram o *status* de classe-média e classe-média alta, alguns dos estereótipos prejudiciais passaram a ser aplicados seletivamente a negros de *status* socioeconômico inferior, como na caracterização dos beneficiários da assistência social como preguiçosos. Tais estereótipos levaram à "reforma" da assistência social, ou seja, o estabelecimento de limites absolutos de quanto tempo as pessoas podem permanecer sob os seus auspícios durante sua vida, independentemente de sua situação pessoal. Alguns dos ataques

---

* N. T.: Ideologia que defendia ser o destino do homem branco colonizar, civilizar e desenvolver o continente americano selvagem.
** N. T.: E na brasileira também.
[104.] Segundo Kupers (1999: 94), mais de 30% dos homens afro-americanos entre as idades de 25 e 39 estavam sob supervisão da justiça criminal em 1994, e esse número sobe para 42% dos homens afro-americanos entre 18 e 35 em Washington, capital, e 56% em Baltimore.

contra-ação afirmativa nos Estados Unidos baseiam-se na negação de que o racismo persiste nesse país.

II. DINÂMICA PSICOLÓGICA DO RACISMO NORTE-AMERICANO

Com o contexto histórico e socioeconômico para o racismo norte-americano em mente, podemos agora proceder para a consideração de algumas das dinâmicas psicológicas desse fenômeno. Iremos postular três processos básicos: *identificação projetiva, intolerância à culpa* associada com o bloqueio do espaço psíquico e *negação da vulnerabilidade humana*, ou onipotência. O leitor os reconhecerá como também as características básicas da defesa maníaca, como esboçadas anteriormente.

Como notado anteriormente, o conceito de identificação projetiva passou por uma evolução no pensamento kleiniano. A própria Melanie Klein pensava o processo como ocorrendo no nível da fantasia, uma fantasia de expulsão das partes indesejadas do "eu" em outra pessoa, ou, mais apropriadamente, em uma imagem interna de outra pessoa, enquanto a identificação inconsciente com o aspecto negado do "eu" permanecia. Teóricos posteriores, em especial Thomas Ogden (1986), Heinrich Racker (1968) e Wilfred Bion (1961), expandiram ou "interpersonalizaram" o conceito, de modo a permitir o fato de que a fantasia de identificação projetiva faz surgirem comportamentos que têm um impacto real nas pessoas no mundo, induzindo-as a comportarem-se de maneiras que o projetor já esperava. O receptor da projeção, por sua vez, pode identificar-se com o que está sendo projetado sobre ou, atualmente, dentro dele. Se você pretende negar a agressão em sim mesmo e insiste em vê-la em mim, você irá se comportar em relação a mim com medo e agressão preventiva, como se eu fosse agressivo e perigoso.[105] Já eu, por minha vez, vendo a mim mesmo como agressivo e perigoso a seus olhos, posso me identificar com essa imagem, dada minha própria propensão a experimentar a mim mesmo como agressivo ou a temer a agressão em mim mesmo. Eu experimento sua agressão contra mim, que você experimenta como preventiva, como espontânea de minha parte, e posso reagir com minha própria resposta hostil, que você experimentará como uma confirmação de sua preconcepção original a meu respeito, enquanto eu a experimento como tendo sido induzida por você. Essa dinâmica comodamente caracteriza interações e estereótipos racistas, principalmente com projeções de sexo, agressão, exploração e preguiça por pessoas brancas

---

[105.] É típico da identificação projetiva o fato de que a própria característica negada (p. ex.: a agressão) manifesta-se no fim pelo projetor, mas é agora experimentada como se fosse uma reação à agressão da *outra* pessoa. Assim sendo, o senso da agressão como sendo gerada no "eu" se perde, e a agressão pode ser expressa sem conflitos.

sobre pessoas negras. A imagem estereotipada de homens negros violentos, criminosos, sexualmente predatórios, é o resultado final desse processo. Considere como a violência envolvida em arrancar à força alguém de sua casa, sua família e sua cultura e escravizá-lo se transformou na imagem do negro violento. Ou considere como o uso sexual rotineiro de mulheres negras para a educação sexual ou prazer dos homens brancos se transformou na imagem do homem negro sexualmente predatório. Esses processos, é claro, prosseguem ainda hoje. Podem ser encontrados, por exemplo, no estereótipo do homem negro violentamente criminoso, habitante do gueto que resulta na "elaboração de perfil de segunda raça" e o encarceramento desproporcional de homens negros, enquanto a sociedade branca se faz de cega à brutalidade da polícia branca no gueto. Podem ser encontrados no foco, no Congresso dos EUA, sobre a "rainha da assistência social" negra e exploradora que precisa ser disciplinada com o corte de seu acesso à assistência social, enquanto a assistência corporativa – o subsídio, por meio de isenções de impostos, dos norte-americanos mais ricos – prossegue a passos rápidos. Há, é claro, muita violência, exploração, etc. nos guetos norte-americanos. O ponto não é negar que esses fenômenos existam, mas sim observar que norte-americanos brancos racistas os experimentam como inerentes ao povo negro, enquanto negam que também podem ser encontrados em brancos e que, em qualquer caso, eles podem ser induzidos por práticas habitacionais e empregatícias discriminatórias, por exemplo. Negros podem também se identificar com as imagens negativas de si mesmos que vêem na mídia e, de modo mais geral, nos olhos dos brancos, perpetuando ainda mais o círculo vicioso.

Para pessoas com um certo desenvolvimento de "posição depressiva", como descrito anteriormente, a consciência de como os negros foram, e são, maltratados pelos brancos e pela sociedade branca pode provocar sentimentos de culpa. De fato, liberais brancos são famosamente descritos como "culpados". A implicação desdenhosa de "culpa liberal branca", entretanto, reflete o modo como essa forma de culpa é na verdade vista como uma forma fácil de *evitar* a culpa, uma *fuga*. Liberais brancos que se sentem culpados, nessa explicação, podem muito facilmente se retratar como racialmente esclarecidos. Na visão kleiniana, a culpa é um reconhecimento extremamente doloroso da destrutibilidade que está profundamente enraizada e é predominantemente inconsciente. Atitudes bem-intencionadas conscientes mal arranham a superfície desse ponto de vista. Na visão kleiniana, a culpa depressiva, quando pode ser suportada, leva a ações realmente reparadoras, em oposição a palavras vazias. A natureza de ações realmente reparadoras, no que se refere ao racismo norte-americano, é uma questão absolutamente fundamental, mas está além do escopo deste capítulo em particular.

O liberal branco, então, manifesta uma forma de fuga que reflete o senso de culpa, que precisa ser rapidamente cancelado por um senso de superioridade que nega a destrutibilidade presente e em andamento. Em alguns casos, a experiência da culpa é seletiva, de modo que se experimenta culpa somente em relação a pessoas com quem se identifica. A interação com membros do grupo "não-eu" está associada com um estado mental em que a culpa é isolada ou obstruída. Para aqueles com um menor desenvolvimento da tolerância da posição depressiva para a culpa, a fuga da culpa pode tomar a forma de um apego rígido à projeção da destrutibilidade sobre o outro, de modo a bloquear qualquer possibilidade de consciência do dano que se cometeu ou se está cometendo. Culpar outras pessoas serve para exonerar a si mesmo; a ameaça constante de que o "eu" poderia ser implicado cria a necessidade de renovar continuamente a denúncia do outro. Eis aqui uma poderosa fonte da intratabilidade do racismo nos Estados Unidos e em outros lugares. Essa necessidade de bloquear o potencial para culpa via contínua demonstração da maldade do outro precisa ser distinguida do sadismo, que se caracteriza pela destrutibilidade exultante e excitada vista em algumas fotos de linchamentos nos Estados Unidos e em outros lugares.

É importante reconhecer que, na perspectiva kleiniana, o espaço em que se experimenta a culpa é quase equivalente ao espaço mental *per se*. Como a emergência da subjetividade pessoal está intimamente ligada ao processo pelo qual as pessoas são reconhecidas simultaneamente como boas e más, uma rígida separação do bom e do mal mina o desenvolvimento de um senso de criação ativa da experiência pessoal. Em outros termos, a percepção de que a mesma pessoa é experimentada de modos diferentes (às vezes bom, às vezes mau) está associada com o reconhecimento que está implicado em sua própria experiência. A culpa, que em algumas pessoas precisa ser afastada a todo custo, está associada com o senso de produção da própria experiência em um certo grau. Na posição paranóide-esquizóide, as coisas são o que são, sem a mediação de um sujeito experiente; pessoas boas são apenas boas; pessoas más são apenas más; se alguém tem um impulso destrutivo em relação a uma pessoa má, esse impulso é completamente justificado pela malvadeza da outra pessoa. Essa pessoa não se sente implicada na "malvadeza" associada com os ataques destrutivos recíprocos resultantes.

Associado com o bloqueio do espaço psíquico e um uso excessivo de identificação projetiva está o fracasso em desenvolver uma teoria adequada da mente. Como notamos anteriormente, um senso de ter uma mente própria, ou subjetividade, depende da obtenção da posição depressiva. O reconhecimento de que os outros têm *suas* mentes próprias depende do reconhecimento da separação deles de seu próprio senso de identidade. Uma dependência muito grande da identificação projetiva como meio de defesa significa que, quando se olha para outra pessoa, vê-se o seu próprio "eu" negado, o "não-eu", para usar um termo de Stack Sullivan (1953). A defesa maníaca, então, bloqueia o desenvolvimento da "teoria da mente" (Baron-Cohen 1995) no sentido em que uma teoria da mente depende de se ter um senso da outra pessoa como tendo uma mente *independentemente gerada*. Sem uma teoria adequada da mente, outras pessoas parecem objetos, sem pensamentos, sentimentos e um senso de identidade, de "eu", como o seu próprio. Nessa linha, Donald Moss (2001) ressalta que, na mente racista, as pessoas são tratadas como "transparentes", como "objetos de percepção" – não como pessoas separadas com mentes próprias, cujo reconhecimento as deixaria até certo grau "opacas" e conhecíveis somente por meio de um ato de imaginação e identificação. O fracasso em identificar-se com outras pessoas torna possível explorar e agir violentamente contra elas (Fonagy e Target 1998), sem as inibições culposas que surgiriam se se refletisse com empatia a respeito de seus sentimentos.

Finalmente, o racismo serve ao esforço de manter afastado o senso de vulnerabilidade, dependência e limitação humana. Considere nessa conexão o argumento de Toni Morrison de que a escravidão ajudou os norte-americanos brancos a sentirem-se livres. Morrison (1993) ressalta que os primeiros imigrantes europeus vieram para a América do Norte em busca de liberdade: liberdade da opressão religiosa, liberdade das rígidas estruturas de classe, liberdade para começar uma vida nova. Uma vez lá, entretanto, esses imigrantes depararam-se com um conjunto todo novo de restrições à sua liberdade: a presença dos nativos americanos que reivindicavam a posse da terra, a necessidade de limpar o terreno das florestas antes de cultivá-las, etc. Diante das restrições inerentes à vida humana, esses imigrantes podiam buscar um senso de liberdade, ilusório em um aspecto fundamental, no contraste com os negros escravizados. O racismo envolve tanto a criação de uma diferença concreta entre as pessoas "livres"e as escravizadas como a exploração imaginativa dessa diferença para intensificar o senso de liberdade do grupo privilegiado pela não-escravidão.

Ou, seguindo uma linha similar, considere o argumento de James Baldwin de que os privilégios dos brancos refletem um desejo de evitar um senso de privação e risco que, novamente, é inerente à vida humana (Baldwin 1967). Privação, doença e morte, é claro, fazem parte da condição humana. Ao criar condições em que um grupo está sujeito a um *excesso* de provação, doença e morte, o grupo privilegiado produz para si mesmo um senso ilusório de invulnerabilidade. Baldwin argumenta que, ao buscar uma ilusão de invulnerabilidade por meio de privilégios socialmente estruturados, a psique dos euro-americanos se empobrece, pois o senso de se estar realmente vivo envolve a aceitação do risco e da vulnerabilidade.

Nos Estados Unidos contemporâneos, o esforço para manter afastado o senso de vulnerabilidade e limitação é possivelmente mais bem retratado na segregação social dos pobres, tipicamente pessoas "de cor", mas incluindo pobres brancos também. Seguindo o raciocínio de Toni Morrison, é como se os que não moram em guetos imaginassem que, por contraste com a extrema vulnerabilidade e privação dos que habitam em guetos, suas vidas são privilegiadas e não restringidas. O sonho americano como é retratado em imagens de propagandas, por exemplo, realmente passa a esperança de beleza, juventude, conforto e liberdade por meio da posse e do consumo. A cultura consumista alimenta-se da impossibilidade dessas esperanças; quanto mais as pessoas percebem que a vida boa escapa por entre seus dedos, mais elas se sentem compelidas a comprar. O sonho americano é como uma cenoura para um cavalo, que nunca pára de se afastar. A presença de um grupo evidentemente miserável e desprivilegiado de pessoas em nossa sociedade torna possível para o restante de nós evitar a consciência de que o sonho americano é fundamentalmente ilusório para todos nós. Poder-se-ia dizer que esses processos refletem outra forma de identificação projetiva: neste caso, o repúdio e a projeção de vulnerabilidade e limitação sobre os pobres sofredores. Uma vez mais, o espaço psíquico do racista branco se empobrece à medida que se realiza um esforço inconsciente para bloquear, em vez de refletir a respeito da experiência da condição humana com toda sua dor e sofrimento junto com a alegria e transcendência. Nesse ínterim, as pessoas nos guetos dos Estados Unidos sofrem, enquanto o grosso da sociedade olha para o outro lado.

Em resumo, de uma perspectiva kleiniana, como desenvolvida por Ogden, a administração da destrutibilidade e do sentimento de culpa está no coração do desenvolvimento da própria mente. Para ter certeza, a auto-reflexão, ou o que Peter Fonagy e Mary Target (1998) chamam de processo de "mentalização", depende de um amadurecimento cognitivo; mas a capacidade cognitiva é uma ferramenta necessária que pode ou não ser posta em uso. Na visão kleiniana, a descoberta de que a mesma pessoa, ela mesma ou outra, pode ser boa *e* má é um momento crítico na emergência da mente e da criatividade – ou seja, na consciência de que a perspectiva ou o estado mental de alguém é um elemento crucial no modo como as pessoas são percebidas e experimentadas – que participa da criação do mundo em que se vive. Em outras palavras, ter uma mente, ser um agente ativo na criação e construção de seu mundo, torna alguém um ente *responsável* e, por isso, sujeito à culpa. A intolerância à culpa, e a defesa maníaca a ela associada, frustra o momento de auto-reflexão e responsabilidade e bloqueia a emergência da mente. O racismo, junto com o sexismo, o anti-semitismo e a homofobia é prototípico do processo defensivo que, simultaneamente, restringe o desenvolvimento mental e sustenta a violência e a injustiça no nível social.

III. WILLIAM PIERCE E A ALIANÇA NACIONAL

Uma das doutrinas mais extremistas de racismo é a defendida pela Aliança Nacional, o grupo supremacista branco mais notório por sua associação com o ataque à bomba do prédio federal em Oklahoma City, em

1995. Considerou-se que Timothy McVeigh, que foi executado por perpetrar o ataque, tenha modelado seu plano segundo um segmento de *O Diário de Turner*, um romance a respeito de uma revolução branca escrito por William Pierce,[106] a força intelectual por trás da Aliança Nacional. *O Diário de Turner* é um relato fantasioso da participação do personagem fictício Earl Turner em uma derrubada violenta de um governo dos Estados Unidos dominado por judeus, a aniquilação global dos judeus e de não brancos, e a fundação de um planeta exclusivamente branco.

Enquanto a Aliança Nacional, falando por meio de *O Diário de Turner*, defende o extermínio de todos que não fazem parte de seu grupo – incluindo brancos que não partilham de sua ideologia –, o povo judeu é identificado como seu principal inimigo. Na mente dos membros da Aliança Nacional, os judeus buscam a dominação mundial e, para esse fim, conspiram para alijar o espírito branco impondo valores materialistas e idéias liberais que impedem que o homem branco alcance seu destino natural. Em *O Diário de Turner*, os judeus foram bem-sucedidos em sua brutal subjugação dos gentios; conforme escreve Pierce, "permitimos que uma minoria estrangeira e diabolicamente sagaz acorrentasse nossas almas e mentes" (Macdonald 1996: 33). O governo e a mídia "controlados por judeus" servem como veículos para a sedução e lavagem cerebral, instilando "valores de TV" decadentes e liberais ao defender "uma visão de mundo essencialmente feminina e submissa" (42). No romance, o ato quintessencial de castração do homem branco é a promulgação do Ato Cohen, que proíbe a posse de armas de fogo. Deixados indefesos, os brancos são então submetidos a constantes ataques das minorias selvagens.[107]

Os "Princípios Gerais" na Aliança Nacional descrevem seus fundadores como "objetivistas" que baseiam seu reconhecimento da superioridade branca em fatos científicos comprovados. Ao fazê-lo, os autores moldam sua própria versão da teoria evolucionária que se encaixa em suas crenças, raciocinando que os brancos são a espécie humana mais evoluída porque a raça se desenvolveu nas zonas temperadas, onde as condições climáticas extremas exigiam uma forte capacidade de planejamento, habilidade para solucionar problemas e a capacidade de postergar a gratificação. Em contraste, as raças que se desenvolveram em climas mais amenos e consistentes não precisaram desenvolver funções mentais mais elevadas ou a

---

[106] Pierce escreveu *O Diário de Turner* usando o pseudônimo de Andrew Macdonald. Ele usou esse pseudônimo para criar a ilusão de que havia mais autores envolvidos em escrever para as publicações da Aliança Nacional. "Não quis que os leitores pensassem que eu era uma banda de um homem só", disse ele (Blythe 2000).

[107] Pode-se ver aqui o modo como as características psíquicas negadas podem ter significado, simultaneamente, em termos estereotipados de gênero, assim como de raça. Em outros casos, aquilo que é negado pela mente racista pode ter significado em termos estereotipados de classes sociais, assim como de raça.

capacidade da autocontenção, sendo portanto menos capazes de erigir e sustentar uma sociedade civilizada. A Aliança Nacional impõe que todos os brancos não judeus juntem-se à sua causa, reconheçam o perigo que está envolvido na submissão a valores não brancos e "ajudem a natureza na tarefa da evolução". Com a trama de *O Diário de Turner* em mente, podemos inferir com segurança que essa evolução envolve revoltas violentas e genocídio, ostensivamente para proteger a raça branca da erradicação por parte de seus inimigos e, portanto, assegurar o avanço da espécie humana. O chamado às armas de Pierce em *O Diário de Turner* é apaixonado: "Se falharmos, o grande Experimento de Deus chegará ao fim, e esse planeta irá novamente, como o fez há milhões de anos, vagar pelo éter desprovido do homem superior" (Macdonald 1996: 35). Dificilmente poderia haver um exemplo mais dramático do pensamento polarizado característico da posição paranóide-esquizóide e da defesa maníaca, de como a integração de características psíquicas pode ser experimentada como algo intolerável. Nesse caso, a atividade e a passividade, a dominância e a submissão são vistas como duas coisas que não podem de forma alguma ser integradas. Na medida em que as "raças" são identificadas com essas polaridades, elas também devem ser mantidas totalmente separadas, ou um dos pólos precisa ser violentamente extirpado.

Moss (2001) escreve a respeito dos ódios padronizados que constroem e se dirigem aos objetos do racismo. Esses ódios existem como se fossem parte do inconsciente coletivo de nossa sociedade, como tantos fatos de conhecimento geral a serem invocados conforme necessário para aliviar conflitos intra psíquicos insuportáveis. Dado esse recurso, poderíamos nos perguntar por que os filósofos da Aliança Nacional se incomodariam em invocar – não importa o quão superficialmente – o nome da ciência para justificar sua causa. Esse uso das teorias evolucionárias parece ter vários objetivos. Tendo desenvolvido uma taxonomia das espécies humanas que coloca os brancos no topo do desenvolvimento evolucionário, os autores dos "Princípios Gerais" articulam uma rígida hierarquia que facilita a desidentificação. A ciência prova a inferioridade e a animosidade dos não brancos; ela transforma uma crença em uma verdade incontestável. Mais ainda, a depreciação da subjetividade e a glorificação da objetividade simulam um compromisso com o pensamento racional e a capacidade intelectual, o que é consistente com as exposições dos autores da superioridade branca. Mais importante, a ciência fornece aos membros da Aliança Nacional uma sensação de que se identificam com um grupo que não é apenas valente e forte, mas também inteligente e refinado.

Na realidade, essa postura pseudocientífica frustra o uso de faculdades mentais mais complexas, aproveitando-se da ilusão de que somente o que está incluso no reino da percepção pode ser verdadeiro. No linguajar de Moss, esse bloqueio da dimensionalidade total do pensamento nos permite considerar as pessoas transparentes, ou seja, instantaneamente conhecíveis graças a um conceito pré-formulado. Quando os outros são considerados transparentes, o pensamento é suplantado por operações relativamente toscas de percepção; supostas características ditam o conhecer. No caso de *O Diário de Turner*, os negros representam a estupidez, a violência, o estupro e o canibalismo; os brancos representam a inteligência, a astúcia, a vitimização e o potencial para a grandeza. Essas características, erigidas exclusivamente a partir de processos mentais, adquirem uma aura de verdade sólida e objetiva fundamentada na realidade física. Os judeus brancos são possivelmente odiados ainda mais porque sua "brancura" interfere com o código dos tons de pele. Faculdades mentais além da percepção precisam ser empregadas para determinar o que se esconde sob a pele, ameaçando o envolvimento de um tipo mais subjetivo. Na experiência dos supremacistas brancos, a dúvida causada pela cor da pele só faz os judeus serem mais enganadores, astutos e sedutores.

O combustível para o mecanismo de desidentificação parece ser um senso de vitimização por parte dos membros da Aliança Nacional. Podemos apenas especular a respeito de como os membros individuais vieram a ver o mundo como perseguidor; o que está claro é que o racismo organizou o pensamento deles e esclareceu quais são as linhas de batalha. Diversos membros da Aliança Nacional que foram entrevistados falaram como se sentissem vítimas de uma sociedade pró-integração, explicando sua decisão de afiliar-se à Aliança Nacional com declarações como: " Cansei-me de ficar só assistindo o que estava sendo feito ao nosso povo e à América" e "Quero ser um martelo em vez de uma bigorna". Antes de sua execução, McVeigh fez dieta em uma tentativa de parecer "magro e abatido – como uma vítima do holocausto – quando o amarraram para morrer" (Bragg 2001), aparentemente para capitalizar essa imagem de vitimização. Cenas de *O Diário de Turner*, em que brancos que sofreram lavagem cerebral são mostrados como considerando o racismo errado em vez de necessário, dramatizam sua experiência de perseguição. Minorias revertem para sua natureza feral, e os brancos que são submetidos a seus impulsos violentos não têm permissão da lei ou de suas consciências para reagirem por medo de serem considerados racistas. Pierce escreve: "Hoje em dia, gangues de brutamontes negros se reúnem em estacionamentos... à espera de qualquer garota branca atraente não acompanhada, sabendo que a punição... é extremamente improvável.... Estupros por gangues em classes de escolas se tornaram um esporte novo particularmente popular. Algumas mulheres brancas particularmente liberais podem achar que essa situação fornece uma certa quantidade de satisfação para seu masoquismo, uma maneira de expiar seus sentimentos de 'culpa' racial" (Macdonald 1996: 58). E então, quando começa a revolução, Earl Turner escreve: "Estou me regozijando. Finalmente agimos" (1). Em sua exuberante renúncia a essa postura passiva, ele arranjou algo melhor; agora define a si mesmo como um soldado no exército dos poderosos e justos, em vez de um homem feminizado "mole, auto-indulgente, descuidado e confuso" que merece a violação e a escravidão. Ele e seus camaradas substituíram a impotência e a dor da vitimização pela poderosa clareza do ódio bem definido.

E quanto à culpa? Há alguma evidência de remorso a respeito do papel de Pierce na depreciação e no massacre da vida humana? Conforme vamos lendo *O Diário de Turner*, somos atingidos por uma tétrica ausência desses sentimentos e pela estigmatização da "culpa liberal" como um sintoma da corrupção do espírito branco. Alerta-se repetidamente os brancos contra a aceitação da propaganda anti-racista e exige-se que renunciem à compaixão por aqueles que devem ser destruídos para assegurar a sobrevivência e a proliferação da raça branca. Podemos esperar que essa desidentificação, como disse Moss, possibilitaria a supressão do sentimento de culpa, mas somente esse mecanismo não explicaria sua completa ausência.

Como a discussão anterior da perspectiva kleiniana explicou, essa incapacidade de identificar-se com o sofrimento daqueles a quem se prejudica e condenar sem remorsos é uma manifestação da posição paranóide-esquizóide. A ausência de compaixão surge da convicção de que o mundo-objeto é rígido e eternamente dividido entre aliados bons e inimigos maus. O deslocamento para a posição depressiva, que pede por uma visão integrada do mundo-objeto, representa uma ameaça de aniquilação quando se acredita que o mal seja tão poderoso que supere o bem. Transportado para o nível macrocósmico, esse tipo de pensamento faz a integração das raças parecer equivalente à aniquilação da raça boa (a branca). A única alternativa então parece ser a aniquilação da raça ruim (a judia/negra). Ao mesmo tempo, uma inabalável crença de que os outros são inerentemente bons ou maus evita o envolvimento subjetivo com eles. Na verdade, esse envolvimento, que implica uma teoria da mente, é incongruente com essa organização psíquica. Os outros são vistos somente como a incorporação de estereótipos que não possuem uma dimensão pessoal; eles são somente semi-existentes, e, em certo sentido, já estão mortos.

Dentro do contexto de seu racismo, a evidência mais clara da dependência de Pierce em sua organização de experiência é sua reação à ameaça de integração e miscigenação racial. Sua fantasia em *O Diário de Turner* é que todas os filhos de casais inter-raciais sejam brutalmente destruídos e que todos os brancos que participarem de relações íntimas com não-brancos e judeus sejam executados publicamente. Nos dias que se seguem ao sucesso da revolução, Earl Turner escreve:

> *Hoje foi o Dia da Corda – um dia amargo e sangrento... para dezenas de milhares de postes, traves e árvores por toda essa vasta área metropolitana dos quais pendem essas formas medonhas....*
>
> *... em praticamente toda esquina por que passei esta tarde em meu caminho para o QG havia um corpo dependurado... cada um com um cartaz idêntico*

ao redor de seu pescoço com os dizeres: "Eu traí minha raça". Há muitos milhares de corpos de mulheres dependurados como esses nesta cidade, esta noite, todos com cartazes idênticos em seus pescoços. Elas são as mulheres brancas que eram casadas ou que viviam com negros, judeus ou outros homens não brancos. (Macdonald 1996: 160-61)

Na mente de Pierce, esses brancos que "conspurcaram" a raça branca merecem a punição mais dura de todas, porque personificam a união dos dois pólos ativos, o bom (branco) e o mau (o negro), que Pierce precisa, para o bem de sua própria estabilidade psíquica, manter para sempre separados.

Na tarde anterior ao ataque de Earl Turner ao prédio do FBI – e é este o ataque que McVeigh imitou –, ele rumina a respeito dos povos não brancos e judeu:

Por que não nos rebelamos 35 anos atrás, quando eles tomaram nossas escolas de nós e começaram a convertê-las em selvas racialmente misturadas? Por que não os expulsamos todos do país há cinquenta anos, em vez de deixar que nos usassem como bucha de canhão em sua guerra para subjugar a Europa? Por que não nos erguemos em justa fúria e arrastamos esses estrangeiros arrogantes para as ruas e cortamos suas gargantas naquela época? Por que não os tostamos em fogueiras em todas as esquinas da América? Por que não pusemos um ponto final nesse clã insolente e eternamente folgado e espaçoso, essa pestilência dos esgotos do leste, em vez de mansamente nos permitir sermos desarmados?

... Se a Organização falhar em sua tarefa agora, tudo estará perdido – nossa história, nossa herança, todo o sangue e os sacrifícios e o empenho ascendente de incontáveis milhares de anos. O Inimigo contra quem lutamos tem toda a intenção de destruir a base racial de nossa existência. Nenhuma justificativa para nosso fracasso terá qualquer significado, pois haverá apenas uma gigantesca horda de indiferentes zumbis mulatos para ouvi-la. (Macdonald 1996: 34)

Quando o ataque está concluído, Turner escreve:

Ontem, o dia inteiro, e quase o dia inteiro hoje, assistimos à cobertura da TV das equipes de resgate removendo os mortos e feridos do prédio.

É um fardo pesado de responsabilidade para nós carregarmos, já que a maioria das vítimas de nossa bomba não estava mais comprometida com a filosofia doentia ou com os objetivos racialmente destrutivos do Sistema do que nós. Mas não há maneira nenhuma de destruirmos o Sistema sem ferir muitos milhares de inocentes – maneira nenhuma... estamos todos completamente convencidos de que o que fizemos é completamente justificado. (42)

Nessa passagem, o autor tenta-nos ao mostrar-nos um Earl Turner mais sensível, que parece ser capaz de remorso. Estamos, talvez, ansiosos para ver sua humanidade, mesmo que por um breve momento. Podemos ser seduzidos pela possibilidade de que esse homem não seja tão impiedoso quanto podem sugerir suas ações; que ele tem realmente dimensão. A sugestão de que mesmo um homem capaz de bondade possa ser capaz de assassinar por princípios é mais palatável que a idéia de assassinatos a sangue-frio. Entretanto, após ler infindáveis cenas de assassinato exultante, essas poucas palavras vazias de arrependimento não convencem. Devemos considerá-las não como indicativas de introspecção ou culpa, mas somente como uma tentativa de mostrar Earl Turner, o paradigmático soldado da Aliança Nacional, como alguém que tem sentimentos, mais como nós. Na realidade, essa passagem deixa clara a justificativa de Pierce para o assassinato, uma justificativa que teve o poder de encorajar a destruição real, perpetrada por McVeigh, de 168 homens, mulheres e crianças. As vítimas de Turner – que poderiam ser quaisquer uns de nós – são novamente retratadas como incautos tolos a quem falta uma posição firme, subjetiva. Eles são a personificação da experiência do próprio Pierce de falta de inteligência, e são odiados de morte.

O Diário de Turner manifesta muitas das características da defesa maníaca expostas anteriormente. Nós notamos a separação e a identificação projetiva acerca da dependência e da agressão, o bloqueio do espaço psíquico e sentimento de culpa manifestos na objetificação dos afro-americanos e o tratamento desses somente como "objetos de percepção" (nas palavras de Moss), a quem falta uma vida interior de sentimentos e pensamentos. No caso de William Pierce e seus seguidores na Aliança Nacional, notamos a onipotência demonstrada na fantasia de conquistar o mundo e exterminar os povos não brancos e seus colaboradores. Parece evidente que a defesa maníaca opera principalmente para manter afastadas a dependência e a vulnerabilidade em vez dos sentimentos de culpa. Dado que os negros e os judeus são vistos em termos unidimensionais, como objetos de percepção em oposição a objetos de identificação, o potencial para sentimentos de culpa parece remoto. Ao ler Pierce, sente-se seu forte ódio à dependência, seu asco pelo modo como pessoas brancas se permitiram ser manipuladas pelos judeus. Os brancos, na concepção de Pierce, deveriam ser fortes e independentes – invulneráveis. Os negros, o Outro dos brancos, deveriam ser dependentes e vulneráveis. Se os brancos se encontram, ainda assim, em uma posição vulnerável no mundo, a ordem natural foi pervertida e alguém precisa ser culpado – judeus ou brancos que obscenamente se deixaram afastar de sua verdadeira natureza. A fantasia de revolução, de dominação mundial, de eliminação dos negros e judeus para criar um mundo inteiro de pessoas fortes e auto-suficientes restaura o sonho maníaco de invulnerabilidade.

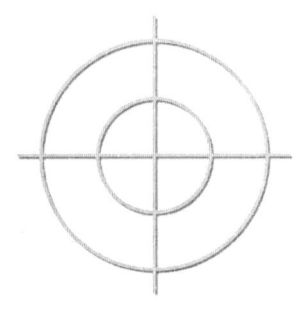

7: Os Caracteres da Violência e do Preconceito

Elisabeth Young-Bruehl

Conforme se aproximava a virada do milênio, os norte-americanos passaram a fazer todas as perguntas referentes à violência que já eram urgentes desde a década de 1960, quando nossas ruas transbordavam de protestos contra a guerra e de lutas raciais, quando a cobertura diária do Vietnã estava repleta de cenas de assassinato. A literatura da ciência social acerca da violência havia se expandido muito junto com a violência, e o ponto de referência era tão comum que, quando Hannah Arendt publicou um livro chamado *On Violence,* em 1969, não foi necessário nenhum subtítulo explicando de qual tipo de violência ela estava falando. Pelas duas décadas seguintes, questões sobre por que somos um povo tão violento surgiam repetidamente. Ainda assim, nossa atenção não estava tão voltada para a guerra e a revolução – a violência política – como nossa taxa de homicídio (muito mais elevada do que a de qualquer país europeu), nossas estatísticas sobre violência conjugal e abuso infantil, a atitude do vale-tudo de nossa indústria cinematográfica, nossa incivilidade. Uma nova questão tornou-se igualmente urgente, para a qual se voltaram peritos e intelectuais em massa a partir do início da década de 1990: por que os jovens estão indo para as escolas armados com facas, armas, até mesmo bombas, para atacarem seus colegas e professores? Por que há tantos criminosos juvenis? O caso da escola de Columbine despertou a todos nós. Até mesmo a normalmente apolítica Associação Psicanalítica Americana fez uma "declaração de posicionamento" a respeito da violência, em maio de 2000, que falava da "crise de violência em nosso país". E, como é característico de nossa indústria reativa de ciência social, o financiamento governamental para pesquisas sobre violência aumentou cada vez mais – precisávamos de soluções, intervenções, e rápido!

I. A VIOLÊNCIA ATUALMENTE

Desde 11 de setembro de 2001, tem sido quase impossível falar de qualquer violência nos Estados Unidos que não seja a violência dos ataques terroristas perpetrados na cidade de Nova York e em Washington naquele dia horrível. Mas acredito ser importante, apesar de tudo, não perder o fio de atenção em nossa própria violência que o "Ataque à América" eclipsou tão completamente e não apenas porque esse evento momentoso guarda muitas pistas referentes ao modo como o governo norte-americano reagiu — com uma "guerra contra o terror", e como a maioria dos norte-americanos apoiou essa reação.

No ano da virada do milênio, quando George W. Bush estava concorrendo para a presidência, tanto ele como seu oponente do Partido Democrata deram muita importância à violência juvenil nos Estados Unidos. Naquele momento, o homicídio juvenil e a maioria dos demais crimes perpetrados por menores haviam, na verdade, reduzido bastante em escala nacional, e a morte nas escolas havia caído para menos da metade do que era em 1993. Havia, de modo geral, para os jovens, "um risco menor de participarem de violência do que em qualquer momento em uma geração", como o *The Nation* notou em um editorial de 9 de outubro de 2000. Mas, apesar de tudo, a campanha eleitoral estimulou o medo a respeito da "cultura da carnificina que cerca nossas crianças", que está "transformando algumas delas em matadores", como disse Joseph Lieberman, o candidato à vice-presidente do Partido Democrata, evocando uma imagem comum de uma poluição que se infiltra nas pessoas. Essa imagem tinha o objetivo de justificar a restrição da poluição que vem da indústria do entretenimento, para proteger nossas crianças – e nos proteger de nossas crianças.

Nessa retórica antiviolência pré-11 de setembro, que, como notaremos de novo resumidamente, tinha uma característica muito obsessiva, estava presente em todas as maneiras em que os norte-americanos tipicamente formulavam mal suas questões acerca da violência e buscavam respostas simples para ela. Há muito nos sentimos compelidos a falar de uma única coisa: "violência". A declaração da Associação Psicanalítica Americana, por exemplo, continha a sentença: "Violência é um importante problema de saúde pública". E nos sentimos compelidos a encontrar uma única razão, uma única causa para essa única coisa, uma causa que, ou se localiza em nossa natureza, ou nos é fornecida por nossa criação – um "isso-ou-aquilo" incrivelmente persistente. A causa única é sempre chamada de "a raiz da violência", porque, é claro, se há uma raiz que pode ser identificada e localizada, ela também pode ser arrancada, extirpada. A esperança é maior na recorrente busca por uma raiz genética da violência, uma busca que, como a busca pelo "gene da homossexualidade", ignora tudo que se sabe a respeito da complexidade do comportamento humano. A metáfora significa que precisamos encontrar uma raiz tangível para a qual possa ser criado um procedimento de desenraizamento.

Com a pesquisa do "gene da violência", três outros tipos principais de pesquisa da "raiz da violência" estavam sendo financiados e amplamente divulgados antes de 11 de setembro.[108] Como Robin Karr-Morse e Meredith Wiley (1997) demonstraram em *Ghosts from the Nursery: Tracing the Roots of Violence* (1997), a pesquisa neurocientífica demonstrou que muitos tipos de traumas da infância – ferimentos na cabeça, incluindo os resultantes de abuso infantil, toxinas do ambiente, etc. – danificam o cérebro das crianças de maneiras que tornam a regulação de afeto quase impossível para eles. Ao mesmo tempo, vários projetos sociológicos concentraram-se nas maneiras como a violência gera violência, ou como a violência é transmitida de geração a geração. "Fatores de risco" são pesados. Um criminologista, por exemplo, mapeou de modo muito intrincado um processo que chama de "violentização", uma linha desenvolvimental na qual se torna violentamente moldado e preparado para o comportamento violento.[109] Finalmente, psicólogos evolucionários sugerem que a violência é nosso legado dos grandes macacos, e especificamente de "machos demoníacos" entre eles que se agregavam em "pequenos bandos auto perpetuantes e auto-expansíveis" para os atos paradigmáticos de violência intragrupos (Wrangham e Peterson 1996: 248).

Esses quatro tipos de pesquisa têm muito a nos dizer, mas definitivamente perpetuam simplificações. Eles ignoram muitas formas da violência e as muitas funções a que servem essas formas, como ignoram a complexa inter-relação entre natureza e criação em qualquer uma das formas.[110] De

---

[108.] Veja o resumo dessa pesquisa na *Science* 289 (28 de julho de 2000).

[109.] Richards Rhodes (1999), que conta a história da obra do criminologista Lonmie Athens, insiste em que Athens é um dissidente entre os cientistas sociais. Mas parece-me que a obra de Athens não é, em absoluto, incompatível com *insights* psicanalíticos referentes à transmissão entre gerações de trauma e violência, com os quais tanto Athens como Rhodes aparentemente não estão muito familiarizados.

[110.] Primeiro, há a violência interespécies, da qual participam todos animais para se alimentarem, e há a violência intra-espécies, da qual apenas os humanos e alguns poucos primatas participam, que foi considerada normal ao longo de grande parte da história humana, mas passou a ser vista como anormal e patológica apenas recentemente (o abuso infantil, por exemplo, só recentemente foi considerado anormal e não um direito dos pais e outros disciplinadores adultos). Há muitos graus de violência e tipos de atos violentos, desde um soco até o genocídio e o espectro da destruição da espécie por armas de violência capazes de eliminar até mesmo seus perpetradores, uma invenção do século XX. Há muitos locais para a violência: na esfera doméstica (violência doméstica); em esferas públicas não regulamentadas ou extralegais; em espaços públicos regulamentados sob as leis de governos, que têm suas próprias agências de violência, como a polícia e o exército. Há muitos tipos de violência e alguns para os quais há exceções legais, como a violência em legítima defesa ou por causa de insanidade. Há violência na fantasia ou na arte e violência na ação, e há violência impulsiva e a premeditada. Diferentes tipos de violência são possíveis em diferentes estágios da vida. Diferentes tipos de pessoas ou grupos sociais ou culturais participam de diferentes tipos de violência. Finalmente, há muitos motivos e funções para as violências desses muitos tipos e aparências.

modo similar, a pesquisa concentra-se simplesmente em um grupo, aqueles que cometeram crimes violentos, principalmente crimes muito violentos, entre os quais se destacam o homicídio e o estupro, e em seguida fazem inferências a partir dessa construção ("os violentos") acerca da violência em geral ou em qualquer uma de suas formas específicas. Mais ainda, dentro desse escopo, a pesquisa a respeito de crianças violentas e adolescentes delinqüentes expandiu-se mais rapidamente do que qualquer outro tipo (o que não é de surpreender, dadas as imagens, tão salientes em nossa atual consciência nacional, de crianças e adolescentes portando armas letais), de forma semelhante ao modo como a pesquisa a respeito de pessoas envolvidas em violência política – estudantes rebeldes, terroristas, revolucionários – cresceu a passos largos na década de 1960. E pensou-se até, como demonstrou um relatório do FBI, que "os violentos" entre os adolescentes poderiam ser identificados – algumas pessoas usaram o termo "elaborar o perfil" – antes de chegarem ao sistema de justiça criminal. O resultado disso agora, na atenção pública, é a literatura que pretende descrever "o terrorista", um homem jovem que se parece em muitos aspectos aos adolescentes norte-americanos delinqüentes que eram "os violentos" antes de 11 de setembro. Um terrorista torna-se algo que precisamos definir de modo que possa ser extirpado — raiz, tronco e galhos.

II. VINHETAS CLÍNICAS: ESCOLHA DE OBJETO PARA A VIOLÊNCIA

Deixe-me considerar agora o que a teoria e a obra clínica psicanalítica podem oferecer. Começando pelo lado negativo, sugiro que a investigação psicanalítica deveria evitar a conceituação da violência e dos atos violentos como o ponto final de um processo, como as folhas da planta que crescem da "raiz da violência", pois essa conceituação impede questões acerca de se a violência serve a alguma função além da expressão das raízes designadas, o término do processo.

Deixe-me continuar indo para meu laboratório de pesquisa – meu consultório – e considerando três pacientes. Nenhum desses três é violento em atos, mas todos têm fantasias violentas persistentes e repetitivas, todos relatam freqüentemente sonhos muito violentos e me dizem com freqüência que querem matar esta ou aquela pessoa. Embora eles não estejam entre "os violentos", suponho que seus sonhos e fantasias não sejam muito diferentes dos que são menos capazes ou dispostos a abster-se de agir segundo essas imagens. Entretanto, acredito que é importante notar que meus pacientes não conectaram *conscientemente*, em um grau significativo, suas imagens a imagens existentes em seu ambiente sociocultural e, portanto, não receberam qualquer sanção social para seus preconceitos e violência. Ao contrário, eles são conscientemente pacifistas e sem preconceitos e se posicionam firmemente (freqüentemente por formação reativa) contra associação com violência ou pessoas violentas. Em suas mentes conscientes, eles abominam os próprios preconceitos que se assemelham a suas imagens e as violências a elas associadas, de modo que conscientemente se inibem.[111] A violência deles é, aparentemente, privada, mental, embora suas imagens de suas vítimas se assemelhem às disponíveis em preconceitos sociais comuns.

Primeiro, uma mulher, extremamente inteligente, uma profissional que passa seus dias avaliando e ajudando crianças, contou-me no início de nosso trabalho que revelar suas fantasias sexuais seria a parte mais difícil do que sabia que precisava fazer para descobrir por que ela ficava tão deprimida, com pensamentos suicidas, e por que ela precisava realizar tantas ações obsessivas, principalmente envolvendo o agendamento de seu tempo, a lavagem de suas roupas e a administração de seu dinheiro. Como seus sonhos, suas fantasias, ela me contou, são violentos, cheios de corpos mutilados, cenas de tiros, pessoas sendo mutiladas por animais selvagens. Sentindo muita vergonha, ela, por toda sua adolescência, atacava seus dois irmãos menores no que agora descreve como "maneira sexual". Seu atual parceiro reclamou que ela, às vezes, fica violenta demais na cama. Ela morde e faz coisas sarcasticamente cruéis. Por que ela quer fazer essas coisas? Ela me implorou que lhe explicasse. A única coisa mais difícil para ela falar a respeito, disse-me mais tarde, é religião, e isso porque, embora tenha saído do meio fundamentalista em que cresceu, teme que ainda tenha essa mentalidade rigorosa e punitiva, que isso surja em seus relacionamentos e que ela puna com uma terrível espada aqueles a quem ama. Certamente, a violência era normal em sua casa – seu pai espancava-a em suas nádegas nuas com um cinto ou bastão por qualquer infração; sua mãe ameaçava-a com a ira de Deus. Agora ela é "uma pacifista". Mas, por outro lado, disse-me que fica com medo e imagina que todo o mundo "quer pegá-la – todos querem seu tempo, sua atenção, seu dinheiro. Ela precisa se guardar constantemente contra intromissões e ser "sugada até secar". A imagem que guia seus pensamentos violentos é "Todo mundo é um sanguessuga". Ao término, ela finalmente me disse que quer que todos que tentam tomar vantagem de seu tempo ou dinheiro "desapareçam". Ela os quer eliminados.

Segundo, há uma mulher, de caráter histérico, com uma grande dose de ansiedade, que, apesar dessa ansiedade, é extremamente capaz e produtiva, charmosa e sensível. Mas às vezes sensível demais, ela nota, para seu próprio bem, e também dada a fazer drama todo o tempo, levando a si mesma e a outros a um pandemônio, a ansiedades. Ela me disse um dia

---

[111]. O fenômeno da inibição da violência tem grande importância, mas não há como falar dele neste ensaio.

que, uma vez mais, teve um de seus sonhos sobre torturas. Um homem ferido foi trazido em uma maca por um grupo de médicos. Eles iam tentar salvar sua vida, mas, então, voltaram-se contra ele e iam torturá-lo com seus bisturis, para matá-lo. Ela queria ajudar o homem, mas não o fez, porque era perigoso demais; os médicos eram muito ameaçadores, e também – essa é a parte do sonho que a encheu de horror – porque ela queria que o homem fosse ferido. Ela gostaria de tê-lo cortado pessoalmente. Por que ela continua tendo esses sonhos em que deseja torturar? Poderia estar com tanta raiva de seu incrível e extraordinário pai, um herói de guerra que era, como dizia o tempo todo, "o amor de minha vida". Ela tinha tanta raiva do fato de ele ser um alcoólatra, ter ataques do coração regularmente e ter se tornado um fardo para ela; de ele ter morrido e a deixado sozinha com sua mãe ansiosa e excessivamente apegada e um grupo de meio-irmãos que eram velhos o bastante para serem seus pais. Lentamente, ao longo de muitos meses, com muita resistência, ela me contou as duas fantasias que montou quando criança para compensar sua sensação de impotência para ajudar seu amado pai. Na primeira, ela é um grande guerreiro indígena (homem) que triunfa sobre seus inimigos, recebendo tremendas adulações por sua habilidade com facas e lanças em combates corpo-a-corpo. Na segunda, ela é uma princesa que é amada por um rei e que é mais capaz que qualquer outra mulher de conquistar homens para adquirir poder sobre qualquer um que tente adquirir poder sobre ela. Em ambas as versões, seus inimigos são os malvados; e essa projeção de sua própria malvadeza e a de seu pai neles é a chave para o que a violência contra eles faz com ela. Eles são as pessoas da fraca raça branca, que devem ser humilhados, enquanto ela fica com seu pai – em uma forma idealizada.

 O terceiro paciente é um homem que, embora possua muitas características obsessivas, tem um caráter narcisista. Alguns dias, ele se sente como se fosse melhor que todas as pessoas ao seu redor – mais esperto, mais talentoso. Outros dias, sente-se muito mal consigo mesmo, achando que foi arruinado por seus pais duros e perfeccionistas. Durante uma seção recente, ele me disse ter passado a noite anterior com um novo interesse romântico, uma mulher que o excita tremendamente, mas também que o desconcerta e o magoa com seu distanciamento, sua frieza. Ela pode ser tão encantadora, suspirou, mas tem "esse jeito indisponível". Talvez, especulou, sua dureza venha de sua relação com seu pai, que abusava dela verbal e fisicamente, que a brutalizava. Nossos pensamentos voltaram-se para seu padrão de escolha de mulheres que foram magoadas por seus pais críticos – como ele o foi por seu pai, que o criticava sem misericórdia. De modo narcisista, ele ama a si mesmo nelas. Após uma longa pausa, disse que precisava me contar algo horrível referente à noite, algo vergonhoso. Eles estavam na cozinha cortando vegetais para um *ratatouille* quando ela deu as costas para ele e, de repente, uma imagem passou diante de seus olhos, dele mesmo enfiando a faca que estava usando nas costas dela, profundamente, entre seus omoplatas, o sangue jorrando da ferida. O que era realmente horrível, ele disse chorando, é que essa mesma imagem surgiu em sua mente com outras mulheres, em outras cozinhas. Na verdade, com todas as mulheres com quem esteve. "Sinto-me como um assassino só por lhe contar isso. Eu sei que isso tem a ver com estar com minha mãe em nossa cozinha, e como tenho raiva do fato de ela ter me rejeitado. Ou por me amar às vezes e me rejeitar. Ou seja lá o que for que ela fazia para que eu me sentisse tão incrivelmente fraco." Sua imagem da mulher que esfaqueia parece dizer: "Mulheres – todas elas traem e abandonam". Isso é o sexismo de um homem que apóia o feminismo conscientemente e bastante.

A mulher obsessiva quer eliminar de sua vida todas as pessoas que se insinuam sorrateiramente e ameaçam roubar seu tempo e seu dinheiro e sugá-la até deixá-la seca. A mulher histérica quer humilhar seus rivais pelo amor de seu pai e idealizá-lo, atribuindo suas características desapontadoras a outros de outra raça. O homem narcisista quer empunhar um poder fálico sobre suas namoradas, a quem experimenta como mulheres fálicas que têm controle sobre ele, então ele fantasia como abater e cortá-las.

Quando considero esses pacientes – e outros – e, ao mesmo tempo, considero a literatura psicanalítica acerca da violência, encontro uma característica comum a todos os tipos e graus de violência – e isso não é uma raiz comum ou uma causa elementar; é uma característica, um mecanismo. Não importa se somente fantasiada ou realizada, a violência contra as pessoas (ou contra pessoas indiretamente, representativamente, no meio da violência contra instituições, ou coisas, ou criaturas inumanas) parece sempre se direcionar contra um alvo que o perpetrador sente ser um membro de um grupo previamente erigido na sua mente. Ou, para pôr a questão de outra maneira, a violência expressa um preconceito no sentido mais literal da palavra, um pré-julgamento. Mesmo a violência que parece poder ser descrita com palavras como "impulsiva", "reativa" ou "não premeditada", o perpetrador sempre carrega consigo imagens pré-fabricadas dos inimigos odiados – de pessoas perigosas, que magoam, destrutivas ou desapontadoras, ou pessoas que são simplesmente diferentes – e aquele, ou aqueles, contra quem o perpetrador age ou fantasia agir é *um deles*, parte desse grupo. Diferentemente dos objetos de amor e desejo sexual, que são, acredito, desenvolvimentalmente anteriores, objetos de violência não são indivíduos, eles são "eles". Temos pouca motivação para generalizar ou formar grupos a partir de nossas experiências de amor e satisfação sexual, de nossa felicidade; nossos preconceitos são formados principalmente com base em experiências de frustração ou rejeição; são imagens negativas, composições, generalizações que antecipam frustrações futuras que se assemelham a frustrações passadas.

Essa alegação me leva diretamente para o território da teoria da violência e da agressão, para não falar da teoria de relações de objeto e escolha de objeto. Estou supondo que, à medida que seus impulsos instintivos por uma conexão (afetiva ou sexual) são frustrados, as pessoas – inicialmente como crianças, mas ao longo de todas as suas vidas – acumulam imagens da fonte de sua frustração de um modo generalizante, chegando a uma imagem de um grupo frustrante. Com o tempo, por exemplo, a mãe negligente de meu paciente narcisista tornou-se "as mulheres que não se importam comigo". À medida que as expectativas de cuidado e atenção se convertem em expectativas de mágoa e rejeição, essas generalizações acabam se associando com, ou são deslocadas para, generalizações partilhadas com outros preconceitos sociais e culturais preexistentes. Nesse processo, as experiências dolorosas de entes amados em particular são encobertas, removidas do consciente, enquanto as imagens de grupo dominam. Novas imagens de grupo são formadas em circunstâncias sociais em evolução – como a imagem de "os violentos" está fazendo atualmente, apelando para pessoas que usam essas imagens de grupo de terroristas internos ou estrangeiros para focar suas frustrações.

Essa conceituação, que esbocei muito resumidamente, depende de uma suposição acerca de impulsos instintivos que quero explicitar. Na segunda teoria do instinto de Freud, há dois tipos abrangentes de impulsos: os instintos de vida e os instintos de morte, dos quais a agressão, fonte de energia da violência, deriva em última instância. Por razões que não oferecerei aqui, não aceito essa formulação, mas considero muito menos abstrato e especulativo pensar na agressão como uma reação de frustração do que repressão de um ou ambos os tipos de impulsos instintivos que Freud incluiu em sua primeira, e mais darwiniana, teoria dos instintos, a saber, os instintos sexuais de reprodução da espécie e os instintos de autopreservação do ego (Sexo e Fome, como Freud os nomeou resumidamente). Os objetos de violência das pessoas, acredito, tendem a recair dentro de duas categorias abrangentes ou representar dois grupos abrangentes: (1) rivais pela satisfação sexual, e (2) aqueles que desapontam relações de objeto instintivas ou de cuidado e atenção do ego. As pessoas atacam aqueles que elas acham que estão obtendo satisfação sexual (enquanto elas mesmas não o estão) elas acham que estão sonegando o cuidado e a afeição de que necessitam. Essas categorias ou imagens operam simultaneamente como legitimadores e racionalizadores da violência, permitindo que o perpetrador diga de uma maneira ou de outra que a violência foi justificada porque esse *tipo de pessoa* a merece, pede por ela, provoca-a, só pode ser controlada por ela, assim por diante. O sentimento de que a vítima é membro de um grupo significa que ela não precisa ser encarada ou experimentada em sua totalidade, como uma pessoa específica, ou em sua associação com uma pessoa frustrante que era ou permanece próxima, amada. A literatura referente ao preconceito nos disse há muito tempo que as pessoas são mais capazes de violência quando não experimentam suas vítimas como indivíduos; mas isso é igualmente verdadeiro para uma criança atacando um rival na família como para um soldado atacando inimigos que foram desumanizados para ele por uma campanha propagandística ou que se localizam fora do alcance de sua visão graças às suas armas tecnologicamente sofisticadas de longo alcance.

As imagens de grupo centrais e derivadas de cada indivíduo são únicas para ele ou ela e criticamente moldadas pelas experiências relacionais de objeto do início de sua infância, o período edipiano, e início da adolescência. Mas, como notei, as imagens de cada indivíduo se adequarão a, fundir-se-ão a, serão reforçadas por, e se deslocarão para, imagens existentes disponíveis no ambiente social, ou seja, preconceitos existentes partilhados por grupos. Um homem que ataca uma mulher a está atacando como um indivíduo, mas também como membro de uma categoria, como "mulheres que diminuem os homens" ou "mulheres que abandonam". A violência expressa a maneira como a pessoa aprendeu a classificar as pessoas e interpretar as relações entre elas, como os mecanismos de defesa da pessoa foram, ao longo do tempo, generalizados e estruturados em mecanismos de defesa sociais ou preconceitos. Por exemplo, se uma pessoa opera caracteristicamente com o mecanismo de defesa chamado por Anna Freud e outros de "identificação com o agressor", a pessoa irá também, ao longo do tempo, construir (consciente ou inconscientemente) uma categoria de pessoas agressivas e operar identificando-se com elas e atacando suas vítimas.

Quando as imagens de grupos das pessoas são partilhadas e tornam-se normativas para uma unidade social – a família, a sociedade, a nação – elas legitimam todos os tipos de ação sobre os grupos imaginados, incluindo ações violentas. Quando ações violentas se tornam ligadas a uma imagem ideologicamente justificada de um grupo ou algum sistema cultural de significado impregnado na unidade social, elas não são mais vistas como violentas e certamente não como patológicas. Elas se tornam normais. Então o abuso infantil era normal — era chamado de disciplina – em muitos meios sociais europeus e americanos até o século XVIII, porque havia uma imagem amplamente aceita de que as crianças nascem más, pecaminosas, e precisam de punições severas para que não magoem aqueles que as disciplinam. Essa idéia dificilmente desapareceu, e há certamente muitos que ainda se apegam a ela dentre os que atualmente gostariam de aprisionar crianças violentas.

III. CARACTERES E PRECONCEITOS

Quando se pensa em violência (ou violências) da maneira que esbocei resumidamente, é lógico explorar os tipos de violência por meio dos tipos de imagens ou preconceitos que as pessoas constroem. E, gostaria também de sugerir, é lógico considerar os tipos de imagens e preconceitos pela lente dos tipos de caráter das pessoas. Da mesma forma que os modos de amar das pessoas são centrais para seus tipos de caráter, o são seus modos de agressão.

Na teoria freudiana, diferentes tipos de caracteres são dominados por diferentes tipos de mecanismos de defesa contra os instintos (ou o Id), o superego e a realidade (como experimentados pelo ego).[112]

Os três tipos básicos de caráter que Freud propôs, chamados por ele de histérico, obsessivo e narcisista, têm cada qual uma típica direção de defesa e estrutura de defesa. A repressão, Freud enfatizava sempre, é a chave para a histeria e o tipo histérico de caráter, no qual as ameaças dos poderes do instinto, a reserva do id, são mais salientes. A dissociação também é comum, particularmente entre pessoas histéricas que sofreram abuso. Em contraste, os obsessivos são aqueles mais fortemente dominados ou ameaçados por seus próprios superegos agressivos, seus comandos internos de consciência, sua ação de negar prazeres. Entre os obsessivos, defesas mais "intelectuais" são típicas: racionalização, externalização (ou culpar os outros), isolamento (particularmente de intelecto do afeto), fazer e desfazer. Os caracteres narcisistas são os mais determinados por suas relações com a realidade externa. Freud não estudou as defesas de caracteres narcisistas especificamente; mas, considerando-se a literatura subseqüente e minha própria experiência, acredito que eles operam principalmente com formas de negação ou repúdio da realidade: eles negam os desejos, os pensamentos e as características de outras pessoas, chegando ao ponto até de negar sua existência como entidades independentes. Certos tipos de mecanismos de defesa – como a identificação com o agressor – são comuns a todos os tipos de caráter, mas assumem formas diferentes em cada um deles. Por exemplo, o narcisista irá normalmente se identificar com o poder do agressor, aumentando, portanto, seu próprio poder; o obsessivo irá identificar-se com a capacidade do agressor em controlar e armar proteções; e o histérico, com a capacidade do agressor em obter sexo e amor.

Como argumentei detalhadamente em *The Anatomy of Prejudices,* cada pessoa tem também mecanismos de defesa típicos, e com isso quero dizer meios característicos nos quais seu ego usa as categorias ou designações sociais – os preconceitos sociais – para se defender contra as ameaças da realidade ou de outras dimensões da psique que Freud chamava de id e superego. Imagens de "o outro" são usadas para manter desejos proibidos fora do consciente, apaziguar as exigências da consciência para moldar e esculpir a realidade e assim por diante. E, como sugeri, junto com os preconceitos característicos andam tipos característicos de violência, que são uma maneira de expressar os preconceitos. A violência, imaginada ou realizada, ajuda a cumprir o propósito do preconceito. O preconceito é a idéia para a qual a violência é um modo de agir. Ele fala o que a violência faz.

Para argumentar em favor dessa relação do tipo de caráter com tipos de preconceito e violência, começarei esboçando em mais detalhes os três

---

[112.] Parte do material descritivo a respeito do que se segue foi publicado anteriormente em Young-Bruehl 1996.

tipos de caráter (seguindo a ordem dos casos que usei como exemplo) e os preconceitos de cada um; em seguida, voltar-me-ei para as violências a eles relacionadas. Tentarei também indicar resumidamente os tipos de relações sociais nos quais cada um dos tipos de caráter é encorajado e promovido.Sociedades não têm caracteres – como se fossem grandes indivíduos, macrocosmos de um microcosmo individual –, mas um tipo ou outro de caráter sempre predomina nelas (em poder ou número), e seus arranjos refletem essas predominâncias.

Começarei considerando pessoas de caráter obsessivo, como a primeira paciente que descrevi, que freqüentemente apresentam características paranóides e são marcadas por sua rigidez, convencionalidade moralista (refletindo um superego muito severo ou muito falho) e por um tipo de racionalidade fria ou hiper-racionalidade. Pessoas obsessivas tendem a incluir todos os tipos de grupos externos ou outros em seus preconceitos, porque todos os grupos parecem estar conectados em um vasto sistema ou complô conspiratório, normalmente liderado por um grupo maquinador e malicioso, como os judeus. Esse tipo de caráter floresce em famílias e instituições (principalmente as forças armadas) que promovem a disciplina do dinheiro, a ordem pela ordem, a ética protestante ou valores "prussianos", a supressão sexual, a inveja e o intelectualismo sem afeto.[113]

Um segundo tipo é o caráter histérico, mais reconhecível pela maneira que se desassocia em "eus" opostos: um "eu" bom, casto, e um "eu" mau, lascivo; um "eu" real e um "eu" impostor; um "eu" convencional e um "eu" renegado. Em sua vida de fantasia, a segunda paciente que descrevi era muito mais poderosa e violenta que em seu dia-a-dia. Essa ruptura de personalidade pode permitir que se seja um cidadão exemplar de dia para viver outra vida à noite; a hipocrisia torna-se a tal ponto seu modo de vida que ele ou ela repudia ou se desassocia das atividades da outra metade, como fazem pessoas que pertencem a sociedades secretas, clubes de rebeldes e foras-da-lei, gangues histriônicas e assim por diante. Histéricos contemporâneos freqüentemente têm os sintomas físicos (sintomas de conversão) típicos dos histéricos "clássicos" conhecidos por Freud, principalmente desordem de alimentação e preocupações com comida, imagem física e saúde (freqüentemente envolvendo alguma forma de hipocondria). Mas muitas pessoas histéricas (particularmente homens cuja criação os treina

---

[113.] Esse tipo obsessivo apareceu em uma gama de projetos de pesquisa psicanalítica e obras descritivas do pós-guerra: a pesquisa da Escola de Frankfurt a respeito da "personalidade autoritária"; a obra do sociólogo William Whyte, *The Organization Man* (1956); e a obra de psicanalistas culturais, como Erich Fromm, que escreveu acerca do rigidamente conformista "caráter de *marketing*", e Karen Horney, que descreveu "o caráter neurótico em nossa época". Muitos adultos jovens que acabaram como alvos de pesquisa de projetos influenciados pela Escola de Frankfurt cresceram na década de 1930 em meios marcados pelos medos e as austeridades da Depressão e atingiram a maturidade durante a guerra ou no início da década de 1950, um período em que o estilo social prevalecente era obsessivo.

para projetar seus conflitos para o exterior) têm seus sintomas físicos nos corpos de outras pessoas – eles as deixam doentes, põem-nas para baixo em condições nauseantes, batem nelas e focalizam todo tipo de violência (real ou simbólica) em seus genitais, indo da castração ao estupro.

Esse tipo floresce em meios nos quais a vida familiar tem dois níveis, em que uma família de escravos ou servos domésticos ou colonos está entrelaçada com a família primária, de modo que há duas mães, dois pais, dois grupos de irmãos, e o caráter histérico pode designar uma parte de si mesmo para cada família. Nos Estados Unidos contemporâneos, a família de dois níveis é freqüentemente uma família misturada ou unida, em que os adultos trazem crianças de relações anteriores para nova unidade, e esse era o caso da família de minha paciente histérica. O "eu" mais inferior e sombrio da pessoa histérica busca por amor no inferior (classe), ou sombrio (raça), ou novo (nível familiar), enquanto seu "eu" mais luminoso e superior idealiza o superior, o luminoso ou original, seja pai ou grupo de irmãos. Rivalidades e desejos incestuosos podem ser fantasiados ou realizados com um pai ou irmão que não seja um pai ou irmão biológico. Então, os preconceitos (e ações violentas) desses caracteres são infindavelmente sexualizados. Suas vítimas são imaginadas como "nativos" arcaicos e primitivos com um apetite sexual grotesco – o id personificado –, cujas capacidades intelectuais são inferiores.

Um terceiro tipo é o caráter narcisista, e seus membros são homens identificáveis por sua grandiosidade, seu complexo falocentrismo. Eles adoram tanto seus próprios falos como os falos que magicamente atribuem às suas vítimas mulheres; têm pouca empatia ou capacidade de ver as coisas pela perspectiva de outros e irradiam a expectativa que deveriam ser privilegiados, sortudos ou gratificados.[114] Ao mesmo tempo, contudo, eles podem – como o terceiro paciente que descrevi – ter uma opinião muito ruim de si mesmos, um senso danificado do "eu", e oscilar entre os dois pólos com o que a psicanalista Annie Reich nomeou "regulação falha da auto-estima".

Acredito ser útil distinguir os narcisistas físicos, que enfatizam que todos têm ou deveriam ter um corpo como o seu, dos narcisistas mentais, muito mais complexos do ponto de vista desenvolvimental, que, tendo reconhecido que nem todos os corpos são iguais e tendo registrado o fato da

---

[114.] Irei discutir o sexismo masculino aqui, mas o sexismo feminino certamente existe nas formas trasformadas que as condições sociais patriarcais permitem. Mulheres geralmente não têm a expectativa de que todas as coisas são fálicas; ao contrário, elas normalmente imaginam que todos os seres são como elas e suas mães onipotentes. Sua desilusão pode levar à inveja do pênis – que Freud supôs, falsamente, universal –, mas pode ter muitos outros resultados, entre os quais a depreciação do falo e aliança com outras mulheres, ampliando o elo materno; porém, a grande variabilidade de linhas desenvolvimentais femininas para longe da onipotência parece-me contrastar notadamente com a relativa invariabilidade das histórias masculinas.

diferença sexual, insistem que o outro, o não-eu ou o não-nós, é mentalmente inferior, culturalmente deficiente.[115]

Mas a maioria dos narcisistas mentais retém seu narcisismo físico anterior, de modo que suas imagens mentais do outro são dispostas em camadas e contraditórias. Para eles, o outro é tanto o mesmo como o diferente; ela é tanto santa como prostituta, pura e impura, espiritualmente adepta e descerebrada, bela e perigosa, desejável e aterrorizante e assim por diante. As vítimas do preconceito chamado de sexismo são compelidas a combater sua própria confusão quando são elevadas e desprezadas pelo mesmo ato, a mesma sentença, as mesmas instituições.

Entre feministas influenciadas pela psicanálise, o sexismo dos homens foi normalmente atribuído à necessidade de eles se desidentificarem com suas mães e serem aceitos pelo grupo de seus pares machos. Os homens menosprezam a feminilidade que precisam rejeitar em si mesmos, e essa necessidade também explica sua homofobia, no sentido de que rejeitam toda forma de feminilidade em homens. Mas eu acredito que esse entendimento psicanalítico feminista prevalecente é parcial, porque não se fundamenta em uma interpretação do narcisismo, e por isso não investigou que tipo de instituições sociais e sociedades promovem o narcisismo. O princípio básico aqui, acredito, é quanto menor e mais isoladas e erotizadas entre as gerações são as famílias (ou seja, quanto mais se focalizam em reprodução e no prolongamento da infância, e o quanto mais nucleares são), mais elaborados são os direitos narcisistas que apóiam e mais complexo, mais disposto em camadas e mais contraditório é o sexismo. A característica central do complexo sexismo de famílias nucleares é o controle do homem sobre todas as facetas controláveis da reprodução, o que significa que os homens se reproduzem de todas as maneiras, exceto no ato de carregar e fazer nascer as crianças. Famílias mais ampliadas ou clãs em ambientes mais agrícolas reprimem as mulheres, é claro, freqüentemente muito violentamente e de formas físicas, como na mutilação genital, mas a razão primária para essa repressão é assegurar as alegações de paternidade e posse das crianças que são futuros trabalhadores. O objetivo não é se tornar, tanto quanto possível, os reprodutores. A reverência da reprodutividade feminina cede espaço, nas culturas cada vez mais industrializadas e complexas, à inveja e à característica dos invejosos – atacar aquilo que não podem ser ou ter.

[115.] Em termos de suas visões da sexualidade humana, os narcisistas físicos homens imaginam que todas as pessoas têm uma genitália masculina. As mulheres têm um falo interior ou invertido – é nisso que consiste suas genitálias. Narcisistas mentais reconhecem que há dois sexos diferentes, com genitálias diferentes, mas acreditam que há somente um tipo de mente, a masculina; mulheres são descerebradas. Há, conseqüentemente, dois tipos de sexismo intragrupo: aquele que atribui toda sexualidade e reprodução aos órgãos masculinos – o esperma masculino, por exemplo, é um pequeno homem que é abrigado por nove meses no falo invertido feminino – e aquele que reconhece a reprodutividade e o óvulo femininos, mas quer essa reprodutividade sob a dominação masculina. Referente a essas teorias sexuais, ver Laqueur 1992.

IV. TIPOS DE VIOLÊNCIA

Eu descrevi os três tipos de caráter e seus preconceitos característicos e agora gostaria de esboçar seus típicos grupos de vítimas e formas de violência. Cada tipo encontra seu grupo de vítimas prestando atenção em características reais nas pessoas, mas cada qual constrói ou imagina o grupo, ficcionaliza-o. Os tipos de violência usados contra as vítimas refletem a relação imaginada entre o algoz e a vítima, ou seja, o que o algoz quer (consciente ou inconscientemente) para satisfazer seu preconceito.

Caracteres obsessivos reagem com particular intensidade e violência a grupos que acreditam estar penetrando a fortaleza de defesas que erigiram para manter seus desejos aquisitivos (principalmente anais, acumuladores) sob controle. Seus inimigos vêm de fora, como imigrantes e refugiados, e penetram – as metáforas são normalmente de estupro anal – nas entranhas comerciais que os obsessivos consideram cruciais em seu trabalho para a sociedade. A penetração é normalmente imaginada como lenta e pungente; mas quando o obsessivo está reagindo à violência real (e é difícil imaginar uma violência mais terrível e simbolicamente onerosa que a penetração e a explosão de um lugar do capitalismo, como o World Trade Center), as fantasias do obsessivo concentram-se em ameaças de violência ainda maior. Os forasteiros são ou se tornam o que os sociólogos chamam de "minorias intermediárias". Pelas definições do obsessivo, os forasteiros são espiões, agentes secretos, infiltradores e propagandistas de uma vasta rede em seu local de origem e nos novos lares de seus parentes e co-conspiradores. A animosidade contra essas pessoas se acumula entre os obsessivos, mas torna-se letal em larga escala, em termos sociais e políticos, sob condições específicas. Uma depressão ou deterioração econômica eliminou as poupanças e a segurança, o sentido de futuro de classes que se movem para cima por meio de grande esforço ou gastam consideráveis somas de prestígio para permanecer no poder, ou condições de guerra destruíram muitas das regras e regulamentos que continham a agressão. Alguém precisa ser culpado e eliminado para restaurar a lei e a ordem. O grupo passível de culpa é acusado de tomar o governo, de modo que o preconceito obsessivo se torna anti-Estado, em última instância, supranacionalista. O mundo torna-se supranacionalmente maniqueísta: Oriente *versus* Ocidente, muçulmano *versus* cristão; o genocídio é a punição lógica; é a "solução final" purgativa para uma ameaça que continuaria a ameaçar se sobrevivesse como um remanescente.

A retórica anti-Estado e antipolítica dos preconceitos obsessivos – tão evidentemente atuais nos Estados Unidos nos pronunciamentos contra judeus e homossexuais da Coalizão Cristã e de seu líder, reverendo Pat Robertson – é uma das características-chave para distinguir preconceitos obsessivos dos históricos. Caracteres históricos precisam de vítimas que possam humilhar, então eles não tentam eliminá-los de um movimento supranacional expansionista. Eles não fazem "limpeza étnica". Em vez disso, apropriam-se de meios políticos existentes para separar o grupo-vítima de modo que as vítimas não possam se reproduzir normalmente ou reunir seus recursos para uma rebelião. Eles estupram e engravidam as mulheres do grupo-vítima e espancam e castram os homens; tratam tanto as mulheres como os homens como rivais que precisam ser superados em todos os aspectos, principalmente nos que envolvem inteligência, o que dizem faltar às suas vítimas porque são gente do corpo e de seus apetites. A discriminação contra essas vítimas e a violência pioram sempre que eles ameaçam progredir no mundo, saídos de seu lugar na hierarquia que os histéricos acham ser natural. O progresso é mais criticamente representado pelo casamento com alguém de nível social superior, então a miscigenação é o pecado cardinal no mundo sexualizado do histericamente preconceituoso. O aparato do Estado é cobiçado pelo preconceituoso histérico para a institucionalização de seus preconceitos; na orientação política, eles não são anti-Estado, mas sim pró-direitos dos Estados – gostam de manter sua política bem local, bem familiar, bem no estilo *la famiglia*.

Nos Estados Unidos, o racismo tem sido estimulado por uma longa tradição de famílias com dois níveis, nos contextos da escravidão e, em seguida, na servidão doméstica, no sul e no norte do país, a ponto de a imagem entrincheirada dos afro-americanos como um grupo servil estar espalhada por todas as classes.* Grande parte do fervor antiimigração que é tão alastrado nos Estados Unidos atualmente é histérico e modelado no racismo tradicional: o ponto de suas formas legislativas é humilhar as vítimas e separar suas famílias (até mesmo atacar a saúde e a segurança de suas crianças, como as iniciativas da Califórnia contra imigrantes ilegais fazem). A miscigenação que permite que o inferior adentre o grupo superior é, como sempre, o foco central do racismo (Hockenos 1993: 36). Homens de cor são normalmente espancados em atos mais ou menos simbólicos de castração, como vimos em episódios amplamente divulgados, desde o espancamento por parte de policiais de Rodney King, em Los Angeles, até o arrastamento atrás de um carro de James Byrd, no Texas. Na Europa, onde a atividade antiimigrantes, apoiada por partidos políticos de direita, também é muito comum, há muitos episódios de violência racista, mas também muitos episódios de violência antiimigrantes que é mais obsessiva – ou seja, com o objetivo final de eliminar em vez de humilhar. Na Alemanha, por exemplo, ataques com bombas incendiárias a prédios em que vivem famílias turcas cumprem o propósito obsessivo de eliminar o grupo que, em termos de sua organização tribal e sucesso nos negócios, é muito "judeu", um grupo de minoria intermediária. Os ataques contra e a detenção de homens associados com "os terroristas" são mais obsessivos que histéricos: "os terroristas" são agentes maliciosos, inteligentes e impiedosos as-

---

*N.T.: O mesmo pode ser dito sobre o Brasil.

sociados a uma rede de seus companheiros tribais muçulmanos em seus lares, que são capazes de viver entre "nós" indetectados, armando complôs.

A violência associada a preconceitos narcisistas é freqüentemente doméstica ou localizada em lugares considerados como arenas de demonstração sexual. Tem como alvo pessoas que são ameaçadoras para os narcisistas por causa de seu sexo e gênero, suas marcas-chave de diferença. A violência narcisista é a violência contra as marcas de diferença, seja para eliminá-las ou para se apropriar delas (como na violência do movimento antiaborto).

O racismo e o sexismo são, de modo evidente, intimamente relacionados, no sentido de que o racismo depende do gênero – ele recai diferentemente sobre suas vítimas homens e mulheres, já que assume formas diferentes em seus perpetradores. O racismo, como escreveu Frantz Fanon (1967), existe "no nível genital". Mas parece-me que o sexismo que é direcionado por homens de um grupo a mulheres de outro, considerado inferior, deveria ser chamado de racismo sexista (ou classismo sexista), para distingui-lo do sexismo que é direcionado a mulheres do próprio grupo do sexista. Caráteres sexistas, acredito, focalizam-se primeiro nas mulheres de seu próprio grupo, mulheres que modelam a partir de suas próprias mães. Mas "outras" mulheres, mais sombrias, inferiores, podem se tornar portadoras das imagens construídas primeiramente para mulheres intragrupos, particularmente imagens narcisistas físicas de mulheres fálicas. Entre os brancos, mulheres de pele escura são falicizadas; mesmo quando são construídas como imagens de "mamãe", hipermães, diz-se que são matriarcais, dominadoras dos machos, freqüentemente castradoras, perigosas. O estupro é uma maneira de mantê-las em seu lugar, mas também de designar a seus filhos mestiços um *status* inferior. O preconceituoso obsessivo, ao contrário, proíbe todas as relações sexuais com o povo poluidor que odeiam.[116]

Há, é claro, muitas pessoas em quem os traços dos vários tipos de caráter se misturam, como há circunstâncias sociais que promovem mais de um tipo de preconceito e a violência a eles associada. Mas me parece que a maioria das pessoas tem um preconceito principal, como tem um

---

[116] Uma medida da complexidade da situação que evoluiu durante a década de 1990 na antiga Iugoslávia é que os muçulmanos, que são "judeus" para os opressores sérvios (ou seja, que são considerados como um grupo culturalmente conspiratório mercantil e intrometido com conexões tribais por todo o Oriente Médio), foram expulsos e enviados a campos de concentração que seguiam o modelo nazista, mas suas mulheres foram também submetidas a estupro programático, algo que é normalmente uma característica de preconceitos históricos, mas não de obsessivos. O que pode estar refletido aqui é a diferença na formação psíquica e sociocultural entre os soldados sérvios rurais – os estupradores – e os ideólogos mais urbanos e melhor educados que planejaram e projetaram a campanha de limpeza étnica contra os muçulmanos, centrando sua atenção na cultura muçulmana cosmopolita de Sarajevo.

traço ou padrão de categoria prevalecente. No tocante aos objetos de sua tendenciosidade, muito grupos serão alvos primários de um tipo de preconceito, mas alguns grupos servirão a uma pluralidade de preconceitos. Adolescentes, homossexuais e estrangeiros imigrantes, por exemplo, podem ser vistos como infiltradores astutos, como os judeus, primitivamente sexuais, como os negros, ou em falta de um falo, como as (ou de maneira semelhante às) mulheres. Eles podem ser culpados ou invejados, colocados em seus devidos lugares ou controlados em sua sexualidade reprodutiva. O grupo de "os violentos" (particularmente os jovens) está sendo construído desta forma com múltiplos propósitos. A principal razão do porquê de os estudos acerca de homofobia serem tão preliminares, tão assolados de clichês e tão sobrecarregados com toda a história de tendenciosidade das Ciências Sociais sobre o preconceito, é que a homofobia é normalmente construída como um único preconceito – quando deveríamos estar falando, no mínimo, de homofobias e não somente porque os preconceitos contra homens e mulheres homossexuais assumem diferentes formas. A violência homofóbica pode ser direcionada a homossexuais vistos como infiltradores ou sabotadores da vida familiar (à maneira da Coalizão Cristã); contra homossexuais vistos como um tipo "inferior" vivendo perto demais para ser confortável entre os "heteros" e representando, portanto, uma constante tentação ou a possibilidade de outra vida; ou contra homossexuais vistos como ameaças à estabilidade da ordem dos gêneros, desafios para a identidade narcisisticamente fundamentada, de modo que precisam ser violentamente reduzidos a serem "como nós". Eu acredito que terapia de conversão para homossexuais é um tipo de violência psíquica que reflete o narcisismo dos terapeutas que a praticam e que insistem em fazer dos homossexuais gente "como nós".

    Um ensaio como este, que examina territórios abrangentes e propõe uma abordagem especulativamente teórica e multifacetada, está fadado a levantar muitas questões. Estou ciente de que fiz muitas asserções a todo o momento que são discutíveis, mas há pouco espaço aqui para o argumento ou mesmo para a nuança. Contudo, após testemunhar, vários meses atrás (estou escrevendo em janeiro de 2002), um chocante ato de violência contra os Estados Unidos – um ato terrorista, criminoso, não um ato de guerra) e uma "guerra contra o terrorismo" em resposta (no território do Afeganistão e à custa de muitas vidas civis e cidades afegãs arruinadas), estou mais do que nunca convencida de que é urgente tentarmos deslocar nossa discussão a respeito da violência para longe da busca pela "raiz da violência" na direção de descrições e interpretações mais fenomenologicamente complexas. Da perspectiva que expus aqui, o enorme perigo de nossa presente circunstância é que o ataque feito contra nós por uma organização terrorista com uma rede internacional é um pesadelo obsessivo tornado verdadeiro, tornado realidade e, por isso, parece pedir e justificar todas as reações obsessivas características clássicas. Passar por cima de direitos constitucionais em nome da segurança, incluir pessoas de muitas nações em uma visão de conspiração (todos os que "abrigam" terroristas) e assumir uma mentalidade de fortaleza que define rigidamente o que é e o que não é patriótico – essas tendências atraíram amplo apoio. Sob um ataque desse tipo, o obsessivo em todos é mobilizado, e principalmente o obsessivo em obsessivos, que são bastante numerosos nas forças armadas e nas burocracias governamentais. Porém, cada vez mais estamos ouvindo as vozes da cautela acerca de como conduzimos a "guerra contra o terrorismo" e vozes de preocupação a respeito de como defendemos nossa Constituição e protegemos os direitos humanos de todos, e essas críticas precisam de uma diversidade de vozes de análise psicológica (principalmente psicanalítica) e sociopolítica como fonte.

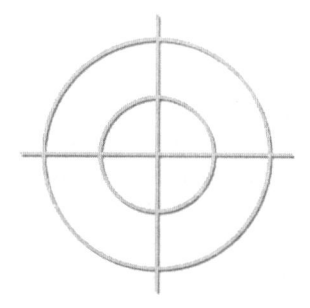

8: Racismo e Corações Impuros

Lawrence A. Lengbeyer

O racismo parece ser, fundamentalmente, uma questão de crença. Aquele que possui o que poderíamos chamar de "crenças racistas" – como a de que os membros de uma dada raça ou grupo étnico G são intelectual ou moralmente inferiores a membros de seu próprio grupo, ou que se deveria evitar que membros de G vivessem ou tivessem filhos com eles – é *ipso facto* racista, segundo o uso comum do termo, mesmo que essas crenças nunca se manifestem visivelmente em afetos, em interpretações de eventos, textos ou situações, ou em comportamentos verbais ou de outro tipo qualquer. Em particular, o fato de ainda não se ter agido segundo essas crenças não impede que se seja um racista não assumido (que poderia, mais ainda, passar a manifestar abertamente esse racismo a qualquer momento). Por outro lado, é uma defesa eficaz contra a acusação de racismo baseada no comportamento de que a pessoa não tenha quaisquer crenças racistas e que o comportamento suspeito é, portanto, explicável de alguma outra maneira. É claro, pode ser difícil adjudicar, em casos particulares, se as crenças ofensivas em questão são de fato inexistentes ou se, em vez disso, é apenas um caso de auto-enganação, negação, ou outra forma de falta de acesso consciente a elas. Mas a atenção e o esforço envolvidos em tais adjudicações oferecem uma significativa verificação de que as atribuições de racismo se voltam para a existência ou não-existência do tipo relevante de crença.[117]

[117.] Por "crença" incluo aqui todas as formas de recursos cognitivos, incluindo suposições e pressuposições, seja incorporadas em representações que são essenciais, seja imagísticas. Dessa forma, a concepção no texto estende-se até mesmo a variedades de racismo que surgem somente em hábitos de comportamentos não produzidos por raciocínio com crenças – como hostilidades "viscerais" ou reações de aversão (como se sabe que alguns cães demonstram), passar a usar inconscientemente gírias de rua ou mudar a postura sempre que se encontra com negros e talvez cumprimentar somente negros por serem articulados. Note também que o termo "crença" neste capítulo tem a intenção de abranger, no aspecto sentencial, não apenas sentenças que falam de crenças puras do cognizador, mas também outras que não são igualmente atribuíveis, mas ainda assim são parte de seu dom cognitivo

Desse modo, as crenças racistas são consideradas automaticamente pelo senso comum como sendo necessárias e suficientes para a atribuição de racismo, na forma em que o conceito é normalmente empregado.[118] O "coração" de alguém é puro em sua essência, ou não é – neste último caso, a pessoa é muito racista, um pouco racista ou algo entre esses dois extremos. O fator decisivo é seu sistema de crenças.

Como, então, é possível purgar-se, ou a outra pessoa, do racismo? O curso lógico, aparentemente, é a educação: apresentar informações que minem as crenças racistas, seja por meio de ensinamentos críveis explícitos que as contradigam, seja por experiências que levem o racista a notar sua falsidade (como trabalhar ou brincar com membros do grupo desfavorecido G). A cura do racismo envolve a remoção, de uma maneira ou outra, de todas as crenças racistas.[119] Somente com essa purificação uma pessoa pode considerar-se corretamente não maculada pelo racismo, consciente ou inconscientemente.

Ou ao menos essa é a visão-padrão. Neste ensaio, espero demonstrar que esse entendimento da natureza do racismo e sua cura são simplificados de modo enganador, até mesmo contraprodutivo. Uma visão mais complicada e variada, embora ainda se concentre nas raízes do racismo na cognição, oferece uma orientação mais astuta para a avaliação moral, recomendações práticas mais úteis para quem está tentando vencer o racismo e um quadro mais sutil e acurado de sua natureza. Para começar, a próxima seção mostrará que, devido a dois tipos de obstáculos no caminho da erradicação de crenças racistas – (i) a facilidade com que crenças desse tipo podem ignorar evidências em contrário; e (ii) os fenômenos de perseverança de crenças e contínuo uso cognitivo de idéias já rejeitadas –, a visão-padrão apresenta poucas esperanças de que os racistas possam escapar de sua condição. Isso será seguido, entretanto, por uma discussão das maneiras por que crenças racistas não erradicáveis podem ser tornadas sem efeito – o que atinge a essência daquilo que buscamos quando nos esforçamos para eliminar o racismo de alguém. Em suma, o que pretendo demonstrar é que crenças racistas são resistentes à rejeição subjetiva; que

---

principal e, uma vez ativadas na memória, podem ser por ele aceitos, temporariamente, mas de maneira não qualificada para propósitos de raciocínio, assim como suas crenças (essas últimas são chamadas de "não crenças" em Beyer 1999).

[118.] Algumas explicações do racismo não consideram cognições racistas como sua fonte (p. ex.: Garcia 1996). Mas a análise deste capítulo aplica-se a todas as explicações de racismo, na medida em que as crenças racistas são concebidas como importantes contribuidores causais cuja erradicação seria desejável.

[119.] Ao centrar minha análise do racismo em crenças, não tenho a intenção de sugerir que uma mudança de crenças seja puramente uma questão intelectual. Não tomo posição nenhuma neste ensaio referente a se processos de revisão de crenças tipicamente, ou em absoluto, envolvem emoções, desejos, ou outros eventos ou estados mentais que não sejam estritamente cognitivos.

mesmo aquelas que foram rejeitadas resistem à expulsão definitiva do sistema de crenças de alguém; e que aquelas que permanecem disponíveis para uso cognitivo podem moldar o pensamento e o comportamento, mesmo que se reconheça sua falsidade. Mas, ainda assim, tem-se a intenção de combater o racismo dentro de sua própria mente, não se está sem armas eficazes, e iremos examinar algumas das contramedidas cognitivas disponíveis.

I. O PROBLEMA COM A PURIFICAÇÃO

Crenças racistas, argumentar-se-á nesta seção, possuem duas características que tendem a fazer sua erradicação da mente de alguém um empreendimento intimidador, se não simplesmente impossível. A primeira é que elas estão entre as crenças cujo repúdio subjetivo é particularmente difícil de ocorrer via encontro com evidências. A segunda característica é uma que parece ser típica de crenças em geral: mesmo que uma crença racista venha a ser repudiada por seu portador, ela pode muito bem continuar na memória, sendo ativada em determinados conceitos e, desse modo, manifestar-se em comportamentos verbais ou de outros tipos.[120]

O REPÚDIO NÃO É FÁCIL

Crenças racistas são falsas – ou assim suporei, via de regra. (Se algumas delas forem realmente corretas, então a rejeição e a obliteração da mentalidade de alguém apresentam desafios adicionais além daqueles que examinaremos.) Uma importante característica que elas partilham é que são freqüentemente bastante enraizadas em comparação a certos tipos familiares de crenças, no sentido de que, aos olhos de seus possuidores, elas não são logicamente dependentes de outras crenças factuais que são mais suscetíveis à desconfirmação e, assim sendo, elas tipicamente não são jogadas fora em resposta a evidências adicionais. Para ver isso, considere a seguinte série de crenças:
  1. O leite na prateleira de cima da geladeira está fresco.
  2. O presidente está sendo honesto ao dizer que não está envolvido no escândalo de corrupção.
  3. O crescente comércio entre os Estados Unidos e a China aumentará a possibilidade de democratização política neste último país.
  4. O povo asiático é, como um grupo, em geral não confiável.

[120.] Se isso é de fato igualmente típico de todas as crenças, ou se somente, ou principalmente, afeta certos tipos – como as que têm origens mais emocionais, ou as que estão há mais tempo na memória, ou as que são mais freqüentemente utilizadas sem serem conscientemente rejeitadas por seus possuidores –, é uma questão que merece mais pesquisa.

5. Negros são inferiores em intelecto e moralidade a pessoas de outras raças.

Essas crenças são semelhantes entre si (e a todas as outras crenças) no sentido de que, como W. V. O. Quine notoriamente disse, elas são todas em teoria potencialmente imunes a refutações convincentes: não importa quais evidências supostamente em contrário sejam encontradas por um crente em qualquer uma delas, essas evidências podem ser reinterpretadas ou explicadas de modo a preservar o compromisso com a crença em questão. Cada uma delas pode, assim, ser protegida da refutação conclusiva: não se pode nunca ser logicamente compelido por evidências a aceitar sua falsidade, enquanto se estiver disposto a reagir a elas fazendo alterações, não importa o quão implausíveis, *em outros lugares* em seu sistema de crenças.[121]

Mas para todos, exceto para os mais obstinadamente (ou patologicamente) comprometidos com a defesa de determinadas crenças, não importa o que aconteça, essa característica teoricamente comum a todas as crenças não dita na prática, evidentemente, sua susceptibilidade subjetiva a evidências em contrário – uma suscetibilidade que definitivamente varia para cada crença. Não importa que isolamento delas em relação a evidências seja *possível*, no fato psicológico real, nós realmente experimentamos evidências em contrário, como se impusessem graus variáveis de compulsão racional sobre nós para que revisemos ou abandonemos nossas crenças. No caso das listadas acima, sentimos essa compulsão mais para as primeiras crenças do que para as últimas, com as crenças racistas tendendo a estar entre os tipos de crenças menos abertas, do ponto de vista de seus possuidores, à contestação racional.[122]

[121.] Ver, p. ex., Quine 1992: 13-14. O lócus clássico para essa idéia é "Dois Dogmas do Empirismo", de Quine (1964: 20-46, esp. 42-44): "Qualquer declaração pode ser considerada verdadeira, não importa o que aconteça, se fizermos ajustes drásticos o bastante em outro lugar do sistema" (43). Uma visão geral bem direta da tese de Quine-Duhem, junto a citações adicionais da obra de Quine acerca do holismo, pode ser encontrada em Klee 1997: 64-65.

[122.] Dado meu enfoque em contestações *racionais* de crenças, haverá aqueles que compreensivelmente se perguntarão a respeito de pressões motivadas *não racionais* ou *irracionais* para a manutenção ou revisão de crenças racistas – pressões extraordinárias, ou até mesmo rotineiras, exercidas sobre crenças por desejos, desgostos, necessidades emocionais e assim por diante. Entretanto, pretendo evitar essas questões aquiescentemente interessantes neste capítulo, pois acredito que o poder explanatório do modelo da formação e da revisão racional de crenças (incluindo a irracionalidade inocente – ou seja, imotivada) não foi ainda completamente explorado e está longe de ser exaurido, tornando assim um tanto prematuro o recurso a mecanismos motivados para explicar por que as pessoas acreditam no que acreditam (por exemplo, minha noção de "percepção", explicada adiante, aponta para uma explicação inocente para inconsistências internas dentro do sistema de crenças de uma pessoa). Antes que adotemos a visão (reconfortante) de que racistas perderam seu controle cognitivo normal sobre seus sistemas de crenças, vejamos antes o quanto do racismo pode ser compreensível como um produto de nossos processos cognitivos racionais normais.

Então sim, se eu provo o leite na geladeira e ele parecer-me claramente azedo, nenhuma lógica impedirá que eu conserte meu sistema de crenças para preservar minha crença em "1", de que ele está fresco. Eu poderia adicionar uma nova teoria especulativa referente a como o leite fresco pode, às vezes, ter gosto azedo, ou uma nova conjectura factual de que minhas papilas gustativas estão com problemas ou que tomei uma droga que adultera a percepção. Mas sejamos realistas. Com exceção das circunstâncias mais extraordinárias, assim que detecto o azedume, irei revisar minha crença. Repudiarei "1", com a intenção de nunca a usar novamente com seriedade no papel de crença.

Nesse ponto, a "2" ("O presidente está sendo honesto ao dizer que não está envolvido no escândalo de corrupção") difere de forma importante da "1". Se alguém acredita nela, essa pessoa estará mais tendente que no caso da "1" a reagir inicialmente a direcionar evidências em contrário, desconsiderando-as em vez de simplesmente aceitar que elas demonstram que a crença era falsa. Isso pode se dever a um ou mais fatores distinguíveis, porém relacionados, incluindo a disponibilidade de relatos alternativos acerca da fonte da evidência em contrário, a disponibilidade de interpretações alternativas dela, e as conexões conceituais entre essas interpretações e a crença em questão.

Em primeiro lugar, a fonte de evidência em contrário para a "2" (digamos, relatos da imprensa ou gravações recém-descobertas indicando que o próprio presidente ordenou os atos escandalosos) será, em comparação com a "1", mais aberta a múltiplas explicações, algumas das quais darão a entender que a evidência em contrário é de confiabilidade dúbia – produto de desinformação passada para a imprensa, práticas jornalísticas irresponsáveis, gravações montadas, declarações tiradas do contexto de forma enganadora ou algo do tipo. Em segundo lugar, mesmo que a evidência em contrário à "2" seja considerada incorrupta e vinda de fonte confiável, seria menos provável exigir uma reação de repúdio por parte do crente devido à sua grande abertura em comparação com a evidência em contrário à "1", a múltiplas leituras de seu significado. Sensações de gosto azedo, ou mesmo datas de venda impressas, são informações relativamente não ambíguas, enquanto uma gravação (acurada, inalterada, não editada) envolvendo o presidente pode muito bem ser suscetível a várias interpretações razoáveis que imputam diferentes atos verbais e estados mentais a ele. Em terceiro lugar, não somente há diferentes interpretações plausíveis para a evidência em contrário à "2" disponíveis, mas algumas delas permitem que um crente dedicado mantenha a "2" sem inconsistências, enquanto a incompatibilidade entre crença "1" e o significado da sua evidência em contrário é relativamente inescapável – o compromisso com a "1" não pode ajudar a fugir da pressão lógica criada por sua evidência em contrário. Uma crença na frescura do leite em um dado recipiente não pode por si só (ao menos sem um extraordinário esforço) alterar a percepção baseada no sentido de que uma parte daquele leite está realmente azeda ou não fresca de alguma outra forma, nem pode alterar o entendimento da incompatibilidade lógica entre essa percepção e a crença. Ao contrário, se a honestidade do presidente é tratada como um pressuposto ao qual a evidência pode, de forma aceitável, conformar-se, então uma uma parte da suposta evidência em contrário pode ser prontamente, e plausivelmente, considerada não como uma evidência *em contrário*. (Colocando de modo mais simples: o presidente não poderia estar brincando, ou mentindo intencionalmente, ou embriagado quando deu a ordem incriminatória?) De modo mais geral, algumas crenças são tais que não apenas suas evidências em contrário são abertas para várias interpretações, mas essas interpretações que estão em conflito com as crenças são mais facilmente desconsideráveis por serem em menor número ou de menor grau de plausibilidade. A conclusão de tudo isso é que a evidência em contrário à "2" tem menor probabilidade de parecer conclusiva que a evidência em contrário à "1", e tem conseqüentemente probabilidade de instigar uma rejeição subjetiva dessa crença.

Independentemente disso, a evidência que se tem de encarar pode ser tal que faz com que a pessoa se sinta compelida a rejeitar "2" e considerar qualquer pessoa razoavelmente inteligente que insiste em se apegar a ela presa de algum desejo, necessidade ou compulsão irracional que distorce a cognição. No caso da "3", contudo ("O crescente comércio entre os Estados Unidos e a China aumentará a possibilidade de democratização política neste último país"), nós nos afastamos ainda mais da clareza de "1", por causa da natureza mais geral, teórica, do compromisso cognitivo envolvido. Assim, é ainda mais provável do que no caso da "2" que ela seja usada na interpretação de evidência que prova sua autenticidade ou falsidade e fazer, de modo autoprotetor, com que essa evidência seja interpretada de maneira que sustente essa crença. Mas ainda é um tipo de crença para a qual podem ser encontradas evidências que, mesmo estando abertas para múltiplas interpretações, são, com exceção dos casos menos plausíveis, tão óbvias e não ambiguamente contrárias que um crente não pode, de boa-fé e sem auto-enganação, interpretá-las de modo a desconsiderá-las. Conseqüentemente, a crença, apesar de seu poder de distorcer as evidências a seu respeito, ainda está em última instância aberta à revisão e à eliminação em um grau significativo.

E quanto à "4" e à "5"? Essas são típicas crenças racistas, direcionadas contra asiáticos e negros, respectivamente. E parecem ser mais semelhantes a crenças como a "3" do que como a "1". Elas distorcem as evidências que um crente encontra nelas. Uma significativa porção das evidências em contrário disponíveis é testemunha de outras que podem ser desconsideradas por não serem baseadas em dados objetivos e até mesmo corrompidas por ideologia (por compromissos com políticas igualitárias ou multiculturalistas, por exemplo). Outra evidência, obtida de contatos diretos, mas limitados com os membros do grupo G em questão, não acarreta uma inevitável leitura contra a crença, mas é prontamente suscetível a interpretações alternativas plausíveis que confirmam, em vez de refutar, as crenças racistas.[123] Crenças como essa não são completamente resistentes a mudanças devido a evidências; mas o tipo de evidência mais difícil de ignorar ou desconsiderar – contato com um número de membros de G em situações que permitam revelar sem ambigüidades características opostas às características imputadas por "4" e "5" – é de um tipo raramente encontrado por racistas. Em suma, vimos nesta seção como processos racionais tendem a trabalhar contra a revisão ou o descarte de crenças racistas, dada a "distância" relativamente grande (embora não igualmente grande) dessas crenças de seus suportes de evidências. O caminho para a rejeição psicológica de crenças racistas tende, portanto, a não ser percorrido pelos crentes por razões que são em parte características dos ditames da revisão racional de crenças.

UM OBSTÁCULO MAIS PROFUNDO PARA A PURIFICAÇÃO

Os portadores de crenças racistas não apenas tendem a não se sentir racionalmente compelidos por evidências que encontram a renunciar subjetivamente a elas, mas também encaram um impedimento ainda mais profundo para a eliminação delas. Mesmo após serem renunciadas como falsas, as crenças racistas, como outros tipos de crenças, freqüentemente continuam a residir no repertório cognitivo da pessoa, no qual (como um vírus dormente) as circunstâncias adequadas podem causar sua ativação e utilização em processos cognitivos que influenciam a emoção e o comportamento. Assim, o racismo é semelhante a uma doença que, uma vez tratada, permanece sempre presente dentro do corpo, capaz, quando ativada, de prejudicar a saúde.

Agora, esse quadro está em conflito com pelo menos duas suposições-padrão acerca da operação dos sistemas cognitivos humanos: (i) que, uma vez que, uma idéia é rejeitada como falsa, ela é barrada ou expulsa do sistema de crenças de uma pessoa; (ii) que uma idéia considerada falsa por alguém não pode, em qualquer caso, participar de sua cognição – em outras palavras, que ao se realizar operações mentais "sérias" ou "sinceras" (isto é, que não são hipotéticas, nem suposições, nem brincadeiras, nem ações, etc.), as pessoas utilizam-se somente de idéias que consideram verdadeiras. Mas há razões importantes para pensar que são essas suposições, e não o quadro que estou propondo, que estão em conflito com a realidade.

[123.] Parte da explicação desse fenômeno sem dúvida reside na tendência amplamente emocional (mas racionalmente justificada) de favorecer nossas crenças existentes referentes à sua alteração, um conservadorismo que fornece uma maior estabilidade da visão de mundo e as vantagens práticas e psíquicas decorrentes.

REPÚDIO SEM ELIMINAÇÃO

Mesmo quando o cognizador confirma que uma sentença (ou outra representação) em seu repertório merece ser expulsa e deseja fazê-lo, é tipicamente difícil efetuar esse desejo. Chame isso de *perseverança de crença*.[124] Julgar uma sentença como falsa tem, aparentemente, menos conseqüências do que estaríamos tentados a acreditar: isso nem sempre previne a inserção inicial da sentença no repertório cognitivo de uma pessoa e geralmente nem resulta na sua eliminação uma vez inserida – ou, como será discutido na seção seguinte, previne sua ativação e seu uso em cognições subseqüentes.

Este é um fato comprovado acerca da mente. O psicólogo Daniel Wegner escreve a respeito de "pensamentos que não podemos apagar da mente" que "continuam a influenciar nosso pensamento futuro" (1989: 100). A respeito desse pensamento: "Sugerir [para si mesmo] que o pensamento é incorreto, falso, tolo ou errado não o fará desaparecer verdadeiramente" (113). Ele escreve:

> *Quando temos uma idéia que... simplesmente implora para ser eliminada da face da Terra, o ataque mais direto que podemos imaginar contra ela é dizer que é falsa. Entretanto, o fato de que idéias desacreditadas não "desapareçem" deixa-nos com uma idéia oscilante e potencialmente enganadora em nossa mente. Às vezes nos lembraremos de que ela é falsa e tomaremos decisões de acordo com isso. Mas, em outras ocasiões, podemos nos esquecer de nossa descrença ou de nossa resolução de desconsiderar essa idéia, e então fazemos julgamentos que advêm da crença de que o pensamento é verdadeiro. (116)*

A evidência psicológica sugere que "é preciso muito mais que uma retratação para produzir uma supressão duradoura e eficaz". Aparentemente, "a vontade de não acreditar não é, por si só, suficiente para limpar nossas mentes de pensamentos falsos ou de suas implicações indesejadas" (100, 117).

[124.] Essa classe de fenômeno, chamado de "perseverança de (não)crença", em Beyer 1999, é mais geral do que aquilo que é chamado de "perseverança de crença" na literatura psicológica, a qual envolve a continuação da manutenção de uma crença derivada de experiências em um experimento, mesmo após ser explicada à pessoa pelos experimentadores que a "evidência" experimental na qual se baseia tal crença é falsa. Ver, p. ex., Herman 1986: 35-38. Wegner participou de um experimento que estende esses resultados a casos em que explicações *pré-*experimentos foram utilizadas para alertar os participantes e descobriu que ainda assim "a maioria acreditou no *feedback* falso" (Wegner 1989: 105). Wegner conclui: "Não importa se aprendemos antes, durante ou depois de encontrarmos uma informação que ela é falsa, podemos subseqüentemente usar a informação da mesma forma." (104)

Uma razão para a perseverança da crença ser às vezes ignorada na filosofia pode ser que certos tipos de exemplos ilustrativos tendem a influenciar a reflexão teórica nessa área. Tratar, por exemplo, o antigo clichê

Está chovendo (aqui e agora)

(p. ex., Williams 1973: 136) como a fonte central de dados a respeito da crença de alguém pode distorcer a visão dela. Uma instância recém-formada dessa sentença de crença prototípica pode realmente desaparecer imediatamente olhando-se pela janela para checar o tempo; essa é uma maneira pela qual o aprendizado comum de fatos ocorre. Mas a crença, digamos, de que seu pai era honesto pode ser mais tenaz diante de reconhecidamente poderosas informações em contrário. Pode-se aceitar a nova evidência, reconhecer que ela positivamente prova uma falta de honestidade por parte de seu pai e, ainda assim, em inúmeras situações subseqüentes, declarar sinceramente que seu pai era honesto ou raciocinar ou imaginar que ele era. As representações cognitivas que contêm a informação de que seu pai era honesto não terão sido canceladas e ocorrerá também uma perda de acesso mental, temporário, se não permanente, da (i) evidência em contrário que foi considerada (e ainda é) uma refutação conclusiva da crença, e provavelmente também da (ii) experiência ou das experiências anteriores de ter rejeitado a crença com base na evidência em contrário. (As variações de como as crenças resistem à expulsão apesar da desconfirmação reconhecida não devem, é claro, ser confundidas com as variações discutidas anterirmente acerca de como as crenças defletem ou desencorajam o reconhecimento subjetivo de sua desconfirmação diante de evidências em contrário.)

Apesar da negligência geral da perseverança da crença, alguns filósofos enriqueceram sua retratação da cognição ao notar o fenômeno. Gilbert Harman, por exemplo, escreve: "É claro, há casos em que é preciso se esforçar para abandonar uma crença que foi desacreditada. Acaba-se voltando para os pensamentos que se sabe não se deveria mais aceitar" (1986: 38). Podemos acrescentar que, infelizmente, nem sempre "se acaba" fazendo isso quando esse fato ocorre; às vezes, volta-se para os pensamentos supostamente desacreditados *sem que se perceba*. Alvin Goodman também tem coisas pertinentes a dizer referente a esse tópico. Ele fala do estado cognitivo que permanece mesmo após ter sido repudiado (e mesmo após um estado corrigido ter sido adicionado ao repertório cognitivo) como um "resíduo de credo" e reconhece que é "importante reconhecê-los porque, como uma fênix, eles podem renascer – como crenças" (1986: 223-24).

Embora haja um considerável esclarecimento a ser obtido simplesmente pondo em contato esse fenômeno da perseverança com questões relacionadas ao racismo, é somente com uma *explanação* das dificuldades da erradicação da crença que uma explicação plenamente satisfatória será conseguida. Um bom começo nessa direção pode ser feito introduzindo um modelo de cognição mais rico, mais realista. A visão do senso comum, influenciada pela analogia da mente com um computador, considera que a cognição de uma pessoa simplesmente envolve manipulações feitas acerca de um único conjunto de crenças sentenciais; mas, adicionando-se dois tipos de complicação que deixam essa visão mais próxima da realidade, torna-se possível discernir com mais detalhes alguns dos mecanismos que frustram as tentativas das pessoas de livrarem suas mentes permanentemente de crenças repudiadas.

O Homem não Pensa somente por meio de Sentenças. A primeira complicação é que a memória contribui para a cognição com mais do que simplesmente informações na forma de sentenças – de modo que, caso se erradique uma dada sentença de crença racista "p" da memória, pode-se reter outros tipos de representações mentais paralelas, em razão das quais se pode descobrir mais tarde aceitando-se novamente "p" ou raciocinando ou agindo como se a aceitasse. Para início de conversa, os seres humanos possuem um sistema de "memória episódica" que armazena memórias de experiências passadas – memórias *das* próprias experiências,[125] em vez de memórias *a respeito* delas: memórias de *comer* a maçã, de *ver* que ela estava verde, em oposição a memórias sentenciais de *que* se comeu a maçã ou *que* se viu que ela estava verde.[126]

Um dos usos para as memórias episódicas é a derivação delas de sentenças que podem então fazer parte do raciocínio comum e que podem ser adicionadas ao estoque permanente de conhecimento de uma pessoa. Embora isso ordinariamente facilite a cognição eficaz – fornecendo uma riqueza de informações que de outras formas não estariam disponíveis para os contínuos processos de pensamento –, também pode minar as intenções de se livrar de uma vez por todas de uma crença racista, mesmo supondo que se seja inicialmente capaz de cancelar a crença de suas poses cognitivas. No tipo mais simples de caso, mantém-se a memória episódica de ter pensado ou argumentado a posição racista em questão e, ao lembrar-se disso, aceita-se essa posição novamente. Isso pode ocorrer prontamente, pois não é incomum que alguém que mantenha a confiança em seus próprios processos de pensamento venha a aceitar novamente uma sentença "p" ao confiar que a memória episódica de se ter aceitado *anteriormente* essa sentença fornece duas certezas: (i) que essa pessoa aceitou "p" anteriormente e (ii) que ela é digna de ser aceita novamente. É claro, se essa

---

[125.] As memórias podem não ser verídicas. Elas podem ser distorcidas por expectativas, interpretações, más interpretações, más percepções e mal-entendidos iniciais, e talvez por processos análogos que ocorrem após o armazenamento inicial.

[126.] Ver, p. ex., Tulving 2002: 1999. Outro exemplo de conteúdo referente à memória episódica foi a "experiência anterior " relembrada "de ter rejeitado a crença" de que seu pai era honesto.

pessoa também tiver motivos para achar que "p" é falsa – motivos talvez obtidos de memórias episódicas, como a recordação de ter vindo a duvidar posteriormente de "p" – então a nova aceitação de "p" pode ser inibida. Assim sendo, se alguém se lembrar não apenas de ter acreditado ou articulado a crença racista em questão, mas também de a ter posteriormente repudiado, essa pessoa não será induzida a aceitá-la novamente. Mas se, como parece ser bastante comum, a experiência que leva ao repúdio estiver isolada em uma região da memória não conectada com algumas experiências de ter usado sem hesitação a crença racista, então recordar esses últimos pode muito bem reinjetar essa crença nos raciocínios imediatos da pessoa e até mesmo potencialmente de volta nos recursos armazenados permanentemente que estão disponíveis de modo geral para a cognição.

Há também caminhos mais complexos pelos quais a recordação de memórias episódicas pode levar à ressuscitação de crenças racistas previamente rejeitadas. Recordar ter pensado que "q", ter pensado que "r" e ter pensado que "s" podem induzir alguém a tratar essas três sentenças como premissas legítimas para o raciocínio, e portanto, pode-se inferir à velha crença racista, "p". Pode-se recordar ter tido certas experiências que agora, nas atuais reflexões sobre elas, levem à conclusão novamente de que "p" é válida. Dessas maneiras, a crença racista pode ser desacreditada, subjetivamente rejeitada e (suponhamos) eliminada da reserva de recursos cognitivos prontos para usar – e ainda assim ser reconstituída a partir desses ecos do passado.

Há um segundo tipo de *input*, ou inserção de dados, não-essencial na cognição, que representa um problema similar para o racista que deseja se purificar. Parece claro que armazenamos na memória, para uso mental futuro, não apenas sentenças, como as crenças racistas a serem erradicadas, mas também *imagens* (ou seqüências de imagens) de diversos tipos;[127] o serviço de tênis imaginado da própria pessoa; o serviço de tênis de John McEnroe; seqüências de sonho e fantasia; alguém se agarrando na beirada de um telhado (uma imagem obtida de um filme ou da televisão); uma instância precedente das interações ao final de um primeiro encontro (talvez simplificadas ou idealizadas em uma forma genérica); qual é a aparência de sua sobrinha quando ela tinha 10 anos; como ela tentou pegar o doce de seu irmão mais novo. Como memórias episódicas, essas imagens, se seu possuidor as considerar fontes confiáveis de verdade – o que é freqüentemente eminentemente razoável, já que há normalmente muito a ser aprendido a respeito do mundo a partir delas – podem conter as sementes a partir das quais crenças racistas extintas podem ser renovadas. A imagem armazenada de um episódio a respeito de um mercador que é judeu e é irredutível

---

[127.] Estou usando o termo "imagem" em um sentido não analisado, cotidiano, não científico, como um contraste para a informação codificada verbalmente.

em suas negociações, mesmo que obtida por meio da leitura de uma obra de ficção, pode ser usada como fonte de extração e aceitação de uma crença racista pelos judeus, ou pela qual alguém pode pressupor tal opinião em seu raciocínio. Assim sendo, a verdadeira purificação da atitude racista de que judeus são mesquinhos e gananciosos precisa não somente da eliminação de todas as sentenças nesse sentido (mais outras sentenças da qual essa visão pode ser derivada) assim como de todas as memórias episódicas de experiências mentais pessoais a partir das quais seja possível obter ou reconstruir tal atitude, mas também da modificação ou cancelamento de todos os demais recursos cognitivos restantes em forma de imagem que seja possível considerar (usando-se os recursos cognitivos restantes) como se retratassem precisamente os judeus dessa forma.

Esse tipo de autopurificação pareceria ser uma tarefa muito difícil, se não impossível. Mas a futilidade da tentativa de garantir a não-ocorrência de cognições racistas pela remoção do "armário mental" de todos os ingredientes com os quais elas podem ser fabricadas não é motivo para desespero, já que há outro e mais eficaz curso que consideraremos nas seções 2 e 3 adiante.

O Sistema Cognitivo não é Completamente Integrado. A segunda das duas complicações negligenciadas pelo modelo comum da analogia com um computador é que a cognição não é um processo completamente integrado. Ou seja, o repertório cognitivo de uma pessoa, a reserva de recursos armazenados na memória para a utilização no pensamento, *não é* um único fundo no qual todo e qualquer bem está disponível para ser ativado sempre que forem relevantes para o tópico de cognição atual. Em vez de fornecer dessa maneira uma única *perspectiva* sobre o mundo em uma única *personalidade* para sua utilização, o repertório de uma pessoa é compartimentalizado em um complexo padrão que, na verdade, apóia muitas *percepções** distintas, parciais, sobrepostas, acionadas segundo a situação (e às vezes mutuamente inconsistentes) junto com conjuntos correspondentes de *personas* (Beyer 1999). O fluxo de cognição envolve uma contínua alternância de uma percepção (e sua respectiva persona) para outra. Como resultado, a maneira como uma pessoa pensa e se comporta em um tipo de situação não é indicador seguro de como ela pensa e se comporta em outro. De fato, é possível às vezes até raciocinar seriamente em uma perspectiva mental P1 com uma premissa que é *contraditória* à sua contraparte usada com a mesma seriedade em P2.

Se essa retratação for precisa – e há muitas razões para se acreditar nisso (Beyer 1999) –, então ela aparentemente oferece à perseverança da crença mais outra vantagem em sua disputa com a purificação por erradicação de crença. Suponha que alguém reconheça que sua crença

---
* N.T.: *Perspect*, no original.

racista "p" é de todo falsa e mal direcionada e que esse reconhecimento de alguma forma leva aos atos e circunstâncias internos que bastam para uma erradicação eficaz da crença. Dado o quão independentes são uns dos outros os processos mentais pelos quais passa uma pessoa em diferentes percepções, seria esperado que o reconhecimento anti- "p" resultasse na expulsão de "p" de todo o repertório cognitivo de uma pessoa – ou então de somente um tipo específico de percepção, de modo que, realmente, quando essa pessoa, digamos, discutir novamente questões de política pública com colegas ou estranhos, ela nunca se sentirá tentada por essa idéia racista, enquanto que, em outros contextos, ela possa esperar que "p" continue a ser oferecido pela memória como uma ferramenta útil para o pensamento? Se isso é verdade ou não, é uma questão empírica, não lógica, sem dúvida; mas essa conjectura parece ser fortemente suportada por experiências regulares de divisão mental e a maneira como lições aprendidas em um contexto não conseguem ser aplicadas em outros. Aparentemente, então, a eliminação de uma crença racista em uma percepção não deve reduzir sua disponibilidade em outras. Mais ainda, essa recalcitrância ao desenraizamento sistêmico deve ser esperada principalmente para as sentenças que não foram formadas recentemente, mas são de longa data e estão integradas em várias percepções – as quais podem freqüentemente caracterizar crenças racistas.

E a coisa é ainda pior, é claro, pois nós simplesmente assumimos que o reconhecimento da falsidade de uma crença racista causaria sua eliminação na percepção específica ativada no momento. Mas a experiência também nos mostra que mesmo um sincero banimento de uma crença freqüentemente acaba se provando apenas uma substituição temporária dela no episódio cognitivo imediato, sem efeitos duradouros mesmo nessa própria percepção. Principalmente nos casos em que a crença racista está ativada há muito tempo nessa percepção, o *insight* ou informação de que ela é falsa pode ser rapidamente esquecido (ou confinado à memória episódica) assim que o atual episódio de pensamento se encerra, e não apenas fracassa em expulsar "p" permanentemente de toda memória, mas não consegue nem sequer excluí-la da "lista de ativação" para essa única percepção. Apesar do percalço temporário, ela continua a viver dentro dessa percepção para lutar um outro dia. É uma experiência familiar aprender algo, mas ver que a lição não "pegou", de modo que, em situações pragmáticas futuras do mesmo tipo, ocorre uma reversão para o antigo ponto de vista.

COGNIÇÃO COM IDÉIAS QUE SE JULGA SEREM FALSAS

Mesmo que se prove impossível banir do repertório cognitivo itens subjetivamente repudiados dos quais surgem pensamentos e atos racistas, isso seria de pouca importância, desde que se pudesse esperar que esses itens permanecessem dormentes ou inertes. E essa expectativa não é, à primeira vista, irracional, pelo menos na medida em que estamos lidando com itens (vamos novamente tratar de crenças sentenciais) que foram repudiados por serem considerados falsos. Como, afinal, pode-se esperar que uma pessoa use, digamos, a crença racista "p" em seu raciocínio teórico ou prático quando ela rejeita "p" como falsa?

Há um bocado de coisas a se dizer a respeito da consideravelmente complicada relação entre cognição e verdade, mas nossos propósitos não exigem entrarmos em maiores detalhes aqui. Suponha que aceitemos, em nome do debate, o princípio psicológico plausível que não se pode utilizar, de modo sincero e sério, em cognições de sentenças que se considere no momento serem falsas. Isso ainda não ajudaria muito aqueles que buscam ser racistas reformados por meio da purificação. Pois não há boas razões para achar que esse princípio não evitaria que usassem essas idéias racistas que continuam, apesar de suas intenções, a residir em seus repertórios cognitivos.

Para começar, há o fato que podemos chamar de *reticência epistemológica*: conteúdos cognitivos não vêm com rótulos que, de modo imediato e confiável, anunciam os valores de verdade que seus possuidores acreditam ter.[128] Ocasionalmente, nós utilizamos sem querer, em nossos raciocínios, sentenças que, se refletíssemos a respeito, consideraríamos falsas – ou até mesmo aquelas que já consideramos assim no passado. Quando essas sentenças foram adquiridas recentemente por meio de fontes de informação externas ou processos de inferência internos em vez da memória, isso deve ser esperado, já que às vezes aceitamos novas idéias em confiança sem testar suas credenciais epistemológicas. Mas mesmo as sentenças reutilizadas que são simplesmente ativadas a partir de nosso atual repertório cognitivo não escondem seu *status* epistemológico em suas mangas. Nós rapidamente nos esquecemos de nossas avaliações passadas delas (ver Harman 1986: 41), e não há de modo geral nenhuma característica que possa passar por uma introspecção imediata e que nos permita captá-las novamente (ou mesmo os fatos com os quais realizamos essas avaliações). Evidentemente, reconhecemos em muitos casos o *status* epistemológico de sentenças no momento, em que as utilizamos em raciocínios – não porque as sentenças os anunciem automaticamente, mas porque nós instituímos ativamente checagens para elas em nosso processo de raciocínio. Entretanto, a introspecção informa-nos que fazemos essa checagem apenas ocasionalmente, e isso é confirmado pelas limitações de nosso maquinário mental: já que a cognição ocorre em tempo real, não há tempo ou capacidade

---

[128.] De fato, as considerações discutidas nesse parágrafo, combinadas com explicações de múltiplas percepções de cognição compartimentalizada, sugerem que "os valores de verdade que seus possuidores acreditam ter" são ocasionalmente nem mesmo valores unitários e determinados em absoluto. Pode-se fazer diversas avaliações do valor de verdade de uma sentença, sendo que nenhuma delas merece claramente ser considerada como *a* opinião, ou opinião considerada, que se tira dela.

de processamento suficientes para a condução de avaliações feitas na hora de cada item a ser utilizado no raciocínio. (Para não falar das dificuldades que teríamos de enfrentar na tentativa de reunir todas as informações de que precisamos para fazer essas determinações.)

Há outras evidências de que ocasionalmente usamos, sem hesitar, sentenças em raciocínio sem as examinar cuidadosamente – e, conseqüentemente que crenças podem continuar a influenciar a cognição se, apesar de terem sido repudiadas, permanecerem em nosso repertório cognitivo.[129] Mas estabelecemos adequadamente que a eliminação do racismo pela purificação enfrenta obstáculos consideráveis.

II. VIRTUDE SEM PUREZA

Aparentemente, então, as possibilidades de curar alguém do racismo por meio da purgação de seu sistema cognitivo são sombrias. Pelas razões dadas anteriormente, é provável que ele não será levado a repudiar subjetivamente as crenças racistas que defende e, mesmo que o faça, elas não serão eliminadas de seu fundo ativo de ferramentas cognitivas ou então elas (ou sentenças similares) serão rapidamente reconstituídas a partir de outros ingredientes, menos problemáticos, disponíveis em sua reserva cognitiva. De qualquer modo, elas se manifestarão em seu raciocínio e comportamento.

Isso parece ser desesperador. Mas, na verdade, há um curso alternativo que o combate ao racismo de um indivíduo pode tomar, um objetivo ético mais acessível e mais construtivo que o quadro simplista do coração puro. O racismo pode ser efetivamente derrotado em muitos corações individuais que o abrigam, mas somente evitando-se um ideal sentimental e excessivamente ambicioso em favor de uma abordagem mais adulta, sóbria, pragmática e realista. O objetivo deve ser a *administração* das idéias

---

[129.] Parte dessas evidências é fenomenológica: uma grande parcela de nossa utilização cognitiva de sentenças, principalmente as que não envolvem assentimentos ou afirmações explícitos, aparentemente é conduzida de modo confiante e despreocupado. Alguma evidência disso é fornecida por ocasiões em que a contestação à nossa declaração "p" faz com que imediatamente mostremos e sintamos hesitação, aparentemente sugerindo (não em todos, mas em alguns casos) que não fizemos uma avaliação de verdade anterior. Suporte adicional é fornecido por aqueles que observaram que a cognição humana normalmente ocorre em uma postura de "aceitação total" que deriva de uma tendência natural para a "credulidade primitiva" (Price 1969: 208-16; ver também James 1950; Coady 1992: 121, 123, 46-47; Levi 1991: 71-79; Dancy 1985: 171). Nem mesmo uma consciência contemporânea, ou uma de fácil disponibilidade, da falsidade de uma sentença interfere com sua utilização em um raciocínio, conforme demonstrado por atividades como suposição de contrariedade ao fato, bancar o advogado do diabo, inventar coisas do nada e fazer de conta (ver também Dennet 1978: 308: "Hábitos de pensamentos ligados [meramente] a frases bem formuladas podem persistir por muito tempo após suas assertivas relevantes terem sido negadas").

racistas, não sua absoluta eliminação. Em vez de empreender esforços fúteis para simplificar o sistema cognitivo de uma pessoa por meio do desenraizamento de suas idéias racistas, essa pessoa deveria *complicar* esse sistema de maneiras que ofereçam controle sobre a influência e as manifestações das idéias ofensivas.[130]

Essa proposta pode parecer mais familiar se comparada com outras maneiras de lidar com *desejos* incontroláveis – desejos que zombam de forma atormentadora de nossa incapacidade de satisfazê-los ou nos levam a fazer escolhas das quais nos arrependemos ou a ser pessoas que não respeitamos. Às vezes, é claro, abandonamos qualquer tentativa até mesmo de controlar esses desejos, mas em vez disso os aceitamos e lidamos com suas ramificações, talvez reestruturando nossas vidas de modo a minimizar suas características problemáticas (continuamos a ceder à fraqueza por sorvete, mas compensamos isso nos exercitando mais vigorosamente). Quando não podemos ou não queremos adotar essa abordagem, então nosso ideal é eliminar os desejos incômodos inteiramente obtendo novas informações ou *insights* que reduzem a atração de satisfazê-los (ou a aversão a não satisfazê-los). O elo lógico entre obtenção de dados e a eliminação de desejos pode ser imediato, como quando ouvimos relatos fidedignos de que um prato de um restaurante que estávamos com vontade de experimentar é seco e salgado demais; ou pode ser indireto, como quando a reorientação de nossas vidas para o serviço público ou para melhorar as oportunidades para nosso filho recém-nascido apaga nosso desejo de continuar levando uma vida indolente. Entretanto, é bastante comum que não possamos nos livrar completamente de um desejo problemático, então temos de domá-lo ou limitá-lo. Pense nas intermináveis batalhas das pessoas contra desejos impossíveis de eliminar por álcool, certos tipos de comida ou pela atividade de consumi-los, ou de intimidade erótica por pessoas inacessíveis; em uma área diferente, há desejos persistentes por atividades ou objetos que são vistos como válidos, mas que reconhecemos ser necessário subjugá-los pelo bem de, digamos, nossos cônjuges, pais ou nação.

Então, como lidamos com um desejo que não podemos erradicar? Podemos exercitar certos pensamentos que lançam esse desejo, ou sua satisfação, sob uma luz muito fraca e assim podemos, por ora, fortificar

---

[130] Assim sendo, pode muito bem ser que em certas partes do mundo a maré do racismo tenha, na verdade, recuado na última geração – independentemente dos impedimentos à erradicação de crenças racistas que temos examinado. A explicação para essa mudança, se ela realmente existe, pode ser porque (i) os *esforços* para a erradicação das crenças racistas aumentaram com o tempo, causando um aumento paralelo, mesmo que muito menor, do *sucesso* da erradicação (se assumirmos de forma plausível que n por cento dessas esforços são bem-sucedidos apesar dos obstáculos e que n não tenha mudado nas décadas recentes); e, mais importante, (ii) as técnicas discutidas nesta seção e na próxima são mais normalmente praticadas atualmente.

nossa vontade e resistir à sua atração. Podemos forçar-nos a pensamentos acerca de assuntos não relacionados, incluindo desejos não relacionados; e nos distraindo dessa maneira afrouxamos a pressão do desejo por algum tempo. Podemos tentar nos engajar em um curso de ação que torna impossível submeter-se ao desejo – ou em que a submissão a esse desejo ocorra estritamente em termos controlados. De qualquer maneira, nossa visão sobre desejos é tal que os consideramos como um estado que freqüentemente, talvez até tipicamente, precisa ser suportado de algum modo. A erradicação está psicologicamente fora de questão, então a missão passa a ser a administração: administrar nossa própria mente, nossa própria vida, ou o mundo que se impinge sobre nossas vidas, de modo a minimizar o domínio dos desejos.

Nossa visão-padrão e clássica das crenças é bem diferente, pois o critério da (aparente) verdade exerce enorme influência sobre se retemos uma crença ou não. Mas, como vimos, essa influência não é tão grande quanto esperaríamos (ou desejaríamos), já que nos deixa impotentes diante da contínua participação de idéias indesejáveis em nossos processos cognitivos. Seria bom, então, procurarmos por análogos relacionados a crenças das técnicas de administração de desejos.

Não tenho como fornecer um extenso catálogo de ferramentas para administração de crenças, mas a abordagem geral pode ser divisada considerando-se alguns de seus constituintes básicos. Como é de se esperar, eles tendem a ser dispositivos criados não para burlar os obstáculos no caminho do repúdio subjetivo de crenças racistas por serem falsas,[131] mas sim para superar nossas tendências para reter e continuar a usar estados típicos de crenças que repudiamos, sem sombra de dúvida, como falhos do ponto de vista epistemológico ou mesmo meramente pragmático (isto é, por serem falsos, ou praticamente problemáticos ou moralmente mal orientados, respectivamente). As técnicas precisam tornar-se rotineiras para serem eficazes, com certos mecanismos internos de acionamento que ficam alertas para as situações pelas quais a pessoa passa e que instigam a técnica nos momentos apropriados. Elas não são técnicas de auto-enganação – na verdade, é bem o oposto, no sentido de que são feitas para evitar que aceitemos raciocínios cujas idéias já determinamos não valerem a pena –,

---

[131.] O argumento: se o pensamento de uma pessoa tende a não retratar certas crenças dessa pessoa como falsas, faltar-lhe-á a motivação para planejar e empregar estratégias de administração de crenças a respeito delas. Mas há ao menos uma importante exceção: a pessoa que se vê como particularmente suscetível a certos tipos de idéias falsas (talvez de natureza racista, mas possivelmente a respeito de, digamos, assuntos religiosos, pseudocientíficos, óvnis, videntes, etc.). Se essa pessoa se vê como alguém que tem uma fraqueza por ser ludibriada para engolir idéias falsas, ela pode muito bem procurar por outros meios de autocontrole cognitivo que combatam essa fraqueza ao promover um escrutínio cético.

mas possuem certas similaridades com elas, pois ambos os tipos são usados com o propósito de evitar a entrada de certas idéias em nossos pensamentos e cálculos.

Primeiro, há uma estratégia para administração de cognição para a redução do impacto da reticência epistemológica: computar os valores de verdade de sentenças de certos tipos quando se está a ponto de usá-las em qualquer episódio de raciocínio com importantes conseqüências para as ações e sentimentos (Uma reavaliação epistemológica correspondente pode ser instigada por representações imagísticas não sentenciais.) A re-computação não precisa ter como objetivo a abrangência afinal, esse seria um objetivo grande demais –, mas pode se confinar a procurar por certas características que justificam a suspeita epistemológica. Então uma pessoa poderia, por exemplo, revisar rapidamente uma memória episódica em busca de sinais de que a crença em questão tem uma origem dúbia ou um passado ambíguo. Essa pessoa poderia, então, recordar-se de ter se deparado com consideráveis evidências em contrário a "p" em algum momento no passado. Ou ter inicialmente apenas *suposto* "p", talvez até em contraste com sua convicção na época, enquanto bancava o advogado do diabo ou experimentando uma nova posição durante uma extensa discussão sobre política social. Ou ter reconhecido anteriormente "p" como algo conspurcado pelas circunstâncias com que ela foi adquirida. (A pessoa lembra-se, por exemplo, de ter refletido anteriormente que de início formou uma crença particular desfavorável aos asiáticos quando era apenas uma criança, possivelmente influenciada por vizinhos ou pais, durante um período de difícil relação com um colega de classe asiático.) Processos análogos de recomputação podem ser realizados para checar sinais indicativos de potenciais problemas práticos ou éticos (em vez de epistemológicos) com os recursos cognitivos que se está prestes a usar em episódios de raciocínio possivelmente com conseqüências.[132]

Evidentemente, um arranjo de rechecagem de credenciais desse tipo fornece uma proteção muito imperfeita contra o esquecimento do *status* epistemológico ou pragmático de uma sentença. Por um lado, a rechecagem é limitada pela percepção da qual é realizada, percepção esta na qual algumas

---

[132.] Embora esses procedimentos tenham o objetivo primário de ajudar essas pessoas que já renunciaram a algumas de suas próprias crenças racistas consideradas falsas, imorais ou mais problemáticas do que valem a pena, eles podem ser implementados também por (e ter efeitos benéficos em) racistas que ainda não chegaram a esse ponto. Considere, por exemplo, o racista intelectualmente escrupuloso que está comprometido em geral com a manutenção de um sistema de crenças racionalmente defensível e, de modo prudente, não agir segundo idéias que não foram testadas ou que possam ser corruptas. Ou o racista hesitante, que está incerto a respeito da verdade (ou utilidade, ou moralidade) de suas crenças racistas. Para essas pessoas, as práticas de checagem de credenciais mencionada no texto pode servir para levá-los ao repúdio de suas crenças racistas, em vez de ajudá-los a lidar com as que já foram repudiadas.

considerações cruciais podem ser invisíveis, embora façam parte do repertório cognitivo de uma pessoa. Assim sendo, é possível aprovar "p" para uso, mas arrepender-se disso mais tarde ao cognizar com uma percepção diferente – uma que, digamos, inclua evidências que a primeira omitiu, ou pode arcar com o reconhecimento que parte das evidências originalmente consideradas não é confiável. Por outro lado, a vida acontece em tempo real: o fluxo de tarefas cognitivas com que uma pessoa tem de lidar nem sempre permite o luxo de revisar as credenciais das representações que são mobilizadas. (De fato, freqüentemente nem mesmo há um acesso consciente ao que essas representações são.) Mesmo o mais racional de nós não mantém sistemas de classificação epistemológica e pragmática constantemente atualizados e claros para todos os recursos representacionais a mão.

Há um segundo processo pelo qual se pode vir a identificar o *status* epistemológico ou pragmático de uma sentença que se está empregando (ou considerando empregar) em um raciocínio. É possível até possuir uma crença explícita "e(p)" específica acerca desse *status* e ativar o item secundário sempre que se usa o item primário "p". Não é incomum adotar uma política de ativação dessa natureza intencionalmente, pelo fato de que se considera "p" falsa ou perniciosa e há a preocupação de que ela seja usada mesmo assim, inconscientemente. Para instituir uma política dessas, é preciso inserir no sistema de troca de percepção (em seja lá qual meio misterioso isso é feito) uma regra de transição que, ao se perceber que se aceitou "p" na cognição corrente (ou se contempla fazê-lo), imediatamente trata essa situação como um contexto em que se pede um escrutínio de "p" e, assim, leva a uma troca para uma percepção em que "e(p)" é aceita. Ou seja, sempre que uma pessoa se pega pensando em "p", ela imediatamente ativa esses estados cognitivos que indicam que "p" não tem suporte algum, ou que é inferior a hipóteses alternativas, ou que é imprudente ou antiético aceitá-la em suas cognições. Dessa forma, essa pessoa "se detém" antes que a aceitação de "p" cause muitos estragos.

Esse arranjo de automonitoramento pode aparentemente ocorrer de modo espontâneo, também, talvez devido a causas emocionais. Por exemplo, a revelação mencionada anteriormente a respeito da desonestidade de seu pai pode ter um impacto emocional tão grande que não se pode pensar em seu pai, ou ao menos em aspectos de seu caráter e ação que tenham a ver com sinceridade ou retidão, sem que se recorde imediatamente da experiência de revelação (ou talvez simplesmente a informação corretiva nela contida).

Se essa correção de "p" ocorrer quase instantaneamente em cada instância – e em vez de "e(p)", a crença sobreposta ativada pode até ser "não-p", unida de modo opcional com crenças de apoio como "e(p)" – então, para muitos propósitos práticos, seria como se "p" tivesse sido eliminada do conjunto de ferramentas cognitivas utilizáveis na mente, embora isso não tenha realmente acontecido. E talvez um número suficiente dessas correções, ou de correções executadas com o correto acompanhamento psicológico (afetivo?), na prática seja bem-sucedido em evitar, e não meramente em corrigir, as ativações de "p" nessas percepções.[133] Evidentemente, se as correções de uma pessoa não são completas, a sentença pode continuar sendo utilizada em certas percepções mesmo que seja efetiva e funcionalmente eliminada (e talvez substituída por "não-p") em outras.

O processo básico de autocorreção é ilustrado no seguinte exemplo:

Suponha que você acredite há muito tempo (como todos os livros mostravam) que brontossauros tinham cabeças muito pequenas. São descobertas evidências posteriores que demonstram que não tinham cabeças pequenas em absoluto. O que acontece quando você aprende isso é que... talvez você adicione uma observação, ou correção, ao item da pequenez da cabeça dos brontossauros, que diz: "Não, não, isso está errado". Posteriormente, se alguém lhe pergunta qual o tamanho da cabeça dos brontossauros, você pode de início recuperar "cabeça pequena". Mas então você recupera a correção também (Goldman 1986: 224).

Porém, uma ilustração mais útil, com maior relevância para o controle de crenças racistas, pode ser obtida de um dos mais famosos episódios da série cômica de sucesso na TV, *Seinfield*.* Jerry e seu amigo George pensam repetidas vezes que estão sendo confundidos com *gays*, o que os incomoda; mas toda vez que reclamam sobre serem considerados *gays*, eles imediatamente acompanham com o admonitório: "*Não* que haja algo de errado em ser *gay*", ou algo do tipo. Os redatores de *Seinfield* podiam estar tentando provocar graça à custa de compulsões internalizadas de "correção política", mas retrataram de modo útil um processo familiar, porém pouco apreciado, de auto-administração cognitiva.

A transposição de exemplos como esses para o contexto do racismo é bem direta. Podemos facilmente imaginar alguém ser repetidamente levado a invocar certas crenças ou suposições depreciativas a um certo grupo, mas em seguida se corrige mais ou menos imediatamente, talvez até mesmo antes do item em questão ter a chance de se manifestar em um raciocínio, e menos ainda em declarações ou outros comportamentos. De fato, é precisamente esse tipo de condição mental que pareceria marcar a relação de muitas pessoas com idéias racistas – e explicar algumas das

---

[133.] Nesse modelo, pode ser possível nunca fazer diretamente com que "p" seja finalmente apagada; ela apenas deixaria de ser ativada em qualquer percepção e ainda permaneceria dormente em um limbo para sempre ou talvez eventualmente se esvanecer com o desuso. (Goldman [1986: 223] implica que os psicólogos mantêm que "nunca há uma *perda* real de material" da memória de longo prazo, mas a única citação de suporte que ele apresenta se refere somente a se esse material pode ser *deliberadamente* esquecido.)

* N.E.: Sugerimos a leitura de *Seinfeld e a Filosofia*, coordenação de William Irwin, lançado pela Madras Editora.

dificuldades que temos em saber como classificar as pessoas na dicotomia "racista"– "não racista". Pois será que consideramos corretamente Jeb, que realiza rotineiramente autocorreções das suas inclinações racistas, como racista? Afinal, ele realmente possui uma crença racista e as inclinações iniciais repetitivas, em situações que a aciona, de usá-la. Ou Jeb deveria ser caracterizado como não racista, dado que seria muito injusto para com ele, assim como uma distorção da realidade, classificar sob o mesmo rótulo de racista tanto ele como seu irmão, Jake, que não é nem autocrítico, nem arrependido de suas inclinações, nem "ajustou" sua mente para limitar seu impacto?

Grande parte do autocontrole realiza-se dessa maneira geral, erigindo um automonitoramento no sistema de troca de percepção, precisamente porque os recursos cognitivos são epistemologicamente (e pragmaticamente) reticentes, difíceis de erradicar e, portanto, passíveis de às vezes influenciar os pensamentos, os sentimentos e os comportamentos de uma pessoa, apesar de seus desejos e esperanças em contrário (desejos e esperanças que, infelizmente, residem somente em outras de suas percepções). Esforços no sentido desse autocontrole nem sempre são bem-sucedidos, é claro. E a embriaguez e outros enfraquecimentos fisiológicos podem interferir com a ativação apropriada dos mecanismos de autocorreção também. Mas essas falhas não são razão para desistir de técnicas que provaram repetidamente ser válidas.

III. IMPLICAÇÕES PARA A PRÁTICA

Porque é o emprego prático de idéias racistas na atividade cognitiva que é essencial, e suficiente, para uma pessoa ser *efetivamente* racista, e não apenas nominal ou tecnicamente, seria sábio redirecionarmos alguns dos esforços da sociedade com o objetivo de eliminar o racismo em indivíduos. Em vez de pedir às pessoas que centrem sua atenção na tarefa bastante infrutífera de recapturar sua pureza moral erradicando crenças racistas de seus repertórios cognitivos, podemos ter melhores resultados do que os que são obtidos atualmente ao inculcar métodos psicológicos habituais de minimização da *utilização* dessas crenças. O que é mais importante, afinal – se crenças racistas estão presentes em algum lugar dentro da psique de uma pessoa, ou se elas realmente se manifestam nos sentimentos, nas interpretações, nos raciocínios e nos comportamentos dessa pessoa? Em vez de investir recursos exclusivamente na conversão de racistas em não racistas de coração puro sem crenças racistas, podemos trabalhar para torná-los meramente "racistas potenciais" – pessoas cujo racismo está dormente, inerte, causalmente ativo somente de forma potencial. Eles realmente continuam racistas segundo nossa concepção original, e não apenas potencialmente, mas ainda assim o termo "racista potencial" é justificado tanto por analogia com "energia potencial", que é em si um tipo de energia, como pelo desejo de sugerir terminologicamente que ter atitudes racistas presentes, mas inativas, é mais semelhante com não ser um racista do que ser.

O tipo geral de abordagem que está sendo proposto é o de contrabalançar o racismo pela adição, em vez de pela subtração: recursos corretivos ou profiláticos devem ser adicionados ao repertório cognitivo e ativamente utilizados sempre que antigas representações racistas são ativadas ou novas informações que instigam o racismo são encontradas. A estratégia de purificação cognitiva, ao contrário, não apenas se depara com as dificuldades descritas anteriormente, mas também não fornece uma proteção duradoura contra o racismo; mesmo o sucesso total pode ser posteriormente desfeito. Simplesmente eliminar crenças racistas existentes, por si só, não protege contra a reinfecção por novas crenças desse tipo. Para essa proteção, devem ser adicionados anticorpos cognitivos afirmativos ao sistema circulatório psíquico. Alguns deles não são específicos contra o racismo, e sim elementos de uma boa higiene epistemológica geral. Por exemplo, há preocupações gerais que alguém pode "manter em mente" sobre a influência em suas cognições acerca do seguinte: tendenciosidades, pensamentos fantasiosos e auto-enganação; evidências limitadas e incorretas; memória falha, tanto referente a fatos como a suas opiniões e experiências anteriores; fadiga, enfermidades e humores transitórios; sonhos passados, ficções encontradas anteriormente, doutrinamento inicial e idéias persistentes da infância; e assim por diante. Mas essas variedades de atenção, embora sejam importantes recursos racionais, oferecem uma proteção menos que adequada contra a geração (ou regeneração) do racismo. Pode-se saber todas essas coisas e mobilizá-las quando apropriado, e ainda assim se adotar crenças racistas – e ser razoável ao fazê-lo.

Pois, mesmo que assumamos que a exposição ideal a todas as evidências pertinentes levaria a pessoa que possui hábitos racionais gerais a barrar idéias racistas de seu sistema de crenças – em outras palavras, que qualquer pessoa que adote uma crença racista *é* alguém sobre quem poderíamos dizer: "Se ao menos ele fosse mais bem informado" –, infelizmente não podemos contar com as pessoas serem bem-informadas acerca de assuntos que dizem respeito às suas atitudes em relação à raça e à etnicidade. Há muita gente que não é bem-educada sobre esses assuntos; muita gente que teve, até onde se sabe pelo menos, pouco contato em suas vidas com negros, ou judeus, ou asiáticos, etc.; muita gente que vive em comunidades em que visões racistas não são raras nem desprezadas. Crescendo e vivendo nessas condições, as pessoas podem acabar aceitando razoavelmente crenças racistas, mesmo que se submetam ao conjunto de normas racionais gerais de formação e manutenção de crença mencionado anteriormente.

Para imunizar alguém contra crenças racistas, hábitos intelectuais que são mais especificamente anti-racistas são necessários. É possível manter à disposição uma crença relacionada às tendências psicológicas de pessoas que se consideram, ou aos seus próprios grupos, superiores; uma a respeito da falsidade de ao menos a maior parte das alegações raciais; das raízes politizadas e epistemologicamente corruptas das descrições e doutrinas racistas (como em os *Protocolos dos Sábios de Sião)** e coisas do tipo. A solução prática central para o racismo é, portanto, educar afirmativamente as pessoas e ajudá-las a treinarem a si próprias para ativar continuamente as lições aprendidas, conforme necessário. Não é tentar fazer tábula rasa de suas mentes no que se refere à raça e à etnicidade.

O atual entendimento dominante, que adota a purificação como padrão para saber se as pessoas transcenderam seu racismo, não é apenas mal direcionado em teoria, mas também prejudicial na prática. Uma vez que o padrão é tão elevado, ele pode desanimar e desencorajar para novos esforços aqueles cuja tentativa de erradicar totalmente duas atitudes racistas não é bem-sucedida, mesmo que seus esforços estejam resultando em um controle cada vez maior dessas atitudes e reduzindo sua influência sobre o raciocínio e o comportamento. Tratar a autopurificação como o único resultado satisfatório, em uma atitude de "ou tudo ou nada", provavelmente vai criar excessos improdutivos de dúvida pessoal a respeito de possuir uma mácula racista indelével, mesmo naqueles que conseguem administrar suas atitudes racistas de modo eficaz nas maneiras descritas anteriormente. (Essa dúvida pessoal pode ser particularmente insidiosa naqueles que se preocupam, apesar da escassez de evidências que suportem essa idéia, em possuir crenças racistas *inconscientes.*) Nas ocasiões em que essa dúvida pessoal se transforma em autodesprezo, os custos diretos são ainda maiores – e da mesma forma se pareceriam os riscos de que esses sentimentos serão redirecionados externamente contra outras pessoas, talvez até contra as vítimas do racismo previamente controlado.

As recomendações prévias se aplicam somente a uma mínima proporção dos racistas, não nos deixando mais perto de entender a vasta maioria deles ou de livrá-los de seu racismo? Não, essa sensação de futilidade é injustificada. Em primeiro lugar, parece ser provável que uma proporção bastante significativa dos racistas, ao menos nas sociedades "ocidentais", duvida da sabedoria de manter suas crenças racistas e pode ser receptível à utilização das ferramentas cognitivas para contê-las. A mensagem de que essas crenças são falsas e prejudiciais, até mesmo malévolas, e que as pessoas deveriam ter vergonha de as possuir parece ter sido disseminada com bastante sucesso em escolas e na mídia de massa, mesmo que o racismo

---

* N. T.: relato fantasioso (embora considerado verdadeiro por muitos) acerca de uma suposta conspiração judaica para dominar e submeter os povos do mundo, muito usado pelo nazismo para justificar a perseguição aos judeus. Sobre esse assunto, sugerimos a leitura de *O Governo Secreto*, de Jim Marrs, lançamento da Madras Editora.

ainda seja forte em algumas subculturas. Em segundo lugar, se, como defendem alguns comentaristas, as crenças racistas estão em toda parte, embora predominantemente ocultas, então os processos de administração cognitiva que discutimos são relevantes para um vasto número de pessoas. Em suma, os mecanismos cognitivos discutidos neste capítulo são de relevância central, e não marginal, para o problema do racismo.

Na verdade, as idéias que consideramos se estendem naturalmente além do racismo para outros traços centrados na cognição que são eticamente indesejáveis. O ideal do coração puro, não conspurcado por pensamentos mal-intencionados, egoístas ou desagradáveis de qualquer maneira, pode ser bastante inalcançável para seres humanos comuns que querem ser bons, e sua busca possivelmente contraprodutiva. Se a mente é uma armadilha de onde certos itens cognitivos não podem ser completamente removidos, então o ideal ético apropriado para adultos que já foram permanentemente maculados por influências e raciocínios anteriores não pode ser a autopurificação de seus sistemas de crenças pela purgação de elementos malignos. Em vez disso, ele deve ser a complicação desses sistemas de crenças de maneiras que contrabalancem de modo eficaz os elementos indesejados, nunca permitindo que direcionem pensamentos e ações sérios e incontestados.

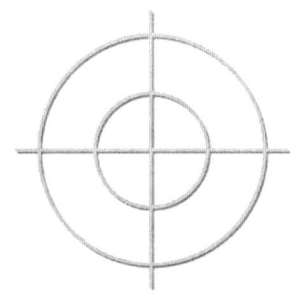

9: Psicanálise, Racismo e Inveja

Tamas Pataki

Algumas pessoas (como eu) acreditam que a maior parte das ações de uma pessoa, de uma maneira ou outra, relaciona-se com a busca de relações satisfatórias com outras pessoas e consigo mesma – com relações de objeto, como chamam os psicanalistas –, tanto em suas circunstâncias externas como no mundo interior da imaginação, no qual a fantasia substitui a agência. A dependência de outros, a necessidade de ligações afetivas e a busca por ser valorizado e compreendido por outros e por si mesmo são as características mais ilógicas da vida humana. Essas características tendem a ser ignoradas em grande parte do pensamento contemporâneo da Filosofia e das Ciências Sociais, que parece ser animado inconscientemente por uma necessidade de negá-las. Sua influência, entretanto, penetra até mesmo em assuntos que, na superfície, parecem não ter nada a ver com atividades relacionadas a objeto: vocação, política, a adoção de visões filosóficas e religiosas, o modo como se lustra o sapato; e sua devida apreciação naturalmente influenciará o entendimento do que constitui o principal foco na investigação a respeito do racismo: uma psicologia do racismo centrada em preocupações relacionadas ao objeto ocupa um lugar de destaque nela. Em geral, considera-se que as expressões primárias de racismo são motivadas – com freqüência inconscientemente, mas ainda assim intencionalmente – [134] e direcionadas para esses fins mediados por objeto, como o sustento para a auto-estima e a identidade, a supressão do medo e da ansiedade, a mitigação da culpa e da inveja e a realização de desejos de ser especial, superior e aceito.

Eu gostaria de agradecer a Raimond Gaita e Michael Levine, por seus comentários úteis relacionados a uma versão anterior deste Capítulo.

[134]. Eu uso "motivo" de uma forma bastante abrangente aqui para designar qualquer elemento psicológico com teleologia e força motivacional. A respeito de motivação inconsciente e agência, ver Pataki 1996, 2000. Sobre a importância de relações de objeto, ver Pataki 2003.

Eu desejo explorar uma série de temas relacionados na psicologia individual do racismo. O primeiro refere-se à motivação no racismo. Outro é a irracionalidade da maior parte do racismo. Um terceiro, com o objetivo de ilustrar, refere-se ao papel da inveja, uma paixão que se manifesta em muitas expressões de racismo. E o quarto é um tema que, embora certamente tenha sido provocado pelo pensamento psicanalítico acerca do racismo, parece não ser reconhecido dentro dele: as maneiras pelas quais doutrinas *racialistas* — doutrinas, teorias, conjuntos de crenças segundo os quais a humanidade se divide em classes racialmente definidas exclusivas (normalmente, embora não necessariamente, classificadas segundo uma escala de excelência qualquer) — estão ligadas aos motivos individuais para satisfazer algumas das necessidades emocionais da mente racista. É de uma certa importância distinguir entre as maneiras com que as necessidades psicológicas são capazes de *explorar* a ideologia racialista existente e as maneiras com que certas estruturas e ideologias racistas são *engendradas* ou *modeladas* por elas.

O estudo de sua psicologia, evidentemente, não é de forma alguma todo o estudo referente ao racismo, e as relações entre sua psicologia e suas expressões individuais, institucionais, sociais e políticas não são absolutamente claras. Mas acredito que a psicologia é fundamental e, como deixo indicado adiante, mesmo a investigação *conceitual* do racismo individual não pode ser conduzida independentemente do estudo de seus motivos. Embora eu argumente que há tipos de racismo em que a explicação psicanalítica tem limitada utilidade na localização da maior parte dos fenômenos associados à mente racista em um contexto relacionado com objeto, enquanto processos motivados ou defensivos e de realização de desejos, a presente abordagem é, acredito, essencialmente psicanalítica. Há uma atraente lógica histórica em proceder a partir da Psicanálise. Aparentemente, só recentemente os filósofos analíticos reconheceram que paixões oréticas e afetivas viciosas são a essência do racismo individual. J.P. Sartre, é verdade, enfatizou há muito tempo que o racismo (incluindo o anti-semitismo) é primariamente uma paixão, não uma doutrina, idéia ou opinião. Mas a Psicanálise, desde suas primeiras considerações, debruçou-se sobre os motivos, os aspectos afetivos e oréticos (desiderativos ou desejosos) do racismo; o conteúdo doutrinário dele tendeu a ser considerado uma derivação da psicologia individual do racismo.

É atualmente comum no domínio público encontrar quase toda inimizade em que as partes *podem* ser distinguidas por características remotamente consideradas raciais como envolvendo racismo: distinções entre raça, grupo étnico e cultural, religião, nacionalidade, cidadania e "modo de vida" não são notadas, assim como as distinções entre discriminação racista e indiretamente racial, e entre a presença e a ausência de intenções racistas. Daí surgem as confusas manchetes de tablóide – "Jovens Muçulmanos

Estupram Garota Australiana" –, que abrem histórias que têm a intenção de relatar conflitos raciais ou racismo. A combinação de diferentes conceitos de grupo ocorre graças a uma variedade de razões, incluindo o fato de que as concepções de raça, dominantes no Ocidente de meados do século XVIII a meados do século XX, atualmente desacreditadas e rejeitadas pelas disciplinas que certa feita as defendiam, tornaram-se idéias vagas e promíscuas na mentalidade popular. O apoio à teoria de raça na Antropologia, História, Filologia e Genética praticamente evaporou com o progressivo entendimento nessas disciplinas. As concepções clássicas provaram-se não ser nem coerentes, nem úteis. Entretanto, nesse período anterior, os teóricos de raça alegaram ter descoberto algumas concepções definitivas de raça, e a percepção pública européia parece ter sido que a classificação e hierarquização raciais eram ciência de verdade.[135] Essas concepções, embora variassem em importantes aspectos, concordavam em dividir a humanidade em algo semelhante a espécies naturais (ver, p. ex., Banton 1998, Gould 1996), distinguiam radicalmente raça de cultura, nacionalidade, etc. O racismo daquela época, embora evidentemente não consistisse nem fosse unicamente motivado por concepções racialistas, sejam científicas, históricas ou filológicas, resultava em muitos aspectos dessas concepções.

O racismo contemporâneo – quero apenas dizer a classe superficialmente relacionada de fenômenos que se descreve popularmente como envolvendo racismo – é uma questão muito mais amorfa. Ele combina concepções raciais clássicas com outras como *cultura* e *nacionalidade,* que deveriam ser especificamente excluídas pelas concepções raciais; acomoda melhor exceções "seletivas" (Blum 2002); e inclui fenômenos como a discriminação e exclusão institucionais, sociais e indiretas nos quais o papel do racismo ou preconceitos individuais são problemáticos. Embora as concepções clássicas de raça tenham sido desacreditadas, é importante não perdê-las de vista; suas características e as distinções que marcam entre si e as concepções de grupo relacionados refletem características de distinções de considerável importância psicológica. As várias subestruturas psicológicas que notaremos são mais claramente visíveis nas formas de racismo que são moldadas, em parte, pelas concepções clássicas. Mais ainda, os racismos contemporâneos permanecem sendo, em muitos aspectos importantes, suficientemente parecidos com seus predecessores, de modo que eles ainda podem ser esclarecedores. As subestruturas psicológicas que costumavam se abrigar em conceitos clássicos de raça migraram e moldaram novos lares à sua própria imagem. Eles *racializam* outras

---

[135.] Um breve histórico das concepções clássicas de raça é fornecido na Introdução desta coletânea. O descrédito das concepções clássicas de raça não significa que *todas* as concepções raciais, como as usadas por paleoantropólogos e geneticistas de população, são incoerentes.

inimizades.[136] O processo pode ser discernido em certas características de conflitos étnicos, religiosos e nacionalistas recrudescentes de nosso tempo, no classismo e no sexismo, talvez até (como alega Michael Dummett no Capítulo 1) no tratamento duro reservado a fumantes. Apesar de várias afinidades entre essas inimizades, é melhor considerá-las como separadas – uma segregação conceitual que está de acordo com o racismo clássico e que é sua única virtude.

I. ALGUMAS CARACTERÍSTICAS DO RACISMO

Em primeiro lugar, então, os racistas (clássicos) concebem seus objetos sob uma concepção *racial* reconhecível ou invocam alguma teoria racial, mesmo que a concepção ou a teoria seja muito confusa ou atenuada. Precisa ser assim, senão não teríamos base para classificar certos tipos de inimizades de grupo *como racistas*. Há inimizades direcionadas a muitos tipos de grupo – grupos étnicos ou nacionais, banqueiros, servidores públicos –, mas essas não são, estritamente, inimizades raciais. Os detalhes das concepções raciais podem variar, freqüentemente de forma confusa, nas mentes dos racistas e não precisam corresponder em todos os aspectos aos paradigmas que começaram a evoluir durante o século XVII, mas, para que sejam reconhecidas como *concepções raciais*, elas precisam possuir uma certa similaridade. Nós reconhecemos as concepções relevantes vendo onde os casos paradigmáticos projetam suas sombras.

As principais características dessas concepções raciais podem ser resumidas, grosso modo, como segue. As características designadas como definitivas de cada raça são (i) essenciais (todo membro de qualquer raça necessariamente possui certas características definidoras); (ii) hereditárias (as características definidoras de cada raça são transmitidas com os genes, o sangue, a alma, o germoplasma); (iii) exclusivas (se uma pessoa faz parte de uma raça, essa pessoa não pode fazer parte de outra raça); (iv) imutáveis (as características essenciais não podem ser removidas ou modificadas); e (v) consistentes com a "doutrina da fisionomia" [137] (há uma correlação entre características físicas específicas de cada raça e suas capacidades intelectual e moral). Madison Grant, em seu livro racista *Passing of the Great Race* (1916), resume essa idéia de modo emblemático: "A grande lição da ciência das raças é a imutabilidade das características somatológicas ou corpóreas

---

[136.] A radicalização pode ser um processo socio-historico complexo e muitas vezes extenso. Mas também pode ocorrer com admirável rapidez quando processos psicológicos projetivos e dissociativos são mobilizados em larga escala.

[137.] A idéia de que há correspondências entre as características física, intelectual e moral nos indivíduos que não estejam em grupo é de origem antiga. A cabala desenvolveu uma variação elaborada e influente a respeito dessa idéia e deu seu nome (Hannaford 1996: 36).

com a qual está intimamente associada a imutabilidade dos impulsos e predisposições físicos" (Hannaford 1996: 358).

A classificação biológica tem sido importante nesse entendimento da raça, mas não exclusivamente. No racismo messiânico dos movimentos pangermânicos e pan-eslávicos dos últimos dois séculos, houve pouco esforço para ligar "as características anímicas das raças" (Voegelin 1997), traços espirituais supostamente hereditários, à constituição biológica. Mas a idéia central de que o modo mais fundamental para a classificação da humanidade permaneceu: o uso de características morais e intelectuais hereditárias, essenciais, imutáveis e exclusivas, freqüentemente correlacionadas com marcadores fenotípicos salientes. A concepção de divisões profundas e impermeáveis dentro da humanidade é, como veremos, de grande importância psicológica. A observação de Raphael Ezekiel a respeito dos aterrorizados jovens membros do neonazista Death's-Head Strike Group se aplica de modo geral: para eles, "a raça é uma categoria absoluta, e as supostas características de um membro de um grupo racial são vistas como determinadas por Deus e inalteráveis" (Ezekiel 1995: 310). A necessidade de manter as coisas separadas, simples, estáveis, a qual é satisfeita pelo racismo, foi notada por Sartre quando ele chamou a atenção para o caráter maniqueísta do anti-semitismo, embora ele simplificasse demais seus motivos. O medo da miscigenação tem muito a ver com essa necessidade.[138]

Em contraste, as identidades étnicas,[139] nacionais e religiosas são permeáveis e intercambiáveis, de modo que as inimizades e os preconceitos a elas associadas – desprezo étnico, intolerância religiosa, etc. – são geralmente menos rígidos e mais vulneráveis a exceções. De modo geral, essas concepções de grupo não envolvem as diferenças intransponíveis entre grupos

---

[138.] Embora teóricos clássicos de raça tenham normalmente operado com quatro ou cinco categorias raciais (ver Gould 1996), a maioria dos racistas raramente demonstra interesse em mais que duas ou três, sendo que a terceira está ligada à segunda por meio de algum dispositivo engenhoso, mas insano – por exemplo, como os judeus se relacionam com os negros nos racismos norte-americanos contemporâneos: "O negro é somente um instrumento do judeu" ou "o negro é somente um judeu ao avesso". Deve-se notar que, embora o comprometimento com concepções raciais (relativas a tipos, linhagens e hierarquias humanas naturais) pode não ser, geralmente, *suficiente* para a atribuição do racismo, um certo grau de comprometimento é necessário. Pode não ser o bastante, já que a mera realização de distinções e avaliações raciais – uma prática que, seguindo outras, chamo de "racialista" – é consistente com atitudes positivas inadequadas às raças distinguidas; e parece que o racismo, no entendimento comum, sempre envolve um grau de inimizade ou discriminação adversa, mesmo que em alguns casos isso esteja disfarçado.

[139.] O uso do termo "étnico" em contraste com "racial" não é universalmente aceito, mas é comum. Assim sendo, Gordon Allport escreve: "Racial e étnico.... O primeiro termo, é claro, refere-se aos laços hereditários, o último, a laços sociais e culturais" (1954: 107). De modo similar, Phillip Kitcher diz: "A visão básica de que há grupos étnicos é que conjuntos distintos de itens culturais... são transmitidos através das gerações por um processo semelhante ao da herança biológica." (1999: 107)

que são tão importantes de diversas formas para a mentalidade racista. Elas podem, entretanto, tornar-se racializadas, vistas *como se fossem* concepções raciais; e isso é, como dito anteriormente, uma característica saliente do cenário contemporâneo. O tipo de inimizade direcionada contra muçulmanos em vários aspectos atualmente é, em substância, se não em forma, uma inimizade racista.

Os alvos do racismo precisam não apenas ser escolhidos segundo concepções que são reconhecidamente raciais, eles precisam ser escolhidos como alvos *porque são representativos daquela raça*. Essa última frase exige uma certa explicação. O antropólogo australiano W. E. H. Stanner, escrevendo na época da política da Austrália branca, argumentou que as questões de raça surgiram na Austrália após meados do século XIX como resultado da importação e migração de mão-de-obra barata do Pacífico e da China. Ele disse que "normalmente temos preconceito de raça por outros motivos... Foram a ameaça da mão-de-obra barata ao trabalho assalariado por hora e os padrões sociais que realmente importavam" (Stanner 1971: 10, 11). Sua sugestão parece ser que o conflito original era primariamente econômico (e talvez que, no fundo, sempre tenha permanecido assim) e que, na pior das hipóteses, o racismo foi o resultado desse conflito. Bem, se isso fosse *tudo* que estava acontecendo, para início de conversa, então os ódios e os confrontos sangrentos gerados pela suposta ameaça econômica não teriam originalmente envolvido conflito e ódio *racistas*. Por que não? Porque, mesmo apesar de os grupos em conflitos poderem ser identificados sob conceitos de raça utilizados na época pelas pessoas, as animosidades não usaram originalmente a raça como seu alvo definido: os chineses não eram alvos por serem representantes de uma suposta raça, mas sim por serem competidores econômicos, de modo que essas animosidades não eram racialmente motivadas. E isso, é claro, reforça a primeira característica do racismo que notamos: sem uma mínima concepção de raça, não se pode escolher alguém alvo como representante de uma raça.

Agora, como as pessoas vêm a ser escolhidas como alvo *por causa de sua raça*? A animosidade racista direciona-se contra um grupo porque acredita que seus membros tenham propriedades específicas (que normalmente acredita serem hereditárias, essenciais, exclusivas e imutáveis) que são, em uma palavra, desprezadas. A cor poderia ser uma dessas propriedades, embora a hostilidade contra a cor por si mesma seja rara. Isso parece mais com uma fobia do que com racismo: conflitos a respeito de identidades e autolimites são às vezes expressos pela ou na pele; e crianças desenvolvem fobias de cor que podem persistir de diversas formas (Young-Bruehl 1996: 261-69, 365 n. 18). Mas, obviamente, a cor normalmente não é o problema para o racista; é a "teoria do povo" ou o folclore que o racista possui a respeito da pessoa que tem a cor que é o problema.

O mesmo se aplica para outros importantes marcadores fenotípicos. De modo geral, o racismo escolhe como alvo características intelectuais e morais imputadas, como a preguiça, a astúcia, a lascívia ou a avareza, das quais diferenças fenotípicas conspícuas são supostamente marcadores. Evidentemente, as características desprezadas são raramente, se não nunca, inerentes aos seus objetos; basta que se acredite que sejam; e freqüentemente, como sabemos, são características repudiadas da própria auto-imagem do racista. Na maioria das vezes, são *essas* características – e não os marcadores fenotípicos – que animam a inimizade, a inveja, a desvalorização e o medo racistas. São também os "ativadores" que permitem a transformação de um preconceito em outro, ou seu deslocamento de um alvo para outro. Por exemplo, ao caracterizar refugiados e exilados do Oriente Médio como incômodos "furadores de fila" que "reuniram grandes somas de dinheiro" que usam para pagar sua "maliciosa" passagem para as terras australianas e penetram em suas fronteiras, o governo australiano conseguiu recentemente converter uma considerável quantidade de sentimentos anti-semitas latentes, e outros relacionados, em menosprezo pelos requerentes de asilo.

O racismo universaliza sob concepções de identidade racial. Por exemplo, inimizades e preconceitos limitados a judeus húngaros ou garçons italianos não constituem racismo, a não ser que o racista conceba que esses grupos formem algo como os tipos (naturais) que têm sido classicamente usados por racistas. Somente se o ódio existente nas regiões de mineração de ouro australianas em princípio se generalizasse e se direcionasse contra todos os membros do (suposto) grupo racial, *todos* os chineses (o que certamente fez de modo eventual) – da mesma maneira, por exemplo, que os jovens neonazistas nos Estados Unidos odeiam, ou acham que odeiam, todos os negros e judeus, não importa onde estejam – podem ser considerados estritamente como candidatos ao racismo. Os racistas podem ser seletivos e fazer exceções para indivíduos, por diversas razões, freqüentemente porque eles vêem virtudes que cancelam as características desprezadas nas exceções: mas isso não qualifica a concepção operativa do racismo; isso qualifica a consistência do racista.

De seu caráter universalizante, com o fato de que vivemos irremediavelmente em coletividades de vários tipos, conclui-se que o racismo cria grupos distintos e exclusivos, *eles* e *nós*. A ênfase do racista pode oscilar entre o ódio e o desprezo dos *eles* e a idealização e exaltação dos *nós*. Pertencer a um grupo – sentir ou imaginar que se pertence a um grupo cujas características e conquistas dignas são identificadas ou magicamente apropriadas (em fantasias) por si – pode ser tão importante para o racista como desprezar ou perseguir o outro. A idéia de supremacia de raça não parece envolver logicamente ódio ou má vontade, ou talvez até mesmo desrespeito, pelos grupos estrangeiros. Mas, na prática, é claro, a idéia de supremacia de raça e o ódio costumam andar de mãos dadas.

II. IRRACIONALIDADE E RACISMO

A característica final do racismo individual a ser mencionada pede uma discussão mais extensa. Eu alego que, apesar de não ser analiticamente correto dizer que o racismo é irracional, *a maior parte* do racismo é irracional na prática: uma pessoa pode ser racista sem ser irracional, embora a maioria dos racistas seja (em seu racismo) irracional.[140] A alegação implica que *certos* racismos são racionais. Embora eu não tenha nenhum argumento conclusivo para essa proposição, diversas considerações sugerem que ela corresponde melhor ao entendimento comum do racismo.

Os comentários difamatórios a respeito dos negros feitos por David Hume em 1766 certamente parecem, à primeira vista, ser uma expressão de crenças racistas.[141] David Hume era, portanto, um racista e, se sim, ele poderia estar sendo racional ao defender essas crenças? Parece-me que Hume *era* racista, se não por outra razão além de suas crenças racistas, mas ele *pode* ter mantido essas crenças racionalmente – ou seja, como um racista racional. Pode-se dirigir várias objeções contra essa alegação. Desarmar as objeções defende, embora certamente não prove, essa alegação.

Pode-se objetar que, embora as crenças de Hume possam ter sido racistas, *ele* não era. Foi sugerido, por exemplo, que "crenças racistas não fazem de alguém um verdadeiro racista... crenças são racistas somente em um sentido derivativo" (Garcia 1996: 44). Nessa explicação, crenças são racistas somente se se originam, expressam ou são racionalizações de atitudes afetivas ou volitivas viciosas. Essa explicação tem seus pontos atraentes: ela isenta de culpa crianças e pessoas ignorantes ou ingênuas que aceitam sem refletir proposições racistas, mas que não têm animosidades reais ou má vontade contra seus alvos, mesmo que suas declarações tenham.

Um segundo argumento que aponta para a mesma conclusão é o seguinte: todo racismo é um preconceito, e o preconceito devidamente compreendido, em seu sentido mais primário, é *sempre* irracional. O termo "preconceito" tem vários significados diferentes. Às vezes, é usado para

---

[140.] Eles podem ser irracionais de diferentes maneiras: em sua crença, emoção ou ação. D. T. Goldberg (1999) argumenta que o racismo não é "inerentemente" irracional. Para estabelecer essa conclusão, ele tenta demonstrar que aspectos do pensamento racista – estereotipar, generalizar exageradamente, etc. – não são *necessariamente* irracionais. Parece-me que em pontos-chave de seu argumento, Goldberg confunde "racismo é irracional" e "racismo é necessariamente (logicamente) irracional". De qualquer modo, minha proposta é somente que *a maior parte* do racismo acaba sendo irracional na prática. Mais ainda, Goldberg centra-se na racionalidade de crenças racistas e seus modos de aquisição: "Se o racismo pode ser racional em quaisquer circunstâncias, depende da racionalidade das *crenças*, atribuições e das ações do racista em questão" (371). Seus argumentos não tocam as emoções e os desejos racistas e alguns dos atos racistas que surgem deles.

[141.] Eu cito o comentário de David Hume, em 1766, na Introdução desta coletânea.

denotar *qualquer* visão derrogatória ou intolerante em relação a indivíduos ou grupos, sem informações explícitas para a racionalidade dessa visão. Esse é o caso de certas crenças etnocêntricas, "homofóbicas" e sexistas. Mais geralmente, considera-se que o preconceito envolva um prejulgamento ou outro erro cognitivo: generalização falha, desatenção a evidências relevantes, conclusões baseadas em evidências inadequadas e assim por diante. Mas o mais comum de todos é considerarmos que apenas uma subclasse desses enganos cognitivos leva ao, ou envolve, o preconceito: os casos em que tendenciosidades, desejos ou fatores emocionais afetaram e distorceram o processo cognitivo. Isso fornece as instâncias *primárias* do preconceito. O restante dos enganos cognitivos é apenas isto – enganos cognitivos. Mas algumas condições podem desarmar a acusação de irracionalidade: ignorância ou inocência infantil, por exemplo.[142] Se Hume era ignorante (ou "inocente" como uma criança) e, portanto, não preconceituoso em um sentido primário, então se pode alegar que ele não era racista.

Mas, em terceiro lugar, pode-se argumentar, como faz Michael Dummett no Capítulo 1, que, embora Hume fosse realmente um racista, ele não era, nessa estância, racional: o racismo é *sempre* irracional.

> *Ninguém pode pensar racionalmente que a grande maioria dos membros de qualquer grupo racial é intelectual ou artisticamente inferior à grande maioria dos membros de um outro grupo qualquer.... Seria necessária uma tremenda ignorância para levar adiante uma proposição dessas; mas, por outro lado, algumas pessoas, embora racionais, são tremendamente ignorantes. Uma crença racional pode ser baseada em ignorância? Não se o indivíduo ignorante sabe de forma palpável muito pouco para fazer um julgamento a respeito do assunto. Uma pessoa racional, mas ignorante, não pode ser mais do que agnóstica em relação a questões que exijam um certo grau de conhecimento para serem respondidas.*

Em suma, esses são os argumentos contra Hume ser um *racista racional*. Primeiro, ele pode não ter sido um *racista,* porque o fato de que tinha crenças racistas não significa que *ele* era racista; ou ele pode não ter sido racista porque não tinha preconceitos no sentido primário – porque ele não era irracional. Segundo, ele *era* um racista, mas não era *racional*.

Essas considerações são convincentes e dignas de serem praticadas. Mas, uma vez claramente ditas, parecem enfatizar o atrito entre elas e o

---

[142.] Crianças realmente aprendem com freqüência crenças depreciativas acerca de diferentes grupos, sem que essas surjam *por si sós* de sentimentos racistas; essas crenças aprendidas persistem com poucos conflitos e desempenham um importante papel na economia do desejo, da emoção e de objetivos relacionados a objetos. São às vezes simplesmente parte dos exames de admissão social que Elisabeth Young-Bruehl (1996) chama de "preconceitos etnocêntricos". Para uma criança, essas crenças depreciativas falsas – preconceitos em um sentido mais fraco – parecem normais: "É normal porque para eles é a norma" (72). Em alguns ambientes sociais, o racismo parece ser racional.

entendimento comum. Racistas, dizemos, *podem* ser ignorantes, inocentes e racionais das maneiras examinadas. Nenhuma dessas condições desmente a acusação. Para falar somente da instância mais conspícua, na maioria das circunstâncias em que pessoas expressam crenças racistas, mesmo em condições de ignorância, elas ainda são julgadas como racistas: o entendimento comum nos diz para evitar não o julgamento de que elas são racistas, mas o opróbrio que normalmente acompanha essa acusação. Considere os jovens neonazistas e membros da Klu Klux Klan, acerca dos quais Ralph Ezekiel escreve: "Não há como superestimar a quantidade de ignorância no movimento racista. Muitos dos participantes trabalham somente com a mais deficiente educação. Aquilo que sabem está amontoado caoticamente em suas cabeças. Eles juntaram informações de fontes de modo desorganizado; realmente não têm quaisquer concepções estruturadas de realidade, quaisquer corpos organizados de conhecimento que lhes permitiria reconhecer o absurdo. Tudo é possível em seus mundos" (1995: 312-13). Suas visões de mundo e percepções de suas vítimas são distorcidas e reduzidas, e eles são ignorantes. Mas são racistas. E podem ser racionais.

Em relação ao argumento de Dummett de que todo racismo é irracional, pode ser aceito como verdadeiro que um Hume racional e bem informado não teria resolvido uma opinião. Mas a ignorância é uma terra sem fronteiras, e raramente percebemos o quão ignorantes somos. Se Hume era ignorante (nos aspectos relevantes), e também ignorante de sua ignorância, então ele não era necessariamente irracional; e, portanto, não era preconceituoso no sentido primário, e conseqüentemente não era racista. Dummett está claramente correto nas instâncias em que a pessoa ignorante sabe que é ignorante ou tem bons motivos para suspeitar de que seja: pois então, se essas pessoas fossem racionais, elas permaneceriam agnósticas. Entretanto, permanece em aberto se Hume, embora ignorante, era racional, e pode, portanto, ter sido uma instância para o racismo racional.

Deve-se admitir que a incerteza cerca as instâncias putativas de crenças racistas racionais. Não há, contudo, incerteza quanto à classe de caso em que a crença é engendrada por, ou está a serviço de, disposições oréticas e afetivas racistas. Embora seja possível que Hume mantivesse suas crenças racionalmente, e sem malevolência ou condescendência, parece ser muito mais provável que suas crenças tivessem algo a ver com estruturas de desejo e disposições emocionais racistas. Crenças podem ser situadas dessa forma pelo menos de duas maneiras. As pessoas freqüentemente chegam a crenças não por razões probatórias, mas porque elas lhes são agradáveis e as satisfazem. Sartre argumentou que os anti-semitas não odeiam porque possuem crenças que servem de base para sua inimizade: em vez disso, eles acreditam porque são predispostos ao ódio. Essa observação pode ser generalizada: desejos e emoções podem causar crenças (embora elas precisem tomar desvios, como criar falsas evidências em fantasias; Pataki 1996, 2000). Mas, mesmo que não sejam engendradas por desejos e emoções, crenças podem ser inesperadamente satisfatórias. Crenças ou opiniões racistas são tremendamente atraentes para a economia psíquica, porque crenças como a que tal pessoa é especial ou melhor que as outras são muito agradáveis para nós. Elas são particularmente atraentes quando já há estruturas de desejos e disposições emocionais racistas presentes.

Isso sugere que a irracionalidade da emoção e do desejo pode ser mais importante para o racismo que a irracionalidade da crença ou da doutrina. A importância de estados afetivos, oréticos e relacionados na definição do racismo já foi reconhecida, mas não a real importância de sua irracionalidade. Por exemplo, J. L. A. Garcia escreve: "Concebemos o racismo como fundamentalmente um tipo vicioso de desconsideração baseada em raça pelo bem-estar de certas pessoas. Em suas formas centrais e mais viciosas, ele é ódio, má vontade, direcionados contra uma pessoa ou pessoas devido à sua raça designada.... O racismo então é algo que envolve não nossas crenças e sua racionalidade ou irracionalidade, mas nossos quereres, intenções, gostos e desgostos e sua distância das virtudes morais" (1996: 6).

Eu acredito que essa ênfase nos estados volitivos e afetivos aponta na direção correta, embora eu já tenha sugerido que há um racismo frio de crença ou doutrina que não está conectado a esses estados e que ao menos parte de suas instâncias não é imoral. Mas há um problema com maiores conseqüências nesse tipo de explicação. Às vezes, o ódio, a má vontade e o desrespeito são normativamente reações apropriadas aos seus supostos objetos, e, portanto, racionais. A odiosa raça dos marcianos infligiu terríveis injustiças contra nós e nós os odiamos. Ódio aos marcianos nesse caso não seria necessariamente considerado racismo, não mais que, feitas as devidas correções, as reações dos sobreviventes do holocausto a alemães, concebidos como uma raça e igualmente culpável em sua totalidade. Você poderia responder que o ódio aos marcianos *poderia* ser racista, porque há uma falsa generalização dos perpetradores para todo o grupo, o que o torna irracional, e esse fato desabilita o exemplo. Mas suponha que haja somente seis marcianos que constituem toda a raça e são todos responsáveis! Então, não haveria qualquer irracionalidade em uma falsa generalização numérica, talvez nenhuma irracionalidade de todo; e, embora houvesse ódio a toda uma raça, não haveria racismo. Esse exemplo introduz o ponto óbvio, mas importante, de que, antes de determinar se uma má vontade, desconsideração, etc. que se baseie em raça *é* racista, precisamos conhecer as razões, os motivos ou a base para essas atitudes e paixões. Mas, quando investigamos isso, normalmente descobrimos que *não há razão que faça sentido*. Há racionalizações e pretextos de sobra, mas, geralmente, não há razões que tornem as paixões racistas racionais, conforme apropriados para seus objetos putativos. A irracionalidade (da maioria) dos racismos consiste não (somente) em generalizações evidentemente falsas acerca de um grupo amplo ou na criação de grupos raciais artificiais, mas na não inadequação de estados afetivos e volitivos a objetos putativos.

Aparentemente, a explicação de Garcia é deficiente, pois deixa de notar que a maior parte do racismo é irracionalmente motivada e que uma explicação das causas ou motivos da inimizade racial é essencial para uma explicação do racismo. Resumindo, ele ignora o fato de que a maior parte do racismo é preconceito em seu significado primário.[143] Não podemos determinar se uma instância de inimizade é *racista*, a menos que saibamos o suficiente sobre suas causas ou motivos para determinar se a inimizade é racional ou não. E isso freqüentemente quer dizer que precisamos saber um bocado. Essa questão surge de forma interessante na breve consideração de Garcia a respeito de alegações psicanalíticas que (como ele diz) une insegurança sexual com racismo:

> *Mesmo que essa alegação acerca das causas psicológicas do racismo seja correta, ela não afeta nossa alegação sobre no que consiste o racismo. Não é plausível pensar que essa insegurança seja essencial para (uma condição necessária para) o racismo, mesmo para o racismo dos brancos, porque, se nos depararmos com alguém que odeie os negros e que nos considere inerentemente inferiores... e assim por diante, mas que chegasse a isso por outras razões além da insegurança racial, nós iríamos e deveríamos ainda assim classificar sua atitude como racismo... É improvável que a "explicação psicocultural" revele verdades (logicamente) necessárias acerca de natureza do racismo (1996: 29).*

Para começar, por que deveríamos pensar que a explicação da natureza do racismo deveria revelar verdades logicamente necessárias referentes a isso? Se estamos interessados na natureza dos gases em Júpiter, realizaremos investigações empíricas, e seria um fato casual se esses gases se revelassem serem tantos por cento nitrogênio, hidrogênio, etc. Se há uma ligação entre medo da sexualidade dos negros e certos tipos de racismo, será um fato casual mas, não obstante, revelador da natureza da espécie de racismo. Mas, em segundo lugar, pode ser que a investigação empírica revele fortes ligações entre certos tipos de racismo e certos tipos de subestruturas psicológicas, entre, digamos, racismo contra os negros e insegurança racial, entre anti-semitismo e sentimento inconsciente de culpa, ou entre as correlações mais específicas discutidas adiante. Nesse caso, nós teríamos *descoberto* algo a respeito da constituição causal ou motivacional das mentes racistas, e, portanto, algo a respeito de em que consiste o racismo. Confrontados com desvios dessas constituições causais gerais,

---

[143.] Para não deixar dúvidas, Garcia realmente fornece uma explicação do *tipo* de má vontade de que consiste o racismo – por exemplo, em termos de virtudes que ela ofende e do tipo de vício para que serve de instância. Mas considere: imagine que todas as categorias morais deixaram o mundo. Ainda poderia não haver racismo?

podemos muito bem revisar descrições de instância específicas. Descrições e avaliações de ações e emoções são constantemente revisadas sob a luz de motivos recém-descobertos. O que parece ser uma instância de amor se revela ser inveja ou ódio idealizado; bondade revela-se ser uma expressão de sentimento de culpa e assim por diante.

Em *The Origins of Totalitarianism*, Hannah Arendt notou que os pensadores raciais do século XVIII nunca estiveram "seriamente preocupados com a discriminação de outros povos como raças inferiores". "Há uma diferença enorme", declarou ela, "entre os homens de concepções brilhantes e agradáveis e homens de atos brutais e bestialidade ativa" (1979: 182, 183). Crenças e doutrinas racialistas ou racistas por si só raramente levam as pessoas a profundas inimizades e atrocidades. Mesmo nas situações em que crenças racistas desempenham um papel na regulação da economia psíquica, na sustentação irracional de auto-estima ou uma sensação de fazer parte do grupo, o racismo pode permanecer sendo relativamente um assunto frio. Mas há os extremos definidores que Arendt e outros descreveram vividamente: as convicções rígidas, as discriminações insanas, as inimizades, as segregações e os extermínios dos racismos nos dois últimos séculos. Nesses casos, a paixão, não a opinião, detém o controle e é amplamente incomensurável com as circunstâncias; a convicção esquiva-se de evidências e considerações frágeis e persiste tenazmente a evidências em contrário; grupos fantásticos, mitologias e cenários históricos são conjurados e idéias sem fundamentos de superioridade dominam. Esses "paradigmas" de racismo, da mentalidade racista, são profundamente irracionais em desejo, emoção ou crença; e, tipicamente, a irracionalidade da crença é engendrada por, ou serve a, disposições oréticas ou afetivas. Nenhuma explicação que deixe de levá-las em conta pode ser considerada adequada.

III. RACISMO SEM MOTIVO

Antes de tentar esboçar uma acomodação desses casos centrais de racismo, é instrutivo considerar uma família de visões que são, aparentemente, completamente diferentes, ou paralelas, ao tipo de espectro de racismo que estou determinando aqui. Nessas visões, o racismo fundamentalmente não é uma questão de doutrinas ou crenças, nem de emoção ou volição. O racismo surge da incapacidade de fazer os tipos apropriados de discriminações, reconhecimentos ou conceituações. Talvez a extraordinária explicação de Hannah Arendt da incapacidade bôer de ver os africanos como completamente humanos pertença a esse caso.[144] O desenvolvimento de Bernard Boxill da idéia de que (certos) racismos surgem de um tipo de

---
[144.] Ver nota 151 adiante.

fracasso de identificação imaginativa que resulta em uma incapacidade de sentir pena ou empatia por outros – seja porque eles são tão diferentes física ou culturalmente ou porque nossas próprias identidades são tão importantes para nós que "não podemos ou não queremos trocá-las, mesmo na imaginação" – também pertence a esse grupo (ver Capítulo 10). Eles têm essa incrível característica em comum. Embora seja perceptível neles que os tipos de fracassos ou erros cognitivos ou imaginativos sobre os quais, em suas maneiras particulares, erigem o racismo podem ser vantajosos para seus sujeitos –, pode ser muito útil *não* experimentar o outro como um ser humano –, eles negligenciam ou reduzem a extensão com que esses fracassos são não apenas explorados, mas também motivados por disposições oréticas e afetivas, que são satisfeitas por meio deles.

A obra de Raimond Gaita, *A Common Humanity*, contém um exemplo detalhado e cauteloso do tipo de visão apresentada anteriormente, e sua procedência no contexto australiano o torna excepcionalmente interessante. O foco de Gaita recai sobre o tipo de racismo que "é dirigido contra pessoas cuja pele e traços faciais são significativamente diferentes" dos de brancos. Embora o que ele diz a esse respeito deva ser aplicável na situação inversa, é evidente que essa explicação não pode se aplicar aos casos em que o racismo e a vítima são muito parecidos fisicamente. A essência do racismo, segundo Gaita, é "a negação da total humanidade de suas vítimas". Essa negação não é da mesma estirpe que as alegações verbais de que os negros pertencem a uma espécie diferente, inferior. Nem é uma negação no sentido psicanalítico, que pressupõe um reconhecimento inconsciente daquilo que é negado. A negação não é uma alegação biológica nem um processo psicológico. É uma expressão de um tipo de incapacidade ou inabilidade: racistas simplesmente consideram incompreensível que suas vítimas poderiam ter "uma vida interior de qualquer profundidade ou complexidade" como as deles próprios, em que atribuições comuns de sofrimento, pesar e alegria podem encontrar valor. No centro, ou melhor, na origem do racismo, não há um conjunto de crenças nem um rancor vicioso ou outra motivação. O racismo *recai sobre* seus sujeitos, como se *predestinado*. James Isdell, protetor dos aborígines na Austrália Ocidental no início do século XX, foi sincero ao dizer que "não hesitaria nem por um momento em separar qualquer mestiço de sua mãe aborígine, não importa o quão histórico seu pesar momentâneo pareça. Elas logo esquecem suas crias" (Gaita 2000: 57). A "incredulidade [do racista] diante da sugestão de que se poderia cometer injustiças contra 'eles' como se cometem entre nós é genuína. James Isdell ficaria sinceramente incrédulo diante da sugestão de que a alma da mãe aborígine poderia ficar em frangalhos por causa da perda de seu filho" (63).

Pode ser. Mas, então, como o racista consegue não reconhecer a completa humanidade de um ser humano? Gaita aparentemente acredita que isso é uma questão de percepção rude:

O rosto negro pintado em homens brancos no "Black and White Minstrel Show" era uma caricatura que revelava como muitos brancos viam a face dos afro-americanos. Como refletido na caricatura, aquelas faces não pareciam para os racistas brancos apenas como acidentalmente incapazes de expressar algo profundo, como a face de uma pessoa branca terrivelmente desfigurada por um acidente. O pensamento racista é "que é assim que eles se parecem" essencialmente, e o fato de que eles assim se parecem para ele é fundamental para o que os faz ser "eles" e do porquê ele considera inconcebível que sejam tratados como "um de nós" (Gaita 2000: 61)

Parece-me que a afirmação de que a face do *"Black and White Minstrel Show* era uma caricatura que revelava como muitos brancos viam a face dos afro-americanos" é simplesmente falsa. Caricatura é uma distorção voluntária. Essa face não é revelatória do que era visto; era um instrumento de depreciação racista, como era, provavelmente, a instituição desse tipo de espetáculo. Mas não se tira muito dessa contradição. Em primeiro lugar, Gaita poderia responder, essa face, enquanto uma caricatura reveladora, é apenas uma ilustração, perfeitamente dispensável, de uma específica discriminação de percepção; e mesmo sem essa ilustração, ainda se poderia insistir em que essa face era como os racistas viam as faces negras. Em segundo lugar, poder-se-ia argumentar que o discernimento da motivação racista nessas caricaturas é só mais um exemplo desse mau direcionamento da psicologia que erroneamente discerne as motivações no racismo. Há pouco a se ganhar em argumentar a respeito das motivações na caricatura quando seu papel no quadro mais amplo está em discussão.

Deixando a caricatura em paz, há *qualquer* plausibilidade na alegação de que os racistas realmente vêem a face do negro daquele jeito, ou como algo similar que impede a percepção de sua completa humanidade? Acredito que qualquer plausibilidade que essa alegação tenha é obtida desta proposição:

1. Há pessoas cuja face é tal que algumas outras pessoas não podem vê-las dentro dos traços de completa humanidade.

Isso é verdade, mas não é a proposição que Gaita defende, a qual é:

2. Há raças inteiras de pessoas cujas faces são tais que outras pessoas – todos ou quase todos os racistas brancos contra os negros – não podem vê-las dentro dos traços da completa humanidade.

Gaita acredita que a (2) revela a essência do racismo. Esta é uma incrível incapacidade do racista. Como isso é explicado? As percepções (equivocadas) e compreensões (equivocadas) do racismo poderiam ser motivadas (por ódio e sentimento de culpa, por exemplo)? Essa é uma questão complexa, mas acredito que se concorda que as percepções equivocadas motivadas do tipo relevante para essa discussão envolveriam um compromisso mais profundo com a vida interior da vítima e uma tentativa de interpretar mal o verdadeiro caráter desse compromisso. Gaita, entretanto, insiste que, no caso do racismo contra os negros, "não se deve supor... que os racistas devem saber em seus corações que suas vítimas são totalmente humanas" (2000: 72). Então, aparentemente, essa explicação dispensa a possibilidade de percepção equivocada motivada e o compromisso humano mais profundo que ela pressupõe. Daí, tira-se que há ou não uma percepção equivocada envolvida, mas ela é bruta e imotivada. O racista é a vítima passiva de sua percepção (equivocada) e simplesmente não consegue associar as características humanas relevantes às suas vítimas.

Suponho que algo assim *possa* ocorrer. Mas parece-me ser um fenômeno marginal que afeta somente algumas pessoas e, de fato, um público variável. Para tornar essa visão plausível, é necessária uma explicação do porquê dessas limitações de percepção afligirem somente algumas pessoas e somente em alguns estágios de suas vidas. Crianças, por exemplo, não parecem ter esse problema. De qualquer modo, como uma explicação geral do racismo, ela depara-se com uma insuperável dificuldade, mesmo nos casos em que realmente há uma diferença física significativa entre as partes. É a seguinte. Não há um caminho direto entre o fracasso em perceber a completa humanidade de uma pessoa até as inimizades e ações que são marca registrada do racismo. Os racistas às vezes cometem atos atrozes: genocídios, humilhações sistemáticas, linchamentos, mutilações. Na explicação de Gaita, essas coisas não são essencialmente ligadas ao racismo como expressões específicas dele. Em vez disso, o racismo é concebido como um tipo de causa *permissiva* que permite que esses atos sejam realizados. Em vez de fazer parte da explicação do que motiva os racistas a exercer má vontade, a exigir deferência, a realizar atrocidades, o racismo é visto como *externo* a essas motivações. Mas esse entendimento não consegue captar a relação fundamental entre racismo e os atos em que ele se manifesta. Essa objeção é, acredito, fatal para esse tipo de explicação, se ela pretende ter uma relevância mais do que marginal.

IV. A MENTE RACISTA

Retorno à questão da motivação no racismo. Sugeri anteriormente que *a maior parte* do racismo individual é irracional: que não há condições aparentes para a maioria das crenças racistas, estados afetivos e oréticos que as tornem normativamente apropriadas para seus objetos putativos. Agora, gostaria de adicionar que uma importante razão para a irracionalidade na mente racista – mas não, evidentemente, a única – é a motivação inconsciente; e preciso demonstrar, ao menos em linhas gerais, como desejos, fantasias e disposições inconscientes podem motivar o racismo.

A idéia de que o racismo é motivado de forma inconsciente é dificilmente uma novidade. Sob a influência da psicanálise, uma enxurrada de teorias psicodinâmicas do racismo emergiu ao longo do último século. Essas teorias normalmente têm uma idéia principal: racistas são personalidades autoritárias em uma guerra obsessiva contra seus impulsos instintivos e superegos rígidos; racistas são pessoas levadas a deslocar a agressão para bodes expiatórios; racistas são histéricos, projetando seus impulsos libidinosos nos negros ou seus superegos nos judeus. Alguns pesquisadores enfatizam a ubiqüidade da busca do racista por auto-estima ao exigir deferência de suas vítimas; outros enfatizam as semelhanças entre o racismo e condições psicóticas.[145] Acredito que há muito a se dizer em defesa dessas teorias, mas elas são inadequadas de várias maneiras gerais que são dignas de nota. Elas tendem a exagerar seu escopo, fornecendo explicações psicodinâmicas mais ou menos unitárias para uma gama ampla demais de fenômenos racistas. De fato, embora cada uma esclareça uma forma de racismo, ou algum aspecto de uma forma de racismo, nenhuma delas explica todas; devemos estar preparados para descobrir processos e estratégias defensivos multifacetados de realização de desejos por trás do racismo.

Mais ainda, ao concentrar a atenção de modo mais ou menos exclusivo nos processos psicodinâmicos, elas tendem a negligenciar o papel de discursos, ideologias ou folclores racistas culturalmente aceitos. Certos folclores racistas imanentes em uma cultura são assimilados sem importantes conseqüências psicodinâmicas. É importante, ao menos no nível de noção, distinguir essa situação de duas outras: aquela em que esse folclore adquire uma importância inconsciente para o racista e desempenha um papel importante na economia psíquica, e aquela em que as crenças constitutivas são (em grande parte) manufaturadas, reforçadas ou ampliadas por atividade e disposições inconscientes individuais. Então, por exemplo, considerando a estrutura maniqueísta conspícua de certos racismos, sua idealização do *nós* e a desvalorização do *eles*, pensadores psicodinâmicos estão aptos a concluir que processos inconscientes como a projeção e a ruptura do mundo-objeto estão envolvidos e essas estruturas maniqueístas são construções psicológicas individuais. Mas muitos racistas não precisam *ativamente* separar seus mundos-objetos ou projetar suas auto concepções negativas em suas vítimas. O mundo satisfatório já pode estar aceitavelmente separado deles a partir do momento em que absorvem o folclore racista,[146] e suas vítimas já podem estar marcadas *no discurso* por algumas das próprias características (ganância, fantasias sexuais inaceitáveis, etc.) que desejam repudiar.

[145.] Para um estudo da neurose, ver a exposição em Young-Bruehl 1996, partes 1 e 2. A respeito do racismo e sua relação com o processo psicótico, ver Russin 1991 e o Capítulo 6 desta coletânea.
[146.] Embora ele possa não estar psicodinamicamente separado. Pode não haver nenhuma ruptura de ego presente.

(Seria um erro grave, entretanto, subestimar a extensão em que os processos inconscientes influenciam vicissitudes como a evolução histórica do folclore racista, o grau em que ele é aceito, que características dele serão mais atraentes, o grau de gratificação por ele fornecido, o tipo de ações que advirão de sua aceitação e a extensão em que ele engendra novas ações e fantasias de realização de desejos ou defensivas. Além disso, é evidente que alguns racistas quase abandonam o discurso totalmente e recaem em um tipo de insanidade racial.[147] O teste da realidade evapora-se e ilusões racistas com ligações muito tênues com a realidade ocupam o vazio.)

Uma terceira deficiência em algumas dessas explicações é seu fracasso em ocupar-se das reais características das vítimas e das circunstâncias históricas que precipitam em parte as expressões de racismo. Processos psicodinâmicos, como a projeção, por exemplo, não ocorrem do nada ou em um vácuo. Nem é *qualquer* objeto adequado para a incorporação na economia psíquica. Essa é a razão por que simples teorias de bode expiatório em que as vítimas são vistas como espectadores substituíveis geralmente são falhas. É evidente que uma explicação completa será bastante complexa. Ela precisaria considerar as correspondências entre características "reais" das vítimas (p. ex., pele escura), ideologias racistas (p. ex., a associação de pele escura com sujeira ou sexualidade), as fantasias ou construções inconscientes lançadas sobre essas coisas (p. ex., a associação de pele escura e sexualidade com significâncias anais ou fálicas) e as circunstâncias sociais em que as diversas conexões são mobilizadas (p. ex., uma economia em depressão). Até onde sei, apenas Elisabeth Young-Bruehl, influenciada por Hannah Arendt e pela psicanálise, desenvolveu uma explicação dos preconceitos que leva em conta todas essas considerações.[148]

[147.] Ver o ensaio de Neil Altman e Johanna Tiemann nesta coletânea.

[148.] A introdução deste livro sumariza algumas das mais importantes alegações de *The Anatomy of Prejudices*. Um grande problema nessa obra é a falha em distinguir entre sintoma e traço de caráter e, portanto, entre preconceito e patologia. Caráter, nesta obra, é determinado principalmente pela preponderância de mecanismos de defesa favorecidos e, portanto, não é dinamicamente diferente da estrutura neurótica. Preconceitos são considerados, em parte, como expressões visíveis de desejos e defesas inconscientes *ativos*. Freud (1959, 1961a) distinguiu traço de caráter e sintoma ao enfatizar que traços de caráter são mais ou menos normais, o resultado da sublimação de formação reativa, e não mais simbólicos de suas causas ou fontes instintivas (ou, em outros termos, não descarregam a libido). Ele estava correto ao observar essa distinção. Há importantes diferenças entre circunstâncias em que ações (como a segregação de pessoas vistas como infiltradores corruptores) são causadas em parte por uma necessidade obsessiva inconsciente de se purificar de perseguidores internos, e circunstâncias nas quais essas ações *não* têm essa importância inconsciente (ou causação contemporânea), mas são meramente parte do repertório (deslibidinizado) habitual, as tendências gerais, do *caráter* obsessivo. Young-Bruehl insiste em que o preconceito não é uma patologia, mas não deixa claro como ela pôde chegar a essa conclusão. A maneira como ela emprega a noção de caráter obscurece esse tipo de distinção e, logo, as distinções entre preconceito e patologia. Se minha linha de raciocínio fosse seguida até o fim, deveríamos reconhecer ao menos duas subclasses de preconceitos oréticos, o patológico e o caracterológico.

Independentemente dessas restrições, as teorias psicodinâmicas esclarecem muitas dessas importantes junções em que as explicações filosóficas, sociológicas e históricas não bastam. Em *I'm Not a Racist, But...*, por exemplo, Lawrence Blum nota "a persistente vitalidade da idéia de raça" e do racismo, apesar do clima cada vez menos hospitaleiro na cultura de massa (2002: 106). Qual a razão dessa persistência? Blum sugere que, em parte, é porque essas idéias e atitudes permaneceram "fora do domínio das idéias refletidamente endossadas" e por causa do "peso da história racializada e do atual legado de depredações raciais" (106, 146). Em particular, Blum comenta a persistência do pensamento hereditário a respeito de raças, mesmo que em formas não compromissadas ou refletidas. "As pessoas", diz Blum, "absorveram modos de pensar que defendem a hereditariedade sobre grupos raciais e podem não estar plenamente cientes disso" (136). Então, segundo essa visão, a persistência do pensamento racial e do racismo assenta-se em um tipo de inércia ou falha em levar a julgamento concepções racistas no tribunal da reflexão. Mas qual a razão dessa inércia? E como essas idéias referentes a falhas de reflexão (ou às diversas teorias de aprendizado de sociólogos e psicólogos cognitivos, por falar nisso) se encaixam com atos *atrozes*, os extremos definidores, que são ainda motivados pelo racismo? A razão real para a durabilidade do pensamento racial e do racismo, do porquê de o racismo poder ser tão desesperado e destrutivo, da rapidez com que conflitos étnicos, religiosos e de classe se tornam racializados, não é que satisfazem uma gama de poderosas, e freqüentemente inconscientes, necessidades psicológicas?

Normalmente, há apenas um ponto em que muitos filósofos e historiadores reconhecem a incidência dessas necessidades: a alegação de que a ideologia racista surgiu como uma *racionalização* da escravidão. A explicação genética do racismo é parcial. A ideologia de raça e o racismo têm uma história muito mais complexa que sua associação com a escravidão. Mas, ao menos, essa visão está na trilha certa. Racionalizações – estratégias de desculpa, disfarce e paliação – são normalmente motivadas por julgamentos adversos do próprio comportamento ou caráter da pessoa e, portanto, envolvem as atitudes intrapsíquicas ou reflexivas que temos para com nós mesmos. A ideologia racista e o racismo *eram* convenientes das maneiras que filósofos e historiadores reconheceram, como racionalizações da dominação, da exploração e dos privilégios econômicos. Mas essa explicação não vai muito longe: historicamente, classes dominantes raramente se deram ao trabalho de racionalizar tais coisas, mesmo em situações fundamentalmente igualitárias: pense nos Estados Unidos contemporâneos, em que práticas trabalhistas e formas de discriminação não muito melhores que a escravidão continuam fortes, sem que haja grandes tentativas de amenizá-las com tolas doutrinas biológicas. O discernimento mais profundo é que grande parte do racismo surge reflexivamente de motivos e aspectos de caráter mais sensíveis e peremptórios. O racismo é primariamente um dispositivo de regulação da economia afetiva e orética interna: para negar a culpa, defender-se contra desejos instintivos repudiados, lidar com paixões inelutáveis como a inveja, sustentar a auto-estima, criar ilusões de aceitação. Esses tipos de necessidades, desejos e projetos humanos – normalmente inconscientes, muito poderosos, rápidos no disfarce e na dissimulação ("Será que alguém realmente confessou a inveja?", perguntou Melville) – ao longo dos séculos contribuíram para moldar o pensamento de raça e motivar o racismo, assim como para encontrar satisfação neles.

Como então as estruturas inconscientes motivam o (certas formas de) racismo? Irei primeiro fazer uma caracterização muito geral e em seguida discutirei em detalhes uma instância específica. Eu utilizo, sem argumentos que as suportem, algumas premissas básicas da teoria psicanalítica. A resposta geral é a seguinte: nos racismos irracionais definidores, desejos inconscientes, representações de objetos arcaicos (ou seja, parentais), fantasias e emoções conseguem afetar a economia ativa da mente. As circunstâncias e os mecanismos variam bastante; alguns deles serão discutidos adiante.[149] Quando isso acontece, pessoas, grupos, eventos e instituições lidam com significados inconscientes, normalmente de caráter multivalente, que advêm de questões de intenso conflito na infância do indivíduo. Algumas coisas são exigências para todas as crianças: ficar apegadas às mães, assegurar ou criar a ilusão de amor, sobreviver à perda de objetos ou de si mesmo em raiva ou desespero, integrar as experiências ruins com as boas e lidar com a ambivalência e com sentimentos dolorosos de privação, abandono e inveja. Essas vicissitudes têm correspondências mais tarde na vida. Elas reverberam nas experiências de depressão econômica, desterro social e privação. Por exemplo, a "percepção" da nação estar sendo "afogada" em estrangeiros ou "mão-de-obra barata" tende a criar, em classes vulneráveis, insegurança e medo de perda iminente. A convicção de que os desempregados são parasitas ou que organizações aborígines pagas com dinheiro de impostos são, como um vice-primeiro-ministro australiano disse, sanguessugas, pode causar ressentimento e inveja. A crença de que há furadores de fila incômodos e adoentados – como o atual governo australiano se refere aos refugiados do Oriente Médio – tentando entrar em "seu" país, e que podem vir a competir pela assistência social ou por empregos ou, ainda pior, receber "tratamento especial", provavelmente causará insegurança e rivalidade invejosa. Essas "percepções" e crenças já são, é claro, enfeitadas e distorcidas pela lente de experiências anteriores, por disposições

---

[149.] Young-Bruehl 1996 é a admirável discussão de como desejos inconscientes e coisas assim entram na economia ativa da mente e como o racismo e o preconceito em geral operam como mecanismos de defesa. Um outro assunto importante e intimamente relacionado refere-se aos meios pelos quais desejos inconscientes encontram satisfação no racismo. A questão toca o maquinário de realização de desejo freudiana descrito em detalhes em Pataki 1996, 2000.

inconscientes e outras fontes de tendenciosidade, e as reações a elas são invariavelmente exageradas em relação à real imposição. Mas a situação assume de modo geral uma aparência mais desesperada quando grupos de "forasteiros" inconscientemente recebem uma significância infantilizada ainda mais profunda: por exemplo, a visão de irmãos gananciosos ou parasitas, que, na mente infantil e regredida, literalmente ameaçam causar morte por inanição, ou alimentar uma rivalidade invejosa inicial dolorosa demais para suportar. Não é que as coisas simplesmente pioram um pouco; emergem certos tipos-padrão de reação que são agora radicais e problemáticos ou, no meu uso católico do termo, irracionalmente conectados às circunstâncias. As atuais circunstâncias são muito mal interpretadas e provocam reações primitivas: fuga da raiva (afastar-se), roubo por inveja, segregação, desumanização (desanimação ou fetichização), incorporação agressiva, aniquilação.

V. INVEJA E RACISMO NA AUSTRÁLIA

Vamos considerar em detalhes o papel da inveja em algumas formas de racismo. Não proponho, é claro, que a inveja esteja por trás de todas as formas de racismo, mas parece ser importante em muitas delas e pode desempenhar um papel em todas.[150] A associação já é conhecida há muito tempo, até certo grau. Por exemplo, o "truísmo" de que o anti-semitismo é apenas uma forma de inveja é quase tão antigo como o próprio anti-semitismo. Em geral, entretanto, parece haver menos consciência atualmente da potência e da penetrabilidade da inveja do que em tempos anteriores. Isso pode se dever ao fato de que a inveja é um dos grandes motores do capitalismo consumista, e a convivência constante, na grande república do acúmulo e da contabilidade, deixou-nos cegos para ela. Nem sempre foi assim. O Cristianismo fez da inveja um dos sete pecados capitais e, segundo Chaucer,* o pior de todos: "pois todos os outros pecados são pecados contra apenas uma virtude, enquanto a inveja é contra toda virtude e toda bondade" (Klein 1975: 189). Para Heródoto, a *phthonis* – inveja dos deuses provocada pelo sucesso dos mortais – determinava o

---

[150.] Parece-me que essas constelações que Young-Bruehl descreve como formas antipaternais e antifraternais de preconceito histórico (p. ex., 365-77, 407-11) podem ser mais esclarecidas por uma consideração dos papéis da inveja: no primeiro caso, do pênis paternal, no segundo, dos outros irmãos. Ver Young-Bruehl 1996: 270-74, em que a "inveja" poderia ser substituída por "rivalidade fraterna" sem que haja alterações. Young-Bruehl nota que Arendt tratou o anti-semitismo do movimento pangermânico como essencialmente um anti-semitismo de inveja (360).
* N.T.: Sir Geoffrey Chaucer (1340(?)-1400), poeta medieval inglês, autor de *Os Contos de Canterbury*.

padrão da história. A deidade, dizia ele, está sempre "sentindo inveja e interferindo".

E. R. Dodds dizia que, no mundo arcaico, "os homens sabiam que era perigoso ser feliz" (1951: 31). Por que *perigoso*? Porque a inveja, divina ou mortal, não apenas sente raiva da posse por parte de outrem daquilo que se cobiça, ela freqüentemente busca macular ou destruir essa coisa e seu possuidor. Pouco antes do colapso do Comunismo, surgiu uma piada que parecia ligar, estereotipando, alguns tipos nacionais a estágios de inveja. Uma gênio aparece e está disposto a conceder três desejos. A mulher inglesa diz: "Gênio, Catherine tem uma casa tão bonita, eu quero uma igualzinha". Uma mulher francesa diz: "Gênio, Magali tem um chalé tão grande, eu quero um com o dobro do tamanho". Uma russa diz: "Gênio, Bóris tem um porco e eu não; mate o porco do Bóris". O último tipo de inveja maculadora e destrutiva foi investigado pela primeira vez por Melanie Klein. Na visão kleiniana, a inveja é uma expressão de impulsos instintivos destrutivos e opera desde o nascimento. Parte do significado disso é que a inveja não é somente uma reação emocional, da mesma maneira, por exemplo, que a raiva ou o medo é um impulso inato que busca objetos para si. Shakespeare pode ter tido uma concepção semelhante:

> Mas almas ciumentas não atendem a isso;
> Nunca são ciumentas por uma causa,
> Mas têm ciúmes pelo ciúme; é um monstro
> Gerado de si mesmo, nascido de si mesmo (*Othello* 3.4)

Seja a inveja gerada de si mesma ou não, sabemos como a privação, a frustração e a perda estimulam a inveja; e são poucos os que escapam dessas vicissitudes. Mesmo quando ela se tornou inconsciente ou desassociada, a personalidade central permanece submetida à sua influência e intrusão. A intrusão da inveja inconsciente na consciência adulta pode ser particularmente ameaçadora e dolorosa, e há muitas defesas contra sua experiência consciente. Uma delas é *macular* ou eliminar os objetos invejados. Se o objeto for arruinado ou destruído, a inveja é evitada. Outra defesa é a *identificação com o objeto*, pois, nessa situação, sente-se que se tem o que o objeto tem. Algo assim está na essência de certos tipos de nacionalismos e outras formações de identidade grupal em que o "homem comum" se adorna com uma glória emprestada. Na *desvalorização*, o valor do objeto invejado ou seu possuidor é negado ou menosprezado. A inveja é o motivo para *desassociar o mundo objeto* de uma forma que se acomoda bem com, e reforça, a ruptura racista do mundo humano. O objeto pode ser não apenas desvalorizado, mas também excluído de todo do mundo dos elos e considerações humanos: desumanizado. O objeto não mais faz parte do domínio do invejável.

A desumanização do tipo que está no centro da explicação de Gaita e de outros é, penso eu, uma dessas estratégias.[151]

Isso não converterá os céticos, mas um exemplo típico de inveja inconsciente pode ser útil nesta altura. Algumas pessoas dirigem seus conversíveis com o teto rebaixado mesmo no auge do verão de Melbourne. O tráfego é ruim, o sol calcinante, as estradas pungentes e repletas de fumaça. Por que essas pessoas fazem isso? Bem, alguns podem estar indo para Monte Carlo e outros, que compraram um carro com truques, querem que eles sejam usados. Mas sabemos que grande parte disso é "exibição". Mas o que é isso? A atenção é bem-vinda, não importa de onde venha, mas parece que é mais que só isso. Sua intenção, que entendemos implicitamente, é provocar a inveja nos outros. Mas por que fazer *isso*? Agora acredito que precisamos deixar um pouco a psicologia popular e ir para a psicanálise. Uma razão comum é a seguinte: o motorista tem o conversível, mas não tem aquilo que é o que mais quer, e inconscientemente acredita que as outras pessoas têm: *liberdade da inveja*; e, sendo invejoso, o motorista quer estragar isso. Podemos vislumbrar essa dinâmica, quase pré-teoricamente, embora grande parte disso ocorra inconscientemente.

[151.] Arendt escreveu a respeito da África do Sul: "A base [do racismo] e sua desculpa ainda eram a própria experiência, uma aterradora experiência de algo alienígena além da imaginação e da compreensão; era realmente tentador simplesmente declarar que eles não eram seres humanos. Já que, entretanto, apesar de todas as explicações ideológicas, o homem negro teimosamente insistia em reter suas características humanas, os "brancos" não poderiam deixar de reconsiderar sua própria humanidade e decidir que eram mais que humanos e obviamente escolhidos por Deus para serem deuses dos negros. Essa conclusão era lógica e inevitável, *caso se quisesse negar radicalmente qualquer laço comum com os selvagens*" *(1979: 195, itálico adicionado)*. Mas, agora, qual a razão dessa negação e desse recuo? Arendt diz que isso era causado por medo e orgulho. "Os bôeres nunca foram capazes de esquecer seu terrível medo inicial diante de uma espécie de homens *cujo orgulho humano e senso de dignidade humana não permitiriam que os aceitassem como semelhantes. Esse medo de algo similar a si mesmo, mas que não deveria sob nenhuma circunstância ser parecido, permaneceu na base da sociedade de raças...* [Os africanos] eram, aparentemente, seres humanos "naturais" a quem faltava o caráter específico humano, a realidade específica humana, de modo que, quando os europeus os massacraram, eles, de alguma forma, não perceberam que estavam cometendo assassinato (192; itálico adicionado). Nada disso soa verdadeiro. Nem o orgulho nem a dignidade são motivos para recuar diante de semelhantes ou cancelar sua humanidade. Arendt parece debruçar-se quase exclusivamente sobre a descrição de Conrad do encontro racial em *O Coração das Trevas* (*The Heart of Darkness*). Na verdade, Conrad tinha uma visão mais profunda. Somente uma leitura muito ingênua poderia deixar de notar a carga de atração, admiração e inveja sexual que Conrad e Marlow claramente partilhavam: "Eles gritavam, cantavam; seus corpos exalavam transpiração; tinham faces semelhantes a máscaras grotescas – esses rapazes; mas tinham ossos, músculos, uma selvagem vitalidade, uma intensa energia de movimento, isso era tão natural e verdadeiro como as ondas na costa. Eles não pediam desculpas por estarem lá. Eles eram um grande conforto de se ver." (Conrad 1982; ver também 23-25, 51-2, 59-60, 73, 87)

Algumas coisas são invejadas mais que outras. Melanie Klein disse que a criatividade é a mais invejada de todas as coisas porque suas raízes psicogenéticas podem ser remontadas até o seio que nutre a vida. Outras condições muito invejadas são a liberdade da inveja, da ganância e do furor, o que traz serenidade; ser amado e estar em posse confiante da mãe; beleza, é claro; e jovialidade, vitalidade, espontaneidade infantis e qualquer coisa que se imagine ser uma vida livre de preocupações. Irmãos são invejados, seja porque parecem ser mais magníficos e dotados ou porque atraem mais amor parental. Finalmente, vigor e liberdade sexual e ausência de inibição. Objetos invejáveis não precisam possuir realmente as características cobiçadas, é claro; é preciso apenas que se pense ou fantasie que possuam.

Qualquer pessoa familiarizada com a literatura psicossocial sobre o racismo norte-americano contra os negros, com a ficção de James Baldwin ou Ralph Ellison, ou a obra de Frantz Fanon, estará familiarizada com a idéia de que a inveja de uma sexualidade negra imaginada com dotes mais ou menos fantásticos está por trás de grande parte do racismo. Essa é uma concepção convincente, mas eu gostaria de experimentar um tema menos familiar que acredito ser mais relevante para o racismo contemporâneo na Austrália. Eu gostaria de considerar algumas razões para se pensar que o ódio invejoso das crianças, incluindo a "criança interior",[152] e, em particular, a inveja na rivalidade fraternal desempenham um importante papel em parte de nosso racismo contemporâneo.

Para começar, é de fato incrível o quão freqüente e tendenciosamente as pessoas, consideradas pelos europeus até recentemente como raças subalternas, em particular as africanas, foram menosprezadas quando crianças. Eis aqui alguns exemplos tirados da ampla literatura do racismo "científico" e do colonialismo.[153] O famoso anatomista Carl Vogt escreveu, em 1864: "Devido ao seu ápice redondo e lóbulo posterior menos desenvolvido, o cérebro do negro assemelha-se ao de uma criança e, pela protuberância do lóbulo parietal, ao de uma mulher... O negro adulto participa, no que se refere às suas faculdades intelectuais, da natureza da criança, da mulher e do homem branco senil" (Gould 1996: 135). Vogt aconselhava os donos de escravos: "a regra geral... é que os escravos negros devem ser tratados como crianças negligenciadas e malcriadas" (Banton 1998: 76).

As passagens de Vogt são representativas de uma das mais fantásticas distorções científicas do século XIX, a extensão da teoria do recapitulacionismo (a ontogenia recapitula a filogenia), em si mesma mal fundamentada, para moldar uma doutrina absurda segundo a qual a variação racial e o desenvolvimento cultural recapitulam a ontogenia. Um colaborador do

---

[152.] A criança que se *é* em algumas personificações (Pataki 2003).
[153.] Ver Gould 1996, Banton 1998 e Reynolds 1989 para muitos exemplos.

Anthropological Review, de 1866, explica: "Da mesma maneira que o tipo do negro é fetal, o do mongol é infantil. E em estrita concordância com isso, percebemos que seu governo, literatura e arte são igualmente infantis. Eles são crianças imberbes cuja vida é trabalho e cuja principal virtude é a obediência sem questionamentos." (Hobsbawm 1995: 267)

Esse tipo de visão era enormemente popular entre os letrados, e seu espírito permaneceu popular entre os iletrados muito após suas observações e biologia espúrias em que se baseava terem sido descartadas.

Eis aqui S. Burt, procurador geral da Austrália Ocidental, falando ao parlamento em 1892:

Cheguei à conclusão, e tenho agido assim por anos, de que a única maneira eficaz de lidar com essas raças de cor, sejam negros, índios ou chineses, é tratá-los como crianças. Eu provei – em minha própria limitada experiência. Só se pode lidar com eles de modo eficaz como se lida com crianças malcriadas. Não adianta nada falar com esses negros, e ser bondoso com eles, e esperar que aprendam alguma coisa, nada mesmo... Mas dê a esse negro uma pequena surra – se ele merecer, lembrem-se: chamo atenção para isso, pois, se você os surra sem que mereçam, isso só os deixa infinitamente piores; mas dê a eles uma surra quando realmente merecem, isso lhes faz bem – muito mais que qualquer outra punição. Se eles merecem, eles nunca esquecem. Eles até gostam bastante, na verdade; eles lhe dizem isso mais tarde, e o agradecem por isso (Reynolds 1989: 142).

O que está por trás dessas crenças persistentes que não apenas *inferiorizam*, mas também *infantilizam* os grupos racialmente designados? Muitas coisas. Há a influência de teorias racialistas absurdas, mas gratificantes – elas mesmas moldadas em grande parte sob a influência do racismo –, que falam para o europeu que ele é de uma linhagem superior: o adulto entre as raças! Essas teorias e crenças e preconceitos populares associados convenientemente amenizam a dominação e a exploração coloniais como algo semelhante à obrigação paternal. Não muito atrás está o esforço para mitigar o sentimento de culpa por cometer injustiças a outros ao negar-lhes maturidade e capacidade de sentir essa injustiça. (O atual governo australiano, que menospreza as reivindicações aborígines de respeito por meio de sua política condescendente de "reconciliação prática" e da satisfação de "necessidades básicas", fornece um exemplo particularmente detestável disso.) Os prazeres do desprezo e do sadismo podem efetivamente se disfarçar como punições aos jovens. Mas, por trás disso, há uma influência importante, embora menos conspícua: a inveja inconsciente de grupos que se imagina possuírem características, geralmente, embora imperceptivelmente, imputadas a crianças, que são desejadas, mas também odiadas e desvalorizadas.

Já mencionei algumas dessas características. Outras delas são: a capacidade de divertir-se espontaneamente e sem esforço, a serenidade que advém de se sentir amado incondicionalmente, proximidade com a Terra (que é o corpo materno) e conforto com seu próprio corpo. Algumas dessas características, e suas transformações, são atribuições do folclore racista que os brancos criaram a respeito dos povos indígenas em muitas partes do mundo. Mas o próprio folclore foi influenciado por construções inconscientes e é também seletivamente percebido por meio delas. Mais ainda, sabemos que, em muitas pessoas, as características que percebem são, na verdade, projeções de seus próprios impulsos e auto-representações condenados e odiados. E são condenados e odiados, falando grosso modo, por serem associados a quereres infantis, desejos instintivos, e autoconcepções que são inaceitáveis no mundo adulto. Na linguagem da Psicanálise clássica, são características do id projetadas por pressão do superego. Então essas projeções podem ser consideradas medidas defensivas contra o ódio a si mesmo, a depressão a ele associada. Aparentemente, elas eliminam um dos impulsos e autoconcepções intoleráveis. De fato, essas coisas são odiadas por dois motivos: primeiro, como aspectos de si mesmo, da desprezada e repudiada "criança interior"; e, em seguida, como características projetadas das vítimas do racista. Mas esses aspectos infantis de si mesmo não são apenas repudiados e odiados, eles são também muito desejados. Estão no centro do ser e condicionam prazeres a que não se pode facilmente renunciar. Então eles são também muito invejados naqueles que se imagina poderem usufruir deles livremente e devem, portanto, pela lógica da inveja maculadora, ser humilhados e desvalorizados. O olhar da inveja é o olhar da criança, e a preocupação do racista com essas características invejadas é um testemunho de seu poder de atração.

Mas a racionalidade também tem suas reivindicações, e as características são racionalizadas e, no processo, transformadas: liberdade da loucura da inveja e da ganância torna-se preguiça e ineficiência; ausência de sentimento de culpa sexual torna-se depravação; espontaneidade e vigor infantis tornam-se irresponsabilidade e parasitismo e assim por diante. A inveja transformada em ódio pode levar à tentativa de segregar, menosprezar, punir ou destruir as pessoas que se imagina inconscientemente incorporarem as características invejadas. Então, por exemplo, a atitude punitiva e perseguidora do governo australiano em 2003 – e dos muitos intolerantes que a apóiam –, em relação aos aborígines, requerentes de asilo, desempregados, jovens e viciados em drogas, por mais paradoxal que pareça, é em parte um reflexo de um ódio invejoso subjacente desses grupos, reunido sob a identificação com os impulsos infantis e as autoconcepções desprezados e repudiados do próprio intolerante. Essas pessoas não podem tolerar nem a dependência nem a vitalidade da criança, pois refletem a miséria e o ódio inconscientes a si mesmo de uma isenção social infantilizada, de pessoas que, apesar de terem construído suas vidas ao redor de sua negação, sentem-se fundamentalmente desprovidas e invejosas.

Um conjunto de temas associados com a privação e a inveja ligadas de modo transparente à rivalidade fraternal tornou-se recentemente proeminente na consciência política australiana. O terreno foi preparado pelo primeiro-ministro Howard, mas foram lançados para a nação por uma inexperiente política populista, Pauline Hanson, e podem ser resumidos em algumas reclamações: "Alguém está recebendo mais", "Alguém está recebendo sem ter feito nada para merecer", "Eles precisam ser mantidos em seu devido lugar".[154] Em seu primeiro discurso no parlamento, Hanson reclamou que "os aborígines recebem mais benefícios que os não-aborígines" e lamentou os "benefícios que os aborígines gozam a mais que os demais australianos". A "reconciliação" entre os aborígines e os brancos, diz ela, "é todos se reconhecerem e tratarem-se como iguais". Atualmente, de modo geral, os aborígines australianos vivem em condições piores e possuem piores perspectivas que qualquer outro povo indígena destituído. Mas, contudo, não eram o único alvo de Hanson. A Austrália também estava sendo "afogada" por imigrantes asiáticos cuja lealdade para com o Estado era equivocada e que dependiam demais da assistência social, enquanto "australianos comuns não recebem nada". E então houve a chegada de muitos requerentes de asilo do Oriente Médio e do Afeganistão. Hanson foi bem-sucedida em sua tentativa de estimular uma boa dose de sentimentos racistas e relacionados, e Howard tem explorado isso habilmente.

O significado inconsciente da perspectiva de Hanson parece ser algo do tipo: a nação é vista como uma mãe que distribui seu leite de modo injusto entre seus filhos. Pessoas cuja identidade social e individual é frágil tendem a compreender inconscientemente grandes corpos receptivos, como raças e nações, como *mãe*, e buscam uma identificação narcisista com eles. A ansiedade e a insegurança subjacente de *não ser realmente aceito* mobilizam essa necessidade por identificação e imersão em uma totalidade maior. Essa imersão pode ser também motivada como uma defesa contra a inveja por meio da apropriação mágica ou fantástica das posses e conquistas da raça ou nação, assim como contra a primordial inveja da mãe. Inconscientemente, eles podem identificar-se com o grupo enquanto, ao mesmo tempo, idealizam e buscam manter uma relação especial de identidade ou posse com ele: a pessoa "possui" sua própria mãe. A "relação especial" pode emergir como um tipo de patriotismo exacerbado e exagerado. Como Hobsbawn (1987) e outros observaram, desde o surgimento dos estados-nações, o patriotismo foi freqüentemente usado para compensar a inferioridade social. Mas nesses casos o patriotismo é superficial e a motivação para esses

---

[154.] O tema do "receber algo sem ter feito por merecer" foi vigorosamente explorado contra beneficiários da assistência social, principalmente na introdução do popular "esquema do trabalho por caridade". O que foi certa feita uma obrigação universal se transformou em um imposto de caridade contra o qual os pagadores de impostos foram encorajados a demonstrar sua indignação.

patriotas não é amor por seu país, mas sim a ilusão desesperada de que o possuem.

Então, Hanson estava preocupada com o fato de que a nação-mãe (com a qual ela parecia identificar-se abertamente ao aceitar a denominação "mãe da nação", isto é, mãe dos filhos da nação) poderia ser destruída pela incontrolada diversidade de suas exigentes crianças. Seu preocupante apelo, "para sobrevivermos em paz e harmonia, unidos e fortes, devemos ter um povo, uma nação, uma bandeira" (isto é, uma mãe justa, sem rivalidade entre os irmãos), pareceu passar por cima das cabeças do público australiano sem que eles se incomodassem com sua sinistra ressonância. Os irmãos mais jovens – os infantilizados aborígines, asiáticos e principalmente os recém-chegados – estavam *recebendo demais*. E *não fizeram nada* para merecer a assistência que receberam; eles simplesmente estavam lá, na soleira da porta, como se fossem crianças fugitivas, sem lar. Eles deviam ser mantidos fora da casa completamente ou, pelo menos, mantidos em uma posição inferior. O filho mais velho havia aprendido a temer a usurpação: "Eu sou o rei do castelo e você não passa de um malandro sujo". E, é claro, Hanson é o privilegiado filho mais velho, aquele que estava na casa há mais tempo, com direitos de propriedade: "Se posso convidar quem quiser para minha casa, eu deveria ter direito de opinar a respeito de quem entra no meu país." (Posteriormente, o *slogan* eleitoral mais bem-sucedido do primeiro-ministro Howard foi: "*Nós* decidiremos quem entra em nosso país!") O *pathos* infantil e o fluxo de rivalidade fraterna invejosa nessas reclamações são muito mal disfarçados pelos véus políticos que, em parte, fabricam, em parte, emprestam.

O fluxo engoliu as atitudes da nação em relação a requerentes de asilo, com conseqüências perniciosas. O impacto psicológico da chegada de pessoas novas e estranhas tem, é claro, múltiplos determinantes. Indivíduos diferentes serão afetados de modos diferentes, e os mesmos indivíduos de modo diferente em circunstâncias variáveis em momentos diferentes. Não pode haver muita dúvida de que uma significativa porção da hostilidade a forasteiros, principalmente de pessoas de *status* socioeconômico vulnerável, surge da percepção de que os recém-chegados são competidores em potencial por trabalho ou assistência social. Isso, embora seja importante, não pode compor toda a explicação, como fica evidente pelo fato de que essas percepções são quase sempre distorcidas e em maneiras que são motivadas de modo discernível. Os tipos de medo e apreensões que recaem sob a rubrica da xenofobia são também muito importantes. O mesmo pode ser dito da peculiar *inveja direcionada para baixo*, que Francis Bacon notou: "Homens de nascimento nobre são sabidos invejosos de homens novos quando estes chegam. Pois a distância é alterada, e é como se fosse um ludíbrio para os olhos, que, quando outros se aproximam, eles se vêem recuando" (Schoeck 1969: 197). As pessoas não gostam de emergentes e recém-chegados, principalmente se há uma suspeita de que estes podem "tomar o lugar" delas.

Há várias razões específicas por que negros e outros grupos considerados sombrios, primitivos ou simplesmente forasteiros vêm a ser percebidos como irmãos mais jovens e objetos de inveja. Certas equações infantis, como negritude e miséria, escuridão e sexualidade, sem dúvida desempenham um papel em alguns desses casos. Da mesma forma, a criança tem uma compreensão de sua situação inferior e ineficiência e associa infância com fraqueza e esta com ausência de mãe e de lar. O refugiado não tem uma casa e, portanto, não tem mãe, é fraco e infantil. A conexão na mente infantil entre novos bebês na propriedade e forasteiros, recém-chegados, é também uma associação poderosa. E há as vicissitudes desenvolvimentais individuais que influenciam os objetos-padrão específicos de uma pessoa de medo, fuga, etc.: em particular, a criança nota menosprezos seletivos na conversação de adultos.

Sair das águas freqüentemente simboliza o nascimento, e é notável que, nos sonhos de alguns racistas, barcos regularmente figuram como mães e irmãos, como negros (Young-Bruehl 1996: 269-74). É possível então que os requerentes de asilo que chegam à Austrália em barcos – que, devido à sua vulnerabilidade e dificuldades, têm um direito especial de hospitalidade e respeito – podem, por essa razão e outras relacionadas, ser particularmente ameaçadores. Suas próprias necessidade e destituição podem mobilizar em algumas pessoas a imagem inconsciente de irmãos famintos ou doentes, que parece ser uma necessidade primordial de repelir (Tustin 1992: 18). Pode-se experimentar inconscientemente esses irmãos carentes, mas invejados, como tentando invadir a mãe e tentando tomar dela – "receber mais", "receber algo sem ter feito por merecer" – o que não pudemos. Em pessoas que já se sentem atormentadas e desprovidas, e que talvez realmente o sejam, não é preciso muito para agitar essas fontes mais profundas de privação e inveja e para se defenderem contra isso pelo tipo de exclusão, desumanização e indiferença que os requerentes de asilo recebem na Austrália. (É preciso que se entenda que o "problema dos requerentes de asilo" na Austrália é, na verdade, mínimo, uma questão de uns poucos milhares.)

A política do governo australiano em relação aos requerentes de asilo é chamada de Solução Pacífica. Ela consiste em evitar que os requerentes de asilo aportem no continente, dispersando-os em campos de concentração nas ilhas vizinhas no Pacífico, evitar o acesso da mídia de modo a deixá-los sem rosto, privando-os dos confortos dentro dos limites da lei internacional (para desestimular outros, dizem) e difamá-los publicamente. É uma estratégia psicologicamente brilhante, mas perversa, que está em sintonia com grande parte da atitude do público e, de fato, funciona no entendimento coletivo público para legitimar essa política. Seu sucesso é amplamente subscrito pela generalizada inimizade racializada. A ignorância, o racismo e o estupor moral conspiraram para acobertar as ironias doentias perpetradas em seu nome.

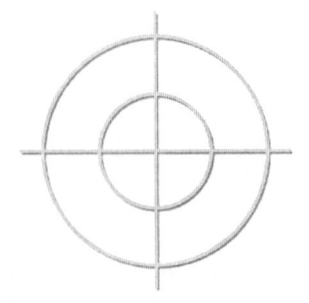

Parte III
RACISMO, MORALIDADE, POLÍTICA

10: Por que Não Devemos nos Considerar Divididos por Raça

Bernard Boxill

O título do grande livro de Ashley Montagu (1974) contra a idéia de raça, *Man's Most Dangerous Myth: The Fallacy of Race*, sugere que essa idéia é tanto falsa como perigosa. As duas sugestões não são necessariamente ligadas: idéias não precisam ser falsas para ser perigosas. Incompreensivelmente, contudo, a maior parte dos filósofos que compreendem as conseqüências maléficas da idéia de raça concentra suas energias na tentativa de provar que ela é falsa.[155]

Presumivelmente, eles defendem essa estratégia partindo do pressuposto de que a idéia de raça pode ter conseqüências maléficas somente se for considerada verdadeira, e isso não ocorrerá se for provado que ela é falsa. Mas esse raciocínio é falho; as pessoas freqüentemente continuam a acreditar em coisas que se mostraram falsas. Mais ainda, os filósofos provavelmente não estão na melhor posição para provar que não existem raças. Biólogos em tempo integral, sim, parecem estar em tal posição, considerando que por "raça" queremos dizer raças *biológicas*, ou seja, um grupo de indivíduos definidos biologicamente, como uma linhagem ou uma subespécie.[156] Alguns filósofos que negam a existência de raças parecem

---
[155.] Entre os mais insistentes estão Kwame Appiah (1985) e Naomi Zack (1998).
[156.] Recentemente, "raça" tem ocasionalmente recebido um significado diferente, referindo-se a um constructo social. A existência de raça como um constructo social não é controversa e não a discutirei neste capítulo.

aceitar isso e tentam resolver a questão a seu favor alegando que "nenhum biólogo respeitável acredita em raça". Mas, é claro, saber quem é um biólogo respeitável pode exigir um maior conhecimento de Biologia do que tem a maioria dos filósofos. De qualquer modo, esse apelo à autoridade falha. Stephen Jay Gould e Jared Diamond estão entre os biólogos mais freqüentemente citados por filósofos que negam a existência de raças, e eles parecem acreditar que Ernst Mayr é um biólogo respeitável. Gould refere-se a ele como "o maior biólogo evolucionário vivo do mundo", e Jared Diamond descreve-o como "um dos maiores biólogos de nossa era". Mas Mayr declara sem papas na língua que quem defende a opinião de que "não há raças humanas" é "obviamente ignorante no que concerne à Biologia moderna".[157]

A questão é controversa, e a maior parte dos filósofos simplesmente não conhece o bastante a seu respeito para ser convincente, de uma maneira ou de outra. Conseqüentemente, sigo a segunda sugestão na obra de Montagu neste capítulo e tento demonstrar exatamente como e por que a idéia de raça é perigosa. Se for bem-sucedido, estaremos em uma posição melhor para lidar com ela. Talvez decidamos que a melhor estratégia é a que já está sendo empregada, ou seja, demonstrar que não existem raças; mas, como veremos, há outras possibilidades.

Nas seções seguintes, ofereço amostras de como alguns filósofos argumentam que não existem raças; em seguida, refuto algumas explicações falsas, mas populares, de por que a idéia de raça é perigosa; e, finalmente, proponho uma teoria da razão de a idéia de raça ser perigosa.

I

Um dos argumentos mais populares que os filósofos usam para demonstrar que não existem raças centra-se no fato de que os biólogos nunca encontraram essências raciais (ver, por exemplo, Zack 1998: 3). Aparentemente há uns poucos genes que somente europeus ou nativos americanos têm, mas eles não constituem uma essência racial, pois não explicam as diferenças físicas e supostas intelectuais entre as raças (Lewontin 1984: 126). Mas a inferência de que não existem raças é inválida, porque pode ser possível classificar pessoas segundo raças sem supor que estas tenham essências. Assim, Mayr nota que, embora Darwin tenha tornado o pensamento "essencialista" obsoleto em Biologia, ele não tornou por conseqüência a classificação obsoleta. A classificação é algo que ainda procede na Biologia, mas agora se baseia em "pensamento populacional". Como explica Mayr, o pensamento populacional "ressalta a singularidade de tudo no mundo orgânico". A classificação pode proceder no "pensamento popula-

---

[157.] Os comentários de Gould e Diamond estão na sobrecapa de Mayr 2001. Os comentários de Mayr estão em Mayr 2002: 89.

cional", mas somente, nas palavras de Mayr, "em termos estatísticos". "Se a diferença média entre dois grupos de indivíduos é suficientemente grande para ser visível, referimo-nos a esses grupos de indivíduos como raças diferentes." Mayr alega que raça, compreendida dessa maneira, é "um fenômeno universal da natureza que ocorre não somente no homem, mas em dois terços de todas as espécies animais e vegetais" (Mayr 1997: 162, 165).

A resposta-padrão dos teóricos anti-raça, que muitas pessoas são difíceis de classificar em raça, é completamente falha porque a alegação de que existem raças biológicas não implica que é fácil classificar as pessoas em raças ou mesmo que todos são membros de uma raça biológica. Talvez isso fosse um problema se todas ou a maioria das pessoas fossem difíceis de classificar, mas isso não ocorre. Como nota Jared Diamond (1992: 11): "Simplesmente ao se olhar para uma pessoa, até mesmo leigos podem freqüentemente dizer de que parte do mundo essa pessoa veio... Por exemplo, entre uma pessoa da Suécia, da Nigéria e do Japão, ninguém teria dificuldade de deduzir, com uma olhadela, qual pessoa vem de qual país". Mais ainda, mesmo que muitas pessoas sejam difíceis de classificar, isso não quer dizer que não existam raças. Deveríamos concluir que não há raças de cachorros simplesmente porque muitos deles são mestiços e difíceis de classificar em uma raça ou outra?

Embora Jared Diamond aceite que seja normalmente fácil classificar pessoas em europeus, africanos e asiáticos com base em suas características físicas, em outro ponto ele alega que "há muitos procedimentos diferentes igualmente válidos para definir a raça, e esses procedimentos diferentes seguem classificações muito diversas". Por exemplo, um desses procedimentos agruparia "italianos e gregos com a maioria dos negros africanos... Outro procedimento igualmente válido colocaria os suecos com os *fulani* (um grupo 'negro' nigeriano) e não com os italianos, que por sua vez seriam colocados com a maioria dos demais negros africanos", e assim por diante (Diamond 1994: 84). Esse argumento também é bastante usado por filósofos, mas também é falho. Duvido muito que qualquer teórico de raça já tenha dito que o único modo "válido" de classificar as pessoas é em raças. Pode haver razões "válidas" para classificar cães da raça dos estorninhos junto com os da raça dos dinamarqueses – ambos são muito altos –, mas isso não quer dizer que não existam estorninhos e dinamarqueses.

O argumento mais popular entre os filósofos em favor da inexistência de raças é retirado do famoso geneticista Richard Lewontin. Ao permitir que as pessoas sejam classificadas em européias, africanas e asiáticas, Lewontin observa que os racistas pegam as "diferenças evidentes" entre os grupos em questão e "alegam que elas demonstram grande separação genética entre as 'raças'" (1984: 121). Mas, rebate ele, não há uma grande separação genética entre "raças", e, com base nisso, conclui que os europeus, africanos e asiáticos não são raças (126). Mas o argumento de Lewontin depende de impingir uma definição de raça para as pessoas que acreditam em raças biológicas. Eles nunca disseram que é preciso haver uma "grande" separação genética. Foi Lewontin que disse isso. Eles disseram apenas que há diferenças genéticas entre as raças que determinam outras diferenças importantes. Isso os compromete com a alegação de que há grandes diferenças genéticas entre as raças somente se diferenças genéticas pequenas não puderem determinar diferenças importantes entre elas. Mas nada do que ele disse elimina essa possibilidade. Ao contrário, outros biólogos nos dizem que pequenas diferenças genéticas entre espécies podem possivelmente determinar importantes diferenças intelectuais entre elas. Segundo Diamond, "98,4% de nosso DNA não passa de DNA normal de chimpanzé.... As nossas importantes diferenças visíveis em relação aos demais símios antropóides* – nossa postura ereta, cérebros grandes, capacidade de falar, pêlos esparsos e vidas sexuais peculiares – devem estar concentradas em meros 1,6% de nosso programa genético" (1992: 23). Mas, se as pequenas diferenças genéticas entre nós e os chimpanzés são compatíveis com as enormes diferenças entre humanos e símios antropóides, então por que a pequena diferença entre as "raças" não seria compatível com importantes diferenças entre elas? Eu pessoalmente não acredito nem por um segundo que existam tais diferenças, mas também não posso dizer que o argumento de Lewontin tenha me posto em posição de dizer que eu *sei* isso. Apesar disso, muitos filósofos parecem achar que o argumento é decisivo.

Deixemos a questão da existência ou inexistência de raças de lado.

II

Muitas pessoas parecem acreditar que a idéia de raça é obviamente perigosa – e falsa – porque foi inventada e engendrada para justificar a escravização dos africanos pelos europeus e a submissão do mundo não europeu. De fato, é comum ver essa idéia ser rejeitada com base justamente nisso. As pessoas parecem achar que isso demonstra que a idéia de raça não é apenas falsa, mas também perigosa. Presumivelmente, o argumento seria o seguinte: já que a idéia de raça foi inventada e engendrada para justificar a escravização dos africanos pelos europeus e a submissão do mundo não europeu, as pessoas que acreditam nela estariam inclinadas a acreditar que a Europa tinha o direito de escravizar os africanos e subjugar o mundo não europeu. Mas qualquer idéia que deixe as pessoas inclinadas a acreditar nisso deve ser perigosa. Seria perigoso se as pessoas acreditassem nessa escravidão justificada. Conseqüentemente, a idéia de raça é perigosa. Mas a principal premissa desse argumento é falsa. Simplesmente não é verdade que a idéia de raça foi inventada e engendrada para justificar

---

* N.T.: chinpanzés, gorilas, orangotangos, bonobos.

a escravização dos africanos pelos europeus e a submissão do mundo não europeu.

Em seu ensaio informativo "Who Invented the Concept of Race?", Robert Bernasconi (2001) forneceu excelentes razões para creditar a Kant a invenção da idéia de raça, e eu irei assumir que ele está certo. Mas por que ele inventou a idéia de raça? Para algumas pessoas, o fato de que ele desprezava negros responde à questão; ele deve ter inventado a idéia de raça para justificar a escravização dos negros. Mas essa inferência não é correta. O fato de que Kant tinha uma certa atitude não quer dizer que ele fazia tudo porque tinha essa atitude. Não podemos inferir de modo válido que ele inventou a idéia de raça para apoiar a escravidão, mesmo que ele tenha apoiado a escravidão. Bernasconi é perfeitamente consistente ao alegar que Kant inventou a idéia de raça para defender a monogênese,* e também possivelmente apoiava a escravidão.

Se lermos os ensaios de Kant sem idéias preconcebidas acerca de quais eram suas intenções, e se não assumirmos que esses ensaios precisam ser "decodificados" (para usar o jargão corrente), sua intenção direta parece ser explicar a variedade humana. Não há absolutamente nada de surpreendente nisso. Desde que os europeus se expandiram para a Ásia, a África e a América, eles se admiraram com a variedade física dos seres humanos e inevitavelmente seus cientistas tentaram explicar essas diferenças. Como diz o históriador David Brion Davis, os observadores "buscaram por categorias com que explicar o impressionante fato de que essas criaturas podiam ser tão obviamente humanas e, ainda assim, tão diferentes" (1966: 466). Muitos publicaram especulações sobre o tópico, sendo que Johann Friedrich Blumenbach notavelmente intitulou seu livro acerca do assunto como *Sobre a Variedade Natural da Raça Humana* (1865). Na ausência de evidências definitivas em contrário, há toda razão para supor que Kant estava participando da mesma empreitada em seus ensaios relacionados à raça. Pode-se objetar, contudo, que seus argumentos se baseavam em suposições essencialistas, e já se sabia muito bem naquela época que o Essencialismo era uma ciência ruim e ultrapassada (Zack 2001: 44). Se isso estiver correto, podemos suspeitar de modo razoável que, quando Kant inventou sua idéia de raça, ele estava fazendo algo menos respeitável do que tentar explicar a variedade física humana, mas sim formulando uma racionalização para a escravidão. Mas o pensamento essencialista não estava ultrapassado quando Kant o usou em sua idéia de raça. Darwin escreveu quase um século após Kant e, segundo Mayr, foi Darwin que tornou o pensamento essencialista obsoleto na Biologia. Mais ainda, o pensamento

---

* N.T.: Teoria que diz que toda vida se originou de uma única célula, ou que a humanidade descende de ancestrais em comum (em oposição à poligênese, que alega que as diferentes raças humanas têm origens separadas).

essencialista era notavelmente frutífero na Química (Sober 1980: 350-83). Os químicos postulavam que os elementos tinham essências e buscavam e descobriam essas essências. Em particular, descobriram que todos os elementos tinham números atômicos, que todas as amostras do mesmo elemento têm o mesmo número atômico, e esses diversos elementos desempenhavam um importante papel na explicação das propriedades químicas. Como resultado, eles foram capazes de inventar a tabela periódica dos elementos e predizer a existência e as propriedades de elementos que ainda não haviam sido descobertos. Uma vez que a idéia de essência estava se provando tão frutífera na Química, teria sido natural que os pensadores como Kant supusessem que seria igualmente frutífera na Biologia. Em particular, explicações ambientalistas da variedade física humana – por exemplo, que o sol forte dos trópicos queimou os negros africanos – haviam falhado: certos nativos americanos endêmicos dos trópicos não eram negros, e africanos continuavam negros, mesmo quando se mudavam para a Europa, enquanto europeus que se mudavam para os trópicos e se bronzeava perdiam seu bronzeado quando voltavam para a Europa.[158] Evidentemente, havia algo permanente nos negros e brancos que explicava por que tinham aparências tão diferentes. E como isso era possível se todos descendiam da mesma estirpe? Kant propôs que os seres humanos que haviam se originado na Europa possuíam "sementes" que lhes forneciam uma capacidade embutida de desenvolver características que lhes permitiriam sobreviver nos diversos climas do mundo, embora essas adaptações se tornassem permanentes uma vez que tivessem sido acionadas. Embora isso tenha se mostrado incorreto, permitiu a Kant defender que seres humanos descendiam de uma estirpe em comum e partilhavam de uma essência em comum, mas podiam ser classificados em raças que eram permanentemente diferentes umas das outras. Em suma, as suposições essencialistas de Kant não nos dão razão para "decodificar" seus ensaios ou discernir um "subtexto" neles. Eles estavam incorretos, mas parecem ter sido feitos de boa-fé, e segundo o que, na época, pareciam ser suposições científicas razoáveis.

Ainda teríamos razão para suspeitar de Kant e de sua invenção se os europeus estivessem precisando de uma racionalização para a escravização dos africanos, e a idéia que ele inventou se encaixava muito bem nesse objetivo para não ter sido intencional. Mas não está claro se os europeus precisavam de uma idéia de raça para alcançar seu objeto. Aparentemente, Locke estava racionalizando a escravidão sem a idéia de raça. Segundo Peter Laslett (1967: 302), Locke (1967: 302; cap. 4, sec. 23) justificava a escravização dos africanos com base no fato de que eles travaram guerras

---

[158.] Podemos ver Kant examinando esses problemas em Kant 1997: 38-49.

injustas, conseqüentemente renunciando aos seus direitos naturais de liberdade, e ele forneceu a base para um argumento similar para justificar a escravização dos nativos americanos. Esses argumentos, evidentemente, não justificam a prática da escravização dos filhos dos escravos, mas os donos de escravos não precisavam inventar a idéia de raça para se livrar dessa dificuldade. Um genuíno inimigo da escravidão inadvertidamente mostrou-lhes como. Segundo Rousseau, Aristóteles havia confundido o efeito com a causa ao alegar que alguns homens são naturalmente escravos. "Escravos perdem tudo em seus grilhões", declarou Rousseau, "até mesmo o desejo de escapar deles: amam sua servidão" (1950: 6; par. 1, cap. 2). Jefferson, por exemplo, usou um argumento desse tipo para alegar que os filhos dos escravos deveriam ser mantidos na escravidão para seu próprio bem (Jefferson 1999: 494).

Mas pode-se objetar que os europeus precisavam de uma racionalização para a escravidão que justificaria a escravização principalmente dos africanos, e a idéia de raça fornecia a base para a construção dessa racionalização. Ela seria a seguinte: se há raças, e as raças têm características morais e intelectuais próprias, e os africanos são uma raça, então eles podem ser uma raça de escravos naturais. Esse argumento certamente demonstra que a idéia de raça poderia ser usada na construção de uma racionalização da escravidão. Mas isso não implica que tenha sido inventada com esse o propósito. A maioria das invenções é usada para coisas com que seus inventores nunca sonharam. A invenção de Kant sofreu essa sina. Logo após Kant ter proposto sua idéia de raça, vários europeus e americanos viram que podiam usá-la para justificar a escravidão e outros males. Stephen Jay Gould (1996) apresenta-nos uma galeria de renegados dessas pessoas. Mas é tolice inferir que Kant deve ter inventado a idéia de raça por razões similares. Essa tolice é particularmente egrégia, já que os justificadores da escravidão tiveram que modificar a idéia de Kant antes de poderem usá-la para seus propósitos. Eles disseram que os africanos eram escravos naturais, mas Kant nunca disse isso. Ele acreditava que os negros e nativos americanos eram os seres humanos menos inteligentes, mas isso não quer dizer que acreditava que eram escravos naturais. Ninguém pode, de juízo perfeito, ter pensado isso. Jefferson (1999: 42) estava apenas apelando ao senso comum ao escrever em uma carta para Henri Grégoire: "Sendo *Sir* Isaac Newton superior aos demais em estudo, ele não era por isso senhor da pessoa ou da propriedade de outros". É também um tema marcante da filosofia moral de Kant que as pessoas de talento muito ordinário têm a capacidade intelectual de serem agentes morais, e conseqüentemente possuem uma dignidade que é incompatível com serem escravos naturais. Por exemplo, em *A Metafísica da Moral*, Kant (1991: 159) insistiu que os europeus tinham o direito de assentarem-se nas terras dos *hottentots* e dos nativos americanos "somente por contrato, e de fato por um contrato que não se aproveite da ignorância desses habitantes".[159] Como somente agentes morais podem fazer contratos, Kant deve ter acreditado que os *hottentots* e nativos americanos eram agentes morais e conseqüentemente não eram escravos naturais.[160]

O fato de que a idéia de Kant assumia a monogênese é particularmente importante. Se Kant tivesse inventado a idéia de raça para justificar a escravidão, teria sido mais fácil inventar uma idéia que favorecesse a poligênese, já que as evidências disponíveis na época eram ambíguas o bastante para permitir que muitas autoridades a apoiassem, sendo ela mais compatível com a escravidão que a monogênese. Não estou refutando a alegação de Bernasconi de que Kant favorecia a monogênese porque a Bíblia a favorecia. Evidentemente, George Forster, em seu debate contra Kant acerca dos méritos da monogênese, negou que isso fosse um problema para os partidários da escravidão. "Deixe-me perguntar", escreveu Forster, "se o pensamento que os negros são nossos irmãos já tenha significado, em qualquer parte, ao menos uma vez, que o chicote erguido da escravidão tenha sido posto de lado?" (Bernasconi 2001: 21). Essa é uma boa retórica, mas inútil como argumento, já que Forster não se dispôs a provar que os escravocratas tenham pensado nos negros como seus irmãos. Mais ainda, muitos partidários da escravidão, como Edward Long em seu notório *History of Jamaica* (1774), defendiam a poligênese precisamente porque viam que ela era mais receptiva ao racismo que a monogênese.

Concluo que a visão popular de que a idéia de raça foi inventada para racionalizar a escravidão é falsa, e conseqüentemente ela não pode fornecer a base para a periculosidade dessa idéia. Mas Isaiah Berlin fez algumas sugestivas alegações gerais a respeito da potência de certas idéias que podem ser mais úteis nesse aspecto. Segundo Berlin (1996: 234), idéias "às vezes desenvolvem vidas e poderes próprios" e são "sementes" que em "solo propício" podem crescer em plantas que ostentam flores que seus semeadores nunca imaginaram, e podem às vezes até mesmo "se converter em seus opostos". Isso sugere uma nova forma com que a idéia de raça pode ser perigosa. Se ela for como uma das "sementes" de Berlin, então talvez ela seja perigosa porque desenvolve uma vida própria e ostenta "flores" como a teoria poligênica ou a teoria de que os africanos são uma raça de escravos naturais. Mas a ilustração de Berlin de sua tese, o "racionalismo impecavelmente esclarecido" de Kant se tornando seu oposto, as "formas patológicas" de nacionalismo, obscurece sua verdade. Em certo momento, ele simplesmente muda duas suposições cruciais no racionalismo esclarecido de Kant, que, mutilado dessa forma, compreensivelmente leva ao naciona-

---

[159.] Para maiores discussões, ver Hill e Boxill 2001: 448-71.

[160.] Ver, por exemplo, sua condenação da dominação européia dos negros (Kant 1970: 106, 107).

lismo patológico. Mas essa manobra somente demonstra que as pessoas, o "solo propício" em que podem cair as idéias, podem alterá-las também. Ela não demonstra que idéias realmente desenvolvem "vidas e poderes próprios".

Em outro momento, Berlin observa que há uma corrente devota "anti-Iluminismo" no sistema de pensamento de Kant além de sua fé iluminista na razão, e em seguida tira diversas conclusões dessa mistura. Mas, mesmo que o nacionalismo patológico esteja entre essas conclusões, é altamente enganador declarar que temos um caso de racionalismo esclarecido que se converteu em seu oposto. A totalidade das idéias de uma pessoa, mesmo de um grande filósofo, é quase nunca completamente consistente, então não deve ser surpresa que alguns dos pensamentos de Kant possam ser usados para tirar conclusões em dissonância com as visões pelas quais é mais conhecido, ou que ele insistiria em defendê-los se sua inconsistência em seus pensamentos fosse revelada à força e com clareza diante dele. Por exemplo, estudantes do pensamento de Buffon notaram freqüentemente que, apesar de seus enfáticos e repetidos argumentos em favor da monogênese, seus escritos contêm assertivas que poligenistas posteriores, como lorde Kames, usaram para defender a poligênese (Sloan 1973: 309-10). Mas este não é um caso de monogênese se convertendo em seu oposto, e sim um caso de um homem defendendo opiniões que se confrontam com sua visão mais considerada.

Embora Berlin falhe em ilustrar sua tese de que certas idéias "possam desenvolver vida e poder próprios", há um sentido em que ela é profundamente verdadeira. Devidamente compreendida, a tese explica a periculosidade da idéia de raça. Como argumento na seção seguinte, a idéia de raça realmente desenvolve um poder próprio. Ela é perigosa por causa desse poder. Ela tende a corromper as pessoas que acreditam nela; e, tendo corrompido, ela ostenta, do solo que assim criou, flores malignas que seus inventores nunca imaginaram.

III

Embora a idéia de raça não tenha sido inventada para racionalizar a escravidão, sua associação com práticas moralmente hediondas não é acidental. Por algum motivo, as pessoas parecem ter uma tendência clara em usá-la para racionalizar alguns crimes muito horríveis. Isso é um tanto desconcertante, já que as racionalizações assim oferecidas são freqüentemente repletas de tolices lógicas, óbvias e graves. Como já notei, não é preciso ser um gênio para ver que as pessoas não são escravizadas, ou abusadas ou exploradas, justamente porque não são tão espertas quanto outras.

Parte da solução para esse enigma é que a idéia de raça vem normalmente embutida em um complexo sistema de suposições factuais, morais e filosóficas quando é usada para racionalizar crimes hediondos. Por exemplo, a proposta de Jefferson de deportar os escravos após os libertar não dependeu somente de sua idéia de raça. Ela dependeu também de uma complexa visão teológica de que devemos manter as "gradações" no "departamento do homem tão distintas quanto a natureza que as formou". Também pode ser demonstrado que algumas das visões teológicas incorretas de Kant apóiam seu desprezo racista por povos não brancos.[161] Mas a solução do enigma não nos leva muito longe. Ela não mostra que tudo que é moralmente hediondo *é conseqüência* da idéia de raça se ela está embutida em uma teoria moral aceitável e em suposições factuais. Ela mostra apenas que certas visões teológicas levam a conclusões moralmente hediondas quando combinadas com a idéia de raça. Então a questão permanece: por que a idéia de raça é tão perigosa? Devemos concluir que ela é perigosa da mesma forma que armas são perigosas, ou seja, porque pessoas perversas e tolas tendem a usá-las maleficamente? Ou há razão para acreditar que ela é perigosa de algum modo adicional?

Eu acredito que há. Não é que as pessoas perversas tendem a usar mal a idéia de raça. É que a idéia de raça tende a tornar as pessoas perversas. Esse é seu poder. A idéia geral não é tão improvável. As ferramentas que utilizamos nos modificam. Podemos adquirir armas porque temos certos traços de personalidade, mas ter e usar armas pode não levar a desenvolver outros traços. Algo similar ocorre com as palavras e os conceitos que usamos, em particular a idéia de raça. Uma vez que começamos a acreditar em uma idéia e a levamos a sério, certas coisas passam a acontecer conosco. Esse é o verdadeiro significado da alegação de Berlin de que certas idéias podem desenvolver "poderes próprios". Um dos poderes mais impressionantes da idéia de raça é tornar crédulas as pessoas que acreditam nela. Considere as visões teológicas que apóiam praticas hediondas quando são combinadas com a idéia de raça. Algumas dessas visões são incrivelmente obtusas. Por exemplo, o argumento teológico de Jefferson para a deportação de escravos (1999: 477), a saber, que devemos manter as "gradações" no "departamento do homem tão distintas quanto a natureza as formou", está, como ele mesmo coloca ao rudemente desconsiderar a poesia de Phillis Wheatley, "abaixo da dignidade de uma crítica".[162] Deve haver alguma razão em especial para que um homem da inteligência de Jefferson aprovasse esse argumento mesmo por um segundo. Eu acredito que a idéia de raça o confundiu e vou brevemente tentar sugerir como. As visões mais complicadas de Kant a respeito da teologia, que ajudaram a apoiar seu desprezo pelos não brancos, também geram credulidade, e eu acredito que a idéia de raça é também parcialmente responsável por sua crença nelas.

[161.] Realizei uma tentativa em Boxill 2003.
[162.] Como se quisesse aumentar o insulto, Jefferson soletrou erroneamente seu nome como "Whately". O primeiro nome dela é às vezes soletrado "Phyllis".

Meu argumento é inspirado por Rousseau, que ensinava que os seres humanos desenvolveram uma variedade de características, diferindo de época em época e de lugar em lugar, como resultado das invenções que criavam. Os modernos não são simplesmente mais versados que os antigos; por causa da maneira como a razão afeta as paixões, as necessidades, os sentimentos, os vícios e as virtudes dos modernos diferentemente daquela dos antigos. Rousseau acreditava que certas invenções foram essenciais; por exemplo, a invenção da linguagem ajudava-nos a sermos sociais; a invenção da metalurgia, da agricultura e do Estado nos civilizou; e a invenção da propriedade deu início à nossa corrupção moral. Eu proponho que adicionemos a invenção da raça a essa lista fatídica. Seus inventores podem tê-la criado por razões científicas legítimas, mas ela teve resultados terríveis e imprevistos. Primeiro, aqueles que acreditaram nela tendem a ter seus corações endurecidos para com as pessoas que consideravam racialmente diferentes, e isso reduziu bastante a compaixão dos europeus pelos escravos. Outro efeito foi talvez mais sério. Se a razão afeta as paixões, as paixões também afetam a razão. Compaixão, em particular, ajuda-nos a notar importantes fatos referentes à natureza, ao infortúnio e à aflição dos menos afortunados que nós. De modo oposto, a falta de paixão nos cega para esses fatos e, como notou Rousseau em seu *Segundo Discurso*, somos "monstros" quando não temos piedade para dar suporte à nossa razão (1950: 161). Conseqüentemente, conforme a Europa perdeu a compaixão pelos escravos por causa de sua invenção da idéia de raça, ela também se cegou para a humanidade e os talentos dos escravos, e para seu sofrimento, e isso tornou possível que construíssem e acreditassem nas teorias tendenciosas e fabricadas que criou para justificar a escravização deles. E o processo continuou. Essas teorias tornaram os europeus ainda mais duros de coração e ainda mais cegos; e, sendo mais cegos, passaram a confeccionar e acreditar em teorias raciais absurdas. A idéia de raça não é logicamente ligada às teorias racistas descritas no livro de Gould, mas, pelo processo que acabei de descrever, ela ajudou a tornar as pessoas crédulas o bastante para levar essas teorias estúpidas a sério. Considere também como a escravidão, que, é claro, não era originalmente restrita ao povo negro, passou a tender a ser assim após a invenção da idéia de raça. Bernasconi (2001: 11) diz que a invenção da idéia de raça "emprestou um ar de aparente legitimidade" à escravização dos africanos. Eu concordo, embora não pelas razões que ele daria. Isso ocorreu, primeiro cegando as pessoas para sua enormidade, e, em seguida, tornando-as crédulas o bastante para acreditar nas incrivelmente estúpidas racionalizações que davam a ela.

David Brion Davis (1966: ix), o eminente historiador da escravidão, nota que ela "sempre foi uma fonte de tensão social e psicológica". Não obstante, foi somente no século XVIII que uma poderosa oposição *moral* à escravidão nas Américas surgiu na Europa. Como os antigos eram capazes de lidar com as tensões sociais e psicológicas da escravidão por muito tempo e praticar seu crime com aparente tranqüilidade? O livro de Davis é uma tentativa de responder a essa questão. Nele, diz Davis, ele tenta "explicar a importância de uma profunda transformação na percepção moral, uma transformação que levou um crescente número de europeus e americanos a ver todo o horror de um mal social para o qual a humanidade esteve cega por séculos" (1966: 111).

Pode-se supor que Davis tenha encontrado essa explicação no Iluminismo, quando, diz ele, "a razão desvelou as verdades da natureza, justificou os direitos do homem e apontou o rumo para a perfeição e a felicidade humanas". Mas ele imediata e apropriadamente rejeita essa explicação com base no fato de que foi na "era do Iluminismo que o tráfico de escravos africanos e as plantações nas Índias Ocidentais gozaram de seus anos dourados" (Davis 1966: 391). A resposta popular a essa visão é que, embora os europeus acreditassem que seres humanos tinham direitos naturais, negavam que os africanos e nativos americanos fossem seres humanos plenos. Mas essa resposta é falha, pois os filósofos do Iluminismo que justificavam a escravidão o faziam não com base na suposição de que os escravos não tinham certos direitos naturais, mas que a escravidão era compatível com eles. Mais ainda, embora os europeus se espantassem com a aparência dos africanos, isso não quer dizer que negavam sua humanidade. Já citei anteriormente a observação de Davis de que os europeus consideravam os não europeus "obviamente humanos", embora estivessem perplexos pelo fato de serem tão "diferentes" (466).

Para Davis (1966: 348), o pensamento antiescravidão surgiu e floresceu devido à emergência de uma nova ética da benevolência. Essa ética teve muitas fontes no século XVII, mas Davis aponta Francis Hutcheson como seu filósofo. O ensinamento de Hutcheson de que a essência da moralidade repousa na "compaixão instintiva e não premeditada do homem pelas demais criaturas", não em sua razão, tornou-se "parte vital do credo abolicionista", pois encorajava as pessoas a respeitar sua compaixão pelo escravo – compaixão essa que a ética racionalista as havia ensinado a deixar de lado como uma distração sentimental das verdades morais que a razão determinou. Mas não se pode culpar apenas a ética racionalista pela tranqüilidade com que, contam-nos os historiadores, as pessoas praticavam a escravidão. A escravidão é necessariamente cruel e, portanto, sempre causa sofrimento.[163] Se fôssemos naturalmente predispostos a sentir pena do sofrimento dos outros, os escravocratas não conseguiriam levar adiante seu negócio com tranqüilidade. Não era como se sentissem compaixão pelos seus escravos e ignorassem isso; eles pareciam não sentir qualquer

---

[163.] Frederick Douglass disse isso repetidas vezes. Ver, por exemplo, Douglass 1950: 154-65. O historiador Kenneth Stampp (1956: 171-91) também disse a mesma coisa.

compaixão. Tentei explicar isso desenvolvendo uma importante qualificação que Rousseau deu à disposição de sentir pena dos outros. Segundo ele (1986: 132), todos temos uma repugnância natural, a qual chamou de pena, a ver qualquer ser semelhante a nós sofrendo ou perecendo. Isso implica que os escravocratas deviam sentir muito pouca pena pelo sofrimento de seus escravos e conseqüentemente podiam praticar seu crime com tranqüilidade, mesmo que pensassem que seus escravos não eram semelhantes a eles.

Rousseau achava que sentir pena dos outros depende de vê-los como "semelhantes", pois esse sentimento envolve "transportar a nós mesmos para fora de nós e identificar-nos com o animal sofredor, deixando, por assim dizer, nosso próprio ser para assumir o dele" (Rousseau 1979: 224). Note que, nessa explicação, sentir pena pelo sofrimento de alguém necessita mais do que se pôr no lugar dele; é também necessário que se assuma seu "ser" na imaginação. Isso parece razoável. Houdini não sentiria o medo que um claustrofóbico sente em um espaço confinado se apenas se imaginasse em um lugar assim. Ele sentiria o que normalmente sentiria em um espaço confinado, talvez uma mistura de confiança e excitação, e conseqüentemente não entenderia como o claustrofóbico sofre nem sentiria pena dele. Para sentir pena do claustrofóbico, ele precisa entender como ele sofre e, para fazer isso, ele precisa imaginar que tem as fragilidades do claustrofóbico e deixar seu próprio ser e, na imaginação, assumir o do claustrofóbico.

Mas por que precisamos pensar que os outros são "semelhantes" a nós para que assumamos seu ser em nossa imaginação? Para responder essa pergunta crucial precisamos antes responder à pergunta logicamente anterior de o que significa pensar que os outros são "semelhantes" a nós. Obviamente não é necessário que achemos que se parecem conosco em todos os aspectos nem, por outro lado, seria suficiente pensarmos que se parecem conosco somente em aspectos superficiais. Para entender melhor a questão, considere, por exemplo, Mary. Ela teve uma criação católica rígida e acredita que isso a afetou profundamente, fazendo dela, para o bem ou para o mal, a pessoa que é hoje. Ao conhecer outros com uma criação semelhante, ela supõe que foram afetados de forma similar. Conseqüentemente, ela acredita que, embora eles não se pareçam com ela em todos os aspectos, são como ela em um sentido profundo e importante. Mary poderia razoavelmente fazer a mesma suposição em relação a pessoas criadas em seu país, sob a mesma etnicidade, cultura, linguagem e classe econômica e social, e também as pessoas do mesmo sexo que ela. Ela não precisa supor que elas são o produto passivo do país onde cresceram ou que se parecem com ela em todos os aspectos. Elas fazem escolhas diferentes e conseqüentemente fazem de si pessoas diferentes. Mas a primeira e mais fundamental circunstância em que fazemos nossas escolhas, a qual geralmente não escolhemos, divide-nos em grandes classes de pessoas que são semelhantes entre si em certos aspectos. Os franceses são semelhantes entre si em certos aspectos, assim como os ricos, os pobres, as pessoas do mesmo gênero e aqueles criados como católicos ou metodistas.

As propriedades que desenvolvemos em razão das escolhas que fazemos podem ser mais significativas moralmente que as que adquirimos por causa das circunstâncias que não pudemos escolher, mas, em um certo sentido, essas últimas são mais profundas. Por exemplo, é difícil imaginar as características nacionais, regionais e culturais de Jefferson diferentes do que eram. Elas parecem ser aspectos fixos de sua identidade, e um Jefferson ianque ou um Jefferson inglês é quase uma contradição em termos. As características que ele desenvolve em virtude das escolhas que fez parecem menos fixas e, conseqüentemente, mais fáceis de imaginar sendo diferentes. É difícil imaginar o que a pessoa de Jefferson teria se tornado se ele tivesse libertado seus escravos, mas seria ainda mais difícil imaginá-lo como um ianque.

Quando as pessoas partilharem a mesma nacionalidade, etnicidade e cultura, cada uma será capaz de se imaginar sendo uma das outras sem ter de abandonar qualquer um dos aspectos mais fixos de sua identidade. Provavelmente Jefferson poderia muito facilmente ter se imaginado sendo Madison, pois eram ambos da Virgínia, homens e sulistas. Teria sido muito mais difícil para ele se imaginar sendo alguém de diferente nacionalidade, etnicidade, gênero e cultura, pois isso exigiria que imaginasse não possuir diversos aspectos fixos de sua própria identidade. Isso não quer dizer que precisamos considerar que outros partilhem essas características se formos assumir seus lugares na imaginação. Essas características nem ao menos são inalteráveis, apesar de sua profundidade e relativa fixação. Imigrantes americanizam-se, ascendentes sociais às vezes se tornam indistinguíveis da elite hereditária, e, de modo geral, as pessoas se aculturam, às vezes bastante extensivamente. Supondo que o que pode ser feito de fato pode ser feito na imaginação, conclui-se que as pessoas devem ser capazes de assumir na imaginação o ser daqueles cuja nacionalidade, cultura e etnicidade diferem de sua própria, e conseqüentemente devem ser capazes de sentir pena delas.

Mas elas não fazem isso livremente. Diferenças nacionais, culturais e étnicas parecem fornecer desculpas-padrão para que as pessoas sejam cruéis umas com as outras, e ainda mais impressionante, para que façam isso com compostura. Pense, por exemplo, nas guerras entre nações muito patrióticas, e guerras étnicas em toda parte. Às vezes, diferenças culturais substituem as diferenças étnicas e nacionais como barreiras para a piedade. Na Guerra Civil dos Estados Unidos, por exemplo, os nortistas e os sulistas podem não ter sido etnicamente muito diferentes, mas o eram culturalmente, e se essa diferença tornou difícil para eles se imaginarem como o outro, tampouco teriam sentido muita pena pelo sofrimento do adversário. Aparentemente, as pessoas apegam-se tanto às suas características étnicas, culturais e nacionais que não podem ou não querem trocá-las, mesmo que apenas na imaginação, por características étnicas e nacionais diferentes. Isso se deve em parte à relutância de separar-se da própria identidade, mesmo que na imaginação, mas também se deve a uma ignorância da nacionalidade, etnicidade e cultura do outro porque, é claro, não se pode imaginar sendo aquilo que não se conhece. Se isso for correto, a tranqüilidade com que os antigos praticavam a escravidão não deveria ser surpresa, dada a observação de Davis (1966: 47, 53) de que as sociedades antigas consideravam a escravidão uma "condição degradante e desprezível, adequada apenas para estrangeiros e inimigos".

Pode-se objetar, entretanto, que os antigos não escravizavam apenas estrangeiros, pois os gregos escravizavam outros gregos e, de modo geral, as pessoas são freqüentemente muito cruéis com gente de sua própria etnicidade, cultura e nacionalidade. A resposta simples para essa objeção é que eu nunca disse que não podemos ser cruéis com aqueles de quem sentimos pena. Podemos, se acharmos que os ganhos com a crueldade são grandes o bastante. Meu argumento foi simplesmente que a piedade torna a crueldade mais difícil. Mas a objeção pode ser que as pessoas escravizam e são cruéis com gente de sua própria etnicidade e nacionalidade e não sentem mais pena por eles do que pelos estrangeiros que escravizam e abusam. Novamente, entretanto, eu nunca disse que diferenças nacionais, culturais e étnicas são as únicas coisas que limitam nossa capacidade de sentir pena dos outros. Diferenças estéticas podem fazer isso também. Por exemplo, o fato de que a cultura européia associava a negritude com o mal e a feiúra pode explicar por que Martin Delany (1999: 98) podia expor, em 1850, que a tez dos afro-americanos os distanciava da simpatia de seus opressores, embora tenham adotado seus hábitos. Isso também pode explicar por que os ingleses tratavam os africanos com mais crueldade do que tratavam os nativos americanos. Nacional, cultural e etnicamente, os africanos e os americanos eram ambos estrangeiros para os ingleses. Mas os ingleses sentiam repulsa pela aparência física, principalmente pela cor, dos africanos, e nós naturalmente resistimos em imaginarmo-nos como aquilo que nos repulsa.

A piedade também pode ser limitada pela repugnância, pelo que consideramos serem características morais desprezíveis. Heróis escarnecem de covardes porque consideram a covardia tão repulsiva que não podem aceitá-la, mesmo na imaginação. Frederick Douglass (1987: 151) fez a famosa declaração de que "um homem desprovido de força está desprovido da dignidade essencial da humanidade. A natureza humana constitui-se de tal forma que não pode honrar um homem indefeso, embora possa se apiedar dele; e mesmo isso não dura muito tempo se não surgem os sinais de poder". Douglass está correto se a força ou o poder forem necessários para a dignidade, pois então nos revoltaríamos diante da idéia de um homem desprovido de força. Conseqüentemente, não podemos facilmente nos imaginar como sendo tal homem, logo não podemos sentir pena dele. A ignorância dos outros pode ser o limite mais óbvio em nossa capacidade de sentir pena deles. Rousseau perguntou: "Por que os ricos são tão duros com os pobres?" e, respondendo à sua própria pergunta, disse: "Porque não têm medo de serem pobres" (Rousseau 1979: 224). Mas, nesse ponto, ele parece estar assumindo que a condição crucial para a piedade com outros em dificuldades é colocar-se no lugar deles, enquanto que, como argumentei anteriormente, em sua própria explicação, a condição crucial é que se assuma o ser do outro na imaginação. Se essa explicação for correta, os ricos podem não sentir pena dos pobres não apenas porque não têm medo de serem pobres, mas também porque o pensamento de serem pobres os revolta. Isso provavelmente seria reforçado por sua ignorância do pobre, pois não se pode imaginar ser o que não se compreende. Finalmente, não devemos nos esquecer da sugestão de Davis de que os antigos às vezes dependiam de barreiras étnicas "simuladas" para se distanciarem de seus escravos. Isso indica que os antigos não eram ignorantes de como se tornarem duros de coração e escravizar seu próprio povo com tranqüilidade.

Se essas considerações são sólidas, não estamos dispostos a sentir pena dos outros uniformemente ou segundo a extensão de seu sofrimento, como a ética da benevolência poderia sugerir. Estamos dispostos a sentir pena dos outros de acordo com a extensão com que os vemos como possuidores de características e propriedades que podemos facilmente nos imaginar possuir. Normalmente isso se limita às pessoas de nossa própria nação, etnicidade e cultura. Mas não precisamos sentir pena nem ao menos dos sofrimentos dessas pessoas. Se elas tiverem características que considerarmos difíceis de imaginar em nós, seja porque não as entendemos ou porque as achamos repulsivas, moral ou esteticamente, podemos dar um jeito de escravizá-los e abusar delas com compostura. Pode até mesmo ser o caso, como sugere Douglass, da crueldade, que é inicialmente infligida com piedade, passar a ser infligida sem piedade, se suas vítimas não resistirem ao que as atormenta. Se considerarmos tal aquiescência tão repulsiva que não podemos nos imaginar similarmente submissos, deixaremos de sentir pena delas e poderemos até mesmo vir a desprezá-las.

Vejamos agora como a invenção da idéia de raça ergueu mais uma barreira para a compaixão. Quando Kant inventou a idéia de raça e fez dos brancos a raça superior, os europeus fizeram de sua participação nessa raça algo de importância central em suas identidades. Isso não se deu simplesmente porque eles gostavam de se considerar superiores, mas porque a participação em um grupo superior lhes fornecia uma base incondicional para sua auto-estima, e esta é necessária para a satisfação e a felicidade. Pode-se objetar que a base apropriada para a auto-estima é a conquista pessoal e que somente pessoas fracassadas a trocam pela participação em um grupo superior. Mas as pessoas estimulam sua auto-estima por meio dessa participação em um grupo superior, independentemente de isso ser a maneira "apropriada" de o fazer. Os brancos sentem orgulho por serem brancos, embora não possam assumir nenhum crédito pessoal por isso; e fracassados abjetos se sentem bem consigo mesmos por serem aparentados com os aristocratas. Mais ainda, não é verdade que somente fracassados valorizam sua participação em um grupo superior como maneira de estimular sua auto-estima. Todos nós desenvolvemos um desejo inescapável pela auto-estima, porque nos sentimos tão desiludidos quando ela é prejudicada, e embora, em um primeiro momento, busquemos sustentá-la em conquistas pessoais, sabendo como isso é incerto, somos atraídos para a base incondicional da participação em um grupo biologicamente superior.

Se eu estiver certo a respeito disso, então, dada a força de nosso desejo por auto-estima, a participação em uma raça que se alega ser superior será apreciada como uma pérola muito valiosa, e os que forem sortudos o bastante para a possuírem pensarão nela como a coisa que os faz quem essencialmente são e como um dos aspectos mais profundos e fixos de sua identidade. Uma vez que isso tenha ocorrido, essas pessoas terão dificuldades de sentir compaixão por pessoas de outras raças. Há duas razões principais para isso. Primeiro, como argumentei anteriormente, quando as pessoas se apegam fortemente a certas características suas, elas naturalmente não gostam de se imaginar sem elas. Mas os membros de uma raça superior irão necessariamente se sentir muito apegados à sua participação nessa raça, pois somente assim terão uma base incondicional para sua auto-estima. Conseqüentemente, eles evitam imaginar até que são membros de outra raça inferior, e não sentirão compaixão por elas. Segundo, como também argumentei anteriormente, todos nós evitamos supor, mesmo na imaginação, que temos características que desprezamos. Mas aqueles que se consideram membros de uma raça superior irão naturalmente desprezar as características das raças que consideram inferiores e, por essa razão, também não irão normalmente se imaginar como membros de raças inferiores, ou conseqüentemente sentir qualquer pena deles.

As idéias de outras coletividades, como nação, grupo étnico e tribo, são perigosas também, por causa de algumas das mesmas razões que a idéia de raça. Mas a idéia de raça é mais objetável. Sentimentos nacionalistas encorajam a confiança, a cooperação e o altruísmo entre os cidadãos do Estado, o que o ajuda a estabelecer justiça e bem-estar internos. De modo similar, embora a pluralidade de etnicidades apresente ao Estado moderno grandes desafios, ela tem boas conseqüências também, fornecendo à sociedade uma variedade de pontos de vista que é, ao mesmo tempo, estimulante e útil na descoberta e na compreensão da verdade. Mais ainda, as pessoas normalmente são atraídas para seus grupos étnicos e nações devido ao seu desejo de pertencer a algo, de ser aceito. Esse desejo não precisa ser o desejo por uma base para a auto-estima, mas simplesmente um desejo de estar entre pessoas de mentalidade parecida e em circunstâncias que são conhecidas, compreendidas e agradáveis. Como W. E. B. Du Bois notou, a noção de fazer parte de um grupo dá à pessoa "um mundo social e paz mental". O desejo de participação em uma raça não é o desejo de pertencer a algo nesse sentido. Não é desejo de estar entre pessoas de mentalidade parecida, que partilham de circunstâncias, que compreendem e consideram agradáveis. É um desejo de ter uma base incondicional para a auto-estima, e como somente a participação em uma raça superior pode fornecer essa base, ela necessariamente restringe a compaixão. Finalmente, a idéia de raça é mais perigosa até do que a idéia de nação. Imigrantes podem tornar-se membros de uma nação (e não meramente de um Estado) mesmo que não tenham quaisquer ancestrais em comum com os nativos. Mas uma característica definitiva de uma raça é que seus membros partilham de ancestrais. Uma pessoa não pode ser européia se qualquer um de seus ancestrais vem da África. Se seus ancestrais ajudam a fazer dessa pessoa o que ela é, isso significa que um europeu pode se imaginar como um africano somente se puder realizar a difícil tarefa de imaginar que seus ancestrais são completamente diferentes do que ele sabe serem.

Filósofos têm se empenhado com dedicação, mas não acredito muito convincentemente, para provar que não existem raças. Seu objeto não é corrigir a opinião do público a respeito de uma falsidade inofensiva, mas livrá-lo de uma crença perigosa. Estranhamente, entretanto, eles não tentaram demonstrar como e por que a idéia de raça é perigosa. Talvez eles suponham que ela deva ser perigosa por causa de sua associação com crimes hediondos, ou porque acreditam erroneamente que ela foi inventada com propósitos maléficos. De qualquer modo, com base no fato de que precisamos entender a enfermidade antes de podermos receitar uma cura, tentei neste capítulo explicar por que a idéia de raça é perigosa. Sugeri que é perigosa porque limita nossa compaixão ou simpatia pelas pessoas de outras raças, facilitando, assim, a fabricação de teorias perversas e absurdas acerca dessas pessoas, e nos torna crédulos o bastante para acreditar nelas. Eu acredito que forneci algumas razões para levar a primeira parte dessa alegação a sério, a saber, que a idéia de raça limita nossa capacidade para a compaixão. Infelizmente, não tive espaço para defender a segunda parte.[164] Portanto, posso apenas fazer alguns comentários rápidos a respeito de como devemos lidar com a idéia de raça. A estratégia-padrão agora é evidentemente tentar persuadir as pessoas a não acreditarem nela. Mas, se eu estiver certo de que a idéia de raça nos torna crédulos e inclinados a acreditar em racionalizações tolas, outra estratégia seria levar essas racionalizações mais a sério; a idéia de raça nos torna crédulos, mas não pode tornar-nos totalmente crédulos. Tenho esperança, entretanto, de que disse o bastante para persuadir os filósofos a passar menos tempo argumentando que não existem raças e mais tempo explorando a periculosidade da idéia de raça.

[164.] Eu tentei demonstrar como o medo afeta nossas percepções e nossa teorização em Boxill 1993: 713-44.

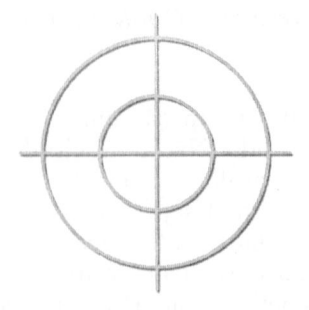

11: Igualdade Invertida: Uma Resposta ao Pensamento Kantiano

Laurence Thomas

Minha crença não é somente a de que todos os arranjos sociais e políticos até hoje inventados são insatisfatórios... Porém, há um problema mais profundo – não meramente prático, mas teórico: não possuímos ainda um ideal político aceitável...
— *Thomas Nagel,* Equality and Impartiality

Onde, então, é mais apropriado localizar o ponto de corte entre a vida moral e a vida imoral?
— *Kurt Baier*, The Moral and Social Order

Uma história da África do Sul. Benjamin é um sul-africano branco. Ele nasceu, cresceu e foi educado na África do Sul. LT conheceu Benjamin por volta de 1994, quando este estava fazendo pós-doutorado nos Estados Unidos. Ao terminar o pós-doutorado, Benjamin foi dar aula em um colégio norte-americano. Mas ele tinha saudades de sua terra natal. LT certamente não tinha dificuldade em entender isso, embora tivesse a noção,

---

Sou grato a Michael Levine e Lawrence Blum por comentários iniciais a respeito deste ensaio, e a Tamas Pataki por me ajudar a ajustar alguns pontos. Agradecimentos especiais vão para Howard McGary, que não apenas comentou este ensaio mas me encorajou por toda minha carreira a perseguir a relação entre meta-ética e raça. Meu maior débito de gratidão, entretanto, vai para Sébastien Baron, um garçom em um café parisiense que foi a "pista de testes" para vários dos argumentos aqui apresentados, na medida em que me esforcei para estar atento em meus argumentos a culturas não-norte-americanas. O exemplo de comer carne de cachorro foi inspirado por ele em nossa discussão acerca de comidas que os franceses comem e as maneiras de rotulá-las.

por mais vaga que fosse, de que as coisas podem ser difíceis para um branco na África do Sul. Benjamin conseguiu um emprego em uma das mais importantes universidades da África do Sul, e LT teve o prazer de visitá-lo em 1997 como palestrante em uma das faculdades de medicina da África do Sul.

Naturalmente, Benjamin convidou LT a dar uma palestra para sua classe de Filosofia. Conforme LT entrava na sala, ele era pego completamente de surpresa, pois essa classe de Filosofia era diferente de qualquer outra para a qual LT tenha dado aula em uma grande universidade: de uns duzentos e tanto alunos, apenas um punhado era de brancos. Vários pensamentos passaram pela cabeça de LT enquanto ia para seu lugar, mas um deles foi: "Então é para isso que Benjamin quis voltar!" Ele queria voltar para a África do Sul e ensinar estudantes que, em sua vasta maioria, seriam negros – ou, ao menos, não seriam brancos.

LT não era ingênuo a respeito da composição racial do país da África do Sul. Ele estava bem ciente tanto do fato de que a vasta maioria dos cidadãos era negra como do fato de que o *apartheid* havia acabado. Ainda assim, nunca entrou na cabeça de LT que a esmagadora maioria dos estudantes seria negra. Sem dúvida, Benjamin merece um certo crédito por isso. Ele nunca articulou seu desejo de retornar à África do Sul em termos de alguma missão redentora, ou um desejo de compensar o passado de injustiças cometidas pelos brancos contra os negros. Nem deu indicações de sua preocupação em se ajustar à nova África do Sul, que é governada por negros: a igualdade invertida (como a chamarei). Benjamin queria ir para casa, e ele articulou esse desejo como qualquer pessoa de um próspero e estável país de Primeiro Mundo (a Alemanha ou o Japão, por exemplo) teria feito. De qualquer modo, o pensamento que imediatamente ocorreu a LT como óbvio e sublime é que Benjamin tem um senso mais profundo de igualdade que ele (LT) tem.

I. OS PARÂMETROS DO ARGUMENTO

Para começar, são necessários dois comentários preliminares referentes à história da África do Sul. Considerarei Benjamin um caso representativo da atitude de muitos brancos que voluntariamente escolhem permanecer na África do Sul sabendo que seria instituído um governo predominantemente negro, e a razão para ficarem é que a África do Sul é seu lar. Estou pensando aqui em brancos que poderiam ter ido para outro lugar, graças ao fato de que têm os meios, as habilidades ou os contatos para isso, mas se detiveram. Logo, não estou considerando os brancos rancorosos que ficaram, porque, em termos de recursos, estavam despreparados para partir.

Por outro lado, considerarei a experiência de LT como um caso representativo de uma pessoa nascida, criada e educada em uma sociedade que é governada por brancos. LT tem a sensibilidade de um norte-americano típico, nessa instância, que acredita em igualdade racial, a qual, falando de forma aproximada, pode ser caracterizada da seguinte maneira: cor de pele e identidade ética são moralmente irrelevantes *per se* e, de qualquer modo, nenhuma raça tem a posse do talento intelectual ou o recurso moral; conseqüentemente, na medida em que há diferenças nessas linhas, que remontam a um ou outro grupo racial ou ético, elas admitem somente uma explicação social ou de escolha pessoal (ou uma combinação de qualquer das duas). De fato, de um ponto de vista evolucionário, a própria idéia de raça está falida. São os seres humanos que dotaram a cor da pele, e outras características físicas, com os profundos significados sociais que atualmente têm.

Pode-se pensar que LT simplesmente não estava sendo lógico o bastante na interpretação das informações disponíveis para ele a respeito da África do Sul e do magistério de Benjamin. Afinal, a quem Benjamin ensinaria senão a uma maioria de negros, uma conclusão que um simples raciocínio silogístico apresenta, já que o *apartheid* havia acabado e uma vasta maioria dos cidadãos da África do Sul é negra? Entretanto, há várias razões por que não pensamos nessas coisas; e às vezes essas razões são um comentário não tanto referente a nossos poderes de inferência ou à falta deles como das suposições subjacentes que controlam nossas vidas. A maneira como experimentamos rotineiramente o mundo não apresenta somente um conjunto probabilístico de expectativas, como também no mínimo uma visão sobre o que é normal sob as circunstâncias em questão; e às vezes apresenta uma visão do que é normal e bom.

Assim, muitas pessoas acham que é apenas "natural" que um homem deva ser presidente dos Estados Unidos – e não simplesmente que é estatisticamente provável que um homem venha a ser presidente. Muitas pessoas acreditam nisso, embora alguns dos mais impressionantes líderes na história recente tenham sido mulheres: Golda Meir, de Israel, e Margaret Tatcher, da Inglaterra. Uma importante universidade com uma maioria de estudantes negros simplesmente não existe na Europa ou na América do Norte. Esse fato poderia ser simplesmente uma questão estatística: a maioria das grandes universidades teve uma maioria de estudantes brancos; portanto, é altamente provável e razoável supor que essa grande universidade teve uma maioria de estudantes brancos. Ou isso poderia representar uma profunda associação visceral, mesmo que não intencional, entre "brancura", grandes universidades e talento intelectual. Para LT é a última, o que reflete algo de vergonhoso nele. Eu diria que o mesmo vale para a maior parte das pessoas nascidas e criadas na Europa ou na América do Norte. Para LT, igualdade surge de uma certa configuração: igualdade em uma sociedade governada por brancos. E isso, eu sugiro, é como a maioria das pessoas criadas e aculturadas de forma similar pensa a igualdade.

A locução "uma sociedade governada por esse ou aquele povo étnico" deve ser entendida aqui como puramente descritiva e no sentido amplo de que esses povos étnicos são os detentores primários da maior parte das posições básicas em todas as instituições básicas na sociedade, incluindo as fiduciárias. A exceção seriam as instituições familiares e religiosas. Simplificarei as coisas falando em termos de brancos e negros. Mas, é claro, essa não é a única divisão de cor ou étnica sobre a qual surgem questões do racismo.

O segundo comentário preliminar é o seguinte: eu mantenho que, em um contexto social injusto (e somente em um injusto), uma sociedade governada por um dado Povo Étnico (PE) cria uma ressonância emocional visceral a respeito do Bem que favorece o PE governante, em que o Bem abrange inúmeras coisas, incluindo inteligência, força de caráter, estabilidade emocional e assim por diante. Então, se em uma sociedade S, o PE que governa são os Xs, então a ressonância emocional visceral entre X-dade e bondade, que favorece os Xs, é inculcada nas vidas de quem nasce e é criado em S, quer seja X ou não. E, onde existe uma ressonância emocional visceral, existem expectativas referentes à adequação para manter uma posição. Assim, onde existe uma ressonância emocional visceral, é criado um modelo-padrão em termos de adequação a expectativas. Então, se os Xs são o povo governante, certos comportamentos por parte dos Xs serão considerados razoáveis ou reflexos de postura social apropriada simplesmente porque são Xs, e o mesmo comportamento por parte dos não-Xs será considerado não razoável ou reflexo de postura social inapropriada simplesmente por que são não-Xs. Por exemplo, é certamente verdade que no passado uma certa medida de comportamento agressivo por parte de homens de muito poder não era apenas a norma mas também apropriado, enquanto o mesmo comportamento por parte de mulheres de posição equivalente era considerado inadequado. Um homem sem frescuras era forte; uma mulher sem frescuras era uma megera. É claro, em uma sociedade governada por Xs, sempre pode haver um Y que não apenas governa, mas é admirado pelos Xs de modo geral. Como é bem sabido, entretanto, exceções desse tipo somente confirmam a regra.

É importante notar que ressonâncias emocionais viscerais podem definir de tal modo nosso padrão e nossa concepção do que deve ser (ou seja, do que consideramos normal) que simplesmente não nos ocorrem alternativas. Um exemplo interessante a esse respeito é o dos garçons de Paris. Embora a população de Paris seja extremamente diversa em termos étnicos, a grande maioria dos garçons nos imensamente populares *cafés* de Paris é de homens brancos entre 20 e poucos até pelo menos meados dos 50 anos. Não sei qual é a explicação para isso; e não acho que seja racismo. Nunca ouvi ninguém reclamar do assunto. De qualquer modo, no que se refere ao problema em questão, o mais incrível é que muitos parisienses que têm a mente extremamente aberta a respeito de questões de raça não conseguiram notar isso; e demonstram surpresa quando chamo sua atenção para o fato – inicialmente achando que devo estar enganado, somente para concordarem após pensarem bem. Não há sentimentos malévolos em ação aqui, portanto nada que possa ser chamado de racismo inconsciente. De fato, não foi até aproximadamente três anos atrás que notei isso. Como uma expectativa-padrão, esse fenômeno social parece ser tão penetrante quanto a expectativa que se dirija em um lado ou no outro de uma estrada (como um aparte, o problema da ressonância emocional visceral que favorece um *PE* é composto vigorosamente se o *PE* governante de muitas sociedades é o mesmo grupo ou pode ser facilmente encarado dessa forma de um certo ponto vantajoso).

Não irei defender esses comentários a respeito da ressonância emocional visceral (REV).[165]

Eles me parecem óbvios. De fato, a idéia da ressonância emocional visceral favorecer o PE que governa se baseia na inócua suposição de que as percepções morais e sociais são moldadas pelo ambiente cultural em que vivemos. As REVs, por si mesmas, não são moralmente boas ou más. A maioria dos seres humanos tem uma REV com seus pais e isso, falando geralmente, é bom. Algumas pessoas têm uma REV com judeus e dinheiro, acreditando que os judeus de alguma forma têm um talento inato para tirar dinheiro dos não judeus; e isso é ruim. Essa REV pode, na verdade, mascarar-se como uma falsa positiva: judeus são bons com dinheiro. Mas, como acontece, acredita-se que isso ocorre somente porque eles têm um caráter corrupto inato. Ou, para tomar um grupo diferente, pode-se acreditar que ninguém canta como os negros. Mas, por outro lado, pode-se acreditar também que essa é a única coisa que eles fazem bem. Asiáticos receberam o estereótipo de serem bons em Matemática, mas de um modo que faz com que as pessoas ignorem um poeta asiático.

Retornando à experiência de Benjamin e LT: minha opinião é que suas respectivas experiências apresentam um problema para o pensamento kantiano. Pois, se eu estiver certo ao dizer que Benjamin tem um senso mais profundo de igualdade que LT, então o problema é precisamente que o pensamento kantiano não consegue explicar por que isso pode ser assim. A razão para isso é que, no que se refere à igualdade, as experiências subjetivas são mais importantes do que o pensamento kantiano parece permitir. Mais ainda, a idéia de igualdade é muito mais complexa do que geralmente se considera. Ou assim argumentarei em ambos os casos.

Benjamin é uma pessoa de admirável caráter moral, com um firme compromisso com a igualdade racial; e LT certamente gostaria de acreditar que o mesmo vale para ele. A diferença fundamental relevante entre Benjamin e LT a respeito de sensibilidade racial é que Benjamin está vivendo

---

[165]. A terminologia, principalmente REV falsa positiva, foi inspirada pelo incrível livro de Lawrence Blum, *I'm Not a Racist, But...: The Moral Quandary of Race*. Ver Blum 2002, principalmente cap. 7.

a experiência de ser governado por negros. É claro, todos os brancos moralmente decentes por todo o mundo acreditam em igualdade racial.[166] Mas, com exceção dos que podem optar por ficar na África do Sul após o fim do *apartheid*, a maioria dos brancos não tem a experiência de ser governada por negros. Mais importante, a maioria dos brancos nem mesmo pensa nessa possibilidade quando fala de igualdade de raças. Nem, o que é bem significativo, a maioria dos negros que nasceram e foram criados, e que permaneceram, em uma sociedade governada por brancos. Tome os Estados Unidos como exemplo, ana qual há muitas instituições públicas e privadas de educação superior. Quando um norte-americano branco ou negro pensa em uma universidade de prestígio, ele pensa em uma universidade predominantemente branca, na qual a maioria dos estudantes, professores e administradores é branca. E um branco ou um negro em busca de sucesso acadêmico irá preferir uma universidade predominantemente branca.

Então Benjamin sabe por experiência própria algo que LT não sabe em relação à igualdade racial, a saber, que ele, Benjamin, acredita e aceita pessoalmente (em oposição a intelectualmente) essa igualdade invertida. Como eu disse, isso representa um problema para o pensamento kantiano; e eu usarei o maravilhoso ensaio de Barbara Herman, "Integridade e Imparcialidade", para ilustrar essa dificuldade (1993).[167] Esse ensaio me pareceu particularmente relevante porque Herman introduz uma importante peça de aparato técnico para facilitar o pensamento kantiano, e que está

[166.] Como Monique Canto-Sperber (2003: 89) comentou: "On observe, au sein de nos cultures occidentales, une três grande unanimité sur um petit noyau de principles moraux. Ces principles forment le cadre stable par rapport auquel il est possible de répondre à des questions normatives. Ils ont traint, en gros, au respect dû à la personne humaine, au refus de profiter de la faiblesse d'autrui, à l'obligation de traiter également les personnes, quels que soient leur race, leur religion, leur nationalité ou leur sexe". [Existe, na própria trama de nossas culturas ocidentais, uma considerável unanimidade a respeito de um pequeno nexo de princípios morais. Esses princípios formam uma base estável para responder a questões normativas. De modo geral, esses princípios morais referem-se ao respeito à pessoa humana, com a proibição do lucro sobre fraqueza dos outros e a obrigação de tratar os outros de maneira igualitária, independentemente de raça, religião, nacionalidade ou sexo]. Ela prossegue dizendo que, embora possamos discutir interminavelmente a base para a justificação desses princípios, continua sendo verdade que "ils soient considérés par l'immense majorité d'entre nous comme *des points fixes, intangibles, qui ne vacillent pas*" [eles são considerados pela vasta maioria de nós como pontos fixos, intangíveis, que não se modificam] (89; ênfase adicionada).

[167.] Nesse ensaio, Herman defende Kant contra a visão de que as emoções não têm lugar no comportamento moral. Eu gostaria de ressaltar que, em suas palestras acerca de valores humanos (Herman 1998), Herman expande sua teoria da Filosofia Moral de Kant, introduzindo a idéia de um "novo fato moral". Seu objetivo, contudo, não é revisar o conceito de Regras de Saliência Moral, como ela o utiliza no ensaio sob discussão. Na verdade, o conceito não está no centro de suas palestras. Embora não tenha razão alguma para crer que ela simpatize com as críticas que apresentei a respeito das regras de saliência moral, não posso dizer como ela revisaria o conceito, caso fosse esse seu projeto.

bastante de acordo com o que chamei de ressonância emocional visceral. Ao introduzir esse aparato técnico, um dos objetivos de Herman era tornar as experiências subjetivas mais relevantes ao pensamento kantiano do que muitos julgariam possível. A maioria dos argumentos contra Kant a esse respeito centrou-se em relações pessoais. Seu aparato técnico leva-nos muito além disso. Mas, o ponto que desejo defender é que ocasionalmente é necessária mais subjetividade do que até mesmo sugere o argumento dela, embora seu objetivo tenha sido justamente introduzir a subjetividade sem comprometer o procedimento do Imperativo Categórico. Há uma diferença entre o conhecimento moral no mundo ideal – O Reino dos Fins, por assim dizer – e o conhecimento moral no mundo não-ideal; e o estudo kantiano não examinou suficientemente essa verdade, e conseqüentemente a correção moral no mundo não-ideal. Na verdade, nem a filosofia moral em geral. Todos parecem estar debatendo o que deveríamos fazer, sem pensar muito por que estamos em um mundo em que tantos fracassam em fazer o que deveriam. Thomas Nagel (1991) parece ao menos estar ciente dessa tensão, assim como Kurt Baier (1993) e Annete Baier (1995). Alasdair MacIntyre (1999) também está realizando um trabalho muito interessante a esse respeito.[168]

O argumento deste ensaio tem um óbvio parentesco com as visões de Bernard Williams (1981), Michael Stocker (1976) e Lawrence Blum (1980). Do modo em que está, não sei se qualquer um desses autores ficaria contente com a linha de pensamento particular que desenvolvo aqui. Esses indivíduos argumentaram que o afetivo é uma parte irremovível da vida moral, mesmo no que se refere a explicar a estrutura motivacional apropriada do comportamento moral. Essencialmente, estou interessado no papel do afetivo no que se refere a experimentar o outro como alguém de igual valor moral,[169] e não no que se refere ao que constitui a estrutura motivacional apropriada do comportamento moral. O ensaio de Herman, que sem dúvida tinha a intenção de rebater algumas das críticas desses três autores recém-mencionados, também fornece uma impressionante base para a preocupação que desejo expressar.

II. SALIÊNCIA MORAL

Herman introduz a idéia extraordinariamente fecunda das Regras de Saliência Moral (RSM) como maneira de explicar o emprego do Imperativo Categórico. Em sua explicação, as RSMs não são por si sós parte do Imperativo Categórico. Ela comenta explicitamente que "o procedimento

---

[168] Em Nigel 1991, ver principalmente o capítulo 3; em Baier 1995, seus ensaios acerca de confiança.
[169] Chamei a atenção para isso em dois outros ensaios: Thomas 2001a e Thomas 2001b.

do I[mperativo] C[ategórico] pode funcionar sem as RSMs" (Herman 1993: 78). Mais ainda, ela insiste em que as RSMs não têm peso moral, embora permitam que "o agente veja quando é necessário um julgamento moral" (78). As Regras de Saliência Moral "permitem que [o agente] escolha os elementos de suas circunstâncias ou propostas ações que precisam de atenção moral" (77). Nossa sensibilidade moral, diz-nos ela, está ancorada por REVs, no sentido de que a primeira é a base cognitiva para a segunda. As RSMs, então, parecem trazer a tão necessária subjetividade para o pensamento kantiano. As pessoas não estão simplesmente fazendo julgamentos *a priori* usando o procedimento IC, mas julgamentos bastante influenciados por suas experiências subjetivas conforme empregado pelas Regras de Saliência Moral, conforme empregadas pela educação moral e socialização da cultura da pessoa. Embora eu tenha dúvidas se as RSMs podem ser tão desprovidas de peso moral quanto sugere Herman, deixarei esse ponto passar em nome da argumentação.[170]

Deixe-me ilustrar sua tese referente às RSMs com um exemplo. Tome o imperativo moral de sempre falar a verdade que tradicionalmente se considera obrigatório no procedimento IC. Entretanto, como todos sabemos, há muitas maneiras de se falar a verdade. De fato, pode-se contar a verdade por motivos como inveja e vingança. De qualquer maneira, contar a verdade para um jovem adolescente transbordando de insegurança é uma coisa, contar para um adulto de meia-idade experiente e bem-sucedido é outra bem diferente. A maneira apropriada de dizer a verdade em cada caso, junto com nossa sensibilidade, é determinada pela sociedade de RSM, embora em cada caso o procedimento IC chegue à conclusão de que devemos falar a verdade.

Na visão de Herman, fica aparente que deveríamos pensar nas RSMs como meios para atingir o objetivo de agir de acordo com o procedimento IC. Portanto, elas não são tão importantes por nos darem conhecimento moral quanto por nos ajudarem a implementar o conhecimento moral que o procedimento IC nos fornece. Assim, relembra seu comentário para o qual chamei a atenção anteriormente, de que o Imperativo Categorial pode funcionar sem as Regras de Saliência Moral. Para Herman, então, o importante a respeito das RSM é que elas nos possibilitam empregarmos nossas experiências subjetivas por meio do filtro da socialização sem haver corrupção, aparentemente, da fonte de nosso conhecimento moral, a saber,

---

[170.] Eu critiquei a alegação de Herman em Thomas 2003. Nesse ensaio, distingui entre injustiças constitutivas e fenomenológicas. Mesmo que todas as injustiças nos sejam apresentadas pelo Imperativo Categórico, essa consideração sozinha não quer dizer que entendemos, portanto, a natureza de todas as injustiças. Algumas coisas, e não apenas injustiças, parecem precisar de experiência para sua compreensão. Imagine alguém que alega compreender completamente o ato sexual graças ao fato de ter lido muito do que foi escrito acerca do assunto. Tal pessoa nos pareceria lamentavelmente ingênua.

o Imperativo Categorial. Assim, abre-se um espaço para o afetivo no esquema kantiano.

Se as RSMs possibilitam um elo entre nosso conhecimento moral e o afetivo, sem corromper o primeiro, então um certo tipo de constante crítica da ética kantiana, a saber, que ela não dá espaço para o afetivo, é no mínimo desarmado, se não totalmente invalidado. O afetivo é uma parte inalienável de nossa educação moral e, portanto, o mesmo deve ser dito de nossa compreensão do que deve ser moralmente importante para nós, embora, estritamente falando, o afetivo não tenha lugar na aplicação prática do Imperativo Categórico. Ou seja, ainda que os atos de justiça e injustiça não sejam determinados pelo afetivo, o afetivo influencia corretamente nosso comportamento.

Essa é uma jogada filosoficamente linda. Pode-se discutir se as RSMs dão força suficiente para o afetivo ou se abrem espaço para o afetivo na conjuntura moral correta e assim por diante. Mas esse seria um ensaio diferente. Preciso introduzir mais um aspecto na explicação de Herman. Ela diz que as Regras de Saliência Moral podem ser errôneas de duas maneiras: podem ser razoáveis e inocentes, ou podem ser errôneas de maneiras que não são nem razoáveis nem inocentes (1993: 89-91); portanto, nós temos culpabilidade. Ela oferece a sociedade nazista como exemplo desse último tipo: "Não é como se os nazistas individuais não estivessem em posição de ver (devido, digamos, ao empobrecimento da cultura ou da criação) quem era e quem não era uma pessoa ou não soubessem... que tipos de coisas são moralmente permissíveis de se fazer a pessoas" (91). Herman não oferece um exemplo de RSM razoável e inocente, mas eis aqui um. Contraste a visão que muitos de nós temos dos golfinhos – ou seja, que são mamíferos muito inteligentes – com a que os antigos gregos, incluindo o mestre taxonomista Aristóteles em pessoa, devem ter tido a respeito deles – ou seja, que não passavam de peixes grandes. Os antigos gregos estavam errados, mas seu erro era razoável e inocente. Com as evidências científicas disponíveis na época, a conclusão de que os golfinhos são mamíferos de certa inteligência seria bastante injustificada. A diferença entre essas duas visões também acarreta uma diferença de atitudes morais, já que consideramos errado matar golfinhos somente por alimento (ao contrário de meros peixes).

Ademais, Herman defende que em diferentes sociedades, as RSMs podem não ser idênticas, embora as regras de cada uma das sociedades possam ter pontos em comum em seu conteúdo. Em 1940, por exemplo, as RSMs na Alemanha nazista não eram completamente idênticas às das sociedades canadense e norte-americana (não obstante a prevalência do anti-semitismo nessas sociedades), já que a sociedade da Alemanha nazista, diferentemente das outras duas, estava engajada no extermínio dos judeus. Independentemente disso, essas três sociedades mantinham visões morais similares a respeito do casamento e da educação das crianças. Se isso for correto, então há pontos em comum nas RSMs delas.

Juntas, as considerações dos dois parágrafos precedentes acarretam que (1) as RSMs podem variar entre as sociedades e (2) em qualquer sociedade, elas podem ser (a) errôneas, mas razoáveis e inocentes ou (b) errôneas sem serem razoáveis ou inocentes. No caso de (2a), Herman defende que, embora os agentes que usam o Imperativo Categórico com essas RSMs sejam culpados de fracasso moral, não o são de falta moral. Esses indivíduos erram o "alvo" moral, mas não por culpa deles. Ela nos diz que "nem todas as maneiras de fracasso de agir segundo as exigências da moralidade (em um sentido mais estrito) são moralmente equivalentes" (1993: 89). E talvez é assim que deva ser; pois a onisciência não é condição para a agência moral, como nota Herman (1993: 89).

III. IGUALDADE SOCIAL MORAL E PESSOAL

Como observou Herman, os nazistas dificilmente poderiam ter justificado seu comportamento com base em que não percebiam que os judeus eram seres humanos. Como notei em *Vessels of Evil* (Thomas 1993), nunca alguém em um encontro face a face supôs estar falando com uma pessoa quando, na verdade, era um animal (ou vice-versa).

Agora, é evidente que as injustiças cometidas pelos nazistas pressupunham nenhum conhecimento além do que os judeus eram seres humanos. Os nazistas não podiam evitar experimentar os judeus como pessoas. Mais precisamente, as experiências subjetivas dos nazistas deixaram inquestionavelmente claro que os judeus eram pessoas. Essa verdade, entretanto, não acarreta outra verdade, a saber, que os nazistas não podiam evitar experimentar os judeus como seus iguais em todos os sentidos. A lógica da pessoalidade não é tal que a inescapável experiência de outra pessoa como pessoa acarreta experimentá-la como sua igual em todos os sentidos. Experimentar o outro como seu igual em todos os sentidos acarreta experimentar o outro como tendo o mesmo valor moral e o mesmo índice social pessoal (ISP). No mínimo, a pessoa Alfa considera a pessoa Beta como uma igual em ISP, se Alfa considera Beta merecedora, como indivíduo da qualidade de vida que ela, Alfa, vive ou até mesmo uma qualidade superior; e Alfa considera indivíduos como membros de um grupo de iguais em ISP se considerasse dessa forma indivíduos escolhidos aleatoriamente dentro desse grupo, sendo que nada se sabe dos indivíduos escolhidos ao acaso além do fato de pertencerem ao grupo em questão. Portanto, podemos distinguir entre igualdade de ISP individual (essa ou aquela pessoa é meu igual em ISP) e grupal (as pessoas que pertencem a esse grupo são meus iguais em ISP). Idealmente, as pessoas desejam igualdade de ISP dentro de grupos raciais e raciais étnicos. Assim, não há nenhuma incompatibilidade formal em absoluto em pensar que um grupo de pessoas tem igual valor moral (*vis-à-vis* si mesmo), no sentido kantiano estrito desse termo, mas não que se é socialmente igual a alguém, da mesma forma não há incompatibilidade formal em pensar em duas pessoas como tendo o mesmo valor moral sem serem iguais, nem intelectuais, nem físicos. Assim, e isso vai direto ao coração da questão, é possível condenar injustiças morais egrégias cometidas contra um povo sem que se tenha qualquer senso de que esses mesmos indivíduos são, ou deveriam ser, seus iguais em ISP. Brevemente, direi mais a esse respeito em referência ao próprio pensamento de Kant.

Na maneira como a entendo, a igualdade de ISP refere-se não tanto ao comportamento moral como ao estilo de vida, às realizações e àquilo que é visceralmente desejável (imagens, experiências e esperanças que ressoam com a pessoa de forma positiva). A pessoa com quem se sonha casar ou a carreira que se sonha ter constituem uma parte dos visceralmente desejáveis. Assim, uma pessoa pode se indignar diante do assassinato de indivíduos que pertençam a um certo grupo, embora a idéia de casar com alguém desse grupo simplesmente não possa ser aceita em sua vida. Nem acredita que as pessoas desse grupo são, no total, tão capazes quanto as do seu para objetivos social e intelectualmente admiráveis. Ninguém jamais interpretou que a teoria kantiana exigisse que estejamos abertos à possibilidade de casar com alguém independentemente do grupo a que pertence, ou que vejamos membros de outros grupos como igualmente talentosos. O argumento kantiano mostra, talvez com grande clareza e força, que não podemos cometer injustiças a outros e que devemos ajudá-los, independentemente de suas características físicas ou convicções religiosas. Mas isso está de fato longe de exigir que queiramos que façam parte de nossas vidas pessoais ou que os consideremos nossos iguais intelectuais ou sociais. De fato, há um sentido em que se demonstra uma maior retidão kantiana, por assim dizer, no tratamento moral precisamente desses indivíduos que não podem de modo algum ser postos no mesmo patamar de ISP que os demais. Afinal, há uma fraternidade que opera entre iguais e que não opera entre desiguais.

Isso nos leva à igualdade invertida. Pode-se pensar que uma pessoa comprometida com a igualdade seria indiferente à composição racial dos governantes, desde que realizem seu trabalho de modo competente. É fácil nos enganarmos para pensarmos que somos indiferentes, pois há sempre o negro excepcional, por exemplo – e a maioria não se importaria se essa pessoa governasse ou se outros negros governassem, desde que fossem parecidos o bastante com esse negro excepcional. Infelizmente, esse é exatamente o ponto. Nos tempos modernos, os brancos governaram em todas as sociedades de primeira linha, e muitos desses brancos – a vasta maioria, na verdade – foram sempre muito ordinários e exibiriam raciocínio e comportamento sofríveis de modo indefensável.

A maioria das pessoas, brancas ou negras, não é excepcional. Há os Winstons Churchill, os Colins Powell, as Goldas Meir, as Margarets Tatcher, os Theodores Roosevelt e os Nelsons Mandela. E a maioria das pessoas, sejam brancas ou negras, não é igual a essas em habilidades realizadas. De toda forma, os brancos não se fixam no branco excepcional, e então enunciam que não há problema que os brancos governem, desde que os demais brancos governantes sejam parecidos com esse branco excepcionalmente bom. Estar comprometido com a igualdade invertida no caso dos negros e brancos é estar comprometido com os negros comuns, com todos os seus pontos fracos, na posição de governo. É simplesmente insincero apontar para Mandela, por exemplo, como prova de que não se tem problemas com negros governando, da mesma forma que seria insincero apontar para Albert Einstein e dizer que não há problema em não terminar o Ensino Médio.

Em particular, deve-se observar que um compromisso com tratar as pessoas como tendo igual valor moral não acarreta o compromisso com igualdade de ISP. Em termos de igualdade de ISP, a igualdade invertida fala à convicção que de julgamos os negros dignos de estarem no comando das coisas, tangíveis e intangíveis, que controlam nossas vidas de modos previsíveis e imprevisíveis. Então, da mesma forma que uma pessoa que nunca mataria um negro, e sentiria repulsa por quem o fizesse, não precisa querer que eles façam parte de sua vida, a maioria das pessoas que não matariam negros não se sentiria confortável vivendo em um contexto de igualdade invertida, em que na maior parte são negros que estão no comando das coisas que controlam suas vidas. Pode-se ler o que acabou de ser escrito como uma alegação sobre os brancos. Entretanto, isso seria um erro. Esse é o ponto da história de LT: é também verdade que a maioria dos negros criados em sociedades ocidentais não pensa em igualdade invertida quando fala de igualdade.

Acabei de fazer uma alegação refente ao pensamento kantiano que muitos considerarão bastante contra-intuitiva – tanto que muitos pensarão que há um "não" onde não deve haver. Isso, entretanto, não é correto. É minha opinião que, no mundo não-ideal, o valor moral igual no sentido kantiano estrito do termo não acarreta um compromisso com a igualdade invertida. Herman está bastante correta ao notar que não precisamos experimentar dessa forma para compreendermos que é errado mentir, roubar ou matar alguém. Mas, infelizmente, o julgamento de que alguém está apto a governar nossas vidas ou casar-se conosco não faz sentido independente da experiência. Então, o julgamento de que não devemos injustiçar outra pessoa não traz em seu rastro o julgamento de que devemos aceitar sermos governados por essa pessoa ou aceitá-la como nosso cônjuge. Esse não pode ser o caso segundo o próprio argumento que estudiosos kantianos apresentaram, a saber, que o comportamento moral deve ser tal que poderia ser uma máxima universal (ver, p. ex., O'Neil 1975, Darwall 1983). Esse teste teve a intenção de demonstrar que os preceitos morais fundamentais fluem da própria natureza de nossa humanidade.

Kant certamente não pensava que se tirava da natureza de nossa humanidade que todas as pessoas são igualmente aptas a governar ou se casar, ou formar outros laços entre si. Nem se considerava ele compromissado com tal visão devido ao seu argumento acerca do valor moral de todas as pessoas. Em seu ensaio "Observações sobre o Sentimento do Belo e do Sublime", Kant deixa claro que considera negros intelectualmente inferiores: "Então é fundamental a diferença entre as raças do homem [negro e branco], e ela parece ser tão grande no que diz respeito às capacidades mentais quanto o é em cor..." Não estou nem um pouco interessado se os comentários de Kant deveriam ser um embaraço ou se admitem uma explicação justificadora. O único ponto que desejo salientar é que esses comentários são consistentes com sua teoria moral geral. Pois, presumivelmente, indivíduos intelectualmente desprovidos devem ser tratados como tendo o mesmo valor moral. É tão errado roubar ou mentir para os intelectualmente limitados quanto a qualquer outra pessoa. Certamente, então, o próprio Kant não pode ter pensado que tratar todas as pessoas como iguais morais acarreta um compromisso com a igualdade invertida, já que esta acarreta um julgamento a respeito de quem está apto a governar. Conseqüentemente, os estudiosos de Kant estão corretos em observar que a teoria moral de Kant é dificilmente prejudicada pelo comentário anterior. Não obstante, eles estão errados ao deixar de notar a pungente implicação desse comentário, quando levado a sério: ou seja, que o valor moral igual *à la* Kant não acarreta a igualdade de ISP; portanto, ela não acarreta a igualdade invertida.[171] É possível você ter respeito kantiano por mim sem achar, em qualquer número de sentidos, que sou seu igual.

IV. IGUALDADE E REGRAS DE SALIÊNCIA MORAL

Deve ser lembrado que, segundo Barbara Herman, as RSMs ajustam nossas sensibilidades morais e nos fornecem *insights* sobre como implementar nossas obrigações morais. Isso parece bastante inócuo. Todos nós precisamos de *insights* sobre como viver nossas vidas e fazer o que é moralmente correto. E é bastante óbvio que grande parte desses *insights* vem das lições que fizeram parte da trama básica de nossa criação – não tanto o que aprendemos na escola, mas sim o que atribuímos ao senso comum. Deve ser lembrado também que ela defende que as RSMs podem ser errôneas de duas formas. Temos os erros inocentes de RSMs quando, sem que haja culpa pessoal, simplesmente entendemos os fatos incorreta-

---

[171.] Felizmente, Blum 2002 não ignora Kant nisso, nem Goldberg 1993. Ver também Mills 1997. A teoria de Kant não é prejudicada pelos comentários anteriores. Ainda assim, se eu estiver correto, então há sérias limitações ao "empuxo racional" acerca do qual escreve Christine Korsgaard (1996). Como branco, eu posso abominar a idéia de matar um negro, mesmo que abomine um negro bem-educado e bem-sucedido que deseje se casar com minha filha. Não há nenhum laço de inconsistência formal para me enforcar.

mente e tanto o nosso comportamento como nossa sensibilidade refletem isso. Temos, em contraste, os erros dolosos de RSM, quando temos práticas que ignoram importantes considerações morais. O que quero salientar é que a idéia de que, no que se refere à igualdade, as RSMs podem ser errôneas por serem consideravelmente mal informadas – não porque a pessoa deixou de prestar atenção nas considerações relevantes, mas porque não seria possível prestar atenção nelas da maneira correta na ausência do contexto apropriado.

Estar mal informado é um fator em muitas áreas da vida. Por exemplo, todo mundo sabe que o estupro é errado.[172] Mas são as mulheres que compreensivelmente têm uma sensibilidade especial referente ao estupro. Não é tanto que há mais fatos com que os homens deviam se preocupar, ou se preocupar mais, embora isso seja indubitavelmente verdade em algumas instâncias. Em vez disso, é que ser um homem geralmente evita que se esteja no contexto relevante. Tanto mulheres como homens podem temer por suas vidas ao caminhar por uma rua deserta à noite. Entretanto, salvo raras exceções, são somente as mulheres que devem sentir o medo adicional de serem sexualmente violadas. Nenhuma quantidade de empatia ou simpatia irá justificar esse medo por parte dos homens. Ser mulher é uma característica definidora nesse contexto. Conseqüentemente, há sensibilidades que as mulheres têm em relação ao comportamento masculino que os homens não têm.

Então, no caso de entender a injustiça do estupro, há um elemento subjetivo que não é captado pelas regras de saliência moral como Herman as visualizou. Eis o porquê, na questão do estupro, os homens devem às mulheres o que chamei alhures (Thomas 1998) de deferência moral. Sem ouvir as mulheres, a maioria dos homens não pode entender o temor do estupro que preocupa as mulheres. Isso seria verdade mesmo se a maioria dos homens se vestisse como mulheres e andasse por ruas desertas à noite. Pois mesmo que esse disfarce fosse convincente, há o próprio ato do estupro: e o disfarce seria exposto logo por causa dos fatos biológicos; e a revelação extinguiria o desejo de estuprar o homem vestido de mulher, mesmo que outras formas de violência sejam precipitadas pelo disfarce.

Embora a violência sexual possa ser o exemplo mais intuitivo de um elemento subjetivo não captado pelas RSMs, já que essas regras estão mal informadas, ele não é, contudo, o único. Outro exemplo é a devastação que freqüentemente se segue a uma única instância de infidelidade conjugal. A parte adúltera não causou danos físicos ao cônjuge; e, freqüentemente,

---

[172.] Embora homens possam ser estuprados, a discussão a respeito do estupro que se segue aborda o estupro de mulheres. Em uma sociedade heterossexualmente orientada, vítimas mulheres de estupro têm um problema particularmente pungente com a renormalização de suas relações sexuais. Estou grato a Marcia Baron e Thomas Wartenberg por insistirem em que eu mencionasse isso. A violação sexual de crianças é um assunto completamente diferente. Ver Thomas 1996: 144-67.

revela-se que não havia qualquer apego emocional à pessoa com quem se cometeu o delito – era uma instância do proverbial caso passageiro. Ainda assim, algumas horas de adultério podem destruir completamente um casamento, causando dor que somente quem experimentou esse tipo de traição pode realmente compreender.

Então, a igualdade parece ser bem diferente de todos os exemplos anteriores. Isso se dá porque diferenças inevitáveis são absolutamente relevantes em cada um desses casos. Com a igualdade, por outro lado, precisamente o que consideramos verdade é que a raça e a etnicidade são irrelevantes – ou ao menos não relevantes da maneira que são agora. Mais ainda, no mundo ideal, esse seria o caso. Mas nenhum de nós vive ou já viveu nesse mundo. E, no mundo real, negritude e "brancura" não são opções de cor. Em vez disso, são imbuídas com todo tipo de significado, cobrindo todos os aspectos da vida: desde a aparência de inocência até a atratividade física; desde suposições-padrão a respeito de inteligência até nossa disposição de dar ao outro um voto de confiança; e, em particular, desde suposições a respeito de recursos morais até suposições a respeito da validade da subordinação de alguém.

Segundo a explicação de Herman, podemos dizer que a cor da pele veio a ter essas desagradáveis significâncias que moldam nossas sensibilidades morais por causa do fato de que há Regras de Saliência Moral errôneas e não inocentes em ação. O problema é que o mundo não-ideal em que a cor de pele é profundamente imbuída com significados desagradáveis nos preparou mal para o mundo ideal em que a cor de pele foi desprovida desses significados. Por um lado, esses significados desagradáveis têm uma sanção emocional sobre nossas vidas de maneiras que são freqüentemente imperceptíveis. Por outro lado, esses significados desagradáveis freqüentemente definem a norma e, portanto, para início de conversa, não nos parecem ser tendenciosas e precisar de exame.

Em outras palavras, como resultado de RSMs errôneas, há um conjunto de ressonâncias emocionais viscerais em ação. Uma conseqüência dessas REVs é que freqüentemente não se "sente" que negros possam se comparar aos brancos em termos de igualdade de ISP, mesmo que o ideal de igualdade seja adotado. Não há nenhum compromisso ideológico em ação que diga que os negros são na verdade inferiores. E tem-se por princípios que não o são. Em vez disso, é que o sentido subjetivo que se tem deles é tal que raramente se experimenta o negro como um igual. E, em nome do desejo de fazer o que é certo a respeito dos negros, o que freqüentemente ocorre é o seguinte: sente-se uma razão para ser cauteloso, examinar mais profundamente, ao mesmo tempo em que se está completamente aberto à possibilidade de que esse negro será o certo; ainda assim, negro nenhum consegue na verdade ser o certo; portanto, o *status quo* é mantido. A surpresa, se é esse o termo para isso, é que esses julgamentos freqüentemente revelam uma tendenciosidade.

Como admiti, o pensamento kantiano demonstra clara e forçosamente que se deve reconhecer, em um nível ou outro, a humanidade das outras pessoas. Isso, é claro, certamente parece exigir alguma experiência com seres humanos. Um ser humano que nunca interagiu com outros, tendo sido criado (digamos) por marcianos, não seria muito bom em ser responsivo às venturas e desventuras dos seres humanos. Isso parece justificar a preocupação de Herman em dar ao pensamento kantiano uma face mais humana em oposição à fixação do ente humano como uma criatura racional. E, uma vez que isso seja permitido, então certamente os detalhes da sociedade são relevantes, o que nos leva às Regras de Saliência Moral de Herman, em particular.

O problema, entretanto, vem da correção do dano moral causado por RSMs errôneas e as ressonâncias emocionais viscerais delas surgidas. Como deixei indicado, é uma impressionante característica do estudo kantiano o fato de ele não prestar atenção ao problema de corrigir injustiças morais e sociais. É típico do estudo kantiano criar um exemplo e, em seguida, argumentar que a teoria kantiana exige que nos comportemos de uma maneira determinada. Até aí, tudo bem. Mas a verdade dolorosamente óbvia é que muitas pessoas não se comportam como moralmente deveriam. É uma verdade que clama por uma explicação. No que se refere ao assunto da igualdade, este ensaio profere uma explicação ao menos parcial.

As REVs inapropriadas que resultam de RSMs moralmente falidas não se dissipam simplesmente; nem se pode simplesmente colocar por força de vontade as REVs adequadas em seu lugar. Por outro lado, acredito que é possível dar passos que, ao longo do tempo, resultarão na substituição das REVs inapropriadas pelas apropriadas. E esse é o aspecto subjetivo para o qual a teoria kantiana, incluindo a nova idéia de Herman, não parece dar espaço suficiente.

Pode ser instrutivo oferecer aqui um exemplo que não se relaciona com o assunto. Os chineses consomem carne de cachorro; a maioria das pessoas em países europeus e norte-americanos não consome carne de cachorro, embora consuma a de muitos outros animais. Não há qualquer princípio defensável que justifique consumir a carne de porcos (por exemplo) e não a de cachorros; pois, no que tange a animais, porcos são considerados criaturas bastante inteligentes. Ainda assim, para a maioria dos europeus e norte-americanos, consumir carne de cachorro é muito mais que uma opção que não deve ser exercida: é simplesmente repulsivo. Há REVs muito, muito profundas em ação aqui, ligadas a certas RSMs sobre cães – tanto que muitas pessoas relutariam em comer de um prato em que foi servida carne de cachorro. Não obstante, um habitante de qualquer um desses países pode mudar. Sem dúvida, ele teria de viver na China por algum tempo, ver cães e porcos lado a lado, e talvez testemunhar "respeitáveis" outros consumirem essa carne. Como um outro passo, ele pode pedir que, ocasionalmente, um prato com essa carne seja servido a ele sem que seja avisado, e que isso lhe seja dito mais tarde em um momento adequado.

Com experiências concretas, ele poderia com o tempo eliminar suas antigas REVs a respeito do consumo de carne de cachorro. Mas certamente seriam necessárias experiências concretas, e não apenas raciocínio. Especificamente, não há fatos referentes a cães ou porcos que fariam diferença.

O ponto da analogia é óbvio. Por que alguém acreditaria que atitudes errôneas sobre raças poderiam ser eliminadas simplesmente por atos de raciocínio? De um ponto de vista empírico, comer porcos está para comer cachorros como um grupo étnico está para outro grupo étnico em um mundo injusto em que um grupo governa o outro. E se superar REVs profundas que diferenciam porcos e cães exige experiências concretas, então certamente o mesmo vale para a superação de REVs profundas que diferenciam grupos étnicos. Ou seja, se para o primeiro caso a experiência é inevitavelmente necessária para a mudança, o mesmo vale para a segunda.

Na visão de Herman, a experiência é relevante meramente porque preenche os *bits* necessários de informação. Entretanto, isso não é verdade em qualquer um dos casos examinados: comer carne de cachorro ou a igualdade invertida. Ou seja, embora a experiência seja decididamente relevante, ela não o é por meramente preencher os *bits* necessários de informação. Na verdade, do ponto de vista da informação, não está claro se algo necessário é adicionado. Isso se dá porque o problema da mudança não é um problema de informação em absoluto. Ele é, em vez disso, um problema exclusivamente de ressonâncias emocionais viscerais fornecidas pelas experiências de nossa cultura. De qualquer maneira, sem que se resulte em novas informações como tais, a experiência traz um conhecimento acerca do outro que nem todo raciocínio do mundo poderia trazer.

Agora, o Imperativo Categórico não fala da questão de quais animais deveríamos usar como alimento. Embora ele sem dúvida exija que reconheçamos o valor moral fundamental de todas as pessoas, o problema é que esse valor moral igual no sentido kantiano não acarreta igualdade em todos os aspectos, que na minha opinião envolvem tanto o valor moral como a igualdade de ISP. Então, embora não precisemos experimentar uns aos outros para sabermos que somos iguais em valor moral, realmente precisamos experimentar uns aos outros para sabermos que os outros têm o mesmo ISP que nós. No Reino dos Fins, ao contrário, a igualdade de ISP de grupo seria pressuposta.[173] Pois não haveria quaisquer distorções morais

---

[173.] O Reino dos Fins é um maravilhoso instrumento heurístico. E, embora me pareça claro que o racismo de todos os tipos não teria lugar no Reino dos Fins, não há razão para achar que todas as diferenças significativas entre seres humanos desapareceriam. Mais ainda, as pessoas não precisam ser indiferentes a quem seus cônjuges e amigos podem o ser somente porque todas as pessoas são moralmente iguais. Se assim for, então aparentemente pode haver espaço mesmo no Reino dos Fins para algumas instâncias de *des*igualdade de ISP individual. *Ex hypothesi*, contudo, essas desigualdades de ISP não considerariam raça ou etnicidade.

significativas de grupos étnicos ou raciais para serem superadas a respeito do julgamento deles como aptos a governar. Não haveria linhas-padrão distorcidas de REV que precisariam ser removidas; e a igualdade de ISP não consideraria raça ou identidade étnica. No mundo não-ideal, contudo, são precisamente essas coisas que ocorrem.

É por essa razão que, no mundo não ideal, experimentar outros grupos raciais e étnicos é transformador – não tanto porque aprendemos alguns novos conjuntos de fatos acerca de nós mesmos e dos outros, embora isso aconteça às vezes, como porque essas experiências transformam nossos compromissos por princípio em uma realidade empírica: um é abordado pelo outro, e o outro é abordado pelo um. Um compromisso meramente por princípio com a igualdade não pode mais substituir essa participação empírica do que assistir e ouvir uma gravação em DVD de um concerto substitui assistir à apresentação ao vivo. A pessoa que assistiu ao concerto e a pessoa que o viu em DVD têm ambas o mesmo conhecimento do que se passou. Ambas ouviram a mesma música, viram os mesmos movimentos e assim por diante. Ainda assim, uma delas estava lá quando aconteceu e testemunhou tudo conforme ocorria em tempo real; e nada pode substituir isso.

No mundo não ideal, a crença – genuína e sincera – de que as pessoas de certa raça ou etnia são tão confiáveis, inteligentes ou moralmente profundas quanto "nós" somos não é o mesmo que confiar nessas pessoas, maravilhar-se com sua inteligência e ser guiado pela sabedoria moral e intelectual desses indivíduos. Essas experiências fazem da pessoa que pertence a essa raça ou grupo étnico uma parte da vida e de nossa história pessoal. E isso rende conhecimento a nosso próprio respeito e dos outros que não poderíamos obter de outra forma. A crença por princípio por si só nos deixa desamparados nesse aspecto. Afinal, não importa quão comprometido eu esteja com a igualdade de Xs, é somente experimentado um X das maneiras mencionadas que minha vida pode servir de testemunho a essa igualdade.

V. CONCLUSÃO: O IDEAL DE IGUALDADE

É bastante fácil expressar o ideal de igualdade; e, em um momento fugaz, Martin Luther King capturou o ideal da forma mais eloquente quando falou em viver em uma nação na qual as pessoas "não serão julgadas pela cor de sua pele, mas pelo conteúdo de seu caráter". Quando esse ideal é realizado, então (a) em uma sociedade com muitos grupos étnicos, não haverá um grupo étnico cujos membros são os principais detentores das posições de comando nas instituições básicas dessa sociedade, e (b) a cor da pele e outros marcadores de etnicidade dos que comandam serão completamente irrelevantes para os comandados. A sugestão em (a) não é que a porcentagem das pessoas que pertencem a qualquer grupo étnico que ocupam posições de comando nas instituições básicas da sociedade será isomórfica à porcentagem desse grupo étnico na população em geral. Isso seria planejado e artificial demais. Em vez disso, é que não haverá quaisquer REVs que favoreçam um grupo étnico em termos de posse dos cargos de comando por parte de seus membros. Juntas, (a) e (b) são compatíveis com os grupos étnicos em troca de poder ao longo do tempo e a população em geral não dá importância a isso, precisamente porque não há importância nenhuma ligada ao fato de esse ou aquele grupo étnico acontecer de estar no poder. Suponha, por exemplo, que 75% das pessoas em uma sala aconteça de serem canhotas. Isso seria uma bela coincidência. Mas isso é exatamente o que seria – uma coincidência e nada mais. Qualquer tentativa de atribuir importância a esse fenômeno acabaria sendo ridícula.

Como um aparte, devo mencionar por que me concentrei em papéis de comando nas instituições básicas da sociedade. A idéia não é de que outros aspectos da vida são irrelevantes. Em vez disso, é que somos capazes de apreciar as contribuições culturais (por exemplo) de longe; enquanto ser governado toca diretamente nossas vidas. Em termos de igualdade de ISP, não precisamos acreditar que alguém é nosso igual em ISP para acreditar que ele ou ela canta ou dança bem. Podemos ainda assim não nos sentirmos confortáveis com essa pessoa se casando com nossos filhos. Em contraste, realmente precisamos acreditar que alguém é nosso igual em ISP para acreditar que essa pessoa está apta a nos governar. Ou, de qualquer modo, é mais provável que acreditemos nisso em relação àqueles que consideramos aptos a nos governar. Mais ainda, é muito mais provável que vejamos essa pessoa como alguém com quem nos agradaria ver nossos filhos se casarem. Deve ser lembrado que as instituições básicas da sociedade cobrem uma ampla gama. Então, se tivermos completa igualdade nelas, é muito provável que a teremos em outros aspectos da sociedade.

Embora a maioria das pessoas (sejam brancas ou negras) que vivem em uma sociedade governada por brancos alegue defender o ideal de igualdade como acabei de articular, e por isso expressa indiferença à igualdade invertida, poucos (sejam brancos ou negros) estão preparados para ela. Ou assim deve ser, se eu estiver certo a respeito das REVs e da igualdade de ISP. De todo modo, as próprias circunstâncias de vida alimentam a ilusão por parte da maioria de que está preparada de fato para a igualdade invertida. Por quê? Porque a maioria das pessoas que vivem em uma sociedade governada por brancos não tem razão alguma para achar que durante suas vidas sua própria sociedade será governada por negros – tal eventualidade, supõem elas, é altamente improvável. Conseqüentemente, seu blefe moral nunca é descoberto, mesmo enquanto suas expressões de compromisso público com esse ideal massageiem seus egos. Isso se parece com prometer fazer algo, sob a condição de que a pessoa a quem se fez a promessa também faça algo, quando se sabe muito bem que essa pessoa não tem como agir dessa forma. Ganha-se um pouco de crédito moral por se comprometer com a ação, embora se esteja sendo insincero desde o princípio.

Isso nos leva de volta para as experiências de Benjamin e LT. O que Benjamin sabe a respeito de si mesmo é que ele está realmente aceitando a igualdade invertida. Pois esse é o mundo em que ele vive. De fato, esse é o mundo em que ele escolheu livremente viver, perfeitamente ciente de que o estava escolhendo. E esse é o mundo em que ele continua a viver por escolha própria. Na medida em que é possível o autoconhecimento, Benjamin sabe que está aceitando uma igualdade invertida. Isso, entretanto, é precisamente o conhecimento sobre si mesmo que falta a LT. Assim, Benjamin possui um conhecimento moral mais profundo acerca de si mesmo, o que LT não tem. E o conhecimento moral de Benjamin é gerado não tanto por novas informações referentes a negros (que LT não tem) quanto por experimentar negros de uma forma completamente diferente, forma essa totalmente estranha para as experiências de LT. No mundo não ideal, isso faz da experiência subjetiva um aspecto de nosso conhecimento moral mais importante e fundamental do que o argumento de Herman, e o pensamento kantiano como representado por ela, parece permitir.

No mundo não ideal, o conhecimento moral sobre nós mesmos tem um preço, pago na moeda da experiência. No que se refere à igualdade, a maioria de nós que vivemos em sociedades ocidentais continua a escrever cheques em branco. Ou, se eu estiver correto, a maioria de nós está aberta à idéia de igualdade invertida, porque, afinal, sabemos que nunca teremos de vivê-la, e muito menos escolher vivê-la.

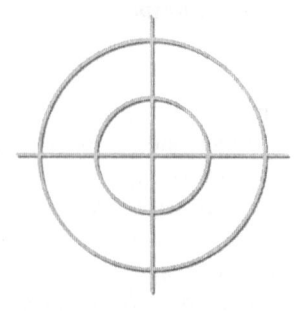

12: O Elemento Social: Uma Fenomenologia do Espaço Racializado e os Limites do Liberalismo

Cynthia Willet

No romance *Moo*, Jane Smiley descreve vários personagens adaptando-se à vida em uma grande universidade do meio-oeste dos Estados Unidos. Uma nova estudante chamada Keri, descrita como "uma dessas garotas bonitas, mas insípidas", aluga um quartinho em uma casa que é bastante adequado para ela, talvez adequado demais. "Ela podia.... olhar em volta desse pequeno quarto vazio e reconhecê-lo perfeitamente como o molde da pessoa que viria a ser", explica o narrador (Smiley 1998: 403). Uma estudante afro-americana chamada Mary sente-se mais incomodada com o ambiente ao seu redor: "Quando pensava no *campus* ou em suas classes, ou mesmo, em seu quarto, ela estava ausente... Nenhuma demonstração de amizade por parte de suas colegas de quarto (brancas) ou de aprovação por parte de seus professores (brancos) ou apoio por parte de seus amigos (negros)... alcançou a raiz do problema – quanto mais tempo permanecia ali, que era o lugar mais branco em que ela já esteve... menos ela parecia existir" (402).

Qual é o espaço em que habitamos como criaturas sociais? Como podemos captar o efeito desse espaço em nosso senso de individualidade e liberdade? Não é fácil identificar as características do panorama social. Respondemos ao clima no local de trabalho, em casa, no *campus* da facul-

---

Estou especialmente grato a Duane Davis, Alia Al-Saji, David Carr, Dalia Judovitz, Michael Levine, a um revisor anônimo e à platéia do International Merleau-Ponty Circle (na Universidade da Carolina do Norte, em Asheville, setembro de 2001), pelas úteis respostas a este ensaio.

dade enquanto caminhamos por corredores e ao redor de barreiras físicas, em grande parte sem consciência direta. Embora Maurice Merleau-Ponty não tenha se aprofundado no significado social do espaço, seu estudo da incorporação lança uma luz sobre a relação entre espaço social e nosso senso de identidade. Mais importante, ele argumentou que a reação orientada do corpo ao seu ambiente põe em questão o persistente cartesianismo da Teoria Social e da Filosofia. Sob a influência desse cartesianismo, os teóricos e filósofos modelam o espaço como um lugar plano, vazio e preexistente, e vêem o objeto como sendo antes de tudo cognitivo e somente secundariamente incorporado.[174] Esse modelo do espaço e da subjetividade não abre espaço para o fato de que toda postura, todo gesto e todos os movimentos físicos reagem sem intervenção consciente ao mundo ao nosso redor. Mais ainda, os objetos que percebemos reagem a nós. Compomos dimensões do espaço pela maneira como nos movemos nele.

As características do panorama social e físico não apenas são raramente o foco de nossa atenção, muito daquilo a que reagimos pode nem sequer estar disponível para análise consciente ou discursiva. Typicamente, reagimos ao ambiente por meio de nossa visão periférica. Há, entretanto, uma característica muito visível do panorama social, que é a dimensão da cor. Observadores sociais se intrigaram ao longo dos anos com o fato de que muito tempo após o fim do *apartheid* legal nos Estados Unidos, negros e brancos não vivem nos mesmo bairros ou entram para as mesmas paróquias, clubes particulares ou organizações cívicas. É difícil entender porque essa segregação continua muito depois do fim das ideologias racistas publicamente sancionadas e quando o conceito de raça perdeu toda intenção de validade científica. Estamos escolhendo voluntariamente nos separarmos uns dos outros segundo o critério de raça quando nem sequer pensamos que existem raças?

As tradições liberais da teoria social e política focam-se no racismo individual e institucional, assim como na escolha individual como fatores primários para a segregação, e eu acredito que cada um desses fatores é responsável por grande parte da persistência da divisão racial. Afro-americanos que optam por evitar certas vizinhanças ou escolas o fazem, em parte, em resposta a incidentes racistas específicos ou práticas persistentes de exclusão ou discriminação. A estudante Mary, descrita no romance de Smiley, entretanto, não está incomodada primariamente com eventos ou práticas racistas em sua universidade. Sua sensação de que há algo errado é mais vaga e mais penetrante, e ainda assim, diz-nos o narrador, "a própria

---

[174.] Embora eu vá me focar na crítica de Merleau-Ponty do racionalismo cartesiano neste ensaio, é importante entender que Merleau-Ponty estava igualmente preocupado com as limitações do empirismo. O foco do empirista na causalidade é tão redutivo quanto o foco cartesiano na geometria do espaço, ambos abstrações dos significados não discursivos que estão imbuídos no espaço.

Mary sabia exatamente o que era. Era que ela não conseguia se imaginar ali... [que] era o lugar mais branco em que ela jamais esteve" (Smiley 1998: 402).

Nem a visão liberal tradicional do indivíduo como agente autônomo nem o modelo contemporâneo de espaço social como um conjunto de práticas institucionais nos fornecem ferramentas suficientes para explicar o mal-estar que Mary sente. Como uma estudante negra em uma universidade branca liberal, Mary experimenta uma sensação de não fazer parte do lugar que tem menos a ver com eventos e práticas racistas que ela percebe do que com a "branquitude" do espaço que ela habita. Faltam à teoria liberal os recursos conceituais para explicar o impacto do racismo sobre o espaço em que nos encontramos. Seguindo Merleau-Ponty, irei argumentar que essa falha na teoria liberal remonta ao seu cartesianismo implícito. O liberalismo vê o sujeito dos direitos políticos de modo desincorporado, e o espaço que o sujeito habita como um conjunto de posições no vazio. Irei então explicar a perpetuação do cartesianismo na filosofia dialética de Hegel e Marx. O estudo inacabado de Merleau-Ponty (desenvolvido no fim de sua vida) ajuda-nos a ver além do persistente cartesianismo da teoria liberal e esquerdista contemporânea, ao mesmo tempo em que abro para reflexão filosófica o espaço que pode nos nutrir ou nos destruir na condição de sujeitos sociais incorporados.

Em seu esforço para captar a natureza elusiva desse espaço, Merleau-Ponty pega emprestados imagens e temas da mitologia grega. Contudo, ele não se aprofunda na importância dessas imagens e temas emprestados nem reflete a respeito de seu significado no contexto grego. A seção final de meu ensaio examina a função política da mitologia grega na antiga democracia da Grécia. Os gregos chamaram os crimes que prejudicavam o espaço social de húbris, e usavam o teatro, assim como a assembléia para alertar a elite das conseqüências do húbris para o meio social. A teoria da democracia ocidental atualmente precisa se refamiliarizar com os antigos instrumentos legais e morais contra a dominação social.

I. A CAMINHO DE UM NOVO HUMANISMO

As opiniões políticas de Merleau-Ponty nunca são completamente desenvolvidas. Ele parece deslocar-se do marxismo para o liberalismo entre *Humanism and Terror*, escrito na década de 1940, e *Adventures of theDialetic*, da década de 1950. Mas, embora passe a suspeitar cada vez mais das políticas não democráticas da União Soviética e da ideologia marxista, ele continua cauteloso em relação à cegueira do liberalismo em relação ao impacto da classe na política democrática. Como argumenta Merleau-Ponty, a crítica marxista nos ensina algo importante acerca da posição do indivíduo em uma estrutura social e econômica, o que o liberalismo não consegue entender completamente. No epílogo da *Adventures of Dialetic*, ele clama por um novo liberalismo e uma esquerda não comunista. Em suas posições políticas inconstantes e às vezes ambíguas, considero Merleau-Ponty como um homem em busca de um humanismo que reconheça as preocupações dos liberais em suas críticas marxistas, sem se entregar aos excessos de ambos os lados. Merleau-Ponty dá-nos uma pista de onde se encontra esse novo humanismo em suas breves, porém persistentes, alusões à mitologia e à cultura da antiga Grécia.

Merleau-Ponty usa temas gregos tanto em sua crítica marxista do liberalismo em *Humanism and Terror* como em sua crítica posterior ao marxismo. No livro (1969: xxi), ele defende o marxismo expondo a arrogância cega ou, como escreve, a "húbris" trágica da concepção formal do liberalismo dos direitos humanos. Esses direitos formais e burgueses não conseguem proteger os direitos sociais, culturais e econômicos de indivíduos e reprimem grupos contra os excessos do capitalismo. Os regimes marxistas também têm seus excessos. Novamente aludindo a temas gregos, Merleau-Ponty explica (1973: esp. 207, 226) que os liberais estão certos em apontar a necessidade de "limites" para o poder do Estado e em insistir na importância da "contestação" política (ou, como escreveriam os gregos, *agon*).

Embora Merleau-Ponty nunca se aprofunde na importância política de sua poética do espaço ou dos mitos gregos de que se vale sua poética em suas obras posteriores, ele claramente acredita que poderia encontrar nessa poética a base para um humanismo social mais abrangente. Atualmente, na segunda década após o fim da Guerra Fria, podemos acreditar que a ideologia marxista está morta e que o liberalismo ganhou a guerra de ideologias do século XX. Mas o interesse marxista na consciência de classe retornou e se multiplicou sob o disfarce de políticas de identidade ao estilo norte-americano, movimentos antiglobalização e a crescente crítica da arrogância dos Estados Unidos expressa pelos povos oprimidos. Esses movimentos diversos sugerem a necessidade de moderar os excessos do capitalismo liberal, mas fracassam graças às suas diferenças na articulação de uma visão para uma humanidade comum. A poética do espaço de Merleau-Ponty possibilita-nos cuidar de algumas das rupturas na trama social que esses movimentos criticam, ao mesmo tempo em que nos fornece um senso das interconexões de que precisamos para sustentar um humanismo global.

Antes de extrairmos uma visão política da poética do espaço de Merleau-Ponty, precisamos examinar a crítica específica do liberalismo que esse método acarreta. Em *Humanism and Terror*, Merleau-Ponty critica o liberalismo com base em *insights* de suas obras anteriores a respeito da fenomenologia da percepção. O problema com o liberalismo, argumenta ele, é que ele funciona somente na teoria. Embora o liberalismo almeje proteger o indivíduo contra muitas formas de coerção, ele não consegue protegê-lo contra práticas exploratórias de trabalho. O teórico liberal contemporâneo John Rawls tem a intenção de corrigir as injustiças dessas políticas econômicas por meio de um forte compromisso com a justiça redistributiva.

Em vários aspectos, entretanto, o liberalismo rawlsiano não consegue solucionar os problemas que Merleau-Ponty apresenta. Assim como outros teóricos liberais, Rawls defende como alegação moral central do liberalismo o princípio de que devemos tratar uns aos outros como indivíduos como um "fim em si mesmo", ou como uma "consciência pura" (Kymlicka 1990: 103). Em *A Theory of Justice*, Rawls (1971: 12) argumenta que a capacidade do ego racional de pensar sem ser influenciado pelo *status* social, posição de classe e coisas assim é fundamental para entrar no que ele chama de "posição original" e construir princípios de justiça. De modo mais geral, a teoria liberal pressupõe a capacidade moral de julgar outro a partir de categorias moralmente irrelevantes como *status*, classe e raça; sem essa capacidade para a abstração, segundo a teoria liberal, faltar-nos-ia a capacidade de tratar uns aos outros como iguais morais (12).

Porém, se a mente racional é inextricavelmente associada com um corpo no espaço, como sugere a fenomenologia anterior de Merleau-Ponty, então é impossível em princípio tratar outra pessoa de uma perspectiva totalmente abstraída de nossa posição social. O importante objetivo do liberalismo de igualdade moral demanda um fundamento mais realista. Os primeiros estudos fenomenológicos de Merleau-Ponty do sujeito incorporado demonstram que não encontramos sujeitos "nus", mas somente pessoas com papéis ou posições específicos nos sistemas socioeconômicos. Isso não quer dizer que não enxergamos sua individualidade, como Merleau-Ponty sugere em sua discussão de alguns de nossos mais autênticos papéis e relações pessoais: "Como no amor, na afeição ou na amizade, não nos encontramos face a face com 'consciências' cuja absoluta individualidade podemos respeitar a todo momento, mas seres [únicos!] classificados como 'meu filho', 'minha esposa', 'meu amigo'" (1969: 110). O fato de que não experimentamos a nós mesmos como indivíduos independentes, mas como indivíduos em relacionamentos, põe em questão o foco do liberalismo na autonomia como a medida fundamental de liberdade: "Se alguém ama, essa pessoa encontra a liberdade precisamente no ato de amar, e não em uma vã autonomia", diz ele (1964: 154). Não existe uma "pluralidade de sujeitos [como propõe o liberalismo], mas uma intersubjetividade, e essa é a razão por que existe uma medida comum de mal impingida a certas pessoas e do bem obtido disso por outras" (Merleau-Ponty 1969: 110).[175]

[175.] Entre as interessantes discussões acerca de uma ética que possa surgir da obra de Merleau-Ponty, ver Davis 1991: 31-46; Oliver 2001. Para discussões da relevância de fenomenologia de Merleau-Ponty para a teoria social, ver Young 1990b: 141-59: Sullivan 2001b: 65-87; Alcoff 2000a: 235-62. Para interessantes estudos referentes à raça que se valem da fenomenologia da percepção de Merleau-Ponty, ver Sullivan 2001b e Fielding, a ser publicado.

A concepção liberal de liberdades básicas é projetada para garantir aos indivíduos um espaço privado para esculpirem sua própria identidade como bem quiserem. Liberdade, para o liberal, significa antes de tudo não-interferência. Uma perspectiva mais ampla revela o papel que indivíduos bem-intencionados ocupam em um sistema socioeconômico, e esse sistema, como argumentam os marxistas, explora trabalhadores e cria padrões de dominação pelo *status*. Abstrair a teoria liberal das realidades sociais é o erro essencial, na verdade a "cegueira trágica", das tradições liberais de Filosofia. Para "entender e julgar uma sociedade, é preciso penetrar... no elo humano sobre o qual ela se erige; isso indubitavelmente depende de relações legais, mas também de formas de trabalho, modos de amar, viver e morrer" (Merleau-Ponty 1959: xiv). A "ideologia da escolha" liberal, ou existencial, é cega para a maneira como "minhas obrigações são apresentadas a mim, não como objetos ou fins, mas como alívios e configurações, isto é, no panorama da práxis" (Merleau-Ponty 1973: 198-99). Precisamos reconhecer, conclui Merleau-Ponty, que há mais no mundo que "homens e coisas", como pressupõe a teoria liberal. Como indivíduos, mediamos nossos relacionamentos por meio de símbolos, e esses símbolos, devo adicionar, podem assegurar ou destruir o meio social. Nossas ações não podem ser julgadas por suas intenções ou conseqüências casuais somente; elas devem ser julgadas também por intermédio "do efeito que terão como um gesto significativo". "Verdadeiramente, todas as ações são simbólicas." (200, 201).

Críticos contemporâneos do liberalismo (incluindo comunistas, marxistas e muitas feministas) unem-se a Merleau-Ponty na acusação de supervalorização do papel da escolha no liberalismo. Esses críticos concordam que os teóricos liberais não conseguem reconhecer a plena significância das dimensões sociais, históricas ou culturais do indivíduo. Acredito que eles estão, em parte, corretos. A teoria rawlsiana mantém que o acesso a liberdades civis, oportunidades iguais e bens materiais básicos é suficiente para assegurar aos indivíduos uma significativa experiência de liberdade. A liberdade é concebida de modo estreito em termos de capacidade de escolher o próprio estilo de vida a partir de coerção externa. É claro, o liberal não nega a importância das relações sociais, das tradições culturais ou da inclusão histórica, mas o principal objetivo do liberalismo é proteger a autonomia do indivíduo e a neutralidade moral (ou neutralidade relativa) do Estado. Se a liberdade para o liberal quer dizer não-interferência, então o indivíduo não espera que o Estado ou outra autoridade cívica promova formas de interdependência e ligação social. Se, como argumenta Merleau-Ponty, encontrarmos indivíduos sempre já em relação entre si, então a visão do espaço como uma arena para decisões autônomas e relações pessoalmente escolhidas não é coerente com a experiência vivida.

Como apontam os críticos, a concepção liberal da sociedade civil modela o indivíduo como um átomo em meio ao vazio e, como conseqüência, ignora a importância da trama social para costurar as relações que nos sustentam. Para eles, as escolhas individuais operam melhor quando ocorrem dentro das relações que tornam essas escolhas significativas. O Estado não deveria adotar como seu objetivo primário a necessidade de proteger a escolha individual, embora isso deva continuar sendo de seu interesse. Mais importante, o Estado ou a comunidade precisa proteger as relações que dão significado a essas escolhas.

Embora os liberais reconheçam que os seres humanos são por natureza criaturas sociais que precisam de relacionamentos humanos com significado, não acredito que mesmo a mais socialmente engajada teoria liberal tenha examinado a fundo as profundezas de significado subjacentes à nossa vida social. Rawls (1971: 440) lida com a questão social em grande parte adicionando as "bases sociais para o auto-respeito" à lista de bens primários (incluindo liberdades, oportunidades e recursos básicos) que devem ser protegidos pelo Estado. Certamente, a consideração às "bases sociais para o auto-respeito" é um importante instrumento para a correção de desigualdades sociais. Como explica Will Kymlicka: "A Suprema Corte dos Estados Unidos acabou com a segregação de negros, mesmo onde as instalações eram dividas igualmente, pois isso era visto como um sinal de inferioridade, prejudicando a motivação e o auto-respeito das crianças negras" (1990: 153). Se os liberais atualmente defendem a integração de escolas públicas ou favorecem distribuição igualitária de fundos para escolas comunitárias, eles tipicamente fundamentam seus argumentos na necessidade de auto-respeito como um bem primário.

A inclusão do auto-respeito como um bem social primário marca um avanço na teoria liberal. Embora Rawls teorize o indivíduo como um ego racional interessado em si mesmo, e não antes de tudo como um ser social, ele reconhece o impacto das forças sociais sobre o senso de identidade individual (Rawls 1971: 148). Como Kymlicka corretamente aponta, o liberalismo rawlsiano "exige que cada pessoa comece a vida com uma igual parcela de recursos da sociedade, o que é um impressionante ataque às arraigadas divisões de classe, raça e gênero em nossa sociedade" (1990: 86). O problema com o foco do liberalismo no auto-respeito é que ele reduz nossa imersão no espaço social a uma dimensão psicológica do indivíduo, na verdade mais uma dimensão que se soma às capacidades racionais e às necessidades físicas. A garota afro-americana que Jane Smiley descreve em seu romance não sofre de auto-estima reduzida, mas sofre de uma sensação de mal-estar enquanto freqüenta a universidade branca.[176] O foco na personalidade do indivíduo está em desacordo com o fato de que a sociabilidade não é apenas uma dimensão do indivíduo; é o ar que respiramos, o elemento de nossas vidas.

[176.] Ver McGary 1998: 259-75.

Se o liberalismo não consegue captar o elemento de nossas vidas sociais, o marxismo não se sai muito melhor. O marxismo pode parecer bom na teoria, mas não funciona na prática. Enquanto o liberal tradicional percebe o espaço por intermédio de construções abstratas de geometria cartesiana, o ideólogo marxista reduz o panorama social a uma operação materialista definida por causa e efeito. Como conseqüência, muito do marxismo (e muito da política de identidade esquerdista, eu diria) vê o indivíduo em termos de sua posição social e então autoriza o abuso daqueles que não ocupam as posições politicamente corretas. Merleau-Ponty observa que o marxista doutrinário é forçado a abandonar a possibilidade de uma ética universal e a pensar, em vez disso, em termos de violência da política de classe. O marxista então tenta recuperar uma certa legitimidade moral distinguindo formas progressivas e regressivas de violência. Como explica Merleau-Ponty, essa legitimidade depende unicamente da concessão à perspectiva de um único grupo social, o proletariado, relevância moral universal. Na visão marxista, os objetivos sem mediações de uma única classe levam o mundo na direção de um humanismo superior.

Um dos problemas imediatos com a visão marxista é que o proletariado não é na verdade a classe "pura" que o marxista doutrinário (e o jovem Merleau-Ponty) procura. Esse proletariado é dividido por diferenças étnicas e religiosas e, talvez mais crucialmente no contexto norte-americano, por raça; o apoios entre trabalhadores dos Estados Unidos do NAFTA como medida preventiva contra a imigração mexicana, de uma ampliação do sistema carcerário e do fim da assistência social baseiam-se não em interesses compartilhados, mas em racismo de brancos. O objetivo liberal ou esquerdista de "construir coalizões 'não mais molestadas pela raça' ilustra perfeitamente a tendência de remover os 'trabalhadores' das considerações dos 'trabalhadores brancos'", escreve o historiador David Roediger (1988: 55). O apelo político por uma classe pura de trabalhadores desprovidos não leva em consideração a maneira como a "branquitude" funciona nos Estados Unidos como uma fonte de capital (ou, como escreve um históriador, "propriedade").[177]

A cor, na posição do mais proeminente indicador de raça, não é o único fator que divide os trabalhadores. O que a teórica legal Kimberle Crenshaw apresenta como uma análise intersecional da posição das mulheres de cor revela que múltiplos e freqüentemente conflitantes fatores afetam o *status* e o poder.[178] Essa análise elimina qualquer hipótese de identidade de classe "pura" (ou raça ou gênero).

A alegação ideológica de que uma certa classe ou cultura (por exemplo, o capitalismo liberal) fica completamente de fora do poder e representa

---

[177] Ver Lipsitz 1998: 36 para uma discussão do termo de Cheryl Harris.
[178] Ver Crenshaw 1995: 357-83.

o universal reflete a lógica dialética que opõe rigidamente duas (ou mais) perspectivas. A teórica social Patricia Hill Collins (1988: 5) usa o termo "forasteiro no interior" no lugar do conceito marxista de proletariado puro para esclarecer a situação mais ambígua dos trabalhadores negros na economia dos Estados Unidos. O trabalhador de serviços negro não está fora do sistema socioeconômico com nada a perder além de seus grilhões. Ele está preso ao sistema por sua necessidade de sustentar sua família, amigos e comunidade, assim como pelo do *status* e poder limitados que adquire por meio de seu trabalho. A sociedade não é radicalmente dividida em duas (ou mais) classes ou perspectivas, mas estratificada de modo que indivíduos têm variados graus de *status* e poder. A ontologia do tudo ou nada da dialética, não menos que o formalismo do liberalismo, ignora diversas forças que têm impacto sobre a vida individual na esfera social estratificada. A questão apresentada por uma análise intersecional é como reconhecer as múltiplas perspectivas e posições sociais da política de identidade norte-americana, e ainda assim localizar o que mantém unida uma humanidade comum.

Talvez a mais excitante contribuição de Merleau-Ponty para uma teoria da justiça social não seja sua filosofia política ou mesmo seus primeiros estudos da percepção. Sua mais excitante contribuição à teoria da justiça vem de seus estudos posteriores inacabados acerca do espaço em que sujeitos percebedores e objetos percebidos estão imersos.[179] Nesses estudos, Merleau-Ponty argumentou que os filósofos que se seguem a Descartes, incluindo Hegel e Marx, tentaram mapear o espaço por meio de uma determinação multidimensional de um conjunto de posições. O modelo cartesiano-hegeliano (ou marxista) esvazia o espaço de textura e significado. Merleau-Ponty oferece em seu lugar uma poética que respeita as ressonâncias tácitas e linhas curvas do espaço. Ele desenvolve essa poética a partir de seu estudo de profundidade e cor nas artes visuais. A partir desse estudo, ele descreve o espaço como um tecido interconectado de sensibilidades e chama esse tecido de "carne".

O espaço como uma experiência de profundidade e cor, de um "tecido" interconectado de sensibilidades, oferece uma maneira de compreender a persistência da segregação racial. Merleau-Ponty, que se concentrou durante a maior parte de sua vida em problemas de percepção, não deu muita atenção à política do espaço. Em sua poética, ele descreve o espaço como um pedaço de tecido sem rasgos em sua trama delicada ou dissonância na disposição de seus significados oblíquos. E se levássemos essa ontologia do espaço para a arena política? Sua apreciação por profundidade e espaço poderia nos ajudar a discernir as barreiras invisíveis do panorama

---

[179.] Ver Johnson 1993: 121-49. Ver também Merleau-Ponty 1968: 130-55.

social? Esse panorama político poderia nos levar além das polêmicas contemporâneas dos liberais e suas críticas a um novo humanismo?

II. A POÉTICA DO ESPAÇO

No ensaio "Eye and Mind", Merleau-Ponty nota que "os 'problemas' da pintura que estruturam sua história são freqüentemente solucionados obliquamente, não no curso das investigações instigadas para a solução delas, mas, ao contrário, em algum momento quando os pintores, tendo atingido um impasse, aparentemente se esquecem desses problemas e se permitem ser atraídos por outras coisas. Então, repentinamente, com sua atenção em outro lugar, eles se deparam por acaso com os antigos problemas e superam o obstáculo" (Merleau-Ponty 1993: 149). Talvez também alguns problemas de nossa vida política sejam mais bem confrontados não diretamente, mas, como sugere Merleau-Ponty, por sendas tortuosas. Por essa razão, eu me desviarei das questões principais e pegarei um atalho pelos comentários de Merleau-Ponty acerca da cor e da profundidade na pintura.

Em seus ensaios posteriores, "Eye and Mind" e "The Intertwining – The Chiasm", Merleau-Ponty recua de seu foco anterior no sujeito percebedor e o objeto visível para considerar o "estar lá" do espaço. O espaço não é em si visível, e ainda assim é no espaço que os sujeitos e objetos aparecem. Podemos pensar inicialmente no espaço como algo semelhante a uma caixa vazia ou um padrão de grade em um plano. Partindo dessas instituições, Descartes e Hegel, após ele, explicaram o espaço em termos de planos cruzados baseados em três dimensões.[180] Merleau-Ponty ressalta que a concepção cartesiana-hegeliana do espaço reflete os avanços técnicos na pintura renascentista. Enquanto os artistas medievais e clássicos desenhavam as figuras como se fossem ornamentos em uma superfície plana, os pintores renascentistas eram capazes de passar a impressão de profundidade na tela plana construindo linhas de perspectiva. Merleau-Ponty questiona se o construtivismo tecnocientífico dos artistas da Renascença marca um progresso genuíno em nossa capacidade de representar o espaço. Pinturas não figurativas do século XX, como *Park near Lucerne,* de Paul Klee, 1938, ou as aquarelas posteriores de Cézanne fornecem uma pista referente ao que os artistas renascentistas negligenciaram. Na aquarela de Cézanne do Monte Sainte-Victoire (1900), "o espaço... irradia-se ao redor de planos que não podem receber em absoluto um lugar" (Merleau-Ponty 1993: 141). Merleau-Ponty contrasta o "movimento fluido" da aquarela com a linha mecânica da pintura de perspectiva da Renascença. Como explica Galen Johnson (1993: 39, 41), a pintura renascentista pertence

---

[180.] Ver Fóti 1993: 293-308

a um "mundo de dominação científica e tecnológica" que "impõe uma perspectiva fixa e unívoca de observação divina". Mas Merleau-Ponty não vê na pintura moderna a simples fragmentação de múltiplas perspectivas. Ele vê planos curvados ao redor do espaço em que essas múltiplas perspectivas estão inseridas. A arte não figurativa não é sobre múltiplos sujeitos e objetos, mas sim sobre o espaço que habitamos juntos. Esse espaço não é composto por uma série de linhas retas que definem perspectivas únicas ou múltiplas. O espaço curva-se ao redor de significados que permanecem no ar através do qual nos movemos. A arte moderna do século XX não se opõe à "univocalidade" da Renascença com seu próprio "perspectivalismo". A arte moderna evoca o espaço em que sujeitos perspectivos e objetos visíveis estão inseridos.

Os significados não discursivos que a arte não figurativa evoca dão ao espaço sua profundidade. Descrevendo a volumosidade do espaço menos como uma dimensão e mais como um meio, Edward Casey escreve que "a profundidade é algo que antes de tudo nós sentimos". "Como uma aura ou uma atmosfera... não é nem substância nem relação, mas engloba ambas" (Casey 1991: 134). O espaço não é homogêneo nem estático. Merleau-Ponty descreve-o como uma densidade com recuos e fluxos, e até mesmo turbulência, como a água (1993: 123). "Quando, através da densidade da água, vejo o fundo com ladrilhos da piscina, eu não o vejo apesar da água... Eu vejo através [desse meio] e por causa [dele]" (142). Embora a densidade do espaço resista à medição, ela tem sua unidade e coerência expressiva distinta, ou estilo. Ritmos, cores, tons e texturas característicos distinguem uma parte do espaço de outra, dando-lhe sua direcionalidade e assimetria (cf. Casey 1991: 134). Essa é uma fonte do "eu" que é experimentada, mas não conhecida, ou como Merleau-Ponty comenta em uma observação (1958: 257), esse espaço de origem "existe... sinestesicamente", mas não conceitualmente, recuando sempre para os limites da nossa percepção.

"Para designar [esse espaço]", continua Merleau-Ponty (1968: 139), "precisaremos do antigo termo 'elemento', no sentido em que era usado para falar de água, ar, terra e fogo... um tipo de princípio encarnado que leva o estilo de existência sempre que há um fragmento de existência". Essa densidade, que ele descreve em termos de elementos clássicos da mitologia grega, ele também chama de carne. O que vemos no mundo visível, escreve Merleau-Ponty, são "coisas que não podemos sonhar ver 'totalmente despidas', porque o próprio olhar as cobre e as veste em sua própria carne", "tecido que delineia [os visíveis], sustenta-os [e] os nutre... não é uma coisa, mas... uma carne das coisas" (131, 132-33).

A carne do espaço não é mais transparente que a carne de nossos corpos e, como nossa carne, o espaço é conhecido pela dimensão da cor. Embora filósofos e entalhadores modernos possam considerar a cor uma "característica secundária", "o retorno à cor tem a virtude de aproximar-se mais do 'coração das coisas'" (Merleau-Ponty 1993; 141, citando Paul Klee). "Cézanne... foi direto para o sólido, para o espaço – e veio a descobrir que dentro desse espaço – essa caixa ou recipiente grande demais para eles — [que] as coisas começaram a se mover, cor contra cor... O problema [para o pintor]... não mais é somente de distância, linha ou forma; é também, e igualmente, de cor" (140-41).

Isso se dá porque qualquer instância particular de uma cor recebe seu significado "somente com a conexão em seu lugar... com outras cores que ela domina ou que dominam, que ela atrai ou... repele" (Merleau-Ponty 1958: 132). O vermelho preciso usado por um pintor ou encontrado ao nosso redor adquire um ritmo, uma textura e um sentimento de uma trama invisível de significados que dá a esse vermelho sua força particular. Esses significados podem não ser discursivos, mas não lhes faltam referências históricas, políticas ou sociais. Como escreve Merleau-Ponty, um vermelho em particular "é uma pontuação no campo das coisas vermelhas, que inclui as telhas de um telhado, as bandeiras de guardas de trânsito e da Revolução" (132). As cores que encontramos têm significados culturais e políticas específicos. Alguns desses significados podem evocar a guerra, a intranqüilidade civil ou a violência revolucionária.

" A Filosofia pinta sem cores, em branco, em preto, como entalhes em cobre", comenta Merleau-Ponty (citado em Fóti 1993: 293). Pois "as cores", como explica Véronique Fóti (1993: 292), "são suspeitas para a Filosofia... A luz da razão, supostamente, é acromática". É também verdade que o percebedor ordinariamente não vê as cores, ao menos não conscientemente. Junto com a luz, as sombras e os reflexos, a cor "existe no limiar da visão profana"; não é ordinariamente vista", escreve Merleau-Ponty (1993: 128). Mas se o percebedor, diferentemente do artista, não observa a cor, ele ainda assim reage a ela. Como explica Merleau-Ponty (1993: 125), "meu corpo é... capturado na trama do mundo... As coisas são um anexo ou um prolongamento do [meu corpo]; estão incrustadas em sua carne". Eu não encontro essas coisas em um espaço plano, vazio e preexistente — essas coisas estão embrulhadas em minha própria carne.

III. A RACIONALIZAÇÃO DO ESPAÇO

Em um artigo de primeira página de uma série ganhadora do Prêmio Pulitzer relacionada a raças do *The New York Times,* um jornalista entrevista crianças em idade escolar em Maplewood, no Estado de New Jersey. Esse " é o tipo de lugar onde as pessoas – brancas e negras – falam muito das virtudes da diversidade e se preocupam com a fuga dos brancos; onde centenas se reúnem para discutir o livro *Por que Todas as Crianças Negras Estão se Sentando Juntas no Refeitório?*... Mas, mesmo aqui, como se puxados por ímãs internos, crianças negras e brancas começam a se separar na sexta série. Há crianças que caminhavam juntas para a escola, aprenderam a ler juntas, dormiam umas nas casas das outras. Mas, apesar de toda a história pessoal, toda a boa vontade da comunidade, a raça os divide conforme crescem" (Lewin 2000: 14).

A questão da auto-segregação em escolas de ensino fundamental e médio nos Estados Unidos parece ser relativamente benigna; entretanto, ela está ligada a uma outra, mas importante, em uma sociedade que alega basear recompensas em mérito, não em cor. Em todas as grandes medições de desempenho escolar, as crianças brancas conseguem melhores resultados que as negras, e essa lacuna continua mesmo após o controle do histórico educacional e de classe das famílias dessas crianças (Lewin 2000: 15). Mais ainda, essa questão não desaparece na educação superior. Em *The Agony of Education* (Feagin, Vera e Imani 1996), vários sociólogos entrevistam estudantes universitários negros em faculdades e universidades brancas, buscando respostas à questão do avanço limitado dos negros na educação superior. Esses cientistas sociais chegam à mesma conclusão que o relatório nas escolas públicas: a integração do sistema educacional norte-americano não está funcionando.

Algumas das causas para o fracasso das escolas são bem documentadas. Não há dúvida de que o desempenho acadêmico dos brancos se deve muito à discriminação institucional contra crianças não brancas na escola (incluindo o acompanhamento diferencial dos estudantes), preconceitos de professores brancos contra crianças de cor e grandes padrões de discriminação contra famílias negras (habitação, empréstimos, trabalhos, etc.). As prisões nos Estados Unidos se expandem mais rapidamente que as escolas, e essas prisões estão cheias de populações prejudicadas que muito freqüentemente se presume, mas não se prova, serem culpadas. Muitos dos adolescentes mais sensíveis reagem a essa hipocrisia dando as costas ao sistema e se identificando com a cultura da prisão (*gangsta rap*, calças largas e *crack*). Líderes políticos liberais, incluindo o ex-prefeito de Atlanta, Andrew Young (2001), apontam a necessidade urgente de superar as disparidades entre os brancos e os negros no acesso ao capital, e estão certos. Mas se a lacuna entre o desempenho dos brancos e dos negros permanece após o controle do histórico econômico e educacional das famílias, então algo além do acesso ao capital está perpetuando a segregação entre nossas crianças.

Esse fator mais sutil pode ser impossível de conceituar, mas as famílias negras sabem que ele existe. Essas famílias contam como ótimos estudantes negros rejeitam a entrada em instituições brancas de prestígio por causa de uma vaga sensação de que algo "estava errado" ou porque se sentiam "fora de seu lugar", apesar de seus óbvios méritos (Feagin, Vera e Imani 1996: 5). Eles acham que essas instituições cheiram a "branquitude", e um pai explica que isso é simplesmente "algo que se sente... nada [nenhum incidente racial] ocorreu. É só a atmosfera" (73).

Os sociólogos explicam que os estudantes negros que freqüentam escolas brancas são "forçados a se adaptar às visões, normas e práticas dos brancos. Faculdades e universidades predominantemente brancas... são mais que apenas demograficamente brancas; tipicamente, são brancas em suas culturas e climas básicos" (Feagin, Vera e Imani 1996: ix). Na verdade, essas escolas nunca tiveram como objetivo de suas políticas mudar as normas e climas básicos para receber bem os estudantes negros; pelo contrário, políticas de integração funcionam para "assimilar jovens negros de uma maneira unidirecional na cultura branca dominante" (12). A pesquisa no espaço branco questiona diretamente o que os cientistas sociais chamam de "modelo de recipiente passivo" do espaço. "A maioria dos seres humanos", argumentam, "vê o espaço de modo expressivo e simbólico" (49). Quando estudantes negros falam de escolas que cheiram a "branquitude", eles estão "falando do caráter e do tom gerais do espaço desse *campus*" (16). "Para esses afro-americanos, como para a maioria dos norte-americanos, a unidade básica da realidade humana não é o ser humano individual, mas um aglomerado de laços e relações sociais que se estendem pelo tempo e o espaço. A realidade empírica do *espaço* está no coração dos laços interpessoais e é um elemento crítico das relações raciais nos Estados Unidos", explicam esses sociólogos (26).

Estudantes e professores brancos freqüentemente expressam seu desagrado com o fato de que os estudantes negros decidem se auto-segregar, e é verdade que essa segregação nas escolas é geralmente iniciada pelos negros. Eu discuti com outros membros do corpo docente em Emory o fato curioso de que, embora nossa universidade se gabe de uma proporção bastante favorável de estudantes negros em relação a outras universidades historicamente brancas, os estudantes negros têm maior probabilidade de faltar às aulas que os demais estudantes; esses estudantes negros provavelmente não perdem apenas algumas aulas, mas uma boa parte do semestre; e é mais provável que abandonem a Emory antes de se formarem. O estudo sociológico aponta que, conscientemente ou não, os estudantes e professores brancos, na verdade, marcaram o que consideram espaços públicos neutros ou semipúblicos como sendo deles. Eles marcam esses lugares por meio de gestos, práticas em sala de aula e outros estilos incorporados de expressão. Esses sinais enviam mensagens dizendo que os negros são anômalos, se não intrusos, no espaço branco. Essa racialização tácita do espaço pelo estilo explica por que o ocasional estudante negro na sala de aula em uma universidade predominantemente branca, não menos que um filósofo negro na American Philosophical Society, fica muito visível. Esse espaço foi marcado como sendo território de brancos por gestos físicos e estilos de movimentação que agem abaixo do limite da percepção consciente. Essa não é simplesmente uma questão de se a porcentagem de negros em uma instituição em particular reflete a porcentagem de negros na sociedade em geral. Estudantes e professores brancos liberais podem afirmar ou não o princípio da integração, mas continuam a agir como brancos. Para retomar o espaço que pertence a eles, os estudantes negros desenvolvem estilos que marcam sua identidade distinta e desafiam a dominação branca. Uma das consequências pode aparecer em medidas-padrão de mérito. Se os brancos comandam os testes, as classes mais avançadas e mesmo as escolas, então um bom desempenho segundo padrões acadêmicos supostamente neutros é equivalente a "agir como branco" (Lewin 2000: 15).

Em seus principais ensaios acerca de espaço, "The Intertwining – the Chiasm" e "Eye and Mind", Merleau-Ponty não discute as ramificações políticas de sua fenomenologia. Ele se aprofunda nos significados pré-discursivos do espaço por meio de imagens tiradas primariamente da mitologia grega, enquanto remove essas imagens do contexto político de onde vieram. Ele descreve o espaço como um elemento como a água, e descreve os sujeitos percebedores por meio da figura mítica de Narciso. "O vidente é capturado por aquilo que vê, e é ele mesmo que vê: há um narcisismo fundamental em todas as visões", escreve ele (Merleau-Ponty 1968: 139). Por sua poética, ele antevê a estilização do espaço como uma experiência que é originalmente (embora não em última instância) tão solitária quanto o trabalho do pintor moderno. Os sociólogos (Feagin, Vera e Imani 1996) abordam a poética do espaço não pela arte moderna, mas pela política racial, e suas metáforas se centram na marcação de território, na visibilidade e na identificação. Outros escritores abordam o espaço de forma diferente. Toni Morrison (1998: 10) descreve o desejo de pertencer, de fazer parte, por meio de imagens de lar, reconhecimento e o pagamento de devida homenagem.

Quando Merleau-Ponty expande seu foco nos ensaios além do indivíduo solitário no domínio social, ele não descreve o panorama da guerra de território ou a incômoda intimidade do retorno ao lar. Ele descreve a "sinergia" que existe entre "organismos diferentes". Ele acredita que "essa sinergia deriva em parte do fato de que partilhamos do mesmo senso de uma cor em particular" (1968: 142). "Reconheço no meu verde o seu verde", escreve (142). Para quem for sensível ao papel da cor no panorama social e político, essa declaração parece ingênua. O espaço é imbuído com significados políticos divisores e, nos Estados Unidos, esses significados são racialmente codificados. As crianças negras em Maplewood, New Jersey, não menos que escritores como Morrison, querem criar novos significados para cor por intermédio de sua elaboração de um estilo que Merleau-Ponty chama de "labor da visão" (1993: 129). Para a geração *hip-hop*, o labor da visão aparece na reapropriação do espaço branco pelo "som negro" (música *rap* tanto popular como alternativa), dança *break* e arte do grafite. Para Morrison, o estilo lírico alquebrado de suas narrativas homenageia as vidas negadas pela história branca. Não importa o quanto difiram, esses escritores e artistas concordam que o espaço não é um vácuo, e que estamos inseridos em uma profundidade que é maior que nós mesmos. Eles também concordam que esse espaço é indexado pela cor. Mas, então, quais são as implicações políticas desse espaço?

IV. A POLÍTICA DO ESPAÇO

Os comentários de Merleau-Ponty referentes à ontologia do espaço vão além do modelo liberal de espaço como um lugar vazio, assim como a demarcação esquerdista do espaço como um conjunto de posições sociais. Esses modelos focam-se na perspectiva de egos racionais ou grupos sociais, enquanto negligenciam o espaço em que estamos todos inseridos. Ambas as visões do espaço se valem implicitamente do cartesianismo que Merleau-Ponty critica mais severamente em seu estudo da pintura. Nele, ele explica que o modelo cartesiano do espaço reduz a experiência individual da profundidade a uma questão de perspectiva e nos conclama a nos "abstermos... de pensar em planos e perspectivas" (1968: 138). Não somos expectadores na vida representando um ponto de vista, mas indivíduos com estilos incorporados de reagir ao que nos cerca. A presença de estilo torna difícil determinar os limites entre o indivíduo e o mundo. Da mesma maneira que as coisas com que nos deparamos são "incrustadas" em nossa carne, nós inscrevemos nosso estilo no mundo ao nosso redor. A esfera social contém os significados que inscrevemos com nossos corpos e comunica esses significados aos outros. Sem o mapeamento do meu estilo no domínio social, e o encontro nele dos limites impostos sobre o que podemos fazer por meio dos gestos dos outros, "não haveria humanidade" (Merleau-Ponty, 1993: 125). Como nem sujeitos puros, nem objetos puros, nem fins, nem meios, nossa individualidade distinta forma-se por meio dos estilos que incorporamos no meio social. Antes de adotarmos os procedimentos liberais de uma auto consciência abstrata ou a consciência posicional de teoria da identidade, nós desenvolvemos um senso de nós mesmos por nosso estilo de comportamento em nosso ambiente.

Como o entalhador renascentista, o teórico liberal remove o indivíduo do espaço em que ele está inserido e impõe "uma perspectiva fixa e unívoca de observação divina" (Merleau-Ponty 1993:141).[181] O liberal constrói princípios de justiça com base no respeito incondicional ao outro, apesar do fato de que o outro em uma situação nunca é encontrado despido de seus hábitos, ou o que Merleau-Ponty chama de estilo. O estilo de expressão é um

---

[181.] Merleau-Ponty remonta o pensamento abstrato do liberal ao calvinismo: "Invocado para romper a aliança vital que temos com o tempo, com os outros e com o mundo, o calvinista força até os limites a desmistificação que é também uma despoetização... A... Igreja [e até mesmo] amizades humanas... são rejeitadas como mágica" (1973: 14-15). É o liberalismo clássico que o perturba ao longo de toda sua vida.

testemunho de afiliações de classe, raça e gênero de um indivíduo. Mas essas marcas sociais não determinam as escolhas ou a perspectiva de um indivíduo e não limitam sua perspectiva de sua posição social, mas introduzem significados aos quais o indivíduo reage, conscientemente ou não.

A teoria social esquerdista faz parecer quase impossível compreender como podemos transcender a perspectiva de nossa classe ou outra posição social. Segundo os marxistas, o capitalista vê o trabalhador como nada mais que um instrumento de trabalho. O marxismo "compreendeu que é inevitável que nosso entendimento da história será parcial, já que toda consciência é historicamente situada" (Merleau-Ponty 1969: 19). Certamente o capitalista trata seu empregado como nada mais que um instrumento de trabalho, mas o modelo de Merleau-Ponty do espaço como carne nos ajuda a entender como é também possível que o capitalista fique tão perto do trabalhador que pode "ouvir sua respiração e sentir sua efervescência e sua fadiga" (Merleau-Ponty 1968: 144). É possível para o capitalista conhecer o trabalhador não apenas como instrumento de trabalho, mas também como um personagem individual com um estilo próprio.

Nem o liberal nem o marxista possuem os dispositivos teóricos para explorar o espaço que une o capitalista e o trabalhador ou o elemento de estilo que dá a cada um o sentido de sua própria individualidade. O espaço não é um vácuo nem um conjunto de posições possíveis em um plano cartesiano. O espaço é pesado, denso com equivalências, curvado por forças de repulsão e atração, animado por espectros do passado e revitalizado por fontes não subjetivas de valor e prazer. Através de suas linhas curvas, o espaço leva-nos além de nós mesmos e de nossas "posições" para se preencher de nossa própria maneira com, ou contra, outros. O espaço é uma extensão do indivíduo que possui um ego racional e uma posição de classe, mas que é mais essencialmente definido por seu estilo de comportamento. Nem o conceito liberal de autonomia nem o conceito marxista de posição social nos fornecem as normas morais para o sujeito incorporado. Merleau-Ponty dá-nos uma pista de onde encontrar essas normas em suas constantes referências a imagens e temas da cultura grega clássica.

V. JUSTIÇA NO ELEMENTO SOCIAL

Em *Humanism and Terror*, Merleau-Ponty sugere que podemos descobrir o significado moral da vida humana na tragédia clássica. A tragédia da vida humana, fala ele, é que, embora nosso valor individual devesse ser medido por motivos internos, nosso valor será na verdade medido pelas ações cujo significado nunca saberemos (1969: 62). Pois "o homem não pode suprimir sua natureza como liberdade... nem questionar... [o] tribunal" da história que determina seu destino trágico (64). A tragédia clássica na verdade nos ensina muita coisa a respeito do significado da vida moderna. Mas, embora o conflito entre as esferas pública e privada defina um proeminente tema para a classe média nos séculos XIX e XX, esse conflito não capta as forças morais articuladas nas antigas lei e literatura. Para os gregos antigos, o homem era, em essência, como escreveu Aristóteles, um animal social. O tumulto moral da tragédia clássica não focava ameaças ao mundo interior do homem privado ou seu direito moral à autonomia. No drama clássico, o tumulto moral centra-se na violação de laços sociais (ou *philia*). Merleau-Ponty está correto em voltar-se ao teatro grego em busca de um lugar em que a arte, a cultura e a política se encontram, mas o teatro antigo revela categorias de justiça que vão além do liberalismo da classe média moderna.

Édipo Rei sinaliza esse foco alternativo na abertura da peça em que Sófocles retrata uma cidade tomada pela peste. O mal geral da cidade vai além da enfermidade física dos habitantes e a infertilidade da terra, indo à poluição social da própria comunidade. O sacerdote fala de sua cidade como uma embarcação que "range enlouquecida, [e] não pode erguer sua cabeça das profundezas, as ondas vermelhas da morte". A platéia fica sabendo que um terrível crime reduziu a cidade a "uma terra desolada... desprovida de homens vivos em seu interior, deixando-a como se fossem um só" (Sófocles 1984, linhas 30, 67). O crime que define a trama do antigo drama trágico não fere apenas a vítima. As conseqüências do crime retornam para derrocar o perpetrador e maldizer uma comunidade inteira. Mas qual foi a natureza desse crime?

Acadêmicos contemporâneos enfatizam a importância de entender as peças gregas no contexto da performance, em vez de simplesmente pela análise formal de seu significado ou estrutura, e Merleau-Ponty certamente concordaria com isso. Uma das características mais reveladoras dessas peças é a composição dos coros. Esses coros eram compostos de cidadãos comuns, primariamente os artesãos e fazendeiros pobres, que eram convocados em substituição ao serviço militar.[182] A participação do cidadão comum no teatro pode ter desempenhado um papel pelo menos tão importante na manutenção da democracia ateniense quanto a assembléia. Um acadêmico (Ober 1989: 208-12) argumenta convincentemente que as massas, ou *demos*, voltaram-se para o teatro para poderem comunicar preocupações políticas às elites, e comunicavam essas preocupações por meio da música, do gestual e da dança do coro nas peças trágicas. Enquanto alguns estudiosos enfatizam que os cidadãos que se apresentavam no coro representavam em grande parte a população trabalhadora pobre de Atenas, outro grupo de estudiosos observa que, "em sua *persona* dramática, eles representam, impressionantemente com freqüência, um segmento socialmente marginal da sociedade – mulheres, idosos, estrangeiros, subalternos ou até mesmo escravos. Assim, eles estavam longe de ser uma incorporação da *polis* ateniense... teoricamente" (Blondell et al. 1999:39).

[182.] Ver a introdução em Blondell *et al.* 1999: 39.

Embora os coros democráticos das tragédias gregas representem diversas posições sociais, esses coros cantam em uníssono. "Húbris cria o tirano", canta o coro de *Édipo* para a audiência (linha 964). Por suas canções, os coros alertam a elite do crime moral de húbris, e das conseqüências da arrogância para o bem-estar da cidade. O húbris das elites não prejudica apenas os indivíduos e as relações entre eles; o húbris enfraquece a trama que mantém a comunidade unida. Na antiga democracia ateniense, o *demos* tinha o direito legal de acusar a elite de arrogância e levar esses indivíduos a julgamento. Essas acusações não se focavam somente na substância do ato hubrístico, mas também na maneira (ou estilo) imoderada com que os agentes agem. Leis e códigos sociais contra o húbris serviam para proteger os indivíduos de menor *status* contra os excessos dos de *status* superior. Embora o liberalismo moderno articule os princípios de justiça independentemente da estratificação da sociedade, o marxismo concebe os estratos em duros termos econômicos. Falta tanto ao liberalismo como ao marxismo a categoria de húbris e, como conseqüência, não conseguem reconhecer os espectros da dominação e da violência que assombram o altamente estratificado domínio público.

O liberalismo sonha que pode "exorcizar esses espectros,... varrê-los para um canto de um mundo inequívoco", escreve Merleau-Ponty (1993: 130): O ideal liberal de uma sociedade cega para as cores é um desses sonhos, pois ele supõe capacidades que não temos. Podemos transformar o significado das cores, mas não podemos eliminar das cores ou outros sinais de seu *status* e ver cada um deles completamente independente de nossas posições sociais. Em nome de um ideal impossível, liberais atacam regimes não liberais por não reconhecerem o indivíduo como um fim em si mesmo e por contaminarem a esfera pública com ideologias religiosas ou outros valores morais. Este é nosso húbris. O cidadão norte-americano normativo inscreve "branquitude" onde quer que vá. Podemos não ver essa "branquitude" inscrita; a cor e outras características não discursivas em nosso espaço pairam na periferia de nossa consciência ordinária. Somente o racista se foca diretamente na cor e julga um indivíduo de acordo com ela. Mas o liberal está errado em pensar que podemos construir princípios formais de justiça independentemente das realidades sociais.[183] Não vivemos e trabalhamos em um vácuo, mas sim em um espaço que estabelece nosso *status* e poder, em parte, por meio da cor. Precisamos construir nossos princípios de igualdade moral a partir de uma conscientização da estratificação da sociedade, e não em ignorância dela. Esse é o erro do liberalismo.

Quando a personagem afro-americana no romance de Jane Smiley reflete sobre a vida no *campus* em sua universidade liberal branca, ela sente um mal-estar geral. Os professores e estudantes brancos são amigá-

---

[183] Isso é o que Rawls (1971: 12) descreve como a posição original.

veis, ela tem seus amigos negros e, ainda assim, "quando pensava no *campus*... ela estava ausente. Não havia qualquer espaço em que uma pessoa negra deveria estar. Envergonhada como deveria estar por isso, que parecia ser o efeito final DAQUELA VEZ na escola", explica o narrador (Smiley 1998: 402). "AQUELA VEZ" refere-se a um incidente relativamente sem importância no refeitório da escola, quando um garoto branco a chamou daquela "palavra com P". Esse único evento isolado pode ter sido inofensivo por si só, mas, no clima racial dos Estados Unidos, ele acarreta associações e ressoa com danos passados. Esses danos não começaram nos Estados Unidos; eles começaram centenas de anos atrás na África e continuam a assombrar nosso espaço social. É comum notar, como faz o jornalista do *The New York Times*, a sensibilidade dos negros a "desfeitas de amigos de uma raça diferente" (Lewin 2000: 15). É menos comum entender o porquê dessa sensibilidade. O artigo do *Times* junta temas de sensibilidade e insulto com estilo e espaço, temas centrais da fenomenologia de Merleau-Ponty. E, como Merleau-Ponty, o artigo alude a temas centrais da cultura da Grécia antiga. Ele descreve as crianças da escola de Maplewood, New Jersey, "como um coro grego" e afirma que as experiências delas nos alertam para esperar "correntes traiçoeiras à frente" para amizades inter-raciais e suas escolas e comunidades (14). Os coros da tragédia clássica consideravam desfeitas entre pessoas que deveriam ser amigas como atos de húbris e comunicavam por meio, do ritmo e do tom a turbulência que esses ataques causam, não apenas para indivíduos, mas também para o clima moral das gerações vindouras. O húbris era considerado a causa de guerras, intranqüilidade civil e violência revolucionária. Por essa razão, os gregos criaram códigos morais e leis contra ele. Nas democracias modernas de classe média, consideramos a arrogância como uma falha moral individual, mas isso não é o bastante. Precisamos considerar o húbris também como uma categoria em nossas leis e literatura e em nossas teorias de justiça nacional e internacional.[184]

---

[184] Para saber mais a respeito desse assunto, ver Willet 2001.

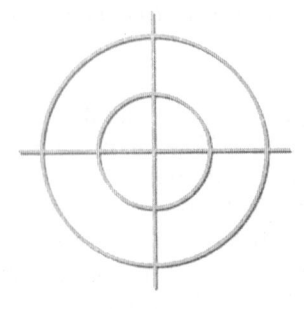

13: Se Você Está Dizendo: Filosofia Feminista e Anti-racismo

Marguerite La Caze

A reflexão a respeito da relação entre formas de opressão sexistas e racistas pode criar *insights* acerca da estrutura e da experiência de ambas. Nos últimos anos, filósofas feministas brancas têm sido criticadas por elementos de racismo em suas obras por, por exemplo, bell hooks (1987), Elizabeth Spelman (1988) e Melissa Lucashenko (1994). Em particular, o uso de analogias entre o sexismo e o racismo foi duramente criticado. A idéia de construir analogias entre o sexismo e o racismo começou a ser usada no discurso feminista de certo modo como a noção de essencialismo – como um termo de acusação com pouca possibilidade de resposta.[185] As críticas mais contundentes mostraram que algumas feministas, em suas tentativas de demonstrar que o sexismo é mais fundamental que o racismo, tornaram invisíveis as experiências de mulheres e homens de cor e não deram importância à especificidade das opressões e ao problema de compreender opressões simultâneas.[186]

Um problema sério com algumas comparações feministas de sexo e sexismo é que envolvem a tentativa de estabelecer uma prioridade conceitual de ambos, sobre raça e racismo. Elizabeth Spelman, em *Inessential Woman* (1988), critica feministas como Kate Millet em *Sexual Politics* (1969),

---

Gostaria de agradecer a Michael Levine por discutir os assuntos comigo; a Frances Gray, Sally Haslanger e um leitor anônimo por seus comentários por escrito; Damian Cox por seus comentários inteligentes; e a colegas na Conferência das Mulheres na Filosofia, Hobart 2001, e na University of Queensland por me ajudarem a desenvolver minhas idéias.

[185] Naomi Schor analisa o "terrorismo intelectual" em acusações de essencialismo (1995: 46).

[186] Traçar paralelos entre o sexismo e o racismo pode fazer a experiência das mulheres negras invisível, porque elas sofrem de ambas as opressões simultaneamente. Ver, por exemplo, Carby 1982.

Shulamith Firestone em *The Dialectic of Sex* (1970) e Mary Daly em *Beyond God the Father* (1973) por argumentarem que o sexismo é de alguma forma mais fundamental que o racismo.[187] A opinião de que o sexismo é mais fundamental que o racismo ou que ao menos o sexo é mais fundamental que a raça também pode ser encontrada na obra de filósofas feministas contemporâneas.[188] Spelman argumenta que a teoria feminista contribuiu para o que Adrienne Rich chama de "solipsismo branco" (1988: 116). O solipsismo branco envolve utilizar a experiência dos brancos como o paradigma por meio do qual o mundo deve ser compreendido.

Spelman demonstra os problemas das teorias que se concentram na questão a respeito de se o sexismo ou o racismo é mais fundamental. Ela argumenta que, "caso se deva considerar que o sexismo e o racismo se intercruzam, e não simplesmente se acumulam, surgem sérios problemas para a alegação de que um deles é mais fundamental que o outro" (1988: 123). Spelman expõe os problemas com o que chama de noção "aditiva" da opressão, a negligência da relação entre opressões, a maneira como a obra de algumas feministas refletiu e perpetuou o racismo e o modo como a opressão racista modifica nosso entendimento da opressão sexista. Por noção "aditiva" (o que ela também chamou de "o problema do *ampersand*"), ela refere-se à idéia de que mulheres negras, por exemplo, sofrem duas formas distintas de opressão, a sexista e a racista, que se adicionam, em vez de experimentar uma opressão diferente das mulheres brancas e dos homens negros. Ela diz que uma análise aditiva não leva em consideração a maneira como a opressão racista e a de classe implicam que a opressão sexista assumirá uma forma diferente – diferentes estereótipos e expectativas das mulheres negras e diferentes fontes de resistência. Por exemplo, a imagem das mulheres como seres frágeis e dependentes aplica-se somente a mulheres brancas; e, na visão de Spelman, a família tem sido uma fonte de resistência dos negros, mas um local de opressão para as mulheres brancas (1988: 123). A lição que se pode tirar da discussão de Spelman é que devemos ser vigilantes em relação a discussões de racismo *versus* sexismo e não supor que um é mais fundamental que o outro. Não obstante, eu defendo que podemos aprender muita coisa com o exame da maneira com que o racismo e o sexismo foram analogizados.

Entretanto, mesmo essas filósofas feministas que apresentaram de forma mais contundente essas críticas sugeriram então uma série de im-

---

[187.] Millet (1969), por exemplo, argumenta que o sexismo é mais fundamental que o racismo em três sentidos: é mais "robusto" que o racismo, portanto mais difícil de erradicar; tem uma "ideologia mais penetrante" e fornece o conceito mais básico de poder.
[188.] Algumas filósofas feministas contemporâneas também argumentam que o sexo é mais fundamental que outras distinções entre seres humanos. Por exemplo, Luce Irigaray alega que o sexo é mais fundamental porque é ontológico (1985a: 145), enquanto outros tipos de diferenças são empíricos, e Elizabeth Grosz, em *Volatile Bodies,* argumenta que o sexo é mais fundamental porque é pré-ontológico.

portantes analogias entre o racismo e o sexismo. Spelman, por exemplo, ao criticar a noção de que não há características positivas na identidade negra, nota que a "negritude" não é só dor e sofrimento e que é possível se identificar como mulher negra de formas que não são racistas, da mesma maneira que é possível se identificar como mulher de formas que não são sexistas (1998: 125). Os problemas com as comparações entre racismo e sexismo surgem se a analogia é construída assimetricamente – por exemplo, se a teoria do racismo é modelada a partir de um entendimento do sexismo, uma abordagem mais promissora é o uso de uma analogia explanatória, em que duas coisas são comparadas para lançar uma luz sobre ambas. Essa comparação pode levar a argumentos por analogias úteis – por exemplo, se o racismo e o sexismo são considerados similares em certas maneiras, então se pode argumentar que a maneira para superá-los deve ser similar também; se tanto o racismo como o sexismo são usados como pontos de comparação entre si, se sua relação é analiticamente recíproca, nós obtemos *insights* relacionados à estrutura geral e à experiência da opressão.

Quando a filosofia feminista anti-racista leva em consideração os problemas que surgem na construção de analogias entre o racismo e o sexismo, ela pode apresentar uma explicação que é sensível à especificidade de raça, sexo e gênero e à interação entre eles. Em minha opinião, uma feminista consistente tem de ser anti-racista. Como Linda Martín Alcoff expressa: "O problema da diferença racial e do racismo opera cada vez mais como uma condição crucial de adequação para uma teoria feminista aceitável" (1998: 477). Mais ainda, como observa Michèle Le Doueff: "Não é pura coincidência que tantas feministas sejam também ativas em movimentos anti-racistas" (1991: 281). A conexão é tanto conceitual como empírica, no que se refere às idéias e aos problemas em particular que as feministas consideram, e as maneiras a em que eles refletem no sexismo estão ligadas a uma preocupação intelectual e prática com o racismo.

Meu argumento é que, embora as duas formas de opressão sejam distintas, elas partilham de uma estrutura geral que emerge em experiências pessoais de opressão, no racismo e no sexismo institucionalizados e nas abordagens para a superação da opressão. Em primeiro lugar, vou esboçar rapidamente as analogias centrais entre as análises do racismo e do sexismo na obra filosófica feminista. Esse esboço apresenta um pano de fundo para uma reavaliação crítica da utilidade da analogia, reavaliação esta que leva em consideração a articulação de Spelman acerca dos riscos envolvidos. Considero a obra de Simone de Beauvoir útil na avaliação da estrutura e da experiência das opressões racista e sexista, sua interação e as estratégias de resistência.

I. ANALOGIAS E NÃO-ANALOGIAS ENTRE RACISMO E SEXISMO

Algumas das analogias entre o racismo e o sexismo emergem no nível da análise. Com isso, quero dizer que é a teorização *a respeito do* racismo e do sexismo que é similar, em vez de (necessariamente) o racismo e o sexismo em si. Há paralelos no *status* atribuído para raça e sexo. Já se notou, em inúmeras discussões do racismo, que a idéia de raça com bases biológicas não passa de ficção, mesmo que a raça seja socialmente importante (Frye 1983, Zack 1998, Haslanger 2000). Marilyn Frye, em *The Politics of Reality*, argumenta que os critérios que supostamente distinguem uma raça da outra são quiméricos (1983: 113-18). Não têm qualquer base biológica séria, e o uso comum deles para caracterizar raças é completamente inadequado. Por exemplo, a cor de pele não distingue um branco de um negro, já que gente com pele branca pode contar como negro, mexicano, porto-riquenho ou nativo americano, e algumas pessoas com pele escura contam como brancas, como gente de origem indiana ou paquistanesa (Frye está descrevendo o contexto dos Estados Unidos). Considera-se às vezes que se tira do ponto que a raça não tem base biológica e do fato de que a opressão racista envolve uma categorização baseada em raça cujo conceito não pode fazer parte de um futuro não racista (Zack, 1998), embora a própria Frye não acredite nisso. O argumento paralelo que se refere a gênero é o seguinte: se o gênero é uma ficção, e a idéia de gênero foi usada para oprimir as mulheres, então devemos abandonar as categorias de gênero em favor de uma androginia (Jaggar 1979, Okin 1989). O que isso significaria na prática é que não haveria reconhecimento público de diferenças entre homens e mulheres, embora possa haver reconhecimento privado de diferenças de sexo.

Judith Butler leva as coisas um passo adiante ao argumentar que "sexo" é também uma construção política de ficção, em vez de a base biológica sobre a qual ou em relação à qual é construído o gênero (Butler 1990: 147). Ela argumenta que a própria categoria de sexo tem gênero, e por isso não pode servir de base sobre a qual o gênero é construído ou realizado (Butler 1993: xi). Nessa visão, somos social e politicamente categorizados como sexuados, como "macho" ou "fêmea", sujeitos à norma da heterossexualidade, e realizamos as identidades de gênero como "homem" e "mulher", o que faz parecer que há uma base ou substância por trás desses desempenhos. Butler conclui que devemos desistir das normas de sexo e gênero para permitir que os gêneros se proliferem e, assim, minem as limitações e restrições das atuais identidades de gênero.[189]

---

[189] Deve-se notar que esses argumentos a respeito da biologia do sexo são diferentes dos argumentos que se referem à biologia de raça, pois estes não dependem de destruir uma distinção em duas partes. Casos de sexo indeterminado são considerados mais problemáticos para a distinção de sexo do que são para raça. Entretanto, embora essas mudanças históricas mostrem que as pessoas têm diferentes idéias referentes a sexo, elas não querem dizer que

Outra interessante similaridade entre as teorias referentes ao racismo e ao sexismo é a idéia de que tanto a raça como o sexo envolvem dois níveis explanatórios: um nível que é cultural ou socialmente construído, e o outro que é mais básico, mais natural, mais difícil de mudar, e talvez mais importante. Em primeiro lugar, muitas feministas estão compromissadas com a visão de que o sexo pode ser distinguido do gênero, uma distinção que é compreendida de uma variedade de maneiras diferentes. Em segundo lugar, os aspectos culturais e sociais da raça e do racismo se distinguem de experiências mais profundas e pessoais de raça. Um exemplo dos diferentes níveis explanatórios é a distinção de Adrienne Rich entre instituição e incorporação, que ela usa para explicar como, embora a maternidade como uma instituição seja composta de mitos prejudiciais, ela pode ser uma experiência escolhida de livre e espontânea vontade (1976: 273-80). Spelman usa essa idéia para distinguir entre os efeitos devastadores do racismo e a importância do orgulho na raça (1988: 129). Novamente, o conceito de "branquitude", usado para referir-se a uma construção racista da identidade branca que os brancos podem rejeitar, tem as características culturais e sociais que se considera que o gênero tem. Frye argumenta que a "branquitude" é a idéia socialmente construída de direito de superioridade dos brancos (1983: 114-18). Em um artigo mais recente, ela introduz os termos "branculino" e "branculidade", "como termos cuja gramática é análoga ao de 'masculino' e 'masculinidade'" (2001: 87).

Sally Haslanger apresenta um complexo conjunto de paralelos para sexo e gênero. Ela considera a "cor" como um paralelo para o sexo, e a etnicidade como um paralelo para o gênero (como categoria genérica). A "cor" indica as características físicas que são levadas para diferentes categorias sociais (2000: 53).[190] Ela acredita que divisões hierárquicas de gênero e raça precisam ser eliminadas, em oposição ao sexo, a gêneros não hierárquicos e à etnicidade não hierárquica: "Estou sugerindo que devemos trabalhar para minar as forças que tornam o ser um homem, uma mulher ou membro de um grupo racializado possível; devemos recusar-nos a ser enquadrados em um gênero como homem ou mulher, recusar-nos a ser enquadrados em uma raça". "Acredito que é parte do projeto do feminismo precipitar um dia em que não haverá mais mulheres (embora, é claro, não devamos ter como objetivo nos livrarmos das fêmeas!)" (48, 46). Entretanto, ela conclui que pode ser deixado em aberto se as feministas devam ter

---

devamos rejeitar o conceito de sexo, ainda que possam sugerir que devamos rejeitar a visão de que há somente dois sexos ou que todo ser humano pertence a um de dois sexos. Como no caso da raça, argumenta-se que, já que a idéia de sexo tem sido usada de forma opressiva, ela deve ser abandonada ou desconstruída. Judith Butler (1990) e Nancy Fraser (1997) defendem essa visão, embora por razões levemente diferentes.

[190.] Haslanger também distingue três outras dimensões de análise: categorias sociais específicas, características normativas e características psicológicas.

como objetivo o desenvolvimento de novos gêneros não hierárquicos ou a eliminação do gênero e de todo agrupamento etno-racial (50). Em um ensaio mais recente, Haslanger argumenta que, "a curto prazo, seria um erro não reconhecer as maneiras como a opressão de raça e de sexo nos divide em classes hierárquicas" (2002: 2). Ela diz que o gênero e a raça são importantes para a subjetividade e que precisamos do *conceito* de raça para superar a opressão. A implicação, entretanto, é que, a longo prazo, ou quando tivermos condições sociais justas, esses conceitos serão descartados porque não serão mais úteis. Ou no máximo haverá agrupamentos etno-raciais não hierárquicos. Uma importante distinção entre as teóricas feministas anti-racistas, portanto, não é somente se consideram a raça, o sexo ou o gênero conceitos úteis para a análise das circunstâncias atuais, mas se esses conceitos serão úteis em circunstâncias em que não há opressão racista e sexista.

A analogia final entre racismo e sexismo, que discutirei na próxima seção, envolve a falsa escolha que nos é dada entre o "feminismo de igualdade" e o "feminismo de diferença", e entre o que chamamos anti-racismo de igualdade e o anti-racismo de diferença. Em ambos os casos, é nos freqüentemente oferecida a difícil escolha entre uma posição de "diferença", supostamente baseada em visões essencialistas de raça e sexo, e uma posição de "igualdade", aparentemente baseada em visões construcionistas sociais. Há uma gama de posições diferentes, mas todas partilham da visão de que a raça e o sexo são características significativas de nossa identidade que devem ser reconhecidas, mesmo que não haja qualquer opressão racista e sexista.[191] Há também uma gama de visões de igualdade, algumas das quais consideram a raça e o sexo características significativas da identidade, mas também pressupõem, como objetivo próximo ou último, uma sociedade sem reconhecimento público de raça ou sexo (ver Fuss 1989 acerca do essencialismo e do construcionismo). Um dos benefícios do exame de analogias entre o racismo e o sexismo é encontrar uma visão que recusa essa escolha, como discutirei a seguir. Eu defendo que as estratégias de diferença e igualdade estão ambas incorretas, porque não levam em consideração a complexidade de nossa experiência de identidade ou a complexidade do racismo e do sexismo.

[191.] Há também paralelos comuns entre as análises dadas a respeito de raça e as dadas a respeito de sexo ou gênero, como distintas de classe. Nancy Fraser, que destaca as distinções entre diferentes formas de opressão, vê a raça e o sexo como formas de identidade das quais podemos reivindicar algo, mesmo que não sejamos mais oprimidos, mas vê as classes como algo que deve desaparecer com a opressão. Ou, como ela diz, "a lógica do remédio é tirar o grupo dos negócios como um grupo" (1997: 19). Teoriza-se que a raça e o sexo são relevantes para nosso senso de identidade, ou ao menos mais salientes que a classe.

II. ACEITANDO RAÇA E SEXO

A complexidade da experiência e das formas de opressão somente pode ser entendida pela aceitação do papel que a raça e o sexo desempenham nessa experiência. Várias filósofas feministas, como Beauvoir (1983), hooks (1987) e Young (1990a), articularam a importância da raça e do sexo em nossa subjetividade. Há dois sentidos em que essa posição mais complexa pode ser interpretada. Um poderia ser chamado de sentido metafísico, em que há uma tentativa de dar uma explicação coerente do que é pertencer a um grupo. Esse é um projeto interessante; entretanto, eu irei focar a atenção no sentido político da identidade de grupo. É relevante para a atual construção social e política de "raça" que, de modo geral, sejam os brancos que decidam quem é branco – o que significa que os brancos controlam a afiliação a esse grupo privilegiado (Frye 1983: 115). Uma resposta a esse fato tem sido a celebração da identidade ou da consciência negra. De modo similar, no caso do sexo, são predominantemente homens que são capazes de decidir quando o sexo é importante – quando as mulheres devem ser consideradas especificamente mulheres e quando o sexo é irrelevante. Há uma resposta paralela no caso do sexismo na asserção do valor do feminino por feministas tão díspares como Gilligan (1982), Irigaray (1985b) e Greer (1999).[192] Essas abordagens foram criticadas por afirmarem estereótipos ou essencializarem as mulheres. Embora tenham seu valor, tais abordagens podem não ter analisado o problema com suficiente sutileza, pois é complexo demais para ser solucionado por um foco exclusivo na celebração da identidade racial ou de gênero.

Uma abordagem que leva em consideração os *insights* tanto da posição de igualdade como da de diferença dentro do feminismo, assim como dentro do anti-racismo, e que pode também superar as limitações de ambas as posições é a obra *O segundo sexo*, de Beauvoir. Nela, Beauvoir mostra uma consciência das armadilhas tanto de uma abordagem que rejeita a filiação em um grupo (como raça ou classe) quanto de uma que essencializa seus membros – visões que ela chama de nominalismo (ou construcionismo) e conceitualismo (ou essencialismo), respectivamente.[193] Ao discutir a relevância da opressão racista na opressão das mulheres, ela argumenta que há "profundas similaridades entre a situação da mulher e a do negro. Ambos estão sendo emancipados atualmente de um tipo de paternalismo, e a antiga classe dirigente deseja 'mantê-los em seu lugar' – ou seja, o lugar

---

[192.] Em seu livro a respeito de Beauvoir, Moi argumenta que "*O Segundo Sexo*, não há menção da necessidade puramente negativa de um 'sexismo anti-sexista'" (Moi 1994: 210).

[193.] Moi nota que, "após ler a explicação de Beauvoir da América de 1947, o nominalismo pós-moderno contemporâneo nos Estados Unidos começa a parecer o desacreditado nominalismo humanista do período do pós-guerra" (1999: 187).

escolhido para eles" (1983: 23).[194] A dissecação de Beauvoir das fontes da opressão das mulheres foi influenciada por análises contemporâneas do racismo. Margaret Simons descreve a influência sobre Beauvoir das descrições de Richard Wright da maneira como a opressão afeta o desenvolvimento psicológico, sua ênfase na experiência vivida do racismo e sua crença na necessidade de uma consciência de raça (Simons 1999).[195] Em sua busca por uma solução para a opressão, Beauvoir não segue o caminho da rejeição dos conceitos de raça ou sexo, e eu argumento que isso se dá porque ela previu os problemas que surgiriam dessa abordagem. Sua solução é sustentar que uma mulher pode se afirmar como ser humano *e* como mulher: "Ela recusa-se a se confinar ao seu papel como fêmea, pois não aceitará a mutilação; mas também seria uma mutilação repudiar seu sexo... Renunciar à sua feminilidade é renunciar a parte de sua humanidade" (1983: 691-92).[196] Tanto a negação do próprio sexo como a negação da própria humanidade são formas de mutilação.

Beauvoir acredita que devemos rejeitar o mito do "eterno feminino", mas ao mesmo tempo ela defende que seria má-fé negar a própria raça ou sexo. Em seu ensaio "O Que é uma Mulher?", Toril Moi destaca esse aspecto da obra de Beauvoir e elucida a complexidade de sua explicação. Assumir uma posição entre os dois extremos do nominalismo e do conceitualismo permite que ela descreva como a raça e o sexo têm saliências variáveis. Embora a raça e o sexo sejam características de nossa incorporação, eles não são *sempre* as maneiras mais importantes de pensarmos a respeito de nós mesmos nem podem ser usados para justificar o tratamento opressivo a outros. O projeto de Beauvoir é fornecer uma complexa descrição fenomenológica da vida das mulheres. Como escreve na introdução do segundo volume de *O Segundo Sexo*: "O objetivo aqui não é proclamar verdades eternas, mas sim descrever o pano de fundo habitual do qual emerge cada existência feminina em particular" (1983: 31; tradução de Moi [1999: 198]). A interpretação de Moi dessa declaração é que o corpo de uma pessoa é uma fonte em potencial de significado, e "deduz-se da análise de Beauvoir que, em algumas situações, o sexo é menos importante que o fato da classe ou da raça; em outras situações, não" (1999: 201).[197]

[194.] Elizabeth Young-Bruehl critica Beauvoir por tentar argumentar que há uma analogia entre o racismo e o sexismo e, ao mesmo tempo, que o sexismo é único (1996: 119-20). Essa é uma posição coerente, dado que ser único não quer dizer "não partilhar nenhuma característica com outras formas de opressão". O racismo e o sexismo podem ter algumas semelhanças e ocorrer simultaneamente sem deixar de ser únicos.
[195.] Ele por sua vez foi influenciado pela idéia de W. E. B. Du Bois de consciência dupla ou de ver a si mesmo com os olhos dos outros (Du Bois 1986).
[196.] Freqüentemente alega-se que Beauvoir defendia a visão de que as mulheres precisavam rejeitar a feminilidade. Por exemplo, Naomi Schor (1995: 52) argumenta que Beauvoir arrisca-se à "igualização": a visão de que a mulher deve ser igual ao homem.
[197] Esse ponto representa uma contestação da alegação de Spelman de que Beauvoir prioriza o sexo sobre a raça.

Moi destaca que às vezes haverá uma hierarquia dessas características de nossa identidade, e às vezes elas serão igualmente salientes. Essa é a interpretação mais plausível das visões de Beauvoir, já que ela inequivocadamente diz que muitas mulheres experimentam a raça ou a classe como algo mais importante para seu sentido de identidade que o sexo. Essa visão faz sentido; nossa experiência depende de nossa situação particular. Para as mulheres judias que viveram na Alemanha nazista, por exemplo, o fato de serem judias provavelmente era experimentado como algo mais central para sua identidade que seu sexo.

Uma das mais fascinantes seções na discussão de Moi é sua leitura de uma anedota que Beauvoir conta acerca de si mesma. Considero essa anedota particularmente útil para explicar sua posição a respeito de sexismo e para o desenvolvimento e a ampliação de seus *insights* referentes à natureza da experiência da opressão em geral. "Em meio a uma discussão abstrata", relata Beauvoir, "é exasperante ouvir um homem: 'Você pensa assim porque é uma mulher'", e aponta as dificuldades de responder a esse tipo de comentário (1983: 15). Parece que sua única defesa é dizer: "Não, eu penso assim porque é verdade"; mas fazer isso remove sua subjetividade incorporada do argumento. Beauvoir diz que estaria fora de questão dizer: "E você pensa o que pensa porque é um homem", já que se entende que o fato de ser homem não constitui uma peculiaridade." (1983: 15). Essa resposta está fora de questão, acredita Moi, porque ela simplesmente não seria entendida ou pareceria um abandono da discussão abstrata. Mais ainda, nesse caso de ataque *ad feminam*, como Moi o chama, não há muito sentido em rebaixar-se a esse nível. A moral da história é que Beauvoir está sendo forçada a fazer uma escolha opressiva entre aceitar que suas visões são determinadas por seu sexo ou remover seu "eu" incorporado do contexto.

Uma resposta alternativa sugerida por Moi é usar um silêncio desafiador (distinto do silêncio forçado sobre Beauvoir) – dar a volta e ir embora. Entretanto, essa estratégia só pode funcionar se ficar claro que seu silêncio é diferente do silêncio imposto pelo comentário do homem. Embora Moi não recomende que Beauvoir devesse ter dito: "Sim, eu penso assim porque sou uma mulher", muitas das estudantes de Moi alegam que é isso que fariam. Ainda assim, essa resposta também é problemática, pois dificilmente haverá uma "compreensão" dela. É improvável que ela seja compreendida ou levada a sério pelo interlocutor masculino. As estudantes de Moi fornecem diferentes contextos, em que ela pode ser considerada uma alegação de perícia: "Eu penso assim por causa de meu *insight* especial como mulher". Moi nota que quando Beauvoir afirma a verdade de suas visões, ela não está negando que ser uma mulher é relevante. O ponto de Moi é que, se alguém tenta separar o sexo do pensamento, essa pessoa não terá acesso a todas as suas experiências. Quais são as experiências que temos *simplesmente como seres humanos*? Experiências desse tipo não podem ser distinguidas das que temos como seres racializados e sexualizados. Nenhuma das respostas possíveis parece afirmar tanto a humanidade como o sexo da pessoa.

Moi tira uma valiosa conclusão de sua discussão do exemplo de Beauvoir. Ela diz que a opressão das mulheres é "a colocação compulsória em primeiro plano do corpo feminino em todas as situações" e que isso "evita que as mulheres coloquem o corpo feminino em primeiro plano quando querem que isso seja importante" (1999: 202).[198] O exemplo que Moi fornece a partir de Beauvoir é pessoal e expressa o ponto de vista dos oprimidos. O *insight* destacado na anedota pode ser desenvolvido de modo útil por meio da reflexão acerca do que ele demonstra referente à natureza do racismo e do sexismo, e eu irei mostrar como ele é relevante de uma forma mais ampla em sistemas legais e no contexto sociopolítico. Exemplos da colocação compulsória em primeiro plano do sexo das mulheres são discriminações e abusos sexuais, leis contra a contratação de mulheres e a insistência para que mudem seu nome ao se casarem. Exemplos de tentativas de colocar o sexo das mulheres nos bastidores são reações contra a ação afirmativa, o menosprezo dos grupos de mulheres e a negação da licença-maternidade. Em ambos os tipos de caso, outros decidem se o sexo das mulheres é relevante ou não.

Moi argumenta que a mesma lógica funciona no racismo. Por um lado, as pessoas são conscientizadas de sua raça quando preferiam esquecê-la. Como Frantz Fanon diz em *Black Skin, White Masks*, "tudo que eu queria era ser um homem entre outros homens" (1967: 112-13). Por outro lado, pode haver razões para o destaque da participação de uma pessoa em um grupo – mesmo que se acredite que as raças são uma ficção. Se o exemplo de Beauvoir for lido em termos de raça, os leitores podem sentir que ela não dá a melhor interpretação possível dessa situação. Talvez, se alguém fosse acusado de defender uma visão em particular por causa de sua raça, esse alguém poderia dizer com orgulho: "É claro que penso assim por causa de minha raça". Alcoff descreve a experiência de um palestrante asiático que estava dando aula de Introdução à Filosofia a uma classe primariamente branca no Estado de Nova York. Os estudantes estavam confortáveis com ele como professor, até que começou a falar dos aspectos cognitivos do racismo. Então, alguns dos estudantes se recusaram a falar com ele ou olhar para ele (Bernasconi 2001: 280). Nessa instância, o palestrante está alegando que a raça é relevante para o curso de Filosofia, e alguns estudantes não aceitaram isso.

O que é central para a estrutura do racismo é o poder de decidir quando a raça é relevante. Mais ainda, o que é mais frustrante a respeito de

---

[198.] Le Doeuff (1991: 28-29) argumenta que uma visão feminista é aquela que reconhece que às vezes o sexo é irrelevante e às vezes ele é muito importante.

atitudes racistas é que elas envolvem defender duas visões simultaneamente: diz-se que a raça é irrelevante e onipresente. Na investigação nacional conhecida como "Bringing Them Home Report", uma mulher aborígine observa que as crianças aborígines foram removidas de suas famílias para serem criadas como brancos, mas, ao mesmo tempo, esperava-se que elas diferissem dos brancos: "Eles tentaram nos fazer agir como crianças brancas, mas ao mesmo tempo tínhamos de ceder nosso assento para um branco, já que um aborígine nunca se senta quando uma pessoa branca está presente" (Comissão dos Direitos Humanos 1997, submissão 640). A identidade aborígine foi considerada como sem importância cultural em um sentido positivo, mas como um marcador de privilégio inferior. Aborígines não tinham o direito de opinar se e quando ser aborígine importava ou não.

O pensamento pobre e o irracionalismo transmitido no racismo e no sexismo envolve esse particular exercício de poder. Esse aspecto do racismo, freqüentemente comentado, resulta de um compromisso com o racismo e sua base fundamentalmente irracional. Um dia, a raça não tem a menor importância; no dia seguinte, é da maior importância.[199] Jean-Paul Sartre demonstra o descuido e a má-fé do pensamento anti-semita, em que o mesmo vício ou virtude é interpretado de maneiras diferentes, dependendo do fato de que se está falando de um judeu ou um cristão (1995: 56). No caso do sexismo, Le Doeuff demonstra como filósofos homens, em particular, não estão à altura de seus próprios padrões de raciocínio quando escrevem a respeito de mulheres (1991: 70).

A ideologia e as estruturas institucionais refletem as visões sobre se a "particularidade" de uma pessoa deve ser colocada em primeiro plano. Essas estruturas criam ações e atitudes racistas, assim como as refletem. No "Bringing Them Home Report", o documento atesta a maneira como sucessivos governos negaram a humanidade dos aborígines ao alegar que as mães aborígines logo se esquecem de seus filhos. Um protetor na Austrália ocidental gabou-se: "Eu não hesitaria nem por um momento em separar qualquer mestiço de sua mãe aborígine, não importa o quão histérico seu pesar momentâneo pareça. Elas logo esquecem suas crias" (Comissão dos Direitos Humanos 1997, submissão 385). É claro, o subtexto aqui é que os sentimentos das mães aborígines a respeito de seus filhos são inferiores ao das mães brancas. Ao mesmo tempo, oficiais do governo branco negavam a importância da "aboriginalidade" ao alegar que as crianças aborígines seriam perfeitamente felizes com uma família branca. No contexto austra-

---

[199.] Essa caracterização do racismo pode parecer precisar de uma explicação – por exemplo, argumentando que os racistas defendem essas opiniões para adquirir um senso de autovalorização. Embora essa seja uma importante consideração, eu a deixarei de lado aqui para centrar-me na estrutura de pensamento.

liano, a visão de que a raça é irrelevante pode ser vista na exigência de igualdade de tratamento entre australianos brancos e nativos e no fracasso em reconhecer as circunstâncias históricas e culturais únicas e suas implicações no presente. Algumas correntes políticas contemporâneas, como o hansonismo, na Austrália, envolvem um desejo de reduzir a diferença. A alegação de que os povos nativos estão recebendo "tratamento especial" baseia-se na idéia de que somos todos iguais e não devemos ser tratados diferentemente.[200] Na recusa geral ao apoio por reserva de assentos no parlamento para nativos, a posição única deles não é reconhecida; na recusa do governo em se desculpar pelas injustiças do passado, a história única deles não é reconhecida; e nos ataques a *Mabo* e *Wik* (decisões de tribunais reconhecendo os direitos às terras dos aborígines), a conexão única do povo aborígine com a terra é ignorada. Entretanto, em alegações racistas acerca do crime, por exemplo, a "aboriginalidade" é freqüentemente considerada muito saliente. Alegações feitas por brancos de que são aborígines envolve uma tomada de poder de autodefinição dos povos aborígines.

Uma advertência referente a essa análise é que provavelmente as formas mais extremas de racismo e sexismo envolvem o realce da raça ou do sexo da pessoa a toda hora. A atual política de imigração australiana envolve o realce das diferenças dos refugiados, descrevendo-os como um tipo de gente que jogaria seus próprios filhos na água, por exemplo. Os casos que expus podem sugerir que o que está realmente envolvido no racismo e no sexismo é a colocação no primeiro plano ou não da raça e do sexo em detrimento do oprimido. Se essa for a interpretação correta de minha explicação, então o realce da raça ou do sexo de uma pessoa em seu benefício ou vantagem seria um sinal de anti-racismo ou anti-sexismo. Um exemplo é a idéia que as pessoas gostariam de ter mulheres como chefes ou colegas. Ainda assim, esse exemplo também é um sinal de assumir o poder para determinar quando o sexo é relevante e de que maneira, e cria situações opressivas por meio de expectativas de um certo tipo de estilo ou caráter. Mulheres deveriam ser aceitas em locais de trabalho sem condições limitantes como essas.

A noção de Beauvoir de experiência vivida é importante porque pensa a respeito da intersecção entre raça e sexo, pois é a maneira como o corpo é vivido que importa para o senso de identidade de uma pessoa e, conseqüentemente, para a maneira como os outros devem responder a grupos oprimidos. Isso pode permitir que mulheres nativas, por exemplo, possam ocasionalmente achar que ser aborígine é mais importante que ser mulher, ou que os dois aspectos da identidade interajam de uma maneira

---

[200.] Pauline Hanson era a líder do One Nation Party (Partido da Nação Única) na Austrália, um partido populista que divulga a idéia de que não é racista porque só quer tratamento não diferenciado (igual) para todos.

tão complexa que se tornam inseparáveis.²⁰¹ A análise de Beauvoir mostra que o pensamento anti-racista e feminista precisa estar ciente de que ambos os extremos – negar a participação em um grupo ou destacá-la a toda hora – contribuem para a opressividade do racismo e do sexismo. Uma explicação mais complexa é aquela que reconhece que a importância da raça e do sexo irá diferir de acordo com o contexto.

Minha opinião é que precisamos dos conceitos de raça, sexo e gênero no futuro previsível e mesmo em um futuro politicamente justo, pois são centrais para a identidade das pessoas e continuarão sendo mesmo que elas não sejam oprimidas. Embora haja maneiras racistas prejudiciais de se pensar em raça, a idéia de raça *per se* não tem problemas, e não há razão para ter como projeto a eliminação da raça. Uma resposta melhor seria evitar usar esses conceitos de maneiras que aceitem identificações e descrições racistas. Em vez disso, dever-se-ia responder a todos os tipos de diferença de maneiras que aceitem a especificidade e a autonomia do outro.²⁰² O conceito de raça precisa ser questionado e retrabalhado, em vez de rejeitado.

Tanto o conceito de etnicidade como o conceito de raça serão necessários em uma sociedade justa, pois o conceito de etnicidade não tem o mesmo significado na linguagem que a idéia de raça. Continuamos a precisar do conceito de raça porque houve tanta perda cultural para alguns grupos que a "etnicidade" não explica sua excepcional situação histórica. Por exemplo, no contexto australiano, a etnicidade conota a variação cultural, uma noção que não faz justiça à situação única dos povos nativos vivendo nesse país. A etnicidade depende de aspectos particulares da cultura, como a idéia de uma linguagem ou religião comuns, enquanto a idéia de raça, usada de modo positivo, pode sugerir outras conexões. Povos nativos podem não ter uma linguagem comum, mas têm um conjunto particular de relações com a história e a terra. A etnicidade não transmite a sensação de diferentes grupos aceitáveis mais do que a raça, já que grupos podem ser oprimidos com base em religião ou cultura, como na antiga Iugoslávia. Parece haver mais variações na forma dessa opressão, como as mutáveis ondas de imigração demonstraram. Talvez não precisemos da idéia de raça para sempre; é possível que ela seja abandonada em um futuro utópico "pós-revolução". Mas esse futuro está mais distante do que às vezes se imagina, e nossas maneiras de pensar essas questões precisam levar em consideração a situação atual dos grupos oprimidos.

É claro, há bastante espaço para a discordância acerca de quando o sexo e a raça devem ser reconhecidos e quando não devem. Um anti-racismo feminista deve ser compromissado com a autorização dos grupos

---

[201.] Alcoff resgata a idéia de experiência vivida para argumentar que raça é um aspecto da realidade vivida, portanto não podemos abrir mão desse conceito (Bernasconi 2001).
[202.] O conceito de admiração capta bem essa resposta. Ver La Caze 2002.

oprimidos de decidirem isso. Uma crítica dessa abordagem é que ela sugere que as pessoas oprimidas podem determinar a relevância da inclusão em seu grupo de modo arbitrário e inconsistente. Isso não parece ser um problema porque já se pensou tanto a respeito de como criar uma maneira consistente de pensar essas questões. A própria crítica expressa a visão racista e sexista de que as pessoas oprimidas são incapazes de pensar nessas questões com o devido cuidado. As pessoas oprimidas devem ser capazes de fazer com que suas opiniões sejam ouvidas e levadas em consideração. A conexão que vejo entre a fenomenologia da experiência das pessoas oprimidas e questões de justiça é que a justiça deve envolver respeito pela experiência e o senso de identidade das pessoas oprimidas. Isso pode ser contrastado com uma visão de justiça que não nega aos oprimidos seu senso de serem membros de um grupo ou envolve o reconhecimento da inclusão em um grupo em todos os contextos.

Até agora eu me concentrei nas similaridades da estrutura geral da opressão racista e da sexista. Deve-se notar que Beauvoir também alega que há importantes "desanalogias" entre a opressão racista e a sexista. Ela argumenta que a alterização das mulheres é diferente das de outros grupos oprimidos porque elas internalizam a visão de outras pessoas. Embora afro-americanos se sintam alterizados, defende ela, "os negros se submetem com um sentimento de revolta, sem privilégios que compensem sua dura sina, enquanto à mulher são oferecidos agrados que induzem à cumplicidade" (1983: 325).[203] Entretanto, essa desanalogia em particular é problemática, pois os oprimidos pelo racismo também internalizam a visão que o opressor tem deles, ao menos até certo ponto, como fica claro pela noção de "consciência dupla". Embora essa noção possa ser compreendida como uma negação da consciência negra ou um conflito entre ideais negros e brancos, ela implica que os negros acham difícil não se verem através de olhos brancos ou, em outras palavras, não serem afetados pelas percepções dos brancos (Allen 1997: 50), da mesma maneira que as mulheres são afetadas pelas percepções dos homens. Não pode haver uma real reciprocidade entre o racismo e alguém que tem de viver com o racismo, ao menos não o tipo de reciprocidade que é encontrada entre pessoas que se consideram como iguais. Há "indutores de cumplicidade" para grupos racialmente oprimidos, assim como para mulheres.

Teóricos anti-racistas argumentam, entretanto, que no caso da opressão racista é possível escapar da consciência dupla de uma maneira que a opressão sexista não permite. Como diz Ernest Allen: "Não era necessário para uma saudável edificação psicológica do indivíduo negro que o autorreconhecimento afro-americano fosse absolutamente atrelado ao reconhe-

---

[203.] Deve-se notar que Beauvoir não usa o termo "negros" em seu texto original. Em vez disso, ela usa a expressão "les noirs d'Amérique" (Beauvoir 1949, 2:47).

cimento pelos brancos; pois sempre haverá um *reconhecimento mútuo* que os negros concedem uns aos outros, um reconhecimento que, sob as condições predominantes, serviu como um forte contra a possibilidade de absoluta autodepreciação dos negros" (1997: 54; itálicos no original). É precisamente esse reconhecimento mútuo que Beauvoir diz não existir entre as mulheres. Elas não dão esse tipo de apoio umas às outras. Entretanto, essa alegação precisa de qualificação. A opressão é uma questão de grau e, conforme as mulheres começam a escapar da opressão, passam a ser capazes de reconhecer umas às outras dessa forma, como mulheres e como seres humanos.

Outra desanalogia relacionada que Beauvoir apresenta é a falta de solidariedade entre as mulheres em comparação com a de outros grupos oprimidos. Ela argumenta que as mulheres formam um grupo, da mesma maneira que os judeus e os negros, mas não têm a solidariedade desses grupos porque a vida delas está atrelada à dos opressores individuais. Faltam a elas os meios para serem independentes, e algumas mulheres estão "muito satisfeitas com seu papel de o outro" (1983: 21). Outro sinal da falta de solidariedade entre as mulheres é o racismo que algumas das brancas expressam contra as negras (Simons 1999: 180; Beauvoir 1998: 231). Elisabeth Young-Bruehl também argumenta que o sexismo não pode ser modelado diretamente a partir do racismo porque as mulheres não formam um grupo separado dos homens da maneira como os brancos ("grupo interior") são separados dos negros ("grupo exterior"). Ela escreve: "O preconceito contra as mulheres era próximo demais, íntimo demais, intrafamiliar demais para ser visto em sua peculiaridade – principalmente pela comunidade predominantemente masculina de cientistas sociais, em que o preconceito estava longe de ser ausente" (1996: 111).[204] Essa alegação ecoa a declaração de J. S. Mill de que a opressão das mulheres é peculiar no sentido de que a proximidade delas com homens em particular é sempre maior do que sua proximidade com outras mulheres (1970: 136). Os opres-

---

[204.] Segundo Young-Bruehl, o sexismo é mais totalizante que o racismo; ela diz que "o sexismo flui através de cada faceta da existência de um sexista, deixando, aparentemente, lugar nenhum onde se possa vê-lo de longe" (1996: 546). A outra diferença que ela acredita existir entre o sexismo e tanto o racismo como o anti-semitismo é que suas manifestações têm mais níveis ou camadas (130). Pode parecer que Young-Bruehl está defendendo o que Spelman acredita ser uma visão racista – uma visão que diz que o sexismo é mais fundamental que o racismo – mas esse não é necessariamente o caso. Sua visão sugere que o sexismo parecerá diferente por causa dos contextos em que ele ocorre, como "visões cosmológicas". Young-Bruehl argumenta que o sexismo é uma forma de narcisismo, e difere de outros "ismos" porque não é direcionado ao Outro que ele deseja eliminar. Ela acredita que o sexismo é um "preconceito que nega as diferenças que, fundamentalmente, por baixo de camadas de marcadores diferentes, deseja que não haja outros" (1996: 134). Por "deseja que não haja outros", ela refere-se a homens que não querem que as mulheres sejam "marcadas" como um grupo diferente, enquanto outros preconceitos dependem dessa "alterização".

sores das mulheres são pais, filhos, irmãos e maridos. Entretanto, em algumas formas de ódio étnico, como é o caso do genocídio em Ruanda, os membros de diferentes grupos podem ser intimamente aparentados por intermédio de matrimônios e podem ser parceiros, primos, tias, tios, avós e netos. A extensão da intimidade entre os grupos oprimidos e os opressores ou grupos em guerra irá variar. Meu ponto não é que não há desanalogia entre o sexismo e outras formas de opressão, mas que elas são mais sutis que esses tipos de sugestões abrangentes sobre internalização, cumplicidade e intimidade.

Embora haja estruturas similares envolvidas no racismo e no sexismo, mulheres nativas, não nativas, pobres ou de diferentes religiões e etnicidades experimentam o sexismo em contextos muito diferentes, de modo que mulheres diferentes precisam explorar diferentes formas de libertação. O racismo e o sexismo interagem, mas também funcionam independentemente em alguns contextos. Por exemplo, alguns aspectos do racismo podem desaparecer antes que o sexismo; o sexismo torna-se mais óbvio que a discriminação racial em salários e posições; e alguns aspectos do sexismo podem desaparecer mais rapidamente que o racismo, como quando a legislação dos direitos iguais afeta as mulheres brancas de classe média primeiro. As formas de libertação das raças oprimidas de ambos os sexos podem entrar em conflito com as formas de libertação de algumas mulheres. Meu exame da visão de Beauvoir referente à opressão das mulheres mostra que não há *insights* a serem ganhos com a comparação e o contraste do racismo e do sexismo.

III. SUPERANDO O RACISMO

A análise de Beauvoir sugere ainda o porquê de algumas estratégias anti-racistas serem mais problemáticas que outras. Mesmo Spelman, que é tão crítica da analogia, demonstra em sua obra que há comparações frutíferas a serem feitas entre racismo e sexismo, desde que sejam não redutivas e explorem tanto analogias como desanalogias. Um erro na teoria feminista, como a rejeição do corpo, diz ela, poderia levar a um erro no anti-racismo e vice-versa (Spelman 1988: 127).[205] Uma estratégia política feminista

---

[205.] Algumas feministas consideram, a partir das implicações da omã de Spelman (e de outras), que não é possível fazer generalizações em relação às experiências das mulheres. Susan Bordo (1990) aponta os problemas com essa abordagem e a necessidade de generalizações na teoria feminista. Uma conclusão mais realista é que as filósofas feministas e anti-racistas precisam tomar mais cuidado ao fazer generalizações – ao descrever estereótipos, papéis e experiências — e na caracterização da opressão. Por exemplo, Jan Pettman argumenta que as mulheres aborígines consideram a família como um lugar de conforto e validação (1992: 67); então, ataques contra a família por parte de feministas brancas são um problema quando as famílias aborígines já estão sob ataque de um Estado racista. Esse problema é particularmente grave no caso das gerações roubadas.

fracassada ou bem-sucedida pode sugerir maneiras de repensar estratégias anti-racistas e vice-versa.

A estrutura da opressão também afeta a estrutura de respostas a ela. Um tipo de resposta, o desejo de reconhecimento da raça ou do sexo, está na base da política de identidade. Por um lado, Moi argumenta que não é apenas o sexismo que tenta prender as mulheres na feminilidade – o pensamento e a prática de algumas feministas fazem o mesmo. Ela acredita que a política de identidade vai longe demais ao pensar que a raça ou o sexo devem ser sempre salientes.(Nem toda política de identidade vai tão longe, contudo; na visão de Young [1990a], por exemplo, a diferença será irrelevante em muitas circunstâncias.) Por outro lado, Moi também critica as mulheres que (em sua opinião) negam seu sexo ao dizer: "Sou uma escritora, não uma mulher escritora" ou (pode-se adicionar): "Sou escritor, não um escritor negro". Esse exemplo em particular é problemático porque a questão aqui não é simplesmente a negação da raça ou do sexo. Comentários a respeito de mulheres escritoras e escritores negros freqüentemente envolvem um julgamento de valor acerca de sua obra, freqüentemente expresso de forma explícita em comentários como: "Ela é uma das melhores mulheres escritoras do país". Nesse contexto, há uma desvalorização implícita de escritores, pintores e intelectuais que são mulheres ou negros em contraste com o grupo ou grupos com quem são comparados. Ele sugere que alguém é uma boa mulher escritora, mas não tão boa quanto a maioria dos escritores homens, ou bom como um escritor nativo, mas não se comparado com escritores brancos. Uma escritora negra mulher é então comparada com escritores não negros de ambos os sexos e com escritores negros homens. Moi alega que, já que as pessoas aceitam que o sexo da mulher seja posto em primeiro plano nesses contextos, a "frase 'um homem intelectual' soa bastante estranha, enquanto 'uma mulher intelectual' soa bem normal" (1999: 205), embora se possa argumentar que ambos são estranhos. Não obstante, seu ponto de que os homens nunca são acusados de negarem sua masculinidade quando chamam a si mesmos de escritores ou filósofos é importante. Ser forçado a escolher entre negar a raça ou o sexo a todo momento ou afirmá-los sempre é opressivo. Moi vê o debate entre feminismo de igualdade e feminismo de diferença como um reflexo dessa estrutura opressora e considera o projeto de Beauvoir como uma tentativa de pensar além dessa escolha forçada, além do essencialismo e no nominalismo ou construcionismo.[206] O debate entre "anti-racismo de igualdade" e "anti-racismo de diferença" também reflete essa estrutura opressora.

[206.] A caracterização, por parte de Diana Fuss, de Beauvoir (1989: 3) simplesmente como uma antiessencialista é um entendimento errôneo de sua visão. Ver La Caze 1994, em que discuto o entendimento de Beauvoir dos corpos e da sexualidade feminina sob a luz das questões a respeito do essencialismo e do construcionismo.

A posição de Beauvoir, entre o essencialismo e o nominalismo ou construcionismo, mostra por que algumas abordagens do anti-racismo são problemáticas. Nós precisamos aceitar tanto a humanidade como a diferença; mas muitos anti-racistas acreditam que devemos ou rejeitar os pontos comuns entre os seres humanos (o que Moi chama de "o universal"), ou rejeitar a idéia de identidade, seja branca ou negra, por exemplo. Em geral, as abordagens que se focam apenas na afirmação ou na negação das diferenças causarão dificuldades. Uma abordagem cada vez mais popular (nos Estados Unidos) é a noção do "traidor branco", uma estratégia que ilustra de um modo mais complexo os riscos que há na negação da inclusão em um grupo. Tanto Alison Bailey (1998) como Marilyn Frye (1983) argumentam que é possível se desafiliar do grupo dos brancos. Frye argumenta que as mulheres brancas deveriam rejeitar a ligação com os homens brancos, pois a igualdade com homens brancos significa participar da dominação racial. O feminismo pode parecer traiçoeiro para a raça branca, caso envolva a entrega do controle sobre a reprodução por parte dos homens brancos. Exemplos de formas limitadas de traição são protestos contra os benefícios de ser branca ou a idéia de Frye de que não devemos promover a "branquitude", que ela vê como uma demonstração de certas características, como assumir a autoridade em relação a pessoas de cor.

Alcoff discute alguns dos problemas com as noções de traição branca que envolvem uma rejeição da identidade branca. A traição branca pode ser tão simples como a negação da "branquitude" para lojistas ou a mudança para bairros predominantemente negros. Em uma série de incidentes em Indiana, o comportamento dos assim chamados traidores brancos, que se vestiam em um estilo considerado "negro" por outros brancos, deixou a vida muito perigosa para eles e seus vizinhos negros, que não foram consultados (Alcoff 2000: 271-72). Alcoff critica esse tipo de ação porque, do contexto político delimitado de greves, boicotes e protestos, como o movimento dos direitos civis, seu significado é imprevisível e potencialmente perigoso. Mais ainda, mesmo os traidores brancos se beneficiam de serem brancos. Ela argumenta que os brancos precisam desenvolver uma "consciência dupla" que aceite tanto a conexão com a responsabilidade com o passado quanto com o presente racistas e que reconheça que os brancos combateram o racismo. Esse é ainda outro uso para a noção de consciência dupla. É um sentido bastante positivo, que aceita os diferentes aspectos do passado. Pode-se vê-lo como uma aceitação da facticidade ou da identidade combinada com uma percepção de que é possível mudar, tornar-se um anti-racista.

O raciocínio de Alcoff é um bom exemplo de como agir com o racismo sem agir de má-fé, que é como Beauvoir entenderia o pensamento por trás da traição branca. É um paralelo com o evitar da má-fé por membros de um grupo oprimido que, embora não neguem sua identidade como membros desse grupo, negam que sejam obrigados a viver de uma determinada maneira.

Algumas formas de traição branca são exemplos de má-fé porque envolvem a negação da própria identidade. Embora ser branco possa não ser a característica mais saliente de uma pessoa a todo momento, uma estratégia política baseada na negação de própria cultura e história provavelmente levará à impotência e a riscos para os grupos oprimidos e para os ativistas anti-racistas.

Embora haja riscos em aceitar de forma complacente as analogias entre racismo e sexismo, a relação entre os dois merece ser reexaminada. Uma interrogação na obra de Beauvoir a respeito da natureza da opressão das mulheres demonstra que podem ser obtidos *insights* com a comparação do racismo com o sexismo. A estrutura que Beauvoir identifica nas experiências individuais é relevante para a análise de questões sociopolíticas e formação de políticas. O que se tira disso é que o racismo surge não ao se dar atenção à raça, mas sim ao se dar atenção a ela da maneira errada, na hora errada e no contexto errado. E o mesmo vale para o sexismo.

Tira-se desse entendimento que a cegueira para a cor e a cegueira para o sexo são estratégias falhas para lidar com a opressão. A cegueira para a cor institui os valores do grupo dominante, deixa de permitir a autodefinição dos oprimidos de diferentes raças e ignora a realidade da discriminação cotidiana. A estratégia da cegueira para o sexo não pode ser bem-sucedida porque também impõe os valores dominantes e deixa de reconhecer o valor em ser uma mulher.[207] Estratégias que envolvem destacar a raça e o sexo da pessoa em todas as circunstâncias também são falhas, pois se recusam a permitir a autodefinição dos oprimidos e impõem expectativas exigentes e restringentes. O racismo é constituído pela assunção de poder para determinar quando a raça dos oprimidos é relevante e quando não é, uma estrutura que igualmente constitui o sexismo. Uma frutífera filosofia feminista anti-racista é a que leva em consideração essa similaridade básica de estrutura entre o racismo e o sexismo, ao mesmo tempo em que permanece sensível às diferenças e interações entre opressões específicas.

---

[207] Vários anti-racistas e feministas argumentaram contra as idéias de cegueira para cor e para sexo (Spelman 1988, Young 1990a).

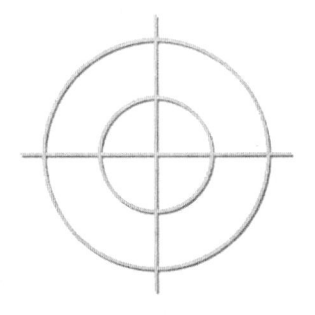

COLABORADORES

Bernard Boxill é professor de Filosofia na University of North Carolina, em Chapell Hill. É o autor de *Blacks and Social Justice* e o editor de *Race and Racism*. Ele também publicou inúmeros artigos relacionado a raça, reparações, ação afirmativa e outros tópicos em importantes periódicos de Filosofia.

Cynthia Willett é professora associada de Filosofia na Emory University. Ela está atualmente escrevendo um livro acerca da comédia e da liberdade. Suas publicações anteriores incluem *The Soul of Justice; Maternal Ethics and Other Slave Moralities*, e *Theorizing Multiculturalism*.

Elisabeth Young-Bruehl é psicanalista em Nova York e leciona no Columbia Center for Psychonalytic Training and Research (Centro Columbia de Treinamento e Pesquisa Psicanalítica). Ela é autora de muitos livros, incluindo *Creative Characters, Freud On Women, The Anatomy of Prejudices, Cherishment*, as biografias de Hannah Arendt e Anna Freud, e três coleções de ensaios, incluindo *Where Do We Fall When We Fall in Love?*

J. L. A. Garcia é professor de Filosofia na Boston College. Em adição aos seus inúmeros artigos a respeito de Ética Teórica e Aplicada, Filosofia da Mente e da Ação, Moral Religiosa e Teoria Social, suas publicações incluem "Heartof Racism", *Journal of Social Philosophy* 27 (1996); "Current Conceptions of Racism", *Journal of Social Philosophy* 28 (1997); "Racism as a Model for Understanding Sexism"; e *Race/Sex: Their Sameness, Difference and Interplay*, editado por Naomi Zack.

Johanna Tiemann é uma candidata analítica no Programa de Pós-Doutorado em Psicoterapia e Psicanálise da New York University. Ela tem uma clínica particular em Manhattan.

Laurence Thomas leciona Filosofia e Ciência Política na Syracuse University. É autor de muitos artigos e diversos livros. Suas palestras ("Happiness e Moral Powers"e "Felicidade e Poderes Morais") foram apresentadas para a Rainha Beatrix de Orange em 2000, na Conferência Verstichting, na Holanda.

Lawrence A. Lengbeyer leciona Ética e Filosofia na Academia Naval dos Estados Unidos (United States Naval Academy). Sua atual pesquisa aborda os mecanismos e as conseqüências da compartimentalização mental, a base cognitiva da emoção, a avaliação das ficções e do faz-de-conta, os direitos morais dos artistas, linguagem e o argumento do Quarto Chinês, a psicologia moral do altruísmo e os danos psíquicos do racismo.

Lawrence Blum é professor de Filosofia e professor distinto de Artes Liberais e Educação da University of Massachusetts, em Boston. É autor de *Friendship, Altruism, and Morality; Moral Perception and Particularity;* e de *"I'm Not a Racist, But...": The Moral Quandary of Race*.

Marguerite La Caze é membro da Pesquisa Australiana [Australian Research Fellow] na University of Queensland. Suas publicações incluem *The Analytical-Imaginary* e *Integrity and the Fragile Self* (co-escrito com Damian Cox e Michael Levine). Sua pesquisa atual aborda a Ética e a Política da Diferença.

Michael Dummett é professor emérito de Lógica na Oxford University. Seus muitos livros de Filosofia da Linguagem, Matemática, Metafísica e Filosofia Social incluem *Frege: Philosophy of Language; Origins of Analytical Philosophy; The Seas of Language;* e *On Immigration and Refugees*. Ele foi membro de um comitê executivo da Campanha contra Discriminação Racial (Campaign against Racial Discrimination) e co-fundador do Conselho Unido para o Bem-Estar de Imigrantes (Joint Council of the Wellfare of Immigrants). Recebeu o título de Cavaleiro em 1999.

Michael P. Levine é professor de Filosofia na University of Western Australia e, em 2004, professor visitante no Centro de Humanidades e Artes da University of Colorado. É o co-autor de *Integrity and the Fragile Self*, editor de *The Analytic Freud*, co-editor da edição especial do *Philosophical Forum* de Arquitetura e Ética e o autor de artigos a respeito de Psicologia Moral, Filosofia da religião, História da Filosofia, Metafísica e Cinema. Ele está atualmente escrevendo sobre raça, religião, violência e terror.

Neil Altman é professor clínico associado no Programa de Pós-Doutorado em Psicoterapia e Psicanálise, na New York University. É o editor de *Psychoanalytic Dialogues: A Journal of Relational Perspectives* e o autor de *The Analyst in the Inner City: Race, Class, and Culture through a Psychoanalytic Lens*. Ele escreveu inúmeros artigos, incluindo "Psychoanalysis and the Urban Poor" e "Black and White Thinking: A Psychoanalyst Reconsiders Race".

Sally Haslanger é professora associada do Departamento de Lingüística e Filosofia e afiliada docente no Programa de Estudos da Mulher (Women's Studies Program) do Massachusetts Institute of Technology (MIT). Suas publicações abordaram tópicos referentes à metafísica, epistemologia e teoria feminista. Elas incluem "On Being Objective and Being Objectified" em *A Mind of One's Own*, editado por Louise Antony e Charlotte Witt; e "Gender and Race: (What) Are They? (What) Do We Want Them To Be?", Noûs 34 (2000).

Tamas Pataki é membro sênior honorário do Departamento de Filosofia da University of Columbia, onde também leciona, e membro honorário da Deakin University. Ele publicou principalmente a respeito da Psicologia da Mente, Psicanálise e Filosofia Moral. Seu próximo livro chama-se *The Tyranny of Desire*.

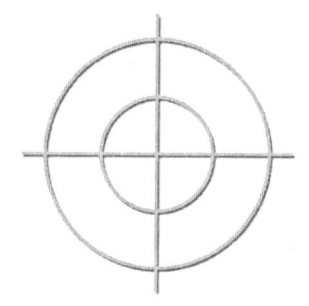

Índice Remissivo por Nome

A

Alcoff, Linda Martín 274, 292, 299, 302, 307, 311, 317
Allen, Ernet 303, 317, 323, 328
Allport, Gordon 317
Altman, Neil 1, 3, 22, 32, 145, 220, 311
Anderson, Elisabeth 116, 120, 127, 317
Appiah, Kwame Anthony 16, 52, 67, 69, 71, 82, 89, 120, 232, 317
Arendt, Hannah 16, 28, 31, 115, 161, 216, 221, 223, 225, 310, 318, 320
Aristóteles 17, 238, 262, 292

B

Babbit, Susan 318, 319
Bacon, Francis 230
Baier, Annete 256
Baier, Kurt 250, 274, 331
Bailey, Alison 307, 318
Baldwin, James 112, 113, 153, 226, 318
Banton, Michael 16, 18, 28, 205, 226, 318
Baron-Cohen, Simon 318
Batur, Pinar 88, 321
Beauvoir, Simone de 36, 296, 297, 303, 306, 311, 318, 325, 327, 330
Benedict, Ruth 59, 98, 318
Berlin, Isaiah 239, 240, 241, 318
Bernasconi, Robert 236, 239, 242, 299, 302, 318
Bernier, François 18, 318
Beyer, Lawrence 180, 186, 190
Bion, Wilfred 147, 150, 318
Blondell, Ruby 287, 318

Blum, Lawrence 1, 3, 16, 23, 25, 26, 29, 48, 54, 57, 60, 61, 62, 71, 80, 85, 93, 98, 107, 108, 114, 116, 120, 123, 152, 214, 234, 250, 254, 262, 269, 311, 318
Blumenbach, Johann Friedrich 236
Blythe, Will 155, 319
Bordo, Susan 305, 319
Bowie, Malcolm 115
Boxill, Bernard 1, 3, 19, 33, 34, 215, 232, 239, 241, 249, 309, 322, 324, 331, 332, 333
Bragg, Rick 157, 319
Burt, S 227
Bush, George 110, 162
Butler, Judith 293, 294, 319
Byrd, James 175

C

Calhoun, Cheshire 122, 319
Campbell, Sue 318
Canto-Sperber, Monique 319
Carby, Hazel 319
Carmichael, Stokeley 319
Casey, Edward 280, 319
Caspari, Rachel 19, 332
Cézanne, Paul 279, 281
Churchill, Winston 260
Cohen, G. A. 128, 152, 155, 318, 320
Cole, Mike 320
Collins, Patricia Hill 320
Conrad, Joseph 320
Corlett, J. Angelo 320
Cox, Damian 11, 95, 107, 108, 290, 310
Crenshaw, Kimberle 320

D

Dalton, Harlan 320
Daly, Mary 320
Dancy, Jonathan 320
Dario 16
Darwall, Stephen 261, 320
Darwin, Charles 233, 236, 239
Davis, David Brion 320
Davis, Jefferson 320
Delany, Martin 320
DeMott, Benjamin 65
Dennet, Daniel C. 320
Derman-Sparks, Louise 320
Descartes, René 17, 278, 279
Diamond, Jared 321
Dodds, E. R. 321
Douglass, Frederick 321
D'Souza, Dinesh 321
Du Bois, W. E. B. 321
DUMMETT, Michael 321
Dummett, Michael 22

E

Einstein, Albert 261
Ellison, Ralph 226
Eze, Emmanuel 55, 57, 321, 325
Ezekiel, Ralph 321
Ezorsky, Gertrude 117, 120

F

Fanon, Frantz 321
Fay, Roxanne 116, 128, 138
Feagin, Joe R. 321
Fielding, Helen 321
Firestone, Shulamith 321
Fischer, John Martin 321
Fonagy, Peter 322
Forster, Georg 239
Fóti, Véronique 322
Foucault, Michel 121
Fraser, Nancy 322
Frederickson, George 322
Freud, Sigmund 322
Fromm, Erich 171
Frye, Marilyn 322
Fuss, Diana 323

G

Gaita, Raimond 323
Galileu 17, 18
Garcia, J. L. A. 323
Gates, Henry Louis 323
Gilligan, Carol 323
Goldberg, David Theo 323
Goldman, Alvin 323
Gordon, Lewis 82
Gould, Stephen J. 323
Grant, Madison 19, 206
Greer, Germaine 323
Grégoire, Henri 238, 324
Grosz, Elisabeth 323

H

Hamilton Charles 319
Hannaford, Ivan 323
Hanson, Pauline 229, 230, 301
Harman, Gilbert 187
Harris, Cheryl 277
Haslanger, Sally 323
Hegel, G. W. F. 272, 278, 279
Herman, Barbara 186, 255, 256, 257, 258, 259, 261, 262, 263, 264, 265, 266, 270, 324
Heródoto 16, 223, 324
Herrnstein, Richard J. 21
Hill, Thomas 324
Hirschfeld, Magnus 72
Hobsbawn, Eric 324
Hockenos, Paul 324
Hooks, bell 324
Horney, Karen 171
Howard, John
11, 82, 229, 230, 250, 318, 320, 326, 330
Hume, David 324

I

Imani, Nikitah 282, 283, 284, 321
Irigaray, Luce 324

J

James, William 324
Jaspers, Karl 324

Jefferson, Thomas 324
João Paulo II, Papa 60
Johnson, Galen 278, 279, 325, 327

K

Kant, Immanuel 325
Karr-morse, Robin 325
King, Martin Luther, Jr. 62, 115, 175, 267
Kitcher, Phillip 19, 207
Klee, Paul 182, 279, 281
Klein, Melanie 325
Kovel, Joel 325
Kripke, Saul 325
Kupers, T. 325

L

La Caze, Marguerite 325
Lane, Christopher 325
Laqueur, Thomas 325
Laslett, Peter 325
Le Doeuff, Michèle 325
Ledbetter, Shaylee 53
Lengbeyer, Lawrence 1, 3, 24, 179, 310
Lenman, Jimmy 116, 138
Lenz, Fritz 19
Levi, Isaac 326
Levine, Michael 4, 326
Lewin, Tamar 326
Lewontin, Richard 326
Lichtenberg, Judith 82
Lieberman 130, 131, 132, 162
Lipsitz, George 326
Locke, John 326
Long, Edward 239
Loury, Glenn 48, 77, 91, 326

M

Macdonald, Andrew (William Pierce) 326
MacIntyre, Alasdair 256
Mackinnon, Catharine 326
Maitra, Ishani 116, 138
Mandela, Nelson 260, 265
Marable, Manning 82
Mayr, Ernst 233, 234, 236

McGary, Howard 326
Meir 252, 260
Memmi, Albert 327
Merleau-Ponty, Maurice 327
Miles, Robert 82
Mill J. S. 327
Millet, Kate 290, 291
Mills, Charles 327
Moi, Toril 327
Montagu, Ashley 327
Moody-Adams, Michele 75
Morrison, Toni 327
Moss, Donald 153, 156, 158, 160
Murphy, Liam 327

N

Nagel, Thomas 327
Newton, Isaac 72, 238

O

Oakes, Jeannie 327
Oakley, Justin 327
Okin, Susan 328
Omi, Michael 82
O'Neil, Onora 328
Osborn, Henry 19

P

Paracelso 17
Pataki, Tamas 328
Peterson, Dale 163, 324, 332
Pettman, Jan 328
Phillips, Micheal 80, 82, 320, 324
Pierce, William 8, 32, 154, 155, 156, 157, 158, 159, 160, 319, 326
Píndaro 16
Piper, Adrian 328
Platão 17
Powell, Colin 260
Price, H. H. 328
Putnam, Hilary 328

Q

Quine, W. V. O. 182, 328

R

Rabb, Asan 53
Racker, Heinrich 328
Rawls, John 328
Reich, Anne 172
Reynolds, Henry 328
Rhodes, Richard 163
Rich, Adrienne 328
Ripley, William 18
Roberts, Dorothy 329
Robertson, Pat 174
Roediger, David 329
Roosevelt, Theodore 260
Rosati, Connie S. 329
Rousseau, Jean-Jacques 329
Rustin, Michael 329

S

Samuel, Maurice 329
Sartre, Jean-Paul 329
Schoeck, Helmut 330
Schor, Naomi 330
Sedgwick, Peter 330
Shakespeare, William 224
Shelby, Tommie 330
Simons, Margaret 330
Sloan, Phillip R. 330
Small, Stephen 330
Smiley, Jane 330
Sober, Elliot 330
Sófocles 287, 330
Spelman, Elizabeth 290, 291, 292, 294, 297, 304, 305, 307, 308, 330
Stampp, Kenneth 330
Stanner, W. E. H. 330
Stern, Daniel 145
Stocker, Michael 330
Sullivan, Henry Stack 152, 274, 330
Sullivan, Shannon 330

T

Tatcher, Margaret 252, 260
Taylor, Charles 331
Thernstrom, Stephan e Abigail 331
Thomas, Laurence 331
Tiemann, Johanna 1, 3, 22, 32, 145, 220, 309
Todorov, Tzvetan 331
Tucídides 16
Tulving, Endel 331
Ture, Kwame 331
Turner, Earl 155, 156, 157, 158, 159, 160, 326

Tustin, Frances 331

V

Vera, Hernan 88, 282, 285, 286, 321
Vogt, Carl 226

W

Walker, David 332
Warren, Mary Anne 332
Wegner, Daniel 186, 332
West, Cornel 332
Wheatley, Phillis 241
Whyte, William 332
Wiley, Meredith 163, 325
Willett, Cynthia 332
Williams, Bernard 332
Winant, Howard 82
WISE, Tim 332
Wolpoff, Milford 332
Wrangham, Richard 332

Y

Young, Iris 332
Young-Bruehl, Elisabeth 333

Z

Zack, Naomi 333
Zagzebski, Linda 333

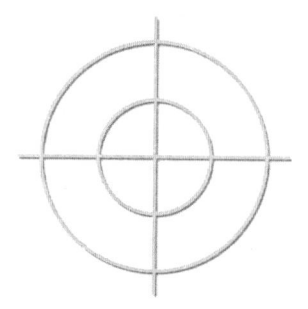

BIBLIOGRAFIA

ALCOFF, Linda Martín. "Racism", in *A Companion to Feminist Philosophy*, editado por Alison M. Jaggar e Iris Marion Young. Oxford: Blackwell, 1998.

_____. "On Judging Epistemic Credibility" in *Women of Color and Philosophy*, editado por Naomi Zack. Oxford: Blackwell, 2000a.

_____. "What Should White People Do?" in *Decentering the Center: Philosophy for a Multicultural, Postcolonial, and Feminist World*, editado por Uma Narayan e Sandra Harding. Bloomington: Indiana University Press, 2000b.

ALLEN, Ernest. "On the Reading of Riddles: Rethinking Du Boisian 'Double Consciousness'" in *Existence in Black: An Anthology of Black Existential Philosophy*, editado por Lewis Gordon. London: Routledge, 1997.

ALLPORT, Gordon. *The Nature of Prejudice*. Reading, Mass.: Addison Wesley, 1954.

ANDERSON, Elisabeth. *Value in Ethics and Economics*. Cambridge: HARVARD University Press, 1993.

_____. "Reply" in *Brown Eletronic Article Review Service*, editado por Jamie Dreier e David Estlund. http://www.brown.edu/Departments/Philosophy/bears/homepage.html [agosto de 2002], 1999a.

_____. "What Is the Point of Equality?" in *Ethics* 109, nº 2:287-337, 1999b.

_____. "Should Feminists Reject Rational Choice Theory?", in *A Mind of One's Own*, 2 ed., editado por Louise Antony e Charlotte Witt. Boulder, Colo.: Westview, 2002.

APPIAH, Kwame Anthony. "Racisms" in *Anatomy of racism*, editado por David Theo Goldberg. Minneapolis: University of Minnesota Press, 1990.

_____. *In My Father's House*. New York: Oxford University Press, 1992.

_____. "Why There Are No Races" in *Racism*, editado por Leonard Harris. New York: Humanity Books, 1999.

_____. "Racism: History of Hatred: A Review of George Frederickson's *Racism: A Short History*". *The New York Times*, 4 de Agosto, seção da Book Review, pp. 11-12, 2002.
ARENDT, Hannah, *The Origins of Totalitarianism*. Flórida: Harcourt, Brace, 1979.
_____. *Eichmann in Jerusalem*. New York: Penguin, 1994.
BABBIT, Susan E. e CAMPBELL, Sue, eds. *Racism and Philosophy*. Ithaca, N.Y.: Cornell University Press, 1999, 1994.
BAIER, Annete. *Moral Prejudices*. Cambridge: Harvard University Press, 1995.
BAIER, Kurt. *The Moral and Social Order*. Chicago: Open Court, 1993.
BAILEY, Alison. "Locating Traitorous Identities: Toward a View of Privilege-Cognizant White Character" *in Hypatia: A Journal of Feminist Philosophy* 13, nº 3:27-43, 1998.
BALDWIN, James. *The Fire Next Time*. London: Hutchinson, 1967.
_____. *Going to Meet the Man*. New York: Vintage Books.
BANTON, Michael. *Racial Theories*. 2 ed. Cambridge: Cambridge University Press, 1998, 1995.
BARNDT, Joseph. *Dismantling Racism: The Continuing Challenge to White America*. Minneapolis: Augsburg Fortress, 1996.
BARON-COHEN, Simon. *Mindblindness: An Essay on Autism and Theory of Mind*. Cambridge: MIT Press, 1995.
BAUMANN, Zygmunt. *Postmodernity and Its Discontents*. Oxford: Polity, 1997.
BEAUVOIR, Simone de. *Le deuxième sexe*. 2 vols. Paris: Gallimard, 1949.
_____. *Force of Circumstance*. Traduzido para o inglês por Richard Howard. Harmondsworth, England: Penguin, 1964.
_____. *The Second Sex*. Traduzido para o inglês por H. M. Parshley. London: Penguin, 1983.
_____. *America Day by Day*. Traduzido por Carol Cosman. London: Victor Gollancz, 1998.
BENEDICT, Ruth. "Racism: The *ism* of the Modern World" e "Why the Race Prejudice?" 1940. Reimpresso *in Racism*, editado por Leonard Harris. New York: Humanity Books, 1999.
BERLIN, Isaiah. "Kant as an Unfamiliar Source of Nationalism" *in The Sense of Reality*, por Isaiah Berlin. London: Chatto and Windus, 1996.
BERNASCONI, Robert. *Race*. Oxford: Blackwell, 2001.
BEYER, Lawrence A. "The Disintegration of Belief". Diss. de Ph.D., Stanford University, 1999.
BION, W. *Experiences in Groups*. New York: Basic Books, 1961.
BLONDELL, Ruby, et al. *Women on the Edge: Four Plays by Euripides*. New York: Routledge, 1999.
BLUM, Lawrence. *Friendship, Altruism, and Morality*. Boston: Routledge, 1980.

_____. "Moral Asymmetries in Racism" *in Racism and Philosophy*, editado por Susan E. Babbit e Sue Campbell. Ithaca, N.Y.: Cornell University Press, 1999.
_____. *I'm Not Racist, But...: The Moral Quandary of Race*, Ithaca, N.Y.: Cornell University Press, 2002.
BLYTHE, Will. "The Guru of White Hate"*in Rolling Stone,* 8 de junho, pp. 98-106, 2000.
BORDO, Susan. "Feminism, Postmodernism, and Gender-Skepticism" *in Feminism/Posmodernism*, editado por Linda J. Nicholson. New York: Routledge, 1990.
BOWIE, Malcolm. *Psychoanalysis and the Future of Theory.* Oxford: Blackwell, 1993.
BOXIL, Bernard. "Fear and Shame as Forms of Moral Suasion in the Thought of Frederick Douglass" *in Transactions of Charles Pierce Society* 35, nº 4: 713-744, 1993.
_____. "Kant and Rousseau on Progress and Technology". Departamento de Filosofia, University of North Carolina em Chapel Hill. Fotocópia, 2003.
_____. ed. *Race and Racism.* Oxford: Oxford University Press, 2001.
BRAGG, Rick. "On the Eve of His Execution, McVeigh's Legacy Remains Death and Pain". *The New York Times*, 10 de junho, p. 26, 2001.
BUTLER, Judith. *Gender Trouble: Feminism and the Subversion of Identity.* London: Routledge, 1990.
_____. *Bodies That Matter: On the Discursive Limits of "Sex".* Londres: Routledge, 1993.
CALHOUN, Cheshire. "Responsibility and Reproach". *Ethics* 99, nº 2:389-406, 1989.
CANTO-SPERBER, Monique. *L'inquiétude morale e la vie humaine.* Paris: Presses Universitaries de France, 2003.
CARBY, Hazel. "White Woman Listen! Black Feminism and the Boundaries of Sisterhood" *in The Empire Strikes Back: Race and Racism in 70s Britain.* London: Hutchinson, 1982.
CARMICHAEL, Stokeley e Hamilton Charles. *Black Power: The Politics of Liberation in America.* Harmondsworth, England: Penguin, 1968.
CASEY, Edwards S. "'The Element of Voluminousness': Depth and Place Reexamined" *in Merleau-Ponty Vivant*, editado por M. C. Dilln. Albany: State University of New York Press, 1991.
CHAR, René. *Hypnos Waking: Poems and Prose.* Selecionado e traduzido para o inglês por Jackson Matthews, com a colaboração de William Carlos Williams. New York: Random House, 1956.
COADY, C. A. J. *Testimony: A Philosophical Study.* Oxford: Clarendon, 1992.

COHEN, G. A. "Where the Action Is: On the Site of Distributive Justice"*in Philosophy and Public Affairs* 26, nº 1:3-30, 1997
_____. "Justice, Incentives, and Selfishness" *in If You're an Egalitarian, How Come You're So Rich?* Cambridge: Harvard University Press, 2000.
COLE, Mike. "Race and Racism" *in A Dictionary of Cultural and Critical Theory*, editado por Michael Payne. Oxford: Blackwell, 1997.
COLLINS, Patricia Hill. *Fighting Words: Black Women and the Search for Justice*. Minneapolis: University of Minnesota Press, 1998.
CONRAD, Joseph. *The Heart of Darkness*. 1902. Reimpressão, Harmondsworth, England: Penguin, 1982.
CORLETT, J. Angelo. "Analysing Racism"*in Public Affairs Quarterly* 12:23-50, 1998.
CRENSHAW, Kimberle Williams. "Mapping the Margins: Intersectionality, Identity Politics, and Violence against Women of Color" in *Critical Race Theory*, editado por Kimberle Crenshaw et al. Nova York: The New Press, 1995.
CUTTING-Gray, Joanne. "Hannah Arendt, Feminism and the Politics of Alterity: 'What Will We Loose If We Win'" *in Hypatia's Daughters: Fifteen Hundred Years of Women Philosophers*, editado por Linda Lopez McAlister. Bloomington: Indiana University Press, 1996.
DALTON, Harlan. *Racial Healing*. New York: Anchor, 1996.
DALY, Mary. *Beyond God the Father: Towards a Philosophy of Women's Liberation*. Boston: Beacon, 1973.
DANCY, Jonathan. *An Introduction to Contemporary Epistemology*. Oxford: Blackwell, 1985.
DARWALL, Stephen. *Impartial Reason*. Ithaca, N.Y.: Cornell University Press, 1983.
DAVIS, David Brion. *The Problem of Slavery in Western Culture*. Oxford: Oxford University Press, 1966.
DAVIS, Duane. "Reversible Subjectivity" *in Merleau-Ponty Vivant*, editado por M. C. Dillon. Albany: State University of New York Press, 1991.
DAVIS, Jefferson. "Jefferson Davis's Reply in the Senate to William H. Seward". www.jeffersondavis,rice,edu/resources.cfm?doc id+1502 [julho de 2003], 1860.
DELANY, Martin. "The Condition, Elevation, Emigration, and Destiny of the Colored People of the United States" *in African American Social and Political Thought, 1850-1920*, editado por Howard Brotz. New Brunswick: Transactions Publishers, 1999.
DENNET, Daniel C. *Brainstorms Philosophical Essays on Mind and Psychology*. Cambridge, Mass.: MIT Press, 1978.
DERMAN-Sparks, Louise e Phillips Carol Brunson. *Teaching/Learning Anti-Racism: A Developmental Approach*. Nova York: Teachers College Press, 1997.

DIAMOND, Jared. *The Third Chimpanzee*. New York: HarperCollins, 1992.

_____. "Race without Color". *Discover* 15, nº 11 (novembro): 82-89, 1994.

DODDS, E. R. *The Greeks and the Irrational*. Berkeley: University of California Press, 1951.

DOUGLASS, Frederick. "An Appeal to the British People" *in The Life and Writings of Frederick Douglass*, vol. 1, editado por Phillip S. Foner. New York: International Publishers, 1950.

_____. *My Bondage and My Freedom*. Urbana: University of Illinois Press, 1987.

D'SOUZA, Dinesh. *The End of Racism: Principles for a Multi-Racial Society*. New York: Free Press, 1995.

DU BOIS, W. E. B. *W. E. B. Du Bois: Writings*. New York: The Library of America, 1986.

DUMMETT, Ann. *A Portrait of English Racism*. London: Penguin, 1973.

DUMMETT, Michael. *On Immigration and Refugees*. London: Routledge, 2001.

EHRENREICH, Barbara. *Nickel and Dimed: On Not Getting By in America*. New York: Henry Holt, 2001.

ERIKSON, Erik H. *Identity: Youth and Crisis*. London: Faber and Faber, 1974.

EZE, Emmanuel. *Achieving Our Humanity: The Idea of the Postracial Future*. London: Routledge, 2001.

_____. ed. *Race and Enlightenment: A Reader*. Cambridge, Mass.: Blackwell, 1997.

EZEKIEL, Ralph S. *The Racist Mind*. New York: Penguin, 1995.

EZORKY, Gertrude. *Racism and Justice: The Case for Affirmative Action*. Ithaca, N.Y.: Cornell University Press, 1991.

FANON, Frantz. *Black Skin, White Masks*. New York: Grove, 1967.

FEAGIN, Joe R., Vera Hernan, e Batur Pinar. *White Racism*, 2ª ed. New York: Routledge, 2001.

FEAGIN, Joe R., Hernan Vera, e Nikitah Imani. *The Agony of Education: Black Students at White Colleges and Universities*. New York: Routledge, 1996.

FIELDING, Helen. A ser publicado. "White Logic and the Constancy of Colour"*in Feminist Interpretations of Merleau-Ponty*, editado por Dorothea Olkowski e Gail Weiss. State College: Pennsylvania State University Press.

FIRESTONE, Shulamith. *The Dialectic of Sex: The Case for a Feminist Revolution*. London: Paladin, 1970.

FISCHER, John Martin e Ravizza, eds. *Perpsectives on Moral Responsibility*. Ithaca, N.Y.: Cornell University Press, 1993.

FONAGY, Peter, e TARGET, Mary. "Mentalization and the Changing Aims of Psychoanalysis" *in Psychoanalytic Dialogues* 8, nº 1:87-114, 1998.
FÓTI, Véronique M. "The Dimension of Color" *in The Merleau-Ponty Aesthetics Reader: Philosophy and Painting*, editado por Galen Johson. Evanston, Ill.: Northwestern University Press, 1993.
FOUCALT, Michel. *The History of Sexuality*, vol. 1, *An Introduction*. Traduzido para o inglês por Robert Hurley. New York: Random House, 1978.
FRASER, Nancy. "Foucalt on Modern Power: Empirical Insights and Normative Confusions" *in Unruly Practices: Power Discourse and Gender in Contemporary Social Theory*. Minneapolis: University of Minnesota Press, 1989a.
_____. *Unruly Practices: Power Discourse and Gender in Comtemporary Social Theory*. Minneapolis: University of Minnesota Press, 1989b.
_____. *Justice Interruptus: Critical Reflections on the "Postsocialist" Condition*. London: Routledge, 1997.
FREDERICKSON, George. "Reflections on the Comparative History and Sociology of Racism" *in Racism*, editado por Leonard Harris. New York: Humanity Books, 1999.
_____. "Understanding Racism: Reflections of a Comparative Histórian", *in The Comparative Imagination: On the History of Racism, Nationalism, and Social Movements*. Berkeley: University of California Press, 2002.
_____. *Racism: A Short History*. Princeton: Princeton University Press, 2002.
FREUD, Sigmund. *On Dreams, in Standard Edition of the Complete Psychological Works of Sigmund Freud*, vol. 5. London: Hogarth, 1953.
_____. "Beyond the Pleasure Principle" *in Standard Edition of the Complete Psychological Works of Sigmund Freud*, vol. 18. London: Hogarth, 1995.
_____. "Character and Anal Erotism" *in Standard Edition of the Complete Psychological Works of Sigmund Freud*, vol. 9. London: Hogarth, 1959.
_____. "Civilization and Its Discontents" *in Standard Edition of the Complete Psychological Works of Sigmund Freud*, vol. 21. Londres: Hogarth, 1961a.
_____. "Libidinal Types" *in Standard Edition of the Complete Psychological Works of Sigmund Freud*, vol. 21. London: Hogarth.
FRYE, Marilyn. *The Politics of Reality: Essays in Feminist Theory*. Freedom: Crossing, 1983, 1961b
_____. "White Woman Feminist 1983-1992" *in Race and Racism*, editado por Bernard Boxill. Oxford: Oxford University Press, 2001.

FUSS, Diana. *Essentially Speaking: Feminism, Nature and Difference*. New York: Routledge, 1989.
GAITA, Raimond. *A Common Humanity*. London: Routledge, 2000.
GARCIA, J. L. A. "The Heart of Racism". *Journal of Social Philosophy* 27:5-45, 1996.
_____. "Current Conceptions of Racism: A Critical Examination of Some Recent Social Philosophy". *Journal of Social Philosophy* 28, nº 2:5-42, 1997.
_____. "Racism as a Model for Understanding Sexism" *in Race/Sex: Their Sameness, Difference and Interplay*, editado por Naomi Zack. New York: Routledge, 1997b.
_____. "Philosophical Analysis and the Moral Concept of Racism"*in Philosophy and Social Criticism* 23:1-32, 1999.
_____. "The Racial Contract Hypothesis" *in Philosophia Africana* 4;27-42, 2001a.
_____. "Racism and Racial Discourse" *in Philosophicam Forum* 32:125-45, 2001b.
GATES, Henry Louis. "Talkin' That Talk" *in Race, Writing, and Difference*, editado por H. L. Gates, Jr. Chicago: University of Chicago Press, 1986.
GILLIGAN, Carol. *In Different Voice: Psychological Theory and Women's Development*. Cambridge: Harvard University Press, 1982.
GOLDBERG, David Theo. *Racist Culture: Philosophy and the Politics of Meaning*. Oxford: Blackwell Publishers, 1993.
_____. "Racism and Rationality: The Need for a New Critique" *in Racism*, editado por Leonard Harris. New York: Humanity Books, 1999.
_____. ed. *Anatomy of Racism*. Minneapolis: University of Minnesota Press, 1990.
GOLDMAN, Alvin I. *Epistemology of Cognition*. Cambridge: Harvard University Press, 1986.
GOULD, Stephen J. *The Mismeasure of Man*. Ed ver. Harmonsworth, England: Penguin, 1996.
GREER, Germaine. *The Whole Woman*. London: Doubleday, 1999.
GROSZ, Elisabeth. *Volatile Bodies: Toward a Corporeal Feminism*. Sidney: Allen and Unwin, 1994.
HANNAFORD, Ivan. *Race: The History of an ideia in the West*. Washington, D.C.: Woodrow Wilson Center Press, 1996.
HARMAN, G. *Chanage in View*. Cambridge: MIT Press, 1986.
HARRIS, Leonard, ed. *Racism:* New York: Humanity Books, 1999.
HASLANGER, Sally. "Gender and Race: (What) Are They? (What) Do We Want Them To Be?" *Noûs* 34, nº 1:31-55, 2000.
_____. A ser publicado. "You Mixed? Racial Identity without Racial Biology", in *Kith and Kin: Philosophical and Feminist Issues in Adoption*, editado por Charlotte Witt e Sally Haslanger, Ithaca, N.Y.: Cornell University Press.

HERMAN, Barbara. *The Practice of Moral Judgment*. Cambridge: Harvard University Press, 1993.

_____. "Moral Literacy", in *The Tanner Lectures on Human Values*, vol. 19, editado por Grethe B. Peterson. Salt Lake City: University of Utah Press, 1998.

HERÓDOTO. *The Histories*, editado por Walter Blanco. New York: Norton, 1992.

HERNSTEIN, Richard J., e Charles Murray. *The Bell Curve: The Reshaping of American Life by Difference in Intelligence*. New York: Free Press, 1994.

HILL, Thomas E., Jr., e Bernard Boxill. "Kant and Race" *in Race and Racism*, editado por Bernard Boxill, Oxford: Oxford University Press. 2001.

HOBSBAWN, Eric. *The Age of Empire*. London: Weidenfeld and Nicolson, 1987.

_____. *The Age of Capital*. London: Weidenfeld e Nicolson, 1995.

HOCKENOS, Paul. *Free to Hate: The Rise of the Rigth in Post-Communism Eastern Europe*. New York: Routledge, 1993.

HOOKS, bell. "Feminism: A Movement to End Sexist Oppression" *in Feminism and Equality*, editado por Anne Phillips. Oxford: Blackwell, 1987.

HUMAN Rights and Equal Opportunity Comission, *National Inquiry into the Separation of Aboriginal and Torres Strait Islander Children from Their Families*. Canberra, 1997.

HUME, David. *Essays, Moral Political and Literary*. 1777. Reimpressão, Indianapolis: Liberty Fund, 1985.

IRIGARAY, Luce. *Speculum of the Other Woman*. Traduzido para o inglês por Gillian C. Gill. Ithaca, N.Y.: Cornell University Press, 1985a.

_____. *This Sex Which Is Not One*. Traduzido para o inglês por Catherine Porter com Carolyn Burke. Ithaca, N.Y.: Cornell University Press, 1985b.

JAGGAR, Alison. "On Sexual Equality" *in Philosophy and Women*, editado por Sharon Bishop e Marjorie Weinzweig. Belmont, Calif.: Wadsworth, 1979.

JAHODA, Gistav. *Images of Savages*. London: Routledge, 1999.

JAMES, William. *The Principles of Psychology*. 2 vols. 1950. Reimpressão, New York: Dover, 1950.

JASPERS, Karl. *The Question of German Guilt*. Traduzido para o inglês por E. B. Ashton, com uma nova introdução por Joseph W. Koterski. New York: Fordham University Press.

JEFFERSON, Thomas. "Laws", Questão XIV *in Notes on the State of Virginia*, editado por William Peden. Chapel Hill: University of North Carolina Press, 1982.

_____. "To Henri Grégoire" *in Political Writings/Thomas Jefferson*, editado por Joyce Appleby e Terrence Ball. Cambridge: Cambridge University Press, 1999.

JOHNSON ,Galen, ed. *in The Merleau-Ponty Aesthetics Reader: Philosophy and Painting*. Evanston, Ill.: Northwestern University Press, 1993.
KANT, Immanuel. "Perpetual Peace" *in Kant's Political Writings*, editado por Hans Reiss. New York: Cambridge University Press, 1970.
_____. *The Metaphysicis of Morals*. Traduzido para o inglês por Mary Gregor. Cambridge: Cambridge University Press, 1991.
_____. "On the Differences Races of Man" *in Race and the Enlightenment: A Reader*, editado por Emmanuel Eze. Cambridge, Mass.: Blackwell, 1997.
KARR-MORSE, Robin, e MEREDITH Wiley. *Ghosts from the Nursery: Tracing the Roots of Violence*. New York: Atlantic Monthly Press, 1997.
KATZNELSON, Ira. *Liberalism's Crooked Circle: Letters to Adam Michnik*. Princeton: Princeton University Press, 1996.
KITHCER, Phillip. "Race, Ethnicity, Biology, Culture" *in Racism*, editado por Leonard Harris, New York: Humanity Books, 1999.
KLEE, Robert. *Introduction to the Philosophy of Science: Cutting Nature at Its Seams*. New York: Oxford University Press, 1997.
KLEIN, Melanie. "Envy and Gratitude". 1957. Reimpresso em *Envy and Gratitude and Other Works*. London: Hogarth, 1975.
_____. "Some Theoretical Conclusions Regarding the Emotional Life of the Infant". 1952. Reimpresso em *Envy and Gratitude and Other Works*. Nova York: Delacort, 1976.
KORSGAARD, Christine. *The Source of Normativity*. New York: Cambridge University Press, 1996.
KOVEL, Joel. "Reflection on White Racism". *Psychoanalytuc Dialogues* 10, nº 4:579-87, 2000.
KRIPKE, Saul. *Naming and Necessity*. Cambridge, Mass.: Harvard University Press, 1980.
KUPERS, T. *Prison Madness*. San Francisco: Jossey-Bass, 1999.
KYMLICKA, Will. *Contemporary Political Philosophy: An Introduction*. Oxford: Oxford University Press, 1990.
LA CAZE, Marguerite. "Simone de Beauvoir and Female Bodies". *Australian Feminist Studies* 20:91-105, 1994.
_____. "The Encounter between Generosity and Wonder". *Hypatia: A Journal of Feminist Philosophy* 17, nº 3:1-9, 2002.
LANE, Christopher, ed. *The Psychoanalysis of Race*. New York: Columbia University Press, 1998.
LAQUEUR, Thomas. *Making Sex*. Cambridge: Harvard University Press, 1992.
LASLETT, Peter, ed. *Two Treatises of Civil Government*. 2 ed. Cambridge: Cambridge University Press, 1967.
LE DOEUFF, Michèle, *Hipparchia's Choice: An Essay concerning Women, Philosophy, etc*. Traduzido para o inglês por Trista Selous. Oxford: Blackwell, 1991.

LEVI, Isaac. *The Fixation on Belief and Its Undoing: Changing Beliefs through Inquiry*. Cambridge: Cambridge University Press, 1991.
LEVIN, Michael. *Why Race Matters*. Westport: Praeger, 1997.
LEVINE, Michael P., ed. *The Analytic Freud*. New York: Routledge, 2000.
LEWIN, Tamar. "Growing Up, Growing Apart: Fast Friends Try to Resist the Pressure to Divide By Race". *New York Times*, 25 de junho, 2000.
LEWONTIN, Richard. *Not in Our Genes*, New York: Pantheon Books, 1984.
LIEBERMAN, Robert C. "Social Construction (Continued)"*in American Political Science Review* 89, n° 2:437.41, 1995.
_____. *Shifting the Color Line: Race and The American Welfare State*. Cambridge: Harvard University Press, 1998.
LIPSITZ, George. *The Possessive Investment in Whiteness*. Philadelphia: Temple University Press, 1998.
LOCKE, John. "The Second Treatise of Civil Government", in *Two Treatises of Civil Government*, 2 ed., editado por Peter Laslett. Cambridge: Cambridge University Press, 1967.
LOURY Glenm C. *The Anatomy of Racial Inequality*, Cambridge: Harvard University Press, 2002.
LUBIANO, Wahneema, ed. *The House That Race Built*. New York: Vintage, 1998.
LUCASHENKO, Melissa. "No Other Truth: Aboriginal Women and Australian Feminism". *Social Alternatives* 12, nº 4:21-24, 1994.
LUGONES, Maria. "Playfulness, 'World'-Traveling, and Loving Perception". *Hypatia: A Journal of Feminist Philosophy* 2, n° 2:3-21, 1987.
MACDONALD, Andrew [William Pierce]. *The Turner Diaries*. New York: Barricade Books, 1996.
MACLNTYRE, Alasdair, *Dependent Rational Animals: Why Human Beings Need the Virtues*. Chicago: Open Court, 1999.
MACKINNON, Catharine. *Towards a Feminist Theory of the State*. Cambridge: Harvard University Press, 1989.
MARSHALL, Graeme. "How Far Down Does the Will Go?" *in The Analytical Freud*, editado por Michael Levine. London: Routledge, 2000
MAXWELL, William. *The Château*. New York: Knopf, 1961.
MAYER, Ernst. "Typological versus Population Thinking" *in Evolution*, editado por Mark Ridley. Oxford: Oxford University Press, 1997.
_____. *What Evolution Is*. New York: Basic Books, 2001.
_____. "The Biology of Race and the Concept of Equality" *in Daedalus*, inverno, 89-94, 2002.
MCCARTHY, Thomas. "The Critique of Impure Reason: Foucalt and the Frankfurt School"*in Political Theory* 18, nº 3:437-69, 1990.
MCGARY, Howard. "Alienation and the African American Experience", in: *Theorizing Multiculturalism*, editado por Cynthia Willett. Oxford: Blackwell, 1998.

MEMMI, Albert. *Racism*. Traduzido para o inglês por Steve Martinot. Minneapolis: University of Minneapolis Press, 2000.
MERLEAU-PONTY, Maurice. "The Child's Relation with Others" *in The Primacy of Perception*, editado por James M. Edie. Evanston, Ill.: Northwestern University Press, 1964.
_____. *The Visible and the Invisible*. Evanston, Ill.: Northwestern University Press, 1968.
_____. *Humanism and Terror*. Traduzido para o inglês por John O'Neill. Boston: Beacon, 1969.
_____. *Adventures of the Dialectic*. Traduzido para o inglês por Joseph Bien. Evanston, Ill.: Northwestern University Press, 1973.
_____. "Eye and Mind" *in The Merleau-Ponty Aesthetics Reader: Philosophy and Painting*, editado por Galen Johnson. Evanston, Ill.: Northwestern University Press, 1993.
MILL J. S. "The Subjection of Women" *in Essays on Sex Equality*, editado por Alice Rossi. Chicago: Chicago University Press, 1970.
MILETT, Kate. *Sexual Politics*. London: Rupert Hart-Davis, 1969.
MILLS, Charles W. *The Racial Contract*. Ithaca, N.Y.: Cornell University Press, 1997.
_____. *Blackness Visible*. Ithaca, N.Y.: Cornell University Press, 1998.
_____. "The 'Racial Contract' As Methodolgy (Not Hypothesis): Reply to Jorge Garcia". *Philosophia Africana* 5, nº 1, 2002.
MOI, Toril. *Simone de Beauvoir: The Making of an Intellectual Woman*. Oxford: Blackwell, 1994.
_____. *What is a Woman? And Other Essays*. Oxford: Oxford University Press, 1999.
MONTAGU, Ashley. *Man's Most Dangerous Myth: The Fallacy of Race*, 5 ed. Oxford. Oxford University Press, 1974.
MORRISON, Toni. *Playing in the Dark: Whiteness and the Literary Imagination*. New York: Vintage, 1993.
_____. "Home". Em *The House That Race Built*, editado por Wahneema Lubiano. New York: Vintage, 1998.
MOSLEY, Albert G. "Negritude, Nationalism and Racism: Racists or Racialists" *in Racism*, editado por Leonard Harris. Nova York: Humanity Books, 1999.
MURPHY, Liam. "Institutions and the Demands of Justice" *in Philosophy and Public Affairs* 27, nº 4:251-91, 1999.
NAGEL, Thomas. *Equality and Impartiality*. New York: Oxford University Press, 1991.
OAKES, Jeannie, *Keeping Track How Schools Structure Inequality*, New Haven: Yale University Press, 1985.
OAKLEY, Justin. *Morality and the Emotions*. London: Routledge, 1993.
OBER, Justin. *Mass and Elite in Democratic Athens*. Princeton, N.J.: Princeton University Press, 1989.

OGDEN, Thomas. *The Matrix of the Mind*. Northvale, N.J.: Jason Aronson, 1986.
OKIN, Susan. *Justice, Gender and the Family*. New York: Basic Books, 1989.
OLIVER, Kelly. *Beyond Recognition*. Minneapolis: University of Minnesota Press, 2001.
O'NEIL, Onora. *Acting on Principle*. New York: Columbia University Press, 1975.
OUTWAITE, William, e BOTTOMORE, Tom, eds. *The Blackwell Dictionary of Twentieth Century Social Thought*. Oxford: Blackwell, 1994.
OUTLAW, Lucius T. *On Race and Philosophy*. New York: Routledge, 1996.
PATAKI, Tamas. "Intention in Wish-fulfilment". *Australian Journal of Philosophy* 74, n° 1:20-37, 1996.
_____. "Freudian Wishfulfilment and Subintentional Explanation" in *The Analytic Freud*, editado por Michael Levine. New York: Routledge, 2000.
_____. "Freud, Object-relations, Agency and the Self" in *Psychoanalytic Knowledge and the Nature of Mind*, editado por Man Cheung Chung e Colin Feltham. London: Palgrave, 2003.
PETTMAN, Jan. *Living in the Margins: Racism, Sexism and Feminism in Austrália*. Sydney: Allen and Unwin, 1992.
PIPER, Adrian. "Higher-Order Discrimination", in *Identity, Character and Morality*, editado por Amelie O. Rorty e Owen Flanagan. Cambridge: MIT Press, 1990.
_____. "Two Kinds of Meaning". *Yale Journal of Criticism* 6, n° 1:25-74, 1993.
PRICE, H. H. *Belief*. London: George Allen and Unwin, 1969.
PUTNAM, Hilary. "Meaning of 'Meaning'", in *Philosophical Papers*, vol. 2. Cambridge: Cambridge University Press, 1975.
QUINE, Willard Van Orman. *From a Logical Point of View*. 2 ed. Cambridge: Harvard University Press, 1964.
_____. *Pursuit of Truth* 2 ed. Cambridge: Harvard University Press, 1992.
RACKER, Heinrich. *Transference and Countertransference*. New York: International Universities Press, 1968.
RANKIN, H. D. *Plato and the Individual*. London: Methuen, 1964.
RAWLS, John. *A Theory of Justice*. Oxford: Oxford University Press, 1971.
REYNOLDS, Henry. *Dispossession*. St. Leonards: Allen and Unwin, 1989. RHIDES, Richards. *Why They Kill*. New York: Knopf, 1999.
RICH, Adrienne. *Of Woman Born: Motherhood as Experience and Institution*. London: Virago, 1976.

_____. *Midnight Salvage: Poems 1995-1998*. New York: W. W. Norton, 1999.
RICAHRDS, Graham. *"Race" in Racism and Psychology*. London: Routledge, 1997.
ROBERTS, Dorothy. *Shattered Bonds: The Color of Child Welfare*. New York: Basic Books, 2002.
ROEDIGER, David. "White Workers, New Democrats, and Affirmative Action", in *The House That Race Built*, editado por Wahneema Lubiano. New York: Vintage, 1998.
ROSATI, Connie S. "A Study of Internal Punishment"*in Wisconsin Law Review*, nº 1:123-70, 1994.
ROUSSEAU, Jean-Jacques. *The Social Contract and Discourses*. Editado e traduzido para o inglês por G. D. H. Cole; New York: Dutton, 1950.
_____. "The Discourse on Inequality" *in The Social Contract and Discourses on Inequality*, editado por Lester Crocker. New York: Washington Square, 1967.
_____. *Emile, or On Education*, editado por Allan Bloom. New York: Basic Books, 1979.
_____. "Preface to the Second Discourse" *in The First and Second Discourses together with Essay on Origin of Languages*, editado e traduzido para o inglês por Victor Gourevitch. New York: Harper and Row.
RUDDICK, Sara. *Maternal Thinking: Towards a Politics of peace*. Boston: Beacon, 1989.
RUSTIN, Michael. *The Good Society and the Inner World*. London: Verso, 1991.
SAMUEL, Maurice. *The Great hatred*. New York: Knopf, 1940.
SANTA SÉ. *Intervention by the Head fo the Holy See Delegation at the Durban World Conference against Racism, Racial Discrimination, Xenophobia and Related Intolerance*. setembro. www.vatican.va, 2001.
SARTRE, Jean-Paul. "Portrait of the Antisemite" *in Existentialism*, editado por W. Kaufman. New York: Meridian, 1972.
_____. *Anti-Semite and Jew*. Traduzido para o inglês por George J. Becker. New York: Schocken Books, 1999.
SCHLOSSBERGER, Eugene. "Why We Are Responsible for Our Emotions"*in Mind* 95:37-56, 1986.
_____. *Moral Responsibility and Persons*. Philadelphia: Temple University Press, 1992.
SCHMID, W. Thomas. "The Definition of Racism". *Journal of Allied Philosophy* 13:31-40, 1996.
SCHNEIDER, Anne, e Helen Ingram. "Social Construction of Target Populations: Implications for Politics and Policy"*in American Political Science review* 89, nº 2:441-47, 1993.

_____. "Response" *in American Political Science Review* 89, nº: 2: 441-47.

SCHOECK, Helmut. *Envy: A Theory of Social Behavior*. Indianapolis: Liberty Fund, 1969.

SCHOR, Naomi. *Bad Objects: Essays Popular and Unpopular.* Durham: Duke University Press, 1995.

SCHUMAN, Howard, et al. *Racial Attitudes in America*. Ed. ver. Chicago: University of Chicago, 1997.

SEDGWICK, Peter. "Race/Racism" *in*: *Key Concepts in Cultural Theory*, editado por A. Edgar e P. Sedgwick. London: Routledge, 1999.

SHELBY, Tommie. "Is Racism in the Heart?". *Journal of Social Phislosophy* 33:411-20, 2002.

SIMONS, Margaret. *Beauvoir and* The Second Sex: *Feminism, Race, and the Origins of Existentialism*. Lanham, Ms.: Rowman and Littlefield, 1999.

SLOAN, Phillip R. "The Idea of Racial Degeneracy in Buffon's Histoire Naturelle" *in Racism in the Eighteenth Century: Studies in Eighteenth Century Culture*, editado por Harold E. Pagliaro. Cleveland: Case Western Reserve University Press, 1937.

SMALL, Stephen. *Racialised Barriers: The Black Experience in the United States and England in the 1980's*. London: Routledge, 1994.

SMILEY, Jane. *Moo*. New York: Ivy Books, 1998.

SOBER, Elliot. "Evolution, Population Thinking, and Essentialism" *in Philosophy of Science*. 47:350-83, 1980.

SÓFOCLES. *The Three Theban Plays*. Traduzido para o inglês por Robert Fagles. New York: Penguin, 1984.

SPELMAN, Elisabeth. *Inessential Woman: Problems of Exclusion in Feminist Thought,* Boston: Beacon, 1988.

_____. "Simone de Beauvoir and Women: Just Who Does She Think 'We' is?", in *Feminist Intepretation and Political Theory*, editado por Mary Lyndon Shanley e Carole Pateman. Cambridge: Polity, 1991.

STAMPP, Kenneth. *The Peculiar Institution: Slavery in the Ante-Bellum South*. New York: Knopf, 1956.

STANNER, W. E. H. "Introduction: Australia and Racialism" *in Racism: The Australian Experience*, editado por F. S. Stevens, Artarman NSW: Australia and New-Zeland Book Campany.   STOCKER, Daniel. *The Interpersonal World of the Infant*. Nova York: Basic Books, 1985.

STOCKER, Michael. "The Schizophrenia of Modern Ethical Theories" in *Journal of Philosophy* 73:453-66, 1976.

SULLIVAN, Harry S. *The Interpersonal Theory of Psychiatry*. New York: Norton, 1953.

SULLIVAN, Shannon. *Living Across and Through Skins*. Bloomington: Indiana University Press, 2001a.

_____. "The Racialization of Space: Toward a Phenomenological Account of Raced and Antiracist Spatiality" in *The Problems of Resistance*, editado por Steve Martinot e Joy James. Amherst, N.Y.: Humanity Books, 2001b.
TATUM, Beverly. *"Why Are All the Black Kids Sitting Together in the Cafeteria?" and Other Conversations about Race*. New York: Basic Books, 1997.
TAYLOR, Charles. *Sources of the Self: The Making of Modern Identity*. Cambridge: Harvard University Press, 1989.
THERNSTROM, Stephan e Abigail. *America in Black and White*. New York: Simon and Schuster, 1997.
THOMAS, Laurence. "The Evolution of Antisemitism" *in Transition* 57:94-108, 1992.
_____. *Vessels of Evil*. Philadelphia: Temple University Press, 1993.
_____. "The Grip of Immorality: Child Abuse and Moral Failure" *in Reason, Ethics, and Society: Themes from Kurt Baier*, editado por J. B. Scheewind. Chicago: Open Court, 1996.
_____. "Moral Deference" *in Theorizing Multiculturalism*, editado por Cynthia Willett. Malden, Mass.: Blackwell Publishers, 1998.
_____. "The Moral Self in the Face of Injustice" *in Liberal Thought*, editado por James Sterba. London: Routledge, 2001a.
_____. "Morality, Consistency, and the Self: A Lesson from Rectification" *in Journal of Social Philosophy* 32:374-81, 2001b.
_____. "Sexism and Racism: Some Conceptual Differences" *in Race and Racism*, editado por Bernard Boxill. Oxford: Oxford University Press, 2001c.
_____. "Moral Weight and Rules of Moral Salience". Departamento de Filosofia, University of Siracuse. Manuscrito não publicado, 2003.
_____. *History of the Peloponnesian Wars*. Traduzido para o inglês por Rex Warner. London: Penguin Books, 1972.
TODOROV, Tzvetan. "Race, Writing, and Culture" *in Race, Writing, and Difference*, editado por H. L. Gates, Jr. Chicago: University of Chicago Press, 1986.
TULLY, James. *An Approach to Political Philosophy: Locke in Contexts*. Cambridge: Cambridge University Press, 1993.
TULVING, Endel. "Episodic vs. Semantic Memory" *in The MIT Encyclopedia of the Cognitive Sciences*, editado por Robert A. Wilson e Frank C. Keil. Cambridge: MIT Press, 1999.
_____. "Episodic Memory: From Mind to Brain" *in Annual Review of Psychology*. http://www.findarticles.com/cf_o/mo9961/2002_Annual/83789638/print.html [fevereiro de 2003], 2002.
TURE, Kwame [Stokeley Carmichael], e Charles Hamilton. *Black Power: The Politics of Liberation*. New York: Vintage Books, 1992.
TUSTIN, Frances. *Autistic States in Children*. Ed. rev. London: Tavistock/Routledge, 1992.

VAN DEN BERGHE, Pierre L. "Does Race Matter?" *in Race and Racism*, editado por Bernard Boxill. Oxford: Oxford University Press, 2001.
VOEGELIN, Eric. *Race and State*. Reimpressão, Baton Rouge: Lousiana State University Press, 1997.
WALKER, David. "An Appeal to the Colored Citizens of the World". 1829. Reimpresso em *Against Slavery: An Abolitionist Reader*, editado por Mason Lowance. NewYork: Penguin, 2000.
WARREN, Mary Anne. "Secondary Sexism and Quota Hiring" *in Philosophy and Public Affairs* 6:240-61, 1977.
WEGNER, D. M. *White Bears and Other Unwanted Thoughts: Superssion, Obsession, and the Psychology of Mental Control*. New York: Viking Penguin, 1989.
WEST, Cornel. *Prophesy Deliverance: An Afro-American Revolutionary Christinanity*. Philadelphia: Westminster, 1982.
WHITE, Alan. *Grounds of Liability*. Oxford: Oxford University Press, 1985.
WHYTE, William. *The Organization Man*. New York: Simon and Schuster, 1956.
WILLETT, Cynthia. *The Soul of Justice: Social Bonds and Racial Hubris*. Ithaca, N.Y.: Cornell University Press, 2001.
WILLIAMS, Bernard. *Problems of the Self*. New York: Cambridge University Press, 1973.
_____. "Persons, Character, and Morality", in *Moral Luck*. New York: Cambridge University Press, 1981.
WILLIAMS, Eric. *Capitalism and Slavery*. Chapel Hill: University of North Carolina Press, 1944.
WILLIAMS, Vernon J., Jr. *Rethinking Race*. Lexington: University of Kentucky Press, 1996.
WISE, Tim. "Everyday Racism, White Liberal, and the Limits of Tolerance"*in LiP Magazine*. http://www.lipmagazine.org/articles/featwise_11_p.htm, 2000.
WOLPOFF, Milford, e CASPARI Rachel. *Race and Human Evolution*. New York: Simon and Schuster, 1977.
WRANGHAM, Richard, e DALE, Peterson. *Demonic Males: Apes and the Origin of Human Violence*. Boston: Houghton Mifflin, 1996.
YOUNG, Andrew. "Why Young People Embrace Prison Culture"*in Atlanta Journal-Constitution*, 1º de julho, seç. D, p. 1, 2001.
YOUNG, Iris. "Socialist Feminism and the Limits of Dual Systems Theory" *in Socialist Review* 50/51: 169-88, 1980.
_____. *Justice and the Politics of Difference*. Princeton: Princeton University Press, 1990a.
_____. *Throwing like a Girl and Other Essays in Feminist Philosophy and Social Theory*. Bloomington: Indiana University Press 1990b.

YOUNG-Bruehl, Elisabeth. *The Anatomy of Prejudices*. Cambridge: Harvard University Press, 1996.
ZACK, Naomi. *Thinking about Race*. Belmont, Calif.: Wadsworth, 1998.
_____. "Race and Philosophic Meaning"., in *Race and Racism*, editado por Bernard Boxill. Oxford: Oxford University Press, 2001.
ZAGZEBSKI, Linda. *Virtues of the Mind*. Cambridge: Cambridge University Press, 1996.

Leitura Recomendada

BOOMERITE
Um Romance que Tornará Você Livre
Ken Wilber

A história de um ingênuo graduando em Ciência da Computação e sua busca por significados em um mundo fragmentado compõem o cenário de *Boomerite*. Desta vez, Ken Wilber foge ousadamente de seus escritos anteriores em uma obra de ficção superoriginal que combina o acadêmico brilhante com o contador debochado de histórias.

KEN WILBER EM DIÁLOGO
Conversas com os Principais Pensadores Transpessoais
Donald Rothberg e Sean Kelly

Ken Wilber em Diálogo é um livro que discorre de maneira bem clara acerca do tópico dos estudos transpessoais, tema que foca sua análise nas experiências e nos comportamentos observados e relatados que parecem transcender as atividades habituais de uma pessoa - incluindo elementos divinos da criação.

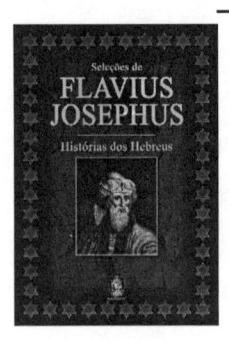

SELEÇÕES DE FLAVIUS JOSEPHUS
Histórias dos Hebreus

Em *Seleções de Flavius Josephus*, temos acesso aos seus preciosos escritos, como os que narram a respeito das guerras e da antiguidade judaicas, a resposta a Ápio, além de sua franca autobiografia. Nesta, ele se vangloria de sua origem nobre, de sua inteligência e memória privilegiadas e relata sua visão acerca da Insurreição de Jerusalém contra os romanos, na qual foi considerado um traidor de seu povo por sua simpatia aos imperadores Vespasiano e Tito e por, após a queda de Jerusalém, ter se tornado um cidadão romano.

NIETZSCHE E SIÃO
A União de Duas Forças Ideológicas Opostas
Jacob Golomb

As idéias de Nietzsche foram amplamente disseminadas, bem como apropriadas entre os primeiros escritores e líderes sionistas hebreus. É importante salientar, então, que o primeiro Congresso Sionista ocorreu na Basiléia, onde Nietzsche passou vários anos como professor de Filosofia clássica. Essa coincidência ganha um significado profundo quando vemos o impacto do filósofo nos primeiros líderes e escritores sionistas da Europa, bem como sua presença na Palestina e, mais tarde, no Estado de Israel.

MADRAS® Editora — CADASTRO/MALA DIRETA

Envie este cadastro preenchido e passará a receber informações dos nossos lançamentos, nas áreas que determinar.

Nome _____
RG _____ CPF _____
Endereço Residencial _____
Bairro _____ Cidade _____ Estado ___
CEP _____ Fone _____
E-mail _____
Sexo ❏ Fem. ❏ Masc.   Nascimento _____
Profissão _____ Escolaridade (Nível/Curso) _____

Onde você compra livros:
❏ livrarias   ❏ feiras   ❏ telefone   ❏ Sedex livro (reembolso postal mais rápido)
❏ outros: _____

Quais os tipos de literatura que você lê:
❏ Jurídicos   ❏ Pedagogia   ❏ Business   ❏ Romances/espíritas
❏ Esoterismo   ❏ Psicologia   ❏ Saúde   ❏ Espíritas/doutrinas
❏ Bruxaria   ❏ Auto-ajuda   ❏ Maçonaria   ❏ Outros:

Qual a sua opinião a respeito desta obra? _____
_____

Indique amigos que gostariam de receber MALA DIRETA:
Nome _____
Endereço Residencial _____
Bairro _____ Cidade _____ CEP _____

Nome do livro adquirido: ***Racismo em Mente***

Para receber catálogos, lista de preços e outras informações, escreva para:

MADRAS EDITORA LTDA.
Rua Paulo Gonçalves, 88 — Santana — 02403-020 — São Paulo/SP
Caixa Postal 12299 — CEP: 02013-970 — SP
Tel.: (11) 6959-1127 — Fax:(11) 6959-3090
www.madras.com.br

Este livro foi composto em Times New Roman, corpo 11/12.
Papel Offset 75g – Chambril
Impressão e Acabamento
Prol Editora Gráfica Ltda – Unidade Tamboré
Al. Araguaia, 1901– Barueri – São Paulo/SP
Tel.: (0_ _11) 41951805 – Fax 41951384